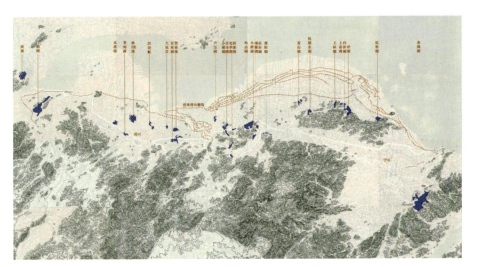

20世纪30年代浙东运河海塘及主要湖泊分布（基于当时地形图叠加现代GIS地形图绘制而成）

20世纪70年代浙东运河区域卫星图（图中运河线路系作者标注）

香炉峰上远眺绍兴城

龙门山脉远景

巍巍会稽山

钱塘江汇景

钱塘江三江口

杭州湾交叉潮

宁波三江口现状

三江口（1978 年，录自《海丝图录》）

宁波招宝山入海口

萧山湘湖

绍兴西鉴湖官塘

绍兴狭猱湖避塘

浦阳江江景

曹娥江两岸

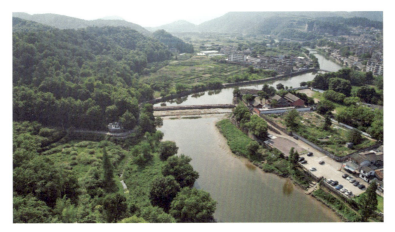

鄞江它山堰

小舜江

西兴运河西兴古镇段

西兴运河绍兴段局部

山阴故水道与杭甬运河

虞余运河驿亭段

虞余运河局部

绍兴古纤道

绍兴古纤道局部

柯岩云骨

大西坝

绍兴东湖

宁波庆安会馆

压赛堰

老三江闸

羊山胜境

羊山石宕采石坑

河姆渡遗址

大禹陵

宋六陵

绍兴鲁迅故居

宁波阿育王寺

绍兴水心庵

丈亭节点

高桥节点

宁波教堂天主堂

浙东运河文化园

西陡门湿地

滨海乡村田园

绍兴运河园"祠堂残存"景点设计（2002 年）
本书照片和图纸除注明出处外，均为作者拍摄和绘制

浙东运河文化研究丛书

# 浙东运河
# 廊道景观

金小军　著

The Corridor
Landscaping of
the Zhedong Canal

ZHEJIANG UNIVERSITY PRESS
浙江大学出版社
·杭州·

# "绍兴文化研究工程成果文库"序

文化是观察世界的窗口，每一种文化都有其独特的符号、价值和历史。文化是理解自身的钥匙，我们的身份认同、思维方式、行为模式等，都深深打上了文化的烙印。文化更是纵览时空的明灯，它映射着我们来时的足迹，照亮了我们前行的道路。

绍兴是中华文明体系中一个极具辨识度的地域样本，早在近万年前的新石器时代早中期，嵊州小黄山就有於越先民繁衍生息。华夏文明的重要奠基人尧、舜、禹等，都在绍兴留下大量的遗迹遗存和典故传说。有历史记载以来，绍兴境域和地名屡有递嬗，春秋时期为越国都城腹地，秦汉时期为会稽郡，隋唐时期称越州，南宋时取"绍奕世之宏休，兴百年之丕绪"之意改越州为绍兴，至今已沿用近千年。

绍兴地处长江三角洲南翼，神奇的北纬 30° 线把绍兴和世界诸多璀璨文明发源地联结在一起。绍兴有会稽山脉南北蜿蜒和浙东运河东西横贯，"从山阴道上行，山川自相映发，使人应接不暇"，"千岩竞秀，万壑争流，草木蒙笼其上，若云兴霞蔚"。基于坐陆面海的独特地理环境，越地先民以山为骨为脊，以水为脉为魂，艰苦卓绝，不断创造，形成了与自然风光交相辉映的壮丽人文景观。

越史数千年，可以说是一部跨越时空的文化史诗，它融合了地域特色、人文特质、时代特征，生动展现了绍兴人民孜孜不倦的热爱、追求与创造，早已渗透到了一代又一代绍兴人的血脉中。绍兴文化以先秦於越民族文化暨越国文化为辉煌起点，在与吴文化、楚文化等交流融合中，不断吐故纳新、丰富发展，逐渐形成了刚柔并济的独有特质，这在"鉴湖越台名士乡"彪炳史册的先贤们身上得到充分展现：从大禹的公而忘私、治水定邦，到勾践的卧薪尝胆、发愤图强；从王充的求真务实、破除谶纬，到谢安的高卧东山、决胜千里；从陆游的壮志未酬、诗成万首，到王阳明的知行合一、"真三不朽"；从徐渭的狂狷奇绝、"有明一人"，到张岱的心怀故国、"私史无贰"；从秋瑾的豪迈任侠、大义昭昭，到蔡元培的兼容并包、开明开放；从周恩来"面壁十年图破壁"的凌云志，到鲁迅"我以我血荐轩辕"的"民族魂"……一代代英雄豪杰无不深刻展现着绍兴鲜明的文化品格。

"稽山何巍巍，浙江水汤汤。"世纪之初，时任浙江省委书记习近平同志敏锐感知文化对经济社会发展的独特作用，强调进一步发挥浙江的人文优势，把"加快建设文化大省"纳入"八八战略"总体布局。他曾多次亲临绍兴调研文化工作，对文化基因挖掘、文化阵地打造、文化设施建设、文化队伍提升、人文经济发展等方面作出重要指示，勉励绍兴为繁荣和发展社会主义文化事业作出新的贡献。习近平总书记还在多种场合反复讲到王充、陆游、王阳明、秋瑾、蔡元培、鲁迅等绍兴文化名人，征引诗文、阐发思想，其言谆谆，其意殷殷。这些年来，绍兴广大干部群众始终把习近平总书记的深情厚爱牢记于心、见效于行，努力把文化这个最深沉的动力充分激发出来，把这个绍兴最鲜明的特质充分彰显出来，把这个共富最靓丽的底色充分展示出来，不断以人文底蕴赋能经济发展，以经济发展助推文化繁荣，全力打造人文经济学绍兴范例。这种人文经济共荣共生的特质，正是这座千年古城穿越时空的独特魅力，也是其阔步前行的深层动力。

2022年3月，为深入贯彻习近平总书记在哲学社会科学工作座谈会上的重要讲话精神，认真落实浙江文化研究工程实施十五周年座谈会精神，绍兴在全省率先启动绍兴市"十四五"文化研究工程，对文化历史与现状展开全面、系统、有序的研究。一方面，借此挖掘和梳理绍兴历史文化资源，繁荣和丰富当代文化建设，规划和指导未来文化发展；另一方面，绍兴文化作为中华文化的重要组成部分，其当代的研究与传承是深入贯彻习近平文化思想的生动体现，对推动中华优秀传统文化保护传承具有重要意义。这是绍兴实施文化研究工程的初心和使命。

绍兴文化研究工程围绕"今、古、人、文"四个方面展开，出版系列图书，打造浙江文化研究工程的"绍兴样板"。在研究内容上，重点聚焦诗路文化、宋韵文化、运河文化、黄酒文化、戏曲文化等文化形态，挖掘绍兴历史文化底蕴；深入开展绍兴名人研究，解码名士之乡的文化基因；全面荟萃地方文献典籍，编纂出版《绍兴大典》，梳理绍兴千年文脉传承；系统展示古城精彩蝶变，解读人文经济绍兴实践。在研究力量上，通过建设特色研究平台、加强市内外院校与研究机构合作、公开邀约全国顶尖学者参与等方式，形成内外联动的整体合力，进一步提升研究层次和学术影响。

2023 年 9 月，习近平总书记再次亲临浙江考察，对浙江提出"要在建设中华民族现代文明上积极探索"的新要求，赋予绍兴"谱写新时代胆剑篇"的新使命。站在新的历史起点上，我们期待，通过深化绍兴文化研究工程，进一步擦亮历史文化名城和"东亚文化之都"的金名片，通过集结文化研究成果，进一步夯实赓续历史文脉、推进文化创造性转化和创新性发展的坚实根基。我们坚信，在习近平文化思想的指引下，坚持历史为根、文化为魂，必将能够更好扛起新的文化使命，打造更多中华民族现代文明建设的标志性成果，创造新时代绍兴文化新的高峰。

是为序。

中共绍兴市委书记　施惠芳

2024 年 8 月

# "浙东运河文化研究丛书"序

　　四十余年的水利史、运河史及相关研究厚积薄发，多学科的学者合力推出了"浙东运河文化研究丛书"十卷本，将水利史、运河史研究扩展到水文化、运河文化研究领域，绍兴文化界迎来了又一个丰收季。丛书即将出版，主编嘱我作序。绍兴本就是蕴含深厚历史文化传统的城市，如今重点组织完成一套围绕浙东运河的包括历史、文化、地理、水利等多方面的研究成果，本是顺理成章的事，不需要他人多语。但是绍兴市领导为这个项目的启动和完成注入精力颇多，诸位作者付出了诸多心血和努力，所取得的成绩令人鼓舞，因此必须表示祝贺！并附带着对水文化研究的意义以及水历史与水文化的关系，谈点个人的看法，以就教于方家。

　　历史上的水文化研究蔚为大观。黄河流域的龙山文化、二里头文化，附属于长江流域的三星堆文化、河姆渡文化等，大都保有水文化的内容。当然考古学所揭示出来的物质创造和生产力水平，远落后于当今社会的计算机技术、航天工程所代表的物质进步和科技水平。但由于时代久远，这些远逝的物质成果和精神创造，都已演变成为一种文化符号。可见，文化概念是和历史密切相关的，如都江堰、大运河已被列为世界文化遗产，它们既是文化的物质载体，也是历史文化。进入春秋战国时期，老子、孔子、管子、荀子等先祖，对水的物质性和社会性也有许多深刻的阐释。《管子·水地》揭示了水的物质性，认为水是造就地球、构成生物的基本物质："水者何也？万物之本原也，诸生之宗室也"，"万物莫不以生"。在水的精神文化方面，大师们也都有生动的阐释。例如《荀子·宥坐》记载了孔子和弟子子贡之间的对话，这些对话颇为生动有趣。子贡问孔子：您为什么遇见大水都要停下来仔细观察呢？孔子答曰：你看，水滋养着万种生物，似德；水始终遵循着向低处流的道理，似义；水浩浩荡荡无穷无尽，似道；水跌落万丈悬崖而不恐惧，似勇；水无论居于何种容器，表面都是平的，似法；水满不必用"概"而自然平整，似正；水能深入细小孔隙，似察；水能使万物清洁，似善化；河水虽经过万种曲折，必流向东，似志。因此君子见到大水必然要停下来仔细观察。孔子阐述了对水文化的认知，他说水性，又从水性中提炼出人性和社会性，以及其中蕴含的哲理，展示水文化的美丽、丰富、生动和深刻。类似的认识不胜枚举，这里仅举此例。

近代以来，文科和理科相互融通的理念颇受推崇，许多著名学者纷纷倡导。祖籍绍兴的北大校长蔡元培在 1918 年前后曾多次在文章中提倡文理融通的理念。他曾力主"破学生专己守残之陋见"，要求学生"融通文、理两科之界限：习文科各门者，不可不兼习理科中之某种（如习史学者，兼习地质学；习哲学者，兼习生物学之类）；习理科者，不可不兼习文科之某种（如哲学史、文明史之类）"。他还指出："治自然科学者，局守一门，而不肯稍涉哲学，而不知哲学即科学之归宿，其中如自然哲学一部，尤为科学家所需要。"他坚信文理融通可以生发新思考和新认识。今时今日，融通的理念更应成为学术界的共识。近现代科学巨匠爱因斯坦也曾致力于科学与人文的相互融通。1931 年，他在对加州理工学院学生的演讲中提出："如果你们想使你们一生的工作有益于人类，那么，你们只懂得应用科学本身是不够的。关心人的本身，应当始终成为一切技术上奋斗的主要目标。……在你们埋头于图表和方程时，千万不要忘记这一点！"爱因斯坦自身贯彻实践了他科学应该服务于人文的理念。由此，视文化为政治、经济、科技的原动力，亦无不可。

文化体现出一种思维方式。

无论是东方文明还是西方文明，科学在古代都与人文处于同一体系，后来才发生分化。近百年来，西方更强调分析，而东方更强调综合。历史上的水问题，本来是在多种复杂条件下发生的，如果脱离了人文的背景，将难以获得全面的解读。历史、人文与科学相互融通，才能寻得可信的答案。以水利所属的学科为例，早前它是属于土木工程类的，后来单独分出来，再后来又分属水资源、泥沙、结构、岩土、机电等学科门类。学科门类越分越细，但各学科并非原本就是这样独立存在的，而是由于我们一时从整体上认识不了那么复杂的水问题，于是将其分解成一个个学科来研究，一个学科之中再分若干研究方向。然而细分以后，分解的各个部分就逐渐远离水利的整体，甚至妨碍对整体的理解。对学科的细分促进了认识的深入，但原本的整体被拆分后，在使用单一的、精密的分析方法去解读受多因子影响的问题时，可能得出与实际相差甚远的结论。诺贝尔奖获得者、比利时物理化学家普里高津就认为，"现代科学的新趋势已经走向一个新的综合，一个新的归纳"，他呼吁"将强调实验及定量表述的西方传统，和整合研究的自在系统的中国传统结合起来"，倡导对已有的学科门类进行整合，并要求历史和人文研究的加入。文艺复兴时期，欧洲一些思想家力求在古希腊和古罗马的优秀思想中寻找智慧。如今，我们在科学研究和方法论上是否也需要"复兴"点什么？这种"复兴"或可以使人们的认识得到某种程度的升华。

自然科学需要持有怀疑态度和批判精神，而其来源之一便是比较与融通，便是科学与人文的结合。新的学科生长点往往便生发于可以激发更多想象力的交叉领域研究。苏轼在观察庐山时说："横看成岭侧成峰，远近高低各不同。不识庐山真面目，只缘身在此山中。"大自然千姿百态，有无数个角度可以解读它，科学是一个，人文是另一个，而科学与人文的交叉融合将会使认识更加全面和丰富。既然现代基础科学在继承传统文化的过程中，依然能够推陈出新，正如数学家吴文俊和药理学家屠呦呦的工作所展现的那样，那么像水问题这样以大自然为背景、受人文因素影响更多、边界条件更复杂的学科领域，更要发挥交叉研究的优势。

古往今来，水问题的历史研究相沿不断。即使在近百年来水利科学技术突飞猛进的时代，水问题的历史研究仍不失其光辉，其本质便在于具有整合融通的优势。例如，近几十年来，水利史在着重探讨水利工程技术及其溯源研究的基础上，又加强了水利与社会相互影响的研究，其着眼点是进一步考察社会、政治、经济、文化、环境对水利的影响；同时引入相关自然科学学科如地理、气象和相关社会科学学科如哲学、经济的研究方法，以及开发相关的整合研究途径与方法，在师法古今中引申出对现实水问题，特别是宏观问题有实际价值的意见和办法。

研究水问题，水利史的加入甚至是提供了一条捷径。水利史的研究在大型工程和水利思想建设中的作用是有迹可循的。中国水利水电科学研究院水利史研究所就曾提出有说服力的成果。1989 年，《长江三峡地区大型岩崩与滑坡的历史与现状初步考察》被纳入《长江三峡地质地震专家论证文集》；1991 年提出的"灾害的双重属性"概念，被 2002 年修订的《中华人民共和国水法》所吸收；1991 年在"纪念鉴湖建成 1850 周年暨绍兴平原古代水利研讨会"上提出的"人与自然和谐发展"，被时任水利部部长认为是"破解中国水问题的核心理念"；1994 年完成的"三峡库区移民环境容量研究"项目，提出"分批外迁到环境容量相对宽裕的地区，实施开发性移民"的新方针，由长江水利委员会上报国务院三峡工程建设委员会办公室，两年后直接引起原定的长江三峡水库移民"就地后靠"方针的根本改变。2000 年以来，多项中国灌溉工程遗产的历史研究被国际组织认可，多项工程被纳入世界灌溉工程遗产名录。围绕京杭运河、隋唐运河、浙东运河全线及其重要节点的一系列成果，对中国大运河申遗起到了基础性支撑作用。这些成果是水利史基础研究长期积累的显现，其中一些成果既是水历史研究，又是水文化研究。

现代人有时轻视古人，认为他们的认知"简单"。但哪怕是"简单"的水问题，也包含了最基本的水流与建筑物间错综复杂的相互作用，以及对人与自然关系最基本的理解。这种"简单"其实是在排除了一些非基本的复杂因素的干扰后，问题本质得以更清晰地呈现，体现了大道至简、古今相通的智慧。爱因斯坦曾在 1944 年尖锐地指出："物理学的当前困难，迫使物理学家比其前辈更深入地去掌握哲学问题。"这句话不仅限于物理学范畴，实乃振聋发聩的警世恒言，提醒我们所有学科领域都应重视对历史与文化的探究。在此再一次重申："现代科学技术的发展对古老历史科学提出了新的要求，同时它又为历史研究的深入提供了新的方法和手段。科学的发展非但不应排斥历史与文化，相反地，把历史的经验和信息科学化，正是科学所要完成的重要课题。"

文化还是一种精神。

大禹治水的"禹疏九河""三过家门而不入"的佳话，铸就了中华民族艰苦奋斗的民族精神，其中蕴含的改造与顺应自然、人与自然和谐共生的思想尤为宝贵。世上许多民族有大洪水再造世界的故事流传，但只有大禹治水是讲先民在领袖带领下通过众志成城的奋斗战胜了洪水，奠定了中华大地的繁荣发展，并使得禹文化从此成为民族文化宝库中的一颗璀璨明珠。

又如都江堰飞沙堰与分水鱼嘴和宝瓶口配合，实现了自动调节内外江的分流比，既使枯水期多送水入宝瓶口，又利用凤栖窝前的弯道，强化了弯道环流，使洪水期多排沙到外江，把水力学与河流泥沙动力学原理发挥得近乎完美，可谓"乘势利导，因时制宜"哲学思想在工程实践中的生动应用，深刻诠释了人与自然和谐共生的理念。有赖科学与人文的结合，都江堰实现了运行两千多年的举世公认的卓越成就。

在水文化中，人与自然的和谐是永恒的主题。北宋时期，黄河堤防频繁决溢，治河思想因此空前活跃。苏轼在《禹之所以通水之法》一文中提出："治河之要，宜推其理，而酌之以人情。"这里的"理"，是治河的科学原理，"人情"则是社会。他认为："古者，河之侧无居民，弃其地以为水委。今也，堤之而庐民其上，所谓爱尺寸而忘千里也。"他继承了大禹的治水理念，结合宋代人居情况，建议设置滞洪区以减轻洪灾损失，极有见地。

重视水历史和水文化研究不是一时兴起，它就是中华文化的重要组成部分。在水利科学技术迅猛发展的今天，传统水利工程技术已经陈旧，但随着时代的发展，人们越来越清楚地看到，水利的成败得失不仅取决于对水的运动规律的认知和水利设施安全的保障，也直接受到诸多社会因素的影响。离开广阔而深刻的人文、历史背景来孤立地就水利谈水利是片面的。甚至可以认为，对许多水问题的解答，只靠自然科学是无能为力的，急需人文学科的参与。我们在五千年文明史中积累的许多经验和教训，都来自传统文化。因此，面对水问题，我们需要跨学科的综合视角，将自然科学与人文科学紧密结合。如果我们只寄希望于人为设计的各种各样的模型，其局限性显而易见，我们必须同时向大自然学习，因为大自然才是真正的大师。

以上对水历史和水文化的认识，是我有感于本丛书的布陈表达了类似的理解而就此说点补充的话。

至于夏商周三代之后的我国早期运河工程，《史记·河渠书》就曾历数。司马迁说："此渠皆可行舟，有余则用溉浸，百姓飨其利。"此中所言也包括吴越一带的运河在内。《越绝书》具体记载的有吴国境内太湖西边的胥溪，东边围绕太湖并入长江的常州、无锡、苏州间的水路，再向南横绝钱塘江而直入山阴（即今之绍兴）。山阴再向东则有"山阴故水道"直通曹娥江，这就是本丛书重点讨论的浙东运河的前身。越国有了古代浙东运河之利，就有了向北与吴国争锋以及与诸侯争霸的资本，于是演绎了"卧薪尝胆"和"十年生聚，十年教训"的历史剧目。交通的便利更促进了本地区文化的发展。

学习文化，理解其中丰富的内涵，对研究运河的历史发展大有裨益；同时，深入钻研运河工程和运河历史，也会对其文化内涵有更深度的解读，二者相得益彰，非只注重一方可比。"浙东运河文化研究丛书"十卷本的布陈涵盖了运河史、文化遗存、运河生态廊道、通江达海交通衔接与文化传播、名人行迹、历代文学与诗歌、名城与名镇、民俗与民风、传统产业继承与发扬等诸方面。丛书在以往研究基础上吸纳了最新的研究成果，通过近年来对史料的进一步挖掘和多视角的解读，以及对文化遗存的新发现，还原了浙东运河历史文化的诸多细节，将浙东运河与中国大运河的相关性、独特性及其在中国历史中的地位更为生动地呈现了出来，诠释了主流学界对文化的定义，即文化是"人类知识、信仰和行为的整体。在这一定义上，文化包括语言、思想、信仰、风俗习惯、禁忌、法规、制度、工具、技术、艺术品、礼仪、仪式及其他有关成分"（《不列颠百科全书》国际中文版）。由此也可见本丛书的内容丰富和意义深远。

丛书作者们通过努力完成了一项创新性的工作，促进了水利史尤其是运河史和运河文化研究的进一步成长。由此继之，也期待浙东运河与文化交叉研究的再深入，产出更多的优秀成果，让古老的浙东运河展现出时代的风采。

谨致祝贺。

周魁一

2024 年 1 月 26 日于白浮泉畔

目　录 | C O N T E N T S

第二章
山脉景观

目 录 | C O N T E N T S

第三章
江河景观

第
四
章

平
原
区
水
网

景
观

第五章
滨海景观

目 录 I C O N T E N T S

第六章 浙东运河地标性景观

目 录 | C O N T E N T S

# 绪　论

　　山是眉峰聚，水是眼波横。浙东运河像一幅绿水青山的长卷，如诗如画。它逶迤于富饶水泽的宁绍平原之上，南依连绵青山，北靠千年海塘，西接京杭运河，东连宁波通江达海。千百年来，浙东运河以水为路、以船为车，滋养了这片水乡大地，与浙东唐诗之路、海上丝绸之路交织出丰富多彩的文化景观。2014年中国大运河成功申遗后，各地又掀起了大运河文化带建设的热潮。随着大运河国家文化公园建设的全面启动，浙东运河以其鲜明的地理环境及富有特色的运河文化必将熠熠生辉。

## 一、廊道景观概念

### （一）廊道

　　廊道（Corridor）是指景观中不同于两侧基质的狭长地带。它既可孤立，也可与某种植被类型的斑块相连。作为景观的重要构成，廊道对景观美学、景观生态具有重要作用。廊道在外观上不同于两侧环境的狭长地表区域，是形状特化了的斑块。几乎所有景观都为廊道所分割，同时又被廊道连接在一起。道路、河流以及各种林荫带、绿化带等都属于廊道范畴。

图 0-1　浙东运河虞余运河段廊道现状

## （二）景观

景观（Landscape）一词，最早见于希伯来语圣经《旧约全书》，它的含义同汉语中的"风景""景致""景色"相一致，都是视觉美学意义上的概念。近代作为科学名词被引入地理学和生态学，具有多种含义，也是多个学科的研究对象。

地理学家把景观作为一个科学名词，定义为一种地表景象，或综合自然地理区，或是一种类型单位的通称，如城市景观、草原景观、森林景观等（《辞海》，上海辞书出版社 1995 年版）；自然地理学之父 A.V. 洪堡（Alexande Von Humboldt）从地理事物发生学角度归纳，景观含义泛指地表自然景色或自然—人文综合景色；由景观生态学家特罗尔所定义的景观则是一个广义的"人类生存空间的'空间和视觉总体'，包括地圈、生物圈和智能圈的人工产物"。

景观是一系列生态系统或不同土地利用方式的镶嵌体，在镶嵌体内部存在着一系列的生态过程。从空间构成上看，景观由斑块（Patch）、廊带（Corridor）和衬质（Matrix）镶嵌而成。斑块具有相对的均质性，它可以是动物群落或植物群落，也可以是岩石土壤、道路、建筑物和构筑物等。衬质又称基质，是景观中最广泛连通的部分。廊带呈狭长带状，如河流、林带、公路等廊带连接斑块体，同时又把斑块体和衬质贯穿起来。

文化景观论者则强调文化对自然景观的作用和影响。C.O. 索尔就主张用实际观察地面来研究地理特征，认为解释文化景观是人文地理学研究的核心。这种地表景观是"自然与人文兼收并蓄"的视觉感知景象，是人类文化作用于自然景观的结果，是由自然景色、田野、城市、道路、建筑以及人物等所构成的文化现象的复合体。文化景观是人类活动所造成的景观，是自然环境、人文历史和文化地理多种因素相互作用的结果。

通过上述对景观概念的多角度观察可以看出，景观作为一种视觉景象，既是一种自然景象，也是一种生态景象和文化景象。侧重点不同，景观的价值判断、应用范围和方式也就不同。景观是人类环境中一切视觉事物和视觉事件的总和，具有复杂性和广泛性。

著名的景观规划师、北京大学俞孔坚指出，景观是审美的、景观是体验的、景观是科学的、景观是有含义的，具体体现在：（1）景观作为视觉审美的对象，在空间上与人、物、我分离，景观所指表达了人与自然的关系，人对土地、人对城市的态度，也反映了人的理想和欲望；（2）景观作为生活其中的栖息地，是体验的空间，人在空间中的定位和对场所的认同，使景观与人物我一体；（3）景观作为系统，物我彻底分离，成为科学、客观的解读对象；（4）景观作为符号，是人类历史与理想、人与自然、人与人相互的作用与关系在大地上的烙印。[1]

### （三）廊道景观

廊道景观具有以下几个核心特点：

连续性：通常具有明显的线性特点，它们沿着特定的自然或河道轴线展开。

多功能性：提供美化环境的功能，还融合休闲、文化、交通等多种功能。

可达性和互联性：便于公众到达和使用，并且通常与更大的区域网络

---

① 俞孔坚:《论景观》,《中国建筑装饰装修》2003 年第 12 期。

相连，提供不同形式的移动路径。

生态价值：提供野生动植物栖息地、改善水质以及增加绿色空间。

文化历史融合：当地的历史和文化元素集合，成为文化传承的载体。

浙东运河作为一条流动着的廊道，是基于浙东运河各区段地域特征下的运河生态要素的交融与共生。同时，作为有着几千年历史的浙东运河，见证了沿线廊道的生态演变，也影响着区域的经济、政治和人文思想。可以说，浙东运河廊道不仅是一条生态多元、要素复合的廊道，更是一条在历史中生态格局中不断变迁、发展的廊道。[①]

浙东运河廊道景观分为纵向和横向两大体系，纵向讲述的是浙东运河廊道历史变迁过程中的典型代表性景观，横向是指浙东运河廊道中多元结构要素的共生景观，包括具有区域典型性的自然与人文景观。[②]

## 1. 本书涉及浙东运河廊道景观的范围

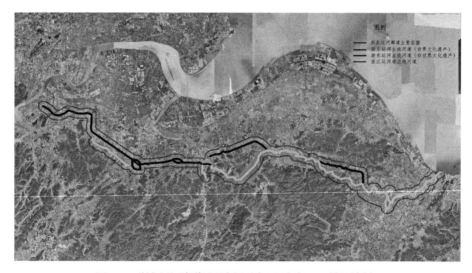

图 0-2　浙东运河廊道景观空间示意图（根据卫星地图绘制）

---

① 牛会聪：《多元文化生态廊道影响下京杭大运河天津段聚落形态研究》，博士学位论文，天津大学，2011 年，第 3—4 页。

② 牛会聪：《多元文化生态廊道影响下京杭大运河天津段聚落形态研究》，博士学位论文，天津大学，2011 年，第 4 页。

时间跨度以历史变迁为主要节点，从春秋时期山阴故水道开始至明清时期，再到现代浙东运河申遗成功及后申遗时代至今。

空间范围为浙东运河全线所处区域，包括杭州市、绍兴市、宁波市，其中核心区为杭州市滨江区、萧山区、钱塘区，绍兴市越城区、柯桥区、上虞区，宁波市海曙区、江北区、镇海区、北仑区、鄞州区和余姚市。廊道主要涉及范围为浙东运河保护河段两侧各约 2000 米。

### 2. 廊道景观构成要素

浙东运河廊道及景观的组成元素包括浙东运河河流廊道本身、沿线沟通的大量水系湖泊、沿线密集分布的文物古迹和非物质文化遗产。

故宫学院院长、故宫博物院原院长单霁翔把大运河需要保护的景观分成了十六类。第一是人与自然共同形成的景观。第二是大运河沿线千百年来遗留下的历史景观。第三是沿线的建筑景观，特别是和大运河文化相关的建筑景观。第四是沿线的工程景观。第五是沿线的运输景观。第六是沿线的河道景观。第七是沿线的历史街区景观。第八是沿线的园林景观。第九是沿线的宗教景观。第十是沿线的商业景观。第十一是沿线的民居景观。第十二是沿线的民俗景观，即传统风俗文化艺术的景观。第十三是沿线人们独特的生活景观。第十四是沿线的生产景观。第十五是沿线的艺术景观，即非物质文化遗产的保护与传承。第十六是沿线各具特色的城镇景观。[1]

大运河遗产保护内容要素，把大运河的遗产分为遗产本体和历史环境两大类。其中遗产本体下细分为"水利工程及相关文化遗产""运河聚落遗产""其他运河物质文化遗产"，历史环境下细分为"大运河生态与景观环境""大运河相关非物质文化遗产"。（见表 0-1）

---

[1]　单霁翔：《用十六类景观讲好大运河故事》,《新华日报》2022 年 2 月 18 日第 14 版。

表 0-1 大运河遗产保护内容分类

| 大运河遗产 | 遗产本体 | 水利工程及相关文化遗产 | 水道、水源、水利工程设施、航运工程设施、古代运河设施和管理机构遗存、运河档案文献及与运河相关的古代祭祀文化遗存 |
| --- | --- | --- | --- |
| | | 运河聚落遗产 | 运河城市、运河古镇、运河村落 |
| | | 其他运河物质文化遗产 | 古遗址、古墓葬、古建筑、石刻与碑碣、近现代重要史迹及代表性建筑 |
| | 历史环境 | 大运河生态及景观环境 | 农田、林地、湿地、湖泊、河流、乡村建筑景观、城镇人工景观 |
| | | 大运河相关非物质文化遗产 | 老地名、运河船工号子、戏曲、俗语、民间故事、传说、风俗习惯、土特物产及各种手工工艺等 |

## 二、浙东运河地理位置

浙东运河位于经度：120.222677°、纬度：30.191085°，从地图上可以看出，浙东运河的地理位置十分优越。它位于浙江东部，西起西兴，经过萧山，横穿绍兴市区，然后一直向东，相继经过上虞、余姚、宁波后再注入甬江。

浙东运河主要经过宁绍平原地区，与区域内的多条江河（如钱塘江、浦阳江、曹娥江、甬江等）相互交叉，相互连接，成交叉或重合之势。这些江河将浙东运河所经区域天然地分隔开来。运河沿线市县众多，沿途风景秀丽，景色宜人。①

由于浙东地区地势南高北低，河流多为南北向，因此，东西走向的浙东运河需要穿越多条自然河流。为维持不同区域的水位并使船只能够通过水位高差不同的河段，运河中修建了许多碶闸和堰坝设施。这与数量众多、形式各异的桥梁一起成为了浙东运河的特色，也成了重要的运河遗产。②

---

① 王佳宁：《近代浙东运河航运与区域经济发展研究（1895—1937）》，硕士学位论文，杭州师范大学，2019 年，第 11 页。

② 林佳萍、赵婧赟：《浙东运河：半部绍兴发展史》，《绍兴日报》2020 年 10 月 27 日第 3 版。

# 三、浙东运河历史作用

浙东运河是我国最早的人工运河，至今已有 2500 多年的历史。它既是中国大运河的南端，也是著名海上丝绸之路的南起始点。它见证了此区域灿烂的历史，孕育了这方土地独特的人文，是宁绍地区社会经济发展的见证者，也是文化传播与经济繁荣的媒介和承载体。浙东运河全长约 200 千米。主要航线西起西兴，经绍兴城过曹娥江到通明坝与姚江汇合，全长约 125 千米，此段为人工运河。之后，经余姚、宁波会合奉化江后称为甬江，东流至镇海入海，以天然河道为主。[①]

浙东运河的历史始于春秋末期的山阴故水道，至晚贯通于两晋，灌溉、航运功能开始全面形成，鼎盛于唐宋时期，历经时代变迁，至今依然发挥着重要的交通水利功能。它是宁绍平原上开发湿地、利用湖泊的成功范例，是古代水网地区通江达海的政治、经济、文化干线，是闸、堰、桥、水则等工程技术管理与复线运行的杰出创造，也是我国至今仍在沿用和保存最好的运河之一。它是祖先留给我们的珍贵物质和精神财富，是活态的、流动的重要人类遗产。

## 1. 生态文明的大工程

浙东运河自古以来就为利用水资源而设法突破自然水系和潮汐河道的阻隔。宋代浙东运河上所谓"三江重复，百怪垂涎。七堰相望，万牛回首"，形成一条浙东运河风景线。浙东运河在绍兴平原段，河湖密布，从南到北湖泊和海塘此消彼长，东西又存在水位差，由于各地和不同季节对河湖的防洪、排涝、灌溉、航运有着不同的要求[②]，通过山会水则与入海枢纽工程总体控制调度。纤道桥梁及卓越的航船水运技术是世界运河工程技术的奇迹。此外，过曹娥江延伸到宁波海港的运河，局部采用复线

---

① 邱志荣:《浙东运河概述》,《2013 年中国水利学会水利史研究会学术年会暨中国大运河水利遗产保护与利用战略论坛论文集》, 2013 年 11 月。

② 邱志荣:《浙东运河概述》,《2013 年中国水利学会水利史研究会学术年会暨中国大运河水利遗产保护与利用战略论坛论文集》, 2013 年 11 月。

运行，巧妙利用自然河流、天然湖泊、湿地和冲积扇、潮汐力量，因势利导，体现人与自然的高度和谐，成功地实现了沟通南北、链接经济腹地与政治中心的历史功能。

### 2. 国家统一的主航道

汉顺帝永和五年（140），会稽郡太守马臻纳三十六源之水，兴建了鉴湖。公元 300 年前后，在晋会稽内史贺循的主持下，开凿了著名的西兴运河。在鉴湖和西兴运河的共同作用下，效益不断显现。晋元帝对会稽殷实繁荣的景象赞叹不已："今之会稽，昔之关中。"元和十年（815），观察使孟简开运道塘，通航和管理标准大幅提升。浙东海上丝绸之路与浙东唐诗之路也在此兴起。随着宋代经济政治中心南移，宁波成为东南重镇，大量对外贸易、贡使来朝等依赖宁波港作为国家级的海陆交通和贸易枢纽。明代河网的整治与三江闸的兴建，使山会平原从鉴湖水系走向运河水系。康乾盛世中，两位帝王拜祭大禹、游赏兰亭，在乘龙舟途经浙东运河时留下了辉煌的篇章，足以证明浙东运河是国家统一的重要因素和象征。

### 3. 经济发展的大动脉

浙东运河为农田灌溉和防洪泄洪提供了基础设施，为农作物的种植与栽培创造了条件，推动了浙东区域农业经济的稳步发展。运河使两岸百业俱兴，大量官营商业和新兴商业如造船业、瓷器业、酿造业、纺织业、编织业、印刷业、造纸业、五金制造业及其他各种手工业等蓬勃兴起。瓷器、茶、丝织品、书籍、文具、铜钱等，成为宁波港对外贸易的主要输出品。[1] 同时，从岭南、福建等地以及日本来的海船，在明州驻泊后，改乘内河船，经浙东运河至杭州，与大运河对接，直达扬州等商业城市。[2] 南宋王十朋《会稽风俗赋》就描述了浙东运河"浪桨风帆，千艘万舻"的繁华景象。

---

[1] 邱志荣：《千古名河　好运天下——话说浙东运河的历史与价值地位》，《中国水利》2018 年第 13 期。

[2] 彭程雯：《运河景观使用状况评价研究》，硕士学位论文，浙江农林大学，2014 年，第 26—27 页。

### 4. 城乡繁荣的供养带

浙东运河的开发、畅通兴起了商业城市。"浙东之郡，会稽为大。"越州刺史元稹用"会稽天下本无俦"来赞美这座美丽、繁华的水城。宁波老城是依托宁波港建设起来的，以其历史悠久、文化深厚、经济发达及海城风光闻名已久。句章是甬江流域出现的最早的港口，是会稽的海上门户。曾入绍兴府的余姚秦时置县，东汉建城，临姚江而立，是曹娥江通过虞甬运河沟通姚江的重要节点城镇。闻名于世、距今约 7000 年的河姆渡遗址便在此地。"一水双城"格局在诸多运河城镇中是十分罕见的，独特的城市形态与格局表明了运河对其发展的直接影响，展现了独特的运河水乡风貌。[①] 我国文物界已故老前辈罗哲文先生有诗曰："千古浙东大运河，至今千里泛清波；江南鱼米之乡地，众口同称赖此河。"运河是孕育、供养沿线城市和历史文化名城的"脐带"。

### 5. 优秀文化的滋生地

浙东运河的贯通一方面使运河沿线区域社会经济达到空前繁荣；另一方面也为运河区域文化事业的发展提供了物质基础和广泛交流的环境。[②]浙东运河所处区域是越文化高地，舜会百官、禹得天书、秦望刻石、兰亭雅集、唐诗之路、海丝之路等都是浙东的骄傲。


# 四、浙东运河（山·原·海）廊道景观演变解析

## （一）浙东运河（山·原·海）框架特点

浙东运河（山·原·海）整体景观环境一直在动态地演变自然环境和社会环境的影响。自然环境层面经历了"海"到"山·海"再到"山·原·海"漫长的演变过程，受到水环境、台阶状地理格局及海进海退带来的环境变

---

① 邱志荣：《浙东运河概述》，《2013 年中国水利学会水利史研究会学术年会暨中国大运河水利遗产保护与利用战略论坛论文集》，2013 年。

② 霍艳虹：《基于"文化基因"视角的京杭大运河水文化遗产保护研究》，博士学位论文，天津大学，2017 年，第 55 页。

化的影响；社会层面包含国家大一统环境变化与区域自身社会发展程度。浙东运河的"山"为"原"提供了丰富的水源，是"原"的地形骨架，壮丽的背景，保留着人类利用、开发和改造"山"的丰富遗迹，经历了实用的、宗教的、哲学的和审美的等几个阶段，是山神崇拜、禹会会稽、欧冶铸剑、秦望刻石、兰亭修禊、阳明洞天等文化主要承载地。浙东运河的"原"衬出"山"的底色，是江河汇入"海"的过渡带，从地理空间上来说，经历了由南部孤丘地区逐渐向北部平原发展最终实现平原整体水网分布的过程；从功能上来说，由最初局部生活、农业用水的供应，发展到调节平原整体水环境、漕运、交通等多样化功能；从水系形式上来说，经历了由自然水环境中的平原小规模水利开发，到湖泊水利主导下的河网水系开发，再到最终整体河网水系的转变三个阶段。[①]浙东运河的"海"映射了区域精神个性，复杂的海岸变迁推进平原的发展，历代海塘围涂凝炼成了一种"尊重科学、艰苦奋斗、团结拼搏、不折不挠"的精神，具有镇海防卫作用的海塘是防洪抗御、自强不息的历史见证，港口枢纽、滨海产业构建了海丝之路的焦点。但在全球化和城镇化迅速发展的巨大压力下，浙东运河廊道由河网水系构成的传统格局正在急剧退化，经漫长历史岁月沉积下来的独特地域景观值得我们珍视与保护。

### （二）（山·原·海）廊道景观演变阶段概述

史前面貌——远古时代海进海退，从利用旧石器进步到制作、使用新石器，这是史前"山·原·海"格局形成的过程。古人对"山"的需求体现在避洪遮雨，刀耕火种，祈雨烧山，开发冲积扇、阶地、坞岭的活动建设；古人对"原"主要有防潮筑堤、迁居平原、农田作业等场景；古人在"海"的实践中，初步形成捕捞、航运、制盐等相关技术。

---

① 张诗阳、王向荣：《宁绍平原河网水系的形成、演变与当代风景园林实践》，《风景园林》2017 年第 7 期。

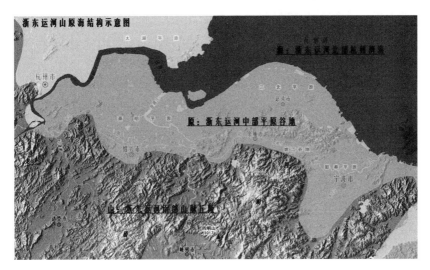

图 0-3　浙东运河山原海结构示意图

　　古海塘故道的形成——从夏朝建立到春秋战国，青铜器逐步使用，后期出现铁器，这是人类对"山·原·海"早期利用和局部改造时期。这一时期主要体现在传说或文献记载中的大禹治理大江大河，在山麓探研营种之术，在山坞解决山区、半山区种植用水问题，后又在平原"教民鸟田"。到了越国勾践时代"十年教训，十年生聚"，政治经济变革，推动区域景观环境变化，兴建了一批"山·原·海"台阶式的系列治水工程，可养鱼、防洪、御潮、调蓄、灌溉等。古人掌握了筑堤围塘、水道开凿等水利技术，建成山阴故水道、富中大塘、炼塘、固陵城、句章港，这些工程在生产生活中获得显著成效。

　　湖泊主导下的环境——到了秦汉南北朝时期，铁器广泛使用，推进了塘堰、坝埭、水门、涵闸、桥梁、人工湖泊等水利工程、技术的发展，回涌湖、鉴湖、杜湖、白洋湖、白马湖、上妃湖等一大批湖泊建成，原来的汪洋沼泽逐渐被取代，农田、聚落和城市逐步发展，浙东环境从"咸潮直薄"的面貌一下子提升到优美的山水风光。随着"晋室南迁"，《兰亭集序》《东山再起》《山居赋》等历史重要文献均在这个阶段诞生。湖泊水利工程具有较强的储蓄和调节能力，能够实现较大规模的农业灌溉，促进了平原运河的开凿。台阶状地理特征也有利于湖泊水利的运转①，在连接鉴湖和曹娥江、西小江的南北向河流之间兴修了东西向的漕渠（西兴运河与山阴故水道整合），内河彼此间的水量得以调节，这提升了平原整体的水利调节和排水能力。在湖泊分散布局的宁波平原，则以三江口州城为中枢，通过疏浚和兴修多条塘河，整合了平原的水网系统。这些塘河连通了水源与自然水体，承载着生活生产用水的供给、防御水患、交通运输等多种功能，如东钱湖通过中塘河与奉化江相连，它山堰则通过南塘河向平原西部地区及州城供水。②浙东运河整体水系得以初步构建。

海塘主导下的环境——在唐代，明州从越州分离出来，这标志着浙东地区进入了以海港经济为特色的发展时期。运道塘、后海海塘建设后，可外御涌潮冲击，内主泄洪蓄淡，既是宁绍人民繁衍生息之大计，又是开拓滨海沼泽平原之前期工程和拱卫宁绍平原安全之重要屏障。对于东西贯通宁绍平原，几乎与后海岸线平行的浙东运河来说，后海海塘同样是保持运河水量水位和护卫运河安全的重要保障。同时，夏盖湖、东钱湖、它山堰与广德湖一起，成为虞北地区和宁波平原西部的主要水源。由于水上交通的便利，海上丝绸之路、浙东唐诗之路促成了越地文化高潮，越罗、越酒、越纸、越瓷等技术水平已接近我国封建社会的顶峰。

河网主导下的环境——在宋代，后海岸北移、鉴湖衰落和浦阳江改道等，对浙东运河水环境变迁产生重大影响，促进了运河的河道工程建设。宋室南迁，浙东运河已经成为南宋朝廷的生命线，地位日隆，进入鼎盛期，形成了"三江重复，百怪垂涎，七堰相望，万牛回首"之运河奇特景观。由于海塘北移使得"蓄淡灌溉"的平原扩大，由于大部分淤积的湖泊衰落，鉴湖、湘湖、夏盖湖、广德湖等逐步遭到围垦，最终被农田所取代，整体水系格局逐步由河网主导。因此，河网水系对碶、闸、堰、坝等

---

① 张诗阳、王向荣：《宁绍平原河网水系的形成、演变与当代风景园林实践》，《风景园林》2017 年第 7 期。

② 张诗阳、王向荣：《宁绍平原河网水系的形成、演变与当代风景园林实践》，《风景园林》2017 年第 7 期。

组成的水利控制系统提出了更高的要求，同时需解决海潮溯江倒灌的问题。中国南北大运河中著名的堰坝之一——钱清南北堰就是建于此时的。不过由于通航堰坝和各段河道的差异、各河道通航能力不同，在通行浙东运河时，仍需辗转换船。[①]

运河主导下的环境——明代三江闸建成，钱清江成为内河，海塘连成一线，浦阳江复道，钱清南北堰、都泗堰撤除，钱塘江道北移，《山会水则》管理创举等，这些都对浙东运河环境产生了较大影响。绍萧内河运河水系取代鉴湖水系，标志着浙东运河流域不再遭受潮汐直接冲击，开始进入与后海隔绝的新环境时期。明末清初，钱塘江发生"三门演变"，从而形成广袤的南沙。此外，还有碛堰开堵、麻溪筑坝以及渔浦变迁等水事发生。

科学治理下的环境——近代水文测绘始于民国，这时期开始对钱塘江、浦阳江等进行科学治理。麻溪改坝为桥，湘湖再次出现大规模的围垦现象。新中国成立后，浙东运河运输能力大幅提升，通过植树造林、水土保持、生态修复等措施，有效地改善了运河周边的生态环境。2014年申遗成功，浙东运河更现灿烂光辉，展示了无穷魅力。如今，浙东运河正在慢慢成为一条绿色的、美丽的生态廊道。

### （三）（山·原·海）廊道景观演变详述

#### 1. 史前面貌（海进海退而生）

追溯远古时代，浙东运河所处的地形地貌经历了从"海"到"山·海"再到"山·原·海"的漫长演变过程。中生代以前，浙东运河区域尽是一片汪洋。印支运动，南部为山，北部为海。从第四纪晚更新世起，经历了三次海进、海退的过程，形成了南部为浙东山地丘陵带，中部为平原，北部为海的地形地貌。地势南高北低，是一个"山地—平原—海洋"逐渐递降的台阶式格局，这是影响平原发展最为关键的地理因素。会稽山、四明

---

① 王佳宁：《近代浙东运河航运与区域经济发展研究（1895—1937）》，硕士学位论文，杭州师范大学，2019年，第17页。

山、天台山、龙门山、天目山余脉逶迤南北。一方面，亚热带季风性气候带来丰沛的降雨，雨水在南部山区中汇集，并通过钱塘江、浦阳江、钱清江、平水江、曹娥江、余姚江、奉化江、甬江等大河以及众多溪流流经平原，奔流入东海。另一方面，平原直面大海，长期受海潮和山洪的影响，多处被泥沙封积形成潟湖，或冲击成众多河流，这些为浙东运河的发展提供了基础水文条件。[①]

早在第四纪之初，原始人类就在这片气候暖湿、资源丰富的平原上繁衍生息。跨湖桥遗址、田螺山遗址等考古发现可以证实。那时先人已在滨海平原利用骨耜翻耕种植水稻，乘坐木雕船操作小木桨划水航行，使用带有石头网坠的网打鱼，制作和运用黑陶器具，用骨针缝衣，以吹骨哨为乐。跨湖桥遗址、田螺山遗址，与距今约 7000 年的余姚河姆渡遗址，距今约 4000 年的蜀山等良渚文化遗址，比较完整系统地反映了新石器时代杭州湾南岸的文化面貌。由此也奠定了山林、山麓、平原、海洋的原始景观。同时，这个地区的先民世代相传的神话和传说，使景观增加了人文色彩。例如凰桐江畔舜湖，传说是舜的出生地，尧舜时期，宁绍平原洪水肆虐，水患频繁，水害严重，浙东一带遂成了大禹治水活动的中心。大禹治水成功后，"上茅山，大会计，爵有德，封有功，更名茅山曰会稽"，会稽始名。

最后一次海侵（距今约六七千年），宁绍平原均成一片浅海，海岸线到达今会稽山和四明山的山麓线。由于气候冷暖交替变化，海岸线在海侵海退的作用下常有移动。当时，除了丘陵山地，基本就是沿海岛屿。西起今萧山的航坞山，东迄包括绍兴马鞍山及宁波翠屏山、阿育王山等，还有平原上的许多孤丘，当时也都是岛屿。山以北当时的景象为沼泽平原，河道纵横，湖泊棋布，水草遍地，鹭鸟翻飞。随着海侵的发展，宁绍平原土地不断缩小，受潮汐影响，土壤盐碱化严重，自然环境不断恶化。于是，

---

① 张诗阳、王向荣：《宁绍平原河网水系的形成、演变与当代风景园林实践》，《风景园林》2017 年第 7 期。

原始居民被迫迁移，最后导致了河姆渡遗址、下孙遗址的淹没和毁弃。海退以后，这些平原又重新露出，成为一片潮汐直薄的沼泽地，土地斥卤。《浙江省区域地质志》表述，"宁波盆地的成陆年代在距今约 5000 年的第四纪全新世后半叶，概括地反映了三江口地区山地丘陵区与海滨平原区在漫长的地质年代逐步发育的结果"。这时期原始居民正如《吴越春秋》所描述的，"随陵陆而耕种，或逐禽鹿而给食"，从事狩猎和迁徙农业生产。这一时期，我们可以看到刀耕火种、山麓阶地开发的场景，在平原里有防潮筑堤、农田作业的面貌。

### 2. 早期利用（筑堤塘开故道）

春秋时期，萧绍平原基本形成，原本生活在南部山区中的越族逐渐北移。公元前 496 年，越王勾践"徙治山北"，成为海退之后越族重返宁绍平原的标志。早期城市聚落均起源于靠近南部山麓的孤丘平原地区，孤丘上的森林和泉水提供了燃料和饮用水，而南麓的向阳地带，又为生产生活提供了便利。今日绍兴古城的前身，便是由种山（今府山）以南的勾践小城与附近其他八处孤丘聚落连成一片而构成。而东部宁波平原在这一时期也出现了依托天台、四明等山脉建立的鄮、鄞及句章 3 个早期主要聚落。[①]

越国对平原的利用注重农业和水运交通，据《越绝书》记载，至勾践治理中期，宁绍平原已经出现了为数可观的塘田和练田景观。塘田和练田是在旱田的基础上修筑塘陂进而灌溉而成的水田。据考证，富中大塘和吴塘分别位于今绍兴东部的富盛地区和西部的湖塘地区，均是依靠南部山麓而建的陂塘水利，可见早期农业开发的区域与南部零散的孤丘聚落关系密切。[②]交通运输方面，《越绝书》卷八载"山阴故水道，出东郭，从郡阳春亭，去县五十里"，即日后浙东运河绍兴段的东段。另外，当时凡手工业场所所在之地，都开凿了运河，如官渎、铜姑渎、直渎、炭渎等。《越绝

---

① 张诗阳、王向荣：《宁绍平原河网水系的形成、演变与当代风景园林实践》，《风景园林》2017 年第 7 期。

② 张诗阳、王向荣：《宁绍平原河网水系的形成、演变与当代风景园林实践》，《风景园林》2017 年第 7 期。

书》卷八记载："练塘者，勾践时采锡山为炭，称炭聚，载从炭渎至练塘，各因事名之，去县五十里。"可见，通航运河（炭渎）、陂塘水利（练塘）、矿产地（锡山、炭聚）与生产场所（练塘旁的冶炼场所）相互关联。由于山会平原西部的开发、连通钱塘江以及与中原各地交往的需要，山阴故水道和故陆道并存，故水道东起练塘，经山阴城（今绍兴城）阳春亭、东郭门又经偏门外至今柯岩、钱清，过西小江至固陵达钱塘江。[①]它贯通了山会平原东西地区，并与东、西两小江相通，连接吴国及海上航道，又与平原南北及诸河连通。

古越海塘是越国富国强兵的重要基础设施之一。除上述富中大塘、练（炼）塘外，沿海有固陵城、港，以及航坞（杭坞）、石塘、防坞、舟室等水利军事工程。"石塘者，越所害军船也。塘广六十五步，长三百五十三步，去县四十里。"塘位于杭坞，即今萧山境内古海塘沿线航坞山麓，其北部海域，曾是吴越水军战场。石塘当为水车基地和码头，塘系石筑，从当时的技术水平和有关史料分析，似属抛石护坡海塘。[②]总之，早期重返平原的人们对水利水网开发进行了初步探索，掌握了筑堤围塘、水道开凿等水利技术，为平原未来的大规模开发积累了技术经验和一定的物质基础。此外，平原北部海潮仍未完全退去，存在大面积的汪洋和沼泽。

### 3. 秦汉时期（湖泊主导景观）

秦始皇统一中国，推行郡县制，置会稽郡，郡治在吴（今苏州），改大越为山阴。他还开创了帝王祭祀禹王陵的先河，秦始皇三十七年（前210）十一月，秦始皇东巡至钱塘，上会稽，次年正月甲戌祭大禹后还，从江乘渡，北至琅琊。秦始皇在会稽拜大禹，再登秦望山，望越中山川大势，刻石山上，留下著名的李斯会稽刻石。巡越会稽的影响之大，南朝《会稽记》有云："始皇崩，邑人刻木为像祀之，配食夏禹。后太守王朗，弃其像江中，像乃溯流而上。人以为异，复立庙。"这也间接说明秦始皇

---

① 邱志荣、陈鹏儿：《浙东运河史》（上卷），中国文史出版社 2014 年版，第 75 页。
② 陈鹏儿：《越国的水利》，《越国文化》，上海社会科学院出版社 1998 年版，第 103 页。

对山会平原的河道及道路作了大规模整治和疏通。

西汉时期，山会航道因秦代强制移民，同越国后期无大的改变。司马迁到会稽后曾描绘当时的社会环境"地广人稀，饭稻羹鱼，或火耕而水耨，果隋嬴蛤，不待贾而足"[①]。东汉建初元年（76）的"建初买地刻石"被发现，从侧面反映出交易的兴起。曹娥江以东的姚江、甬江，在秦汉时就有人工运河入海的记载。据《汉书·地理志》，会稽郡句章县有"渠水东入海"之说。曹娥江与姚江水路的通航，还可以过句章出海。

东汉时期湖泊建设兴起。山会地区早于鉴湖兴建的是回涌湖工程。宋《嘉泰会稽志》载："回涌湖在县东四里，一作加踵，旧经云：汉马臻所筑，以防若耶溪水暴至，以塘弯回，故曰洄涌……"[②]据考，回涌湖应为东汉马棱所建。[③]东汉永和五年（140），会稽郡太守马臻整合已有的堤塘，在南部山麓前兴修了东西两段约 57km 的大型湖堤。湖堤西起西小江（浦阳江北流分支），东至曹娥江，汇集南部山区中的 36 处水源，在山麓和湖堤之间形成了面积达 206km² 的蓄水区域，即"鉴湖"。[④]与鉴湖连通后，洄（回）涌湖也就废弃了。由于曹娥江、西小江均横穿平原北部，并交汇于三江口出海，鉴湖通过数条南北向河流与二江连接，从而形成了山地—鉴湖—平原—海洋的平原水系调节系统，并通过由斗门、闸、堰、阴沟组成的涵闸系统实现控制。鉴湖强大的拦蓄能力基本解决了山会平原的洪水威胁，也储备了大量的灌溉用水，同时涵闸系统还能够起到拒咸的作用。[⑤]《会稽志》记载："筑塘蓄水高丈余，田又高海丈余。若水少，则泄湖灌田；如水多，则开湖泄田中水入海。"这说明鉴湖修建充分利用了台阶状

---

① ［汉］司马迁:《史记》卷一二九《货殖列传》，第 10 册，中华书局 1959 年版，第 3270 页。

② ［宋］施宿、张淏撰，李能成点校:《会稽二志点校·嘉泰会稽志》卷一〇，安徽文艺出版社 2012 年版。

③ 盛鸿郎、邱志荣:《回涌湖新考》，盛鸿郎:《鉴湖与绍兴水利》，中国书店 1991 年版。

④ 张诗阳、王向荣:《宁绍平原河网水系的形成、演变与当代风景园林实践》，《风景园林》2017 年第 7 期。

⑤ 张诗阳、王向荣:《宁绍平原河网水系的形成、演变与当代风景园林实践》，《风景园林》2017 年第 7 期。

格局的南北向高差，通过自然的力量实现区域的水资源调节。除了以上湖泊外，东汉时期（25—220），慈溪筑汉陂、杜湖、白洋湖，上虞筑白马湖、上妃湖等。曾是咸潮直薄的山会平原，由于湖泊兴建成为山清水秀的鱼米之乡。"境绝利溥，莫如鉴湖。"①

六朝时期，"晋室南迁"，山会平原得到迅速开发。《晋书·诸葛恢传》就有"今之会稽，昔之关中"的评价。在山阴兰亭诞生了《兰亭集序》，成就了会稽东山的"东山再起"，出现了王羲之"山阴道上行，如在镜中游"的优美诗句，山水诗鼻祖谢灵运在《山居赋》中把浙东环境描绘得有声有色。公元300年前后，在晋会稽内史贺循（260—319）主持下，开凿了著名的西兴运河。"运河在府西一里，属山阴县，自会稽东流县界五十余里入萧山县，宋《旧经》云：'晋司徒贺循临郡，凿此以溉田。'"它自郡城西郭西经柯桥、钱清、萧山直到钱塘江边，起初称漕渠。因运河从萧山向北在西陵镇与钱塘江汇合，而西陵从五代起即称西兴，故名西兴运河。西兴运河东至绍兴西郭门入城，再向东，过郡城东部的都赐堰进入鉴湖，可沿鉴湖到达曹娥江边，沟通了钱塘江和曹娥江两条河流。它起先是鉴湖的灌溉配套河道，后发展成为重要的漕河，成为浙东唐诗之路的重要路段之一，增强了浙东地区与全国各地的联系与沟通，加快了东南沿海的开发进程，从而提高了江南经济在全国的地位。之后，这条运河的航运功能不断扩大，成为这一地区的主航道。② 同时受鉴湖兴废、浦阳江改道和三江闸建成等山会水利形势重大变化的影响，曹娥江以东航线，随着南朝宋以前梁湖埠的兴建，天然河流姚江在起始段渠化，这可视作浙东运河曹娥江以东运河段开始人工改造的标志。梁湖埠阻遏了曹娥江涌潮对姚江的侵袭，阻截了姚江上游淡水外流曹娥江，又相对稳定了姚江的正常水位，从而为姚江连接余姚、沟通鄞地创造了水路交通的有利条件，奠定了开发

---

① ［宋］王十朋：《会稽风俗赋并序》，《王十朋全集文集》卷一六，上海古籍出版社1998年版。

② 邱志荣：《浙东运河概述》，《2013年中国水利学会水利史研究会学术年会暨中国大运河水利遗产保护与利用战略论坛论文集》，2013年11月。

浙东交通设施的基本框架。

### 4. 唐朝时期（海塘湖泊共推唐诗之路）

到了唐代，西兴运河的航运地位更加突出。唐代中期，曾任越州刺史的元稹和杭州刺史白居易分别写下了一段唱和诗，"舟船通海峤，田种绕城隅"（元稹），"堰限舟航路，堤通车马途"（白居易）。古老运河，越中风光，跃然纸上，号称"会稽天下本无俦"①。会稽郡城在隋代扩建成罗城，到唐代成为越州州城，城内运河工程主要有迎恩水门始建、西小路河纳入城内和新河开凿等，城外有唐代韦瓘《修汉太守马君庙记》记载的山阴鉴湖修建马太守祠庙。唐开元二十六年（738）鄮县历史性地从越州分离出来，设置了明州，标志着浙东地区进入了以海港经济为特色的发展时期，句章港遂被明州港取代。唐长庆元年（821）明州刺史韩察仿会稽城子城的做法先筑明州子城（内城）；唐乾宁五年（898），明州刺史黄晟仿会稽城罗城的做法，在子城外修罗城（外城），"罗城周围二千五百二十七丈，计一十八里。奉化江自南来限其东，慈溪江自西来限其北，西与南皆他山之水环之"②。

唐元和十年（815），观察使孟简主持修建西兴运河沿岸的运道塘，西兴运河南岸塘部分主要路段从泥塘改建为石塘路，这是西兴运河通航和管理标准提升的重要标志。《嘉泰会稽志》卷十载："新河在府城西北二里，唐元和十年观察使孟简所浚。"此"新河"应是相对"老河"而名。原来运河经绍兴府城河道是由西郭经光相桥、鲤鱼桥、水澄桥到小江桥河沿的，由于运河商旅增多，此河通航受到限制，孟简又开一条由城西西郭直通城北大江桥、与小江桥相连的"新河"，缩短航线，避免壅塞，促进了沿河运输商贸的发展。③

后海海塘大致可分为山会海塘和浙东海塘两部分。据史料记载，山会

① ［唐］元稹《重夸州宅旦暮景色》,《元氏长庆集》卷二二。
② ［宋］胡榘修，罗浚纂《宝庆四明志》卷三《城廓》,《文渊阁四库全书》本。
③ 邱志荣:《浙东运河概述》,《2013 年中国水利学会水利史研究会学术年会暨中国大运河水利遗产保护与利用战略论坛论文集》, 2013 年 11 月。

海塘由两部分组成：一是浦阳江、钱塘江右岸和曹江下游左岸海塘，自萧山麻溪桥至上虞蒿坝清水闸，全长116.85公里，自西向东分别由史称西江塘、北海塘、后海塘、东江塘和蒿坝塘等组成；二是曹娥江下游右岸百沥海塘（亦称会稽后海塘），自上虞百官至夏盖山，长近40公里。[1]浙东海塘西起上虞夏盖山，东至明州镇海后海塘，中段先后由史称大古塘、利济塘贯通连接，全长约81公里。[2]后海海塘外御涌潮冲击，内主泄洪蓄淡，是开拓滨海沼泽平原之前期工程和拱卫宁绍平原安全之重要屏障。对于东西贯通宁绍平原、几乎与后海海塘岸线平行的浙东运河来说，后海海塘同样是保持运河水量、水位和护卫运河安全的重要保障。历史时期，后海海塘历经自南而北扩展、零星分散至逐步连成一体的漫长演变过程。它起源于越国时期，到唐代进行大规模修筑（包括界塘、会稽防海塘和镇海后海塘等），大致在唐中后期，它西起萧山，东至上虞，形成了比较完整的防潮工程体系。唐末，西城湖、渔浦一起湮废。至明嘉靖汤绍恩建成三江闸以后，山会海塘与浙东海塘遂各自连成一线。江海塘在抢险与除险时加固，经过实践的反复检验、探索，涌现出丁石塘、块石塘、石板塘及鱼鳞石塘等结构型式。

唐长庆二年（822），上虞地区兴修夏盖湖，以承接南部山区中汉代早期陂塘水利工程白马湖和上妃湖的汇水。作为当时仅次于鉴湖的宁绍平原第二大湖泊水利工程，夏盖湖直接灌溉农田面积达到13.97万亩［约9300ha（公顷）］，同时还具备拒咸蓄淡和调节水位的功能，极大地促进了虞北地区的发展。[3]

东端宁波平原的湖泊水利建设兴起于唐代。宁波平原中南部地区被奉化江南北分割，所以平原东西部需要分设不同的水源系统，形成分散

① 《绍兴县志》第一册，中华书局1999年版，第466—467页。

② 按《浙江省水利志》所载上虞夏盖山至镇海龙场段海塘加镇海后海塘测算，中华书局1998年版，第295—296页。

③ 张诗阳、王向荣：《宁绍平原河网水系的形成、演变与当代风景园林实践》，《风景园林》2017年第7期。

式湖泊水利布局。平原东部的东钱湖兴修于唐天宝三年（744），后经宋代不断开拓、疏浚，到宋天禧元年（1017）已从开辟之时的溉田5万亩（约3300ha）增加到了溉田50万亩（约3.3万ha）。而平原西部的广德湖水利工程修治于唐大历八年（773），到宋熙宁元年（1068），其溉田也从最初的6000亩（约400ha）增长到3万亩（约2000ha）。二湖依靠山脉，吸收来自山区的汇水，并利用台阶状格局向海拔相对较低的农田区域进行灌溉。此外，宁波平原三面环山，许多山区并未修筑陂湖，而是利用堰、坝等设施，实现蓄淡拒咸的功能。唐太和七年（833）鄞县县令王元玮兴修的著名水利工程它山堰便是属于这一类。它山堰与广德湖一起，成为唐宋时期宁波平原西部的主要水源。①

唐代浙东地区重视农田水利，据《新唐书·地理志》可知：唐代会稽增修海防海塘；山阴凿越王山堰，作朱储斗门，置新迳斗门；上虞置任屿湖、黎湖；明州置小江湖，开西湖，增修广德湖，筑仲夏堰；鄞江桥西樟溪筑它山堰。这些举措不但提高了农田灌溉能力，还为当时浙东运河航运安全提供了保障，显现出巨大的经济效益。

唐代是浙东海上丝绸之路发展较快的时期，由于鉴湖和西兴运河交通便利，甬江和钱塘江通过浙东运河的交通运输业快速发展，越州成为浙东航运的枢纽城市，与国内各地加强了商贸交易。又由于港口的发展，明州与日本、朝鲜及南洋等地的商来客往、文化交流更加频繁，最著名的有鉴真东渡、最澄求法和空海留学等。

由此，这片以越州为中心的浙东神秘区域，以经济之发达、文化之深厚、景色之奇丽、宗教之兴盛，吸引了晋代以后的无数文人墨客前来游赏、探幽、怀古、创作，到唐代掀起高潮。据统计，终唐一代，有400多位著名诗人沿着这条路线游玩越中，留下了近千篇诗作名篇。诗路景点之首有鉴湖、若耶溪、禹陵、兰亭、东湖、柯亭等相关作品共计192首，形

① 张诗阳、王向荣：《宁绍平原河网水系的形成、演变与当代风景园林实践》，《风景园林》2017年第7期。

成了中外旅游史上绝无仅有的"浙东唐诗之路"①。而这条以诗为特色、以水路为主兼以陆道的旅游之路,它在文化和交通上的重要载体,正是把浙东主要文化景点串联起来的浙东运河。永淳二年(683),初唐四杰之首的王勃率浙东诗人曾在云门寺王子敬山亭主持了一次模仿王羲之兰亭雅集的修禊活动,并仿《兰亭集序》写了一篇《修禊云门献之山亭序》②,其中写道:"暮春三月,修被禊于献之山亭也。迟迟风景,出没媚于郊原。片片仙云,远近生于林薄。杂花争发,非止桃蹊。群鸟乱飞,有蹿鹦谷。王孙春草,处处争鲜。仲统芳园,家家并翠。"王勃也许意犹未尽,于同年秋再次修禊于此,作有《越州秋日宴山亭序》。越地几次文化高潮,与名山文化、运河水利、海塘围涂息息相关,也与发达的经济密不可分。

五代时期,由于陆路及内河航运受阻,沿海航线便成为吴越国通往闽广和中原各地的主要途径。北上中原的航线产生了贡赋,使者往来及贸易通商也"常泛海,以至中国",并在"滨海诸州,皆置博易务,与民贸易"。当时的航道大致由钱塘江走浙东运河到明州,再北上,经山东半岛,登州、莱州,然后取道东西两京(开封府、河南府)。③日本学者中村新太郎在《日中两千年》记载:远航日本的中国船从吴越出发,横越东中国海,经过肥前松浦郡值嘉岛后,到博多港靠岸。每次航行,基本上都是利用季风在夏季开航,一般到台风期过后的9月左右,就起程返航。

## 5. 宋代时期(河网水系主导成宋韵)

宋代,后海岸北移、鉴湖衰落和浦阳江改道等水环境变迁,对浙东运河产生了重大影响,促进了运河的河道工程建设。宋室南迁,浙东运河已经成为南宋朝廷的生命线,地位日隆,进入鼎盛期,如南宋状元王十朋描述的那样:"堰限江河,津通漕输。航瓯舶闽,浮鄞达吴。浪桨风帆,千

① 黄杉栅:《绍兴鉴湖文化景观历史变迁研究》,硕士学位论文,浙江农林大学,2018年,第42页。

② 王喜明:《雅集漫话》,《书屋》2010年第9期。

③ 邱志荣:《浙东运河概述》,《2013年中国水利学会水利史研究会学术年会暨中国大运河水利遗产保护与利用战略论坛论文集》,2013年11月。

艘万舻。"①运河上风帆高扬，划桨纷飞，舟船无数，蔚为壮观。随着运输的日趋繁盛，宋代对运河的整治和管理也日益加强，特别是为曹娥江以东的运河兴修了通明北堰、通明南堰、西渡堰，疏浚了上虞段和渣湖航道等，大大改善了运河的通航条件，在临安到明州的运河航线上增设至七座主要堰坝，自西而东分别为西兴堰、钱清北堰、钱清南堰、都泗堰、曹娥堰、梁湖堰和通明堰②，沟通了钱塘江、钱清江、曹娥江、余姚江、甬江五大潮汐河流之间的水路航线。七堰地处运河要道峡口，过堰又需等候涨潮，堰下舶船云集，为维持过堰秩序，专设堰营，有额定士卒镇守，并置数量不少的役牛拖船过堰，形成如宋人蔡肇所云"三江重复，百怪垂涎，七堰相望，万牛回首"③之运河奇特景观。

唐宋浙东海塘的大规模修筑拱卫了姚慈平原，也为慈江、中小河的疏浚、开拓和灌溉、航运提供了御潮屏障。南宋淳祐六年（1246）疏浚开拓了姚江支道。由渠化天然水道和人工疏凿水道组成的慈江、中大河、刹子港和西塘河，解决了乘潮候潮多风险之苦。清顾祖禹《读史方舆纪要》卷九十二对丈亭分流的姚江与慈江记载颇详："前江，县（慈溪县慈城）南十五里。源出余姚县太平山，流为姚江，入县境，至丈亭渡分为二：一由车厩渡历县南十五里之赭山渡，又东十五里，即鄞县之西渡也；一由丈亭北折而东，贯县城中，出东郭，抵县东南十五里之茅洲闸，又东南流七里，为化纸闸，而入定海（即镇海）县境。宋宝祐五年，制使吴潜于县东南五里夹田桥，引流导江，凡十余里，为沾溉之利。一名管山江，合

---

① ［宋］王十朋《会稽风俗赋》，［清］徐承烈《越中杂识》，乾隆间抄本。
② 宋代浙东运河上设有七座堰坝，出自《嘉泰会稽志》卷一〇引蔡肇《明州谢上表》。蔡肇，字天启，丹阳人，以中书舍人出知明州，其出知时间，据《宋史》卷四四四《蔡肇传》记载为徽宗初张商英当国事时，而张于崇宁元年始任尚书右丞，次年转左丞，罢职，故应在崇宁元年至二年（1102—1103）。又，西渡堰系建于西塘河进入姚江处，为拦蓄西塘河淡水不外泄姚江而设，其始建年代与西塘河开挖同期，而据《鄞县通志》记载，广德湖废于政和七年（1117），该时开挖西塘河和中塘河，所以西渡堰最早应建于政和七年，则蔡肇在崇宁初所记七堰肯定不包括西渡堰。
③《嘉泰会稽志》卷一〇。

流入鄞县界，亦谓之慈溪江。又有新堰，在县东南十二里，亦宋吴潜所建。"吴潜又在刹子浦的南端建小西坝，隔姚江与鄞县的西渡堰（大西坝）对接。

后海岸会稽海塘和山阴海塘的大规模增修和始筑，逐步取代了鉴湖的蓄淡、灌溉、释咸功能，促进了鉴湖水体的北移，并且在御潮功能上比鉴湖湖堤有了很大提高，所以历史上把鉴湖湖堤与后海海塘并称为南塘和北塘①。古人阐释两塘之间的关系，"前乎汉而无海塘，则镜湖不可不筑；后乎宋而无镜湖，则海塘不可不修"②，把北塘认同为南塘的北移。唐代鉴湖的另一个重大变化，则是开始出现因水土流失、湖底淤浅形成的"葑田"③，这可视作鉴湖出现衰落苗头的信号。到了宋代，湖区淤浅严重，地方政府疏于维护管理，出现围垦鉴湖以增加土地田亩，满足人口增长所需的现象。鉴湖创立、发展、衰落的全过程，见证了区域运河航道经历了从春秋时期自然水系—东汉至南宋鉴湖水系—南宋以后运河水系三个不同的发展时期。

鉴湖衰落后，为补充缺失的淡水资源，人们利用浦阳江改道迫使东流。碛堰乃浦阳江新江中的重点工程，多次被扩大、凿深。碛堰之开堵，关系到萧、诸、山、绍四县农业和航运之利弊。从南宋到明代，碛堰兴废无常。浦阳江改道对于西兴运河最直接的影响就是出现了运河水"高于江水丈余"的高水位差，由此诞生了宋代中国南北大运河中著名的堰坝之一——钱清南北堰。宋代过堰还需待"潮水平漫"钱清江水位时，再以竹索牵制，江流湍急时过堰变得非常困难。当时宿城内梦笔驿都能听到城外的潮声，南宋陆游还曾写下"千年未息灵胥怒，卷地潮声到枕边"的咏潮

---

① 陈桥驿：《吴越文化论丛》，中华书局1999年版，第405页。

② ［明］徐渭《水利考》，康熙《会稽县志》卷一二。

③ 菰草（即茭白）的根称为"葑"，湖沼、河流边盛长的菰、浦等各种水草，长年枯荣相继，茎蔓纠结成一大片，根部被水漫风刮而逐渐脱离了泥底。形成浮在水面上的、经固定填满带泥菰根可以种植的人造田，称为"葑田"。"葑田"的出现是鉴湖淤浅的标志。

佳句。日本僧人成寻《参天台五台山记》<sup>①</sup>有北宋熙宁五年（1072）过钱清堰的类似记载：

> 六日……未时至钱清堰，以牛轮绳越船，最希有也。左右各以牛二头，卷上船陆地。船人人多从浮桥渡，以小船十艘造浮桥。大河一町许。

从左右各二头仅需四头牛就可以牵引过堰来看，这是小船。而牵引大船过堰，则需要八头牛：

> 十九日……子时抵钱清堰。……廿日，雨下，卯时以水牛八头，付辘轳绳，大船越堰。船长十丈，屋形高八尺，广一丈二尺也。……申时至于萧山。小船六只将来乘移。

北宋政和二年（1112），萧山县令杨时在西城湖旧址，"砚山可依，度地可圩"，建造了一个周围82华里的人工湖泊，因湖景秀丽若潇湘，故名湘湖。它泽流五朝，灌溉九乡14.68万亩农田，是萧山水利史上又一大型水利工程，已有近九个世纪的历史。

宋代是浙东运河古代最辉煌的时期，这有其重要的政治、经济因素。众所周知，宋代浙东地区经济继续快速发展，北宋绍兴城繁华热闹，地位非同一般。南宋是绍兴城市发展史上的一次飞跃时期。建炎三年（1129），宋高宗赵构从杭州过浙东运河到越州，1131年，越州改名为"绍兴"，有"绍祚中兴"之意。后来，南宋虽然迁都临安，但浙东运河仍是其通向南、北、东的水运干道之一。修浚完毕的运河是漕米、食盐等物资的运输通道和官吏商人往来的交通要道，同时也是日本、朝鲜等国与南宋都城临安联系的通道。绍兴、明州、台州成为大后方，也成为海上丝绸之路的门户。不过由于通航堰坝和各段河道的差异，各河道通航能力的不同，在通行浙

---

① ［日］成寻编著，王丽萍校点：《新校参天台五台山记》卷一、卷三，上海古籍出版社2009年版。

东运河时，需辗转换船。<sup>①</sup>

到了元代，虽然浙东不再是政治中心，但浙东运河仍是庆元港（明州改名为庆元）联系内地的主要航线，庆元港是当时三大主要贸易港（广州、泉州、庆元）之一，是与日本、朝鲜贸易往来的重要口岸。[②]

### 6. 明清时期（运河主导水纵横）

明代建成三江闸，钱清江成为内河，海塘连成一线，浦阳江复道，钱清南北堰、都泗堰撤除，钱塘江道北移，《山会水则》管理举措出台，这些事件对浙东运河环境产生较大影响。绍萧内河水系的形成取代鉴湖水系，标志着浙东运河流域从遭受潮汐直接冲击开始进入与后海隔绝的新环境时期。

嘉靖十五年（1536），绍兴知府汤绍恩选择在玉山闸以北、马鞍山东麓之曹娥江、钱清江、钱塘江汇合处的古江口依峡建闸，创建了我国古代著名的滨海大闸——三江闸。[③] 大闸左右岸全长 103.15 米，顶面宽 9.15 米，28 孔，净孔宽 62.74 米[④]，闸孔名系应天上星宿，故又称应宿闸。三江闸封闭了绍萧平原的后海海塘，消除了数千年来海潮上溯平原带来的潮洪咸渍灾害，最终确立了绍萧平原内河河湖网运河水系[⑤]，它东濒曹娥江，西临钱塘江，南屏会稽山，北以山会海塘为界，流域面积 1515 平方公里，其中平原面积 965 平方公里，山丘 550 平方公里。[⑥] 流域地势西南高，东北低，南部会稽山三十六源之水汇入平原，由西起西兴东到曹娥约 78.5

① 王佳宁：《近代浙东运河航运与区域经济发展研究（1895—1937）》，硕士学位论文，杭州师范大学，2019 年，第 17 页。

② 邱志荣：《浙东运河概述》，《2013 年中国水利学会水利史研究会学术年会暨中国大运河水利遗产保护与利用战略论坛论文集》，2013 年 11 月。

③ 万历《绍兴府志》卷一七："三江应宿闸，在三江所城西门外。嘉靖十六年，知府汤绍恩建。凡二十八洞，亘堤百余丈，蓄山、会、萧三县之水。"

④ 民国《绍兴县志资料》第一辑《塘闸汇记》。

⑤ 黎似玖：《浙东运河的开发与区域经济发展之相互关系探析》，硕士学位论文，浙江大学，2011 年，第 35 页。

⑥ 沈寿刚：《试议绍兴三江闸与新三江闸》，《鉴湖与绍兴水利》，中国书店 1991 年版。

公里的运河贯通调节，由东北部海塘上的三江闸为主调控入海，形成以三十六源为源头、运河为主干、河湖网为蓄水主体、海塘为御潮屏障、三江闸为泄蓄枢纽的完备水系，又以浙东运河为串联水系整体的主干河道而得名。自此，萧绍平原依靠这一水利建设的光辉成就而跃入"鱼米之乡"。正如康熙《会稽县志》记载的："自建三江闸，而山、会、萧三邑无旱之忧，殆百年矣。"跨越自然水系、鉴湖水系、运河水系的绍兴水城，河道"错若绘画"，水门林立沟通，山水自相映发，文化源远流长，以"三山万户巷盘曲，百桥千街水纵横"的景观而举世闻名。

　　明清时期的浙东运河是连接浙东地区与北京等地的交通要道，但重要性比宋时有所下降。明朝初年，张得中曾作《南京水路歌》，记载其从家乡宁波前往北京的旅程，诗中历数沿途所经过的地点与沿线风光。1421年，张得中又创作了《北京水路歌》，诗末写道："所经之处三十六，所历之程两月矣。共经水闸七十二，约程三千七百里。"由这两首诗可大致了解明初从宁波经浙东运河至杭州，再沿京杭大运河北上的水路概况。从宁波起点西渡堰"翻二座坝，渡一条江"过运口，《水路歌》用一句"长风吹帆过西渡"进行浪漫表达；借助潮势上溯，来到通明堰，十八里河新中两坝平交于余姚江，构成第二组运口，"新中二坝相连接，上虞港内还通楫"可以证实；"梁湖曹娥潮易枯，大舟小舮重难涉"，构建了浙东运河平交潮汛河流的第三组运口；由于第四组运口钱清江的取消，"平直如砥"达西兴，"东关渐近樊江来，熏风廿里芙蕖开。贺监湖光净如练，绕门山色浓如苔。绍兴城，水如碧，橹声摇过蓬莱驿"，该诗句描写了轻松的心情；过钱塘江的第五组运口更为复杂，分别有"罗山林浦连渔浦，钱唐（塘）江潮吼如虎""西陵古号今西兴，越山隔岸吴山青"诗句。这里两条水路分别对应两组钱塘江著名渡口：西陵渡口包括以后相继构建的西陵埭、西兴堰及永兴闸等，与钱塘江北岸的柳浦形成一组渡口；夹江相对的渔浦、定山形成另一组渡口。《绍兴府志》卷二中有明确记载："今绍兴府城之西北，出西郭水门，由运河西至于钱清镇，又西北至于萧山之西兴镇，渡钱塘江，凡一百二十里，达于杭州；又由钱清水路，西南至于临浦，达于钱塘，凡一百里。"这一时期的浙东运河因与京杭大运河相连，故而被视为京杭大运河的延伸线，其本名反而并不显著。公元 1818 年，宁波官府就护送朝鲜试举人崔斗灿一事，曾在复文中说："此去北京只是内河，不过一线溪流，非江河之比也，两广官长皆由此路行，两浙泛宦者皆由此路行，保无艰险之虞。"浙东运河虽为进京常用线路，通航能力较强，但在时人眼中也仅是"一线溪流"。《自京师南航运河至浙江鄞县》中又载："自杭州东渡钱塘江至西兴，过萧山县，至绍兴……由绍兴东经余姚县，至鄞，为通商大埠，租界在江北岸。"虽然有关该段航路的记载十分清晰，但"浙东运河"这一名称依旧没有在文中出现。[①]

到了近代，在新式交通的冲击下，运河的航运功能逐渐被弱化。再加上战乱和经济等因素的影响，运河航道疏于治理，渐渐走向衰败。

### 7. 现代（科学治理成廊道）

1949 年新中国成立后，浙东运河进入了一个新的发展时期，作为中国水利事业的重要组成部分，浙东运河对于推动经济发展、改善民生、促进区域协调发展具有重要意义。

#### （1）运输能力大幅提升

中华人民共和国成立后，浙东运河经历了数次整治，疏浚了航道，同时新增附属设施，便利运输。1983 年，浙东运河进行了局部改建，运河的通行能力改为 40 吨。2002 年，针对原有运河堰坝多、通航吨位小、不能应对现代物流需要的缺陷，包含部分浙东运河的杭甬运河改建工程启动。改建的杭甬运河以四级航道（通行 500 吨级货轮）为标准，西起钱塘江西岸的三堡船闸，依次流经钱塘江、浦阳江、西小江、曹娥江、四十里河、姚江、甬江，在甬江口注入东海。工程共兴建桥梁 130 余座、船闸 8 座，并改建沿线铁路、公路、受影响建筑物和通航标志。2007 年 12 月，运河已经部分建成并通航，杭州段和绍兴段已经成为繁忙的水道。2007 年，中

---

① 王佳宁：《近代浙东运河航运与区域经济发展研究（1895—1937）》，硕士学位论文，杭州师范大学，2019 年，第 17 页。

华人民共和国交通运输部颁布《全国内河航道与港口布局规划》，浙东运河—京杭运河是长三角航道网络中的骨干线。2009年9月，该工程全部完成，成为中国大陆历史上单项工程投资规模最大的内河改造建设项目。

（2）生态环境得到改善

在浙东运河建设过程中，政府高度重视生态环境保护，通过采取一系列措施，如植树造林、水土保持、生态修复等，有效地改善了运河周边的生态环境。如今，浙东运河正在慢慢地成为一条绿色的、美丽的生态廊道。

（3）防洪能力得到逐步提高

浙东地区地处长江下游，洪涝灾害频发。为了提高防洪能力，政府在运河沿线修建了一系列堤坝、闸门、泵站等防洪设施。特别是2008年12月曹娥江大闸建成，这使曹娥江河口段告别万古涌潮的历史，开启了崭新的河湖体系。这些设施的建设和应用，有效地减轻了洪水对人民生命财产的威胁。

2008年11月，作为中国最早的运河以及大运河与海上丝绸之路联通的通道，浙东运河被列入中国大运河申遗项目，申报世界文化遗产。2013年5月，浙东运河被纳入第七批全国重点文物保护单位，成为大运河项目的一部分。拥有2500多年历史的浙东运河，留存有众多独立于世、不可复制的文化遗产，在2014年申遗成功后更现灿烂光辉，展示无穷魅力。


# 五、廊道景观保护建设与发展

2014年6月22日，中国大运河被联合国教科文组织选入世界文化遗产名录，成为又一国际认可的中国文化符号。这既是一个结果，又是一个起点，作为中国大运河的重要组成部分，浙东运河进入了一个全新的保护与建设时期。

图0-4　浙东运河廊道背景环境示意图［根据大运河（浙江段）遗产保护规划附图改绘］

　　2017年，习近平总书记对大运河有两次讲话和批示："要古为今用，深入挖掘以大运河为核心的历史文化资源。保护大运河是运河沿线所有地区的共同责任。"（《人民日报》2017年2月25日）"大运河是祖先留给我们的宝贵遗产，是流动的文化，要统筹保护好、传承好、利用好。"（《人民日报》2019年6月10日）2020年11月13日，习近平总书记在大运河扬州段的三湾生态文化公园考察时提出："希望大家共同保护好大运河，使运河永远造福人民。要把大运河文化遗产保护同生态环境保护提升、沿线名城名镇保护修复、文化旅游融合发展、运河航运转型提升统一起来。"（《人民日报》2020年11月15日）这些都为我们大运河当然也包括浙东运河的科学保护、传承和利用指明了方向。

　　1. 强化顶层设计和规划。根据习近平总书记的批示和指示精神，国家出台了《大运河文化保护传承利用规划纲要》。2019年12月，中共中央办公厅、国务院办公厅印发《长城、大运河、长征国家文化公园建设方案》，指出大运河国家文化公园建设范围包括京杭大运河、隋唐大运河、浙东运河3个部分。杭州、宁波和绍兴也分别出台了相关的国家文化公园建设方案。2020年4月，省委办公厅、省政府办公厅印发《浙江省大运河文化保护传承利用实施规划》。浙江的定位是要将大运河浙江段打造成"国际影响最广泛、遗产保护最有效、功能价值最突出、生态环境最优越"的"中国大运河华彩段"。2020年1月，绍兴市正式实施《绍兴市大运河世界文化遗产保护条例》，谋划建设浙东运河文化园（浙东运河博物馆）。2023年9月20日下午，习近平总书记到绍兴视察浙东运河文化园，了解古运河发展演变历史和大运河保护及大运河国家文化公园建设等情况。

2. 加强保护和整治。浙东运河沿线各城市把文化遗产保护作为大运河文化保护传承利用的首要任务，牢固树立起最少干预、分类保护、预防在先和活态传承等科学保护理念，最大程度保持运河的真实性、完整性和延续性。随着绿色生态理念的深入人心，浙江在保护过程中积极践行"绿水青山就是金山银山"的发展理念，加大与运河密切相关的生态和景观环境保护，强化流域水环境治理，加强污染整治力度。以运河水系河网湿地保护为重点，全面推进山水林田湖生命共同体建设，构建"山青、水净、天蓝"的运河流域环境，打造全国生态文明发展高地。具体工程有萧山的湘湖建设、绍兴的环城河道整治、宁波三江六岸整治以及浙江省的"五水共治"等。

3. 强化研究和协作。以高度的文化自觉和文化自信，进一步充分挖掘浙东运河的精神内涵。省市党委宣传部门、省市社科联和高校学者等组织和个人都纷纷投身于浙东运河研究，全面阐释大运河的历史文化，充分挖掘其当代价值和时代精神，从多个学科开展研究，让大运河"活"起来。在加强研究的同时，沿运河城市也进一步加强协作，不断建立健全保护法律法规体系和执法监管措施，推进跨区域、跨部门齐抓共管，共同推进浙东运河区域的多规融合、产业融合、产城融合和内外融合。

经过多年的保护和建设，现在浙东运河的遗产监测覆盖率已接近100%，文化遗产保护和传承利用水平在国内领先；核心监控区不符合规划和生态保护要求的建设项目得到有效控制，运河省控断面水质达标率进一步提升；文化、旅游与相关产业融合，大运河文化保护传承利用的协调机制和平台已建成，运行良好，保护并修复了运河多个历史文化街区，运河绿色航运效能得到进一步提升。

# 第一章
# 地文环境

## 第一节　海侵海退影响

从第四纪更新世末期以来，自然界经历了星轮虫海侵、假轮虫海侵和卷转虫海侵这三次地理环境沧海桑田的剧烈变迁[1]。这三次海侵对古越地自然地理、生活环境以及史前水利发展有着重大而深远的影响。

## 一、海侵过程

自第四纪更新世末期以来，自然界经历了三次剧烈的地理环境转变。[2]

大约在 10 万年前，星轮虫海侵发生，而海水的后退过程于 7 万年前发生。这波海侵之后，地球上的地貌标志已寥寥无几。

大约在 4 万年前，假轮虫海侵出现，其海水退缩始于约 2.5 万年前。这次的海水退却具有全球性，中国东部海岸线回撤约 600 公里，东海的最后一道贝壳堤位于东海大陆架的现今水深 −155 米处[3]，碳十四测定年代为 14780 年前，误差范围 ±700 年。到了 2.3 万年前，东海岸线进一步回撤至现今水深 −136 米处，即今天的舟山群岛往东约 360 公里的海域。那时的舟山群岛为内陆地区。宁绍平原与杭嘉湖平原东边一条东北至西南的弧形

---

① 陈桥驿：《吴越文化论丛》，中华书局 1999 年版，第 40—46 页。
② 邱志荣：《海侵对浙东文明发展影响探源》，《中国水利》2018 年第 23 期。
③ 邱志荣：《海侵对浙东文明发展影响探源》，《中国水利》2018 年第 23 期。

丘陵地带形成，丘陵地带以东曾是广阔的陆地。钱塘江的河口位置大约在现今河口的 300 公里外。

卷转虫海侵则在大约 1.2 万年前发生，当时海平面在现在的水深 −110 米位置。大约在 1.1 万年前，海平面升至 −60 米。大约 8000 年前，海平面进一步上升至 −5 米，舟山的丘陵与大陆隔离，形成了群岛。而在大约 7000—6000 年前，这波海侵达到了顶峰，东海内部水域侵入，现在的杭嘉湖平原西部及宁绍平原南部变成了浅海。

经过大约 6000 年前的海侵高峰期，海平面出现了一段时间的稳定，但之后海水又有所回退，这一过程可能多次发生。在大约 4000 年前，海岸线逐渐推进至今天的萧山、柯桥、绍兴、上虞、余姚、句章、镇海等地。

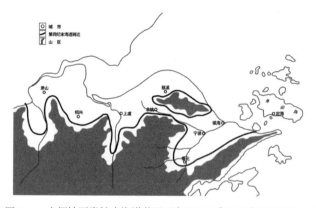

图 1−1　宁绍地区卷转虫海进范围示意图（录自绍兴市鉴湖研究会）

表 1−1　海侵海退与海岸线、海平面的关系

| 距今时间 | 地质年代（文化层） | 事件 | 海岸线 | 海平面 | 气温 |
|---|---|---|---|---|---|
| 10 万年前 | 第四纪晚更新世 | 第一次星轮虫海侵 | | | |
| 7 万年前 | | 海退 | | | |
| 4 万年前 | | 第二次假轮虫海侵 | | | |
| 2.5 万年前 | | 第二次海退 | | | |

| 距今时间 | 地质年代（文化层） | 事件 | 海岸线 | 海平面 | 气温 |
|---|---|---|---|---|---|
| 2.3 万年前 | | 海退 | | −136 米 | |
| 1.478 万年±700 年前 | | 海退 | 距今海岸约 600 千米外 | −155 米 | |
| 1.4 万年前 | 全新世之初 | 第三次卷转虫海侵 | | | 比现今高出 3 度—6 度 |
| 1.2 万年前后 | | 海侵 | | −110 米 | |
| 1.1 万年前 | | 海侵 | | −60 米 | |
| 8500 年前 | | 海侵 | | −18 米 | |
| 8000 年前 | 跨湖桥文化、下孙文化 | 滨海平陆开始受潮汐影响 | | −5 米 | |
| 7500—6500 年前 | 河姆渡文化、马家浜文化 | 海退 | | | 转冷 |
| 6500—5500 年前 | 河姆渡文化、马家浜文化淹没 | 海面上升较快，平陆沦为浅海 | 钱塘江河口上溯 10 千米—30 千米 | 略高于现代海面 | |
| 5000 年前 | 良渚文化 | 第三次海退 | | | 转温凉 |
| 4000 年前 | 平原成陆、湖泊成泽 | 浅海变泽国水乡 | | | |
| 2500 年前 | | 海退 | | | |
| 2000 年左右 | | | | 与今相近 | 与今相近 |

## 二、海侵与文明演变

### （一）对环境的影响

随着假轮虫海退，宁绍平原及其东侧的地带为古老的部落群带来了新生的契机。被群山和蔚蓝海域所环抱的这片沃土，为古越族的祖先们提供了充裕的自然财富，这对他们的生存和发展极为有利。但是，随着卷转虫海侵，环境条件开始恶化，迫使古越族人迁徙，他们的文化在此期间也经历了挫折，甚至出现了退步。

在海侵顶峰之后，古越族的居民们开始从会稽山的内陆地区向北部地带慢慢迁移。他们利用山脚下的冲积土壤建造小型的蓄水塘，用以收集雨水进行灌溉，这促进了土地的陆续开垦。尽管如此，海侵留下的山会平原仍旧布满了湖泊与沼泽，频繁受到潮湿和盐分侵扰，这严重影响了农业的发展和居民的生活。在这样的环境中，古越族人在核心区域继续以游耕和狩猎为生，这一生活方式在会稽山区维持了 3000 余年。直到公元前 496 年，越王勾践即位，古越族的生产中心才开始向北迁移，落脚于一系列山麓的冲积扇区域。

### （二）考古遗址的新证据

在考古学的铲刃下，这块陈年大地悠久的历史面纱被缓缓揭开，我们可穿越时光，回望那些自然变幻与人类文明相互交织的岁月。

在甘霖镇的一隅，小黄山遗址静静地躺在长乐江河谷平原上，这里曾是曹娥江温柔的摇篮。早在大约 10000—8000 年前，这片土地就孕育了早期居民的聚落，他们以采集和狩猎为生，零星的稻作遗迹则透露出当地曾有着成熟的水域系统，这是农耕文明初露端倪的场所。

再看湘湖畔的跨湖桥遗址，大约有 7000—8000 年的历史。在此，考古学家挖掘出了迄今为止中国最古老且最长的独木舟，还有一些可能用于制作舟船的石器。这些遗物成了反映古海洋文化的一面镜子，映照出先民们与大海的密切关系。

图 1-2　独木舟遗迹（图片来源：湘湖度假区管委会）

　　余姚市罗江边的河姆渡遗址，静卧在海水退潮后暴露的低洼地带。7000 年前的居民选择在这里，介于丘陵与沼泽之间，避免了海水的直接威胁。这附近的淡水湖泊、沼泽以及邻近的海岸线，成为了他们生活的坚实后盾。出土的稻谷、水利设施、航海及造船工具，连同木质水井和建筑，共同讲述了一个关于社会发展的故事。而那件刻有"双鸟朝阳"的象牙雕刻，更是将艺术与信仰巧妙融合。

图 1-3　双鸟朝阳纹象牙蝶形器（图片来源:《海丝图录》）

　　良渚古城遗址，距今约 5300—4200 年前。它有一系列精巧的水利建筑，如山地上的上坝、山麓的下坝，铺设于平原的城墙和护城河，这些工程与自然环境和谐共存，展现了古人如何适应自然并改造自然。良渚古城墙不单纯是为了防洪防潮汐，也具备军事防御功能。河流环城、城内水道及水城门等水利设施，孕育了运河的诞生。这些水利工程的策划和构建，显示出良渚人民与自然界互动的智慧和创造力。

　　绍兴市稽山中学遗址，位于绍兴市区投醪河畔，历史上著名的"投醪壮师"就发生在这里。2024年7月，考古学家发布了该遗址的最新考古成果：首次发现了越国时期筏状地栿建筑和越国大型木结构水井等相关遗存，在绍兴古城内确认存在战国时期越国的大型建筑基址。这些遗存距今约2500年，实证了文献记载的勾践建都历史，是越国都城考古的重大发现，为历史记载增加了新的证据。筏状地栿建筑遗存体现了湿地环境下越国传统杆栏式建筑与中原台基式建筑的有机结合，进一步证实了越国以木材为重要原料的建筑特色，显示出水乡泽国的先人适应自然、改造自然的能力和才智。

图1-4　绍兴市稽山中学遗址

最近，绍兴越国水利考古也取得了重大进展。浙江省文物考古研究所组织多学科团队通过两年多努力，采用快速调查方法，在会稽山北麓确认越国水坝11条，是继确认良渚古城外围大型水利系统之后又一处都邑外围大型水利系统。坝群沿会稽山口呈半环状分布，有单级水库和多级水库两类，堆筑坝芯采用青灰淤土，外部包黄色黏土，横截面为梯形。据考古推测，山塘水坝具有防洪、蓄淡、灌溉、运输等综合功能。

# 第二节  地形地貌

浙江拥有连绵的群山、纵横的河网水系，大大小小的湖泊成群，为浙东运河的开凿、延伸、拓展与运营提供了良好的自然条件。

浙江地处东海之滨，介于东经118°01′—123°10′、北纬27°02′—31°11′之间。全省陆域面积10.55万平方公里，其中山地和丘陵占74.6%，平原和盆地占20.3%，河流和湖泊占5.1%，有"七山一水二分田"之称。其中萧山区全区平原约占66%，山地占17%，水面占17%；绍兴市地貌可概括为"四山三盆二江一平原"，而在面积分配上，则表现为"六山一水三分田"；宁波市山地面积占陆域的24.9%，丘陵占25.2%，台地占1.5%，谷（盆）地占8.1%，平原占40.3%。

浙江地形大势西南高、东北低。最高峰为龙泉黄茅尖，海拔1929米。群山由西南向东北扩展延伸，分为北、中、南三支。北支为天目山脉，是钱塘江水系和苕溪的分水岭。中支为仙霞岭山脉，是钱塘江和瓯江的分水岭；向东北伸展为天台山脉，是曹娥江和椒江的分水岭；天台山的支脉向东北伸展为会稽山和四明山，会稽山是曹娥江、浦阳江的分水岭，四明山是曹娥江和甬江的分水岭。南支雁荡山脉，括苍山脉与浙东运河水系关联不大。由于山脉布局的特点，这些水系源短流急，暴涨暴落，洪枯流量的变幅很大。

宁绍地区背山面海，总体地势南高北低。会稽山脉自西南向东北延伸，东西跨度长达50公里，东南至西北最长约150公里。会稽山脉按其西南、东北的走向又可分为：五百冈山脉、西干山脉、化山山脉。从山水形势来看，五百冈山脉由西南向东北延伸，是曹娥江和小舜江（小舜江乃曹娥江支流）的分水岭；西干山脉是浦阳江下游诸水和古代鉴湖水系的分水岭；化山山脉是曹娥江与古代鉴湖水系的分水岭。[①]

会稽山脉南北各自形成的稽北和稽南两大丘陵，成为宁绍地形的又一台

---

① 车越乔、陈桥驿：《绍兴历史地理》，上海书店出版社2001年版，第30页。

阶。稽南丘陵的面积约为 350 平方公里，全部在小舜江流域范围内。稽南丘陵是古代越人活动的主要区域，越王勾践之前的开发主要以这一区域为主。但是由于其空间狭窄，给越国的发展带来诸多局限。自越王勾践以后，越人的活动中心逐渐转移到稽北丘陵。稽北丘陵属于鉴湖水系，其基本情况与稽南丘陵相似，不同的是，稽北丘陵北部相对较为低平，冲积扇以下是一系列漫滩，最后与山会平原相连。[1]

会稽山麓以北，直至杭州湾，是广阔的平原地带，因若耶溪流向北经此平原，将其分为东西两部分，西属山阴县，东属会稽县，因而称之为山会平原。宁绍以北濒临杭州湾的滨海地区，在宁绍地区中地势最低。据《绍兴通史》记载，在距今四五千年前，海岸线已推进到今柯桥—宁绍（县）—上虞一线。[2] 由此可见，宁绍地区南高北低，具有"山地—平原—海洋"逐步推进的地形特色。

# 第三节　气候与水文

## 一、气候特征

经过几十年的发展，我国历史气候的研究取得了长足的进步。特别是过去 20 年来，全世界对气候变暖问题的关注，促使气候学家们尝试去探索历史上的气候变迁，并评价其对人类社会的影响。而历史学家则试图从浩如烟海的史料中寻找有关气候变迁的蛛丝马迹，这些研究成果包括气象资料的收集、温度变化研究、极端气候事件等方面。[3]

---

① 车越乔、陈桥驿：《绍兴历史地理》，上海书店出版社 2001 年版，第 31 页。
② 李永鑫主编：《绍兴通史》（第一卷），浙江人民出版社 2012 年版，第 19 页。
③ 刘炳涛：《明代长江中下游气候变化研究》，博士学位论文，复旦大学，2011 年，第 2 页。

公元前 490 年，越王勾践命大夫范蠡按照周制，依山水形势而建越国都城，距今已有约 2500 年。其中公元前 490 年至公元元年的近 500 年在气候学研究上属物候时期，这一时期有关气候的史料极其有限[①]，笔者只能根据张丕远的研究[②]以及上述史料，对这一时期的气候变迁作初步分析和描述。总体来说，宁绍地区在这一时期，基本经历了从温暖到寒冷再到温暖三个阶段：第一阶段，春秋末期温暖气候；第二阶段，战国至西汉初期寒冷气候；第三阶段，西汉中后期温暖气候。

在过去约 2000 年里，宁绍地区共经历了 4 暖 3 冷，7 个冷暖交替时期，如表 1-2 所示：

**表 1-2　宁绍地区冷暖气候变迁[③]**

| 时间（公元） | 200年以前 | 210—560 年 | 570—770 年 | 780—920 年 | 930—1310 年 | 1320—1910 年 | 1920 年至今 |
|---|---|---|---|---|---|---|---|
| 朝代 | 东汉 | 魏晋南北朝 | 隋至唐前半期 | 唐后半期 | 五代、宋至元前半期 | 元后期至清末 | 民国至今 |
| 冷暖状况 | 温暖 | 寒冷 | 温暖 | 寒冷 | 温暖 | 寒冷 | 温暖 |

宁绍地区受副热带高压的影响，每年农历五月至九月是降雨最为频繁的时期，历史上宁绍地区的大部分水灾发生在这五个月。其中农历五月、六月的水灾多是由梅雨导致的，七月份的水灾除上述副热带高压外，还有

---

① 这个时段有关宁绍地区的气候记录：袁康《越绝书》卷六记载，春秋鲁定公十四年（前 496）"吴王夫差兴师伐越，败兵就李。大风发狂，日夜不止"；《吕氏春秋·长攻篇》记载，春秋鲁哀公十一年（前 484）"越国大饥"；《浙江灾异简志》记载，春秋鲁哀公十一年（前 484）"越国洿下，水旱不调，大饥"；《汉书·元帝纪》记载，汉建昭二年（前 37）"十一月，齐楚地震，大雨雪，树折屋坏"；《汉书·五行志》记载，汉建昭二年（前 37）"十一月，齐楚地大雪，深五尺"。

② 张丕远：《中国历史气候变化》，山东科学技术出版社 1996 年版，第 288—289 页。

③ 孔学祥、陈红梅：《绍兴二千五百年气候变迁》，浙江大学出版社 2012 年版，第 19—20 页。

一部分是由台风、暴雨导致的，八月、九月的水灾则是由秋雨导致的。

## 二、水文状况

从古代的秦汉时期起，我国便已经开始形成了一套雨情的测量与报告体系。到了唐代，这种制度得到了推广，各州县均设有水位的观测点。而到了宋朝，广泛设置用于测量水位的石碑已常见。明代的绍兴知府戴琥在城内建立了山会水则碑，这不仅是一个水位测量工具，同时也成了运河水域管理的标准。民国时期，水文测站的建立进一步完善了雨量站、水位站和流量站的测量网络。新中国成立后，这些测站对于防洪抗旱起到了至关重要的作用。随着时间的推移，水文站的数量和观测范围都有了显著增长，观测范围包括但不限于降水量、水位、流量、潮汐和水质等项目。

位于萧绍宁平原的运河水系遍布水网密集的区域，其水位变化特点表现为缓慢上升或下降，涨落幅度不大；河道中的水流速度较慢，并且会因为下游区域的潮汐作用而导致水流方向时而正向，时而逆向；潮位的上升幅度较小；河流所含泥沙量微乎其微。

### （一）降水情况

#### 1. 年降水量分布特征

浙江省处于中国东南沿海的位置，受到亚热带季风气候的影响，降水较为充沛，全省平均年降水量约为 1604 毫米。在省内，降水分布显示出明显的区域差异，自西南向东北方向，降水量从 2200 毫米逐渐减少至 1200 毫米，且山区的降水量普遍高于平原区。整个浙江省大致可以划分为两个降水较多的区域和五个降水较少的区域，而萧绍宁平原属于后者，这里的平均年降水量约在 1100 毫米至 1400 毫米之间。

#### 2. 降水量的年际波动

运河流域的降水量呈现出一定的周期性，有连续多雨或少雨的年份，丰水、平水、枯水年份轮替出现。某一站点在不同年份记录下的最高与最低年降水量之间的比例通常在两到三倍之间。20 世纪以来，运河流域遭受的灾难性暴雨主要集中在 1931 年和 1954 年。中华人民共和国成立后，共记 7 次较大的暴雨事件，其中 1962 年和 1963 年是由台风引发的暴雨，其余 5 次则主要是梅雨，特别是 1954 年和 1999 年的降雨造成的灾害尤为严重。

### （二）水位与流量

#### 1. 水位

运河水系的大部分河段为清水河道，仅少数河段为受潮汐影响的潮水河道。由于位于平原地带，河流流动平稳，下游水位可能会因海潮推动而产生潮水倒灌的现象。同时，内河水位受到节制闸的控制，有时也会出现河水枯竭的情况。在平原区域，河流水位的高低对于排水和航运具有重要影响。同一河流位置的年最高水位与最低水位通常会有 1 米至 2 米的差异，由于多种因素的影响，不同测站记录到的历史最高水位其差距可能较大。

表 1-3　2010 年萧绍宁平原水位一览[①]　单位：米（85 基准）

| 站名 | 最高水位 | 最低水位 | 平均水位 |
|---|---|---|---|
| 桑盆殿 | 4.56 | 2.28 | 3.55 |
| 钱清 | 4.40 | 3.86 | 3.99 |
| 柯桥 | 4.28 | 3.79 | 3.99 |
| 绍兴 | 4.36 | 3.84 | 3.98 |
| 陶堰 | 4.27 | 3.82 | 3.99 |
| 陶里 | 4.28 | 3.67 | 3.96 |
| 马山闸 | 4.26 | 2.95 | 3.95 |
| 闻家堰（塘河） | 5.26 | 3.82 | 4.46 |
| 临浦（塘河） | 4.95 | 3.41 | 4.03 |
| 东关 | 4.30 | 3.83 | 3.99 |

---

① 资料来源：中华人民共和国水利部水文局《中华人民共和国水文年鉴》2010 年第 7 卷第 2 册，2011 年 12 月刊印，第 6—20 页。

| 站名 | 最高水位 | 最低水位 | 平均水位 |
|------|---------|---------|---------|
| 黄古林 | 2.02 | 1.18 | 1.44 |
| 姜山 | 1.68 | 1.09 | 1.29 |
| 莫枝堰 | 3.54 | 3.13 | 3.30 |
| 五乡碶 | 1.91 | 1.09 | 1.28 |
| 余姚（上） | 1.94 | 0.96 | 1.40 |
| 姚江大闸 | 1.82 | −0.43 | 0.89 |
| 通明（上） | 4.32 | 3.57 | 3.87 |
| 通明（下） | 2.55 | 1.10 | 1.49 |
| 西横河堰（上） | 2.72 | 1.55 | 2.34 |
| 西横河堰（下） | 2.53 | 1.27 | 1.63 |
| 小越（上） | 3.37 | 2.20 | 2.95 |
| 小越（下） | 3.29 | 2.36 | 2.65 |
| 低塘（上） | 2.56 | 1.35 | 2.08 |
| 低塘（下） | 2.17 | 1.05 | 1.44 |
| 东横河堰（上） | 2.32 | 1.46 | 1.79 |
| 丈亭 | 1.83 | −0.43 | 0.88 |
| 骆驼桥 | 1.60 | 0.86 | 1.12 |

**表1-4　浙东运河主要水文站实测历史最高水位一览**[①]　　　　单位：米

| 站名 | 水系 | 断面地点 | 历史最高水位 | 基面 | 发生年月日 |
|------|------|---------|------------|------|-----------|
| 临浦 | 钱塘江 | 萧山区临浦镇 | 10.76 | 吴淞 | 1997年7月11日 |
| 绍兴 | 曹娥江 | 绍兴市南门南渡桥 | 4.90 | 黄海 | 1997年7月11日 |

————————

① 资料来源：浙江省水文局网站，网址：www.zjsw.cn，2008年6月24日。

| 站名 | 水系 | 断面地点 | 历史最高水位 | 基面 | 发生年月日 |
|---|---|---|---|---|---|
| 余姚(上) | 甬江 | 余姚市城关镇姚江节制闸 | 4.80 | 吴淞 | 1962年9月6日 |
| 姚江大闸 | 甬江 | 宁波市姚江大闸 | 4.42 | 吴淞 | 2000年9月15日 |

### 2. 流量

（1）钱塘江的水文情势呈现出显著的周期性波动。流域内的平均年径流深度为874毫米，呈现出显著的年度波动。尤其在春末至夏初（3月至7月），该区域的水流量会集中增大，占据了全年径流量的70%，其间的梅雨季节常常带来洪水。相对应，从8月延续到隔年的2月则是该地区的干旱季节。

（2）甬江水系的年平均径流深度为798.4毫米，北部平原地区在400毫米至650毫米，而山区则约在1000毫米左右。甬江一年中的径流量最大值与最小值之间的比例大致在2.5到4.0倍。流量分布在一年之中有明显的两次峰值和两次谷值。从1月开始，径流量逐渐增加，直至6月下旬达到第一个高峰——梅雨季节。随后，7月下旬至8月上旬进入第一个低谷期，即夏末的干旱期。8月下旬至9月中旬，又会迎来第二个高峰，这通常与台风季节相关。进入10月，径流量开始迅速减少，至11月至次年3月，径流量降至全年最低，这一时期是干旱季节。

姚江大闸站的水流特性同时受到潮汐和水闸控制的双重影响。2010年，姚江大闸站记录到当年平均流量为29.5立方米每秒，而在6月29日，该站观测到当年中的最大流量，达到了624立方米每秒。

### （三）潮汐现象

#### 1. 浙江沿海潮汐的形成

浙江沿海的潮汐现象主要是由太平洋的潮波共振以及天体的引力直接在浙江海域形成的独立潮流引起的。这些潮波在远海为进潮，当接近岸边，受地形和岸线的约束时，它们会转变成驻波。在河口和海湾，尤其是在河流宽度收窄和海底地形上升的地方，潮波会被增强，形成涌潮现象，钱塘江口和曹娥江口都是涌潮的典型地点。钱塘江和甬江的潮汐不仅本身变化显著，还对周边的运河及其支流产生深远的水文影响，经常导致这些河流中下游地带出现逆流现象，潮汐的涨落尤为明显。

### 2. 钱塘江潮汐特征

钱塘江的潮水运动自古便倍受瞩目，早在唐代，窦叔蒙便详细记录了潮汐的日常变化，并制作了春秋两季潮水高低的预测图。宋代时期，这一研究更加注重实际应用。20世纪以来，浙江水利部门对此展开了广泛而深入的调研。钱塘江口的潮汐为典型的半日潮，而在澉浦上游则呈现为不规则半日潮现象。监测数据显示，钱塘江潮汐最大潮差可达9.0米，居全国之冠，平均潮差为5.62米，也是全国典型的潮差区域之一。

钱塘江口潮波因剧烈变形，导致涨潮时间短于落潮时间，且涨潮流速超过落潮流速。河段大多数地方的涨、落潮流速通常在1米/秒到2米/秒之间，而大潮期间可达到2米/秒至4米/秒，涌潮时甚至更快。由于河口区域潮差大、河道宽且感潮河段延展较长，加之河槽体积较大，每次潮水涌入时带来的水量（即涨潮量）也相当可观。

### 3. 甬江潮汐特征

甬江潮汐变化复杂，最高潮位通常是受天文大潮、台风降水和上游山洪共同作用的结果，而最低潮位则主要受北方寒潮的影响。自1959年姚江闸的建成至2010年，宁波站记录的最高潮位为3.26米（1997年8月18日），而最低潮位为−1.72米（1959年12月31日）。涨潮时的最大潮差为3.62米，而落潮时的最大潮差为3.06米。

姚江闸建成前后，宁波站的潮水历时发生了变化。闸门建成前，涨潮平均持续6小时3分钟，落潮平均持续6小时22分钟。但自闸门建成之后，河床严重淤积，导致河道断面缩小、水深变浅，从而使得涨潮历时缩短至5小时53分钟，落潮历时则延长至6小时32分钟。此外，潮流速度也发生了变化，如宁波白沙站在1957年的涨潮流速为0.5米/秒，落潮流速为 0.64 米 / 秒，而到了 1962 年，这一数据分别调整为 0.34 米 / 秒和 0.43 米 / 秒。

### 4. 平原河网区潮汐

萧山、绍兴、宁波三地的部分区域组成了河网密布的平原区。此地区河网交错，水系纵横，其中部分河流与曹娥江、甬江以及钱塘江相连通，形成了一个相互影响的水动力系统。由于这些主要河道均受到潮汐的周期性推动，它们的潮汐现象对萧绍宁平原河网区的水文情势产生了直接影响。

曹娥江是绍兴的母亲河，它与甬江、钱塘江相通，在其流域内的部分河流也能观察到潮汐现象。这种现象在曹娥江下游尤为明显，河水在潮汐作用下形成明显的涨落，影响到河流两岸的水位和流速。这种涨落不仅导致河流水位的周期性变化，也对河流的生态系统、航运以及沿岸的水资源管理带来了一系列的影响与挑战。

在甬江的影响下，宁绍平原河网区的北部也出现了潮汐现象。甬江作为宁波地区的主要河流，其潮汐变化与钱塘江有着密切的联系，其潮水上溯现象也直接作用于连接着的河流。这些河流的水位和流速受到甬江潮汐周期的控制，尤其是在天文大潮或是特殊气候条件（如风暴潮）的作用下，潮汐现象更为明显。

## （四）水质

### 1. 自然水资源的化学特性

水中溶解物的种类和浓度通常是衡量水质优劣的关键标准。萧绍宁平原的河流，其水质以低矿物含量、低硬度为特点，分类为软水甚至特软水。而靠近海岸的河口区域，由于受到潮汐的作用，水中矿物质的含量和硬度波动较大，通常属于硬水类型。

### 2. 水质污染及其变化概况

（1）1981 年的水质评估。根据 1981 年以及之前的监测数据，浙江省进行了首次全面的河流水质评估，指出污染主要来源于城镇与工矿企业排放的废水、生活污水以及农田使用的化肥和农药等。大运河浙江段大体上水质尚可，但部分区域受污染严重，有机物和有毒物质污染均较为突出。

姚江流经余姚市区时，大量废污水排入，加之姚江闸长期关闭，造成了河道水库化，水流基本停滞，导致余姚节制闸下游至蜀山段的河水呈现棕黑色，鱼虾不复存在，溶解氧含量降至 0.8 毫克 / 升，成为全省河水溶氧量最低的区域之一。奉化江的稀释和自净能力较弱，氰化物、酚和汞的含量均居全省之首。

（2）1998 年的水质情况。据浙江省水利厅《1998 年浙江省水资源公报》显示，萧绍宁运河区的水质受到了关注。

浦阳江的水质大体属于Ⅲ类水，曹娥江介于Ⅲ类至Ⅳ类之间。主要的污染物包括氨氮、溶解氧、挥发性酚和总汞。甬江水系中，奉化江以Ⅱ类水质为主，但姚江流经余姚市区、甬江流经宁波市区的河段遭受严重污染，水质介于Ⅳ类至劣Ⅴ类，污染物主要包括溶解氧、氨氮、高锰酸盐和总砷、挥发性酚等。

绍兴的鉴湖水质介于Ⅱ类至Ⅳ类之间，东钱湖的水质则为Ⅲ类。根据富营养化的评估，鉴湖属于富营养状态，而东钱湖则为中营养状态。

（3）2010 年的水质情况。据浙江省水利厅《2010 年浙江省水资源公报》，大运河浙江段的水质状况显示，污染依旧存在，尤其是城镇河道和平原水网区域，主要受到有机污染物的影响。[1]

如今，随着运河生态环境保护和治理工作的推进，运河水质得到了显著的提升。

---

[1] 《浙江通志》编纂委员会编：《浙江通志·运河专志》，浙江人民出版社 2021 年版，第 50 页。

# 第二章
# 山脉景观

# 第一节　山川水脉

巍巍会稽山，滔滔三江水，浩浩杭州湾，天然地构成了浙东运河的地理空间。其中浙东运河廊道的"山川"是与浙东运河线性空间相关的两侧山脉和水道，主要有南部的浙东丘陵、溪流，也有入平原而立的孤山和江河。其实山形与水势很难分开说，山水，是构成人类生态环境的基础和人类实践活动的重要对象。构成"山水风光"的基础，是地形地貌所组成的自然风光；形成的"山水文化"，是各个历史时期人们根据自身的需求和力量，对山水加以利用和改造而形成的文化。本书从以上两个方面对浙东运河南部丘陵和溪流进行阐述。

水源于山，始分而终合；山有别于水，始合而终分。所以我们经常说山有祖，水有源，犹如木有本。历来有很多专书记载山川水脉，《山海经》《禹贡》及各地方志都能略见一二。我们研究浙东运河廊道的山系，要从浙江的山脉入手，全省山的总脉大体可以分为浙南、浙中、浙西、浙北四大山系：其一，浙南为枫岭山脉，分黄茅山脉、南田山脉、南雁荡山脉三支；其二，浙中为括苍山脉，分北雁荡山脉、天台山脉、寒岩山脉、八素山脉、会稽山脉、金华山脉六支；其三，浙西为怀玉山脉，有马金岭山脉分支；其四，浙北为天目山脉，分担盐山脉、浮玉山脉、广若山脉三支。浙中山系连绵在钱塘江与瓯江之间，是全省的山脊。与浙东运河紧密关联的山脉有天目山余脉、龙门山、会稽山、四明山与天台山。

# 一、五脉横亘

浙东运河濒临杭州湾南，横跨宁绍平原。龙门山、会稽山、天目山余脉、四明山、天台山，五脉横亘，峰峦叠嶂。运河西部为龙门山系与天目山余脉，中部为会稽山系与四明山系，东南部以天台山系为主。其中，龙门山系为浙西北天目山脉的分支，会稽山、四明山、天台山均属浙中山脉仙霞岭的分支，主要山系均呈西南至东北走向，具有山势陡峻、犬牙交错的特点。它们是浙东丘陵的重要组成部分，也是构成浙东运河的地形骨架。

图 2-1　浙东运河山形骨架图

## （一）天目山余脉

天目山脉，素有"大树华盖闻九州"之誉，地处浙江省杭州市西北部临安区境内。湘湖故地一带一面被西江塘阻隔了钱塘江，三面被群山环抱。这些山属天目山余脉的尾闾，海拔一百至两百米，分布成四组平行的岗丘。西北侧为一组岗丘，有黄家坞山、越王城山（包括井山、狮子山、美女山）、老虎洞山（包括青山）；东南侧为二组岗丘，西北侧与东南侧有两条山脉，中间是一片狭长洼地，长轴呈北东走向，如若胡同。在八字形的北口处为三组岗丘，有菊花山、龟山；南口处为四组岗丘，有历山（砾山）、杨家湾山、大湾山、杨岐山，其东还有糠金山、瓜藤山。[1]其中越王城山由杭州转塘浮山潜渡钱塘江而入萧山境内。勾践在固陵被困三年，后成为春秋一霸，故后人称固陵为越王城。越王城是目前国内一处保存最为完好的春秋战国时期城堡遗址。

### （二）龙门山脉

龙门山脉起源于桐庐、浦江，自西南而东北绵亘于富阳、诸暨之间，最后没入萧绍平原，是富春江和浦阳江的分水岭。主峰在桐庐境内，为观音尖，又名大头湾山，海拔1246米。入萧绍平原的山包括浦阳江临浦峙山闸以南左岸及以北右岸、湘湖南岸及西兴运河北侧，主要有碛堰山、虎爪山、西山、北干山、长山。另外天目山余脉的老虎洞山、越王城山、回龙山、青龙山和赭山，也在萧绍平原中，并随着不同时期钱塘江河口的变化形成不同的山水风光。

图 2-2　天目山图（图片来源：光绪《浙江通志》卷一）

### （三）会稽山脉

会稽山位于绍兴市南部、诸暨东部、嵊州西北部，为浦阳江和曹娥江的分水岭，是绍兴地形骨架的脊梁。从秦代起，会稽山就和太室、恒山、

---

① 王晞月：《中国古代陂塘系统及其与城市的关系研究》，博士学位论文，北京林业大学，2019年。

泰山、湘山等并论①，东晋顾恺之赞会稽山"千岩竞秀，万壑争流，草木蒙笼其上，若云兴霞蔚"，它的旖旎风光吸引历代文人骚客留下佳作，成为中国山水诗的发源之地。主峰东白山，海拔1194.6米，位于诸暨、嵊州、东阳交界区。会稽山主脉清晰，依诸暨、嵊州界北行，向北经秦望山（海拔543.6米），余脉尽于香炉峰（海拔354.7米）一带。它有三条主要分支：东翼是曹娥江与支流小舜江的分水岭，由五百岗向东北延伸，直抵上浦镇附近的曹娥江边；中翼称为化山，是曹娥江与古鉴湖水系的分水岭，从尖子冈向东北延伸，直至曹娥江以南的凤凰山；西翼称为西干山，是浦阳江下游诸水与古鉴湖水系的分水岭，从尖子冈向北经古博岭，直至钱清西北的牛头山。从横山岭向西北分出一支经越王峥向北至西小江南岸。前两条分支形成会稽山范围内较高的稽南丘陵地，后两条分支之间又有更多的丘陵分支，形成稽北丘陵，比南部更为崎岖复杂；海拔基本上在500米以下，却拥有禹陵、阳明洞天、柯岩等著名人文景点。其中还有不少名山，如秦望山、宛委山、云门山等。

图2-3　会稽山图（图片来源：康熙《会稽县志》，民国铅印本，卷首图五）

---

① 《史记·封禅书》："及秦并天下，令祠官所常奉天地名山大川鬼神可得而序也。于是自崤以东，名山五，大川祠二。曰太室，太室，嵩高也，恒山，泰山，会稽，湘山。"

### （四）四明山脉

四明山脉分布在宁波市余姚市、海曙区西南和奉化区，以及嵊州市东北部，为曹娥江和奉化江、甬江的分水岭。主峰四明山（又名金钟山）位于嵊州市界，海拔1012米，因山顶悬崖成四方形，古称"四窗岩"，唐代著名诗人刘长卿见此奇迹赞颂："苍崖倚天立，覆石如覆屋，玲珑开户牖，落落明四目。"山脉呈南北走向，南部高，北部低；山势中心高，四周低，山顶起伏和缓，四周边缘陡峻，犹如浙东的天然屏障，历来是军事要冲。四明山因受曹娥江东侧支流的切割，自南而北分为五路，分别成为沙溪、上东江、里东江、隐潭溪、下管溪的分水岭。民国《重修浙江通志稿·地理考》第一章《山脉记》："鄞县小溪镇入者，曰东四明，由余姚白水山入者，曰西四明，由慈溪蓝溪入者，曰北四明，由奉化雪窦入者，曰南四明。层峦绝壁，深溪广谷，高回幽异。"[1]主要山峰有撞天岗（914米）、三尖山（1000米）、覆卮山（861.3米）等。在姚江平原北侧，有东西绵延四十余公里的翠屏山，俗称北山，最高峰塌脑岗，海拔446米，也属于四明山脉。

图2-4 四明山图（图片来源：雍正《敕修浙江通志》，光绪刻本）

---

① 民国《重修浙江通志稿·地理考》第一章《山脉记》，方志出版社2010年版。

### （五）天台山脉

有"佛窟仙源"美称的天台山，位于新昌东部和南部、嵊州南部，是曹娥江、甬江和灵江的分水岭，天台山与四明山以沙溪为界，天台山与会稽山以剡溪为界。天台山山名，始见于南北朝陶弘景《真诰》一书："山有八重，四面如一，当斗牛之分，上应台宿，故曰天台。"天台山主峰华顶山，在天台县境内，海拔1098米。主脉沿东北方向延伸，至宁波鄞州东南部到穿山半岛，入海后形成舟山群岛；分支北西走，东钱湖北侧有天童山，西侧有阿育王山，西北鄮山尽于小浃江之东。民国《重修浙江通志稿》引《读史方舆纪要》谓："在横岙山西二里，昔海商贸易于此，故名。秦始皇留此四十日，后置县加邑为鄮。"①

图2-5　天台山图（图片来源：雍正《敕修浙江通志》，光绪刻本）

## 二、孤山残丘

浙东神秀山川，连绵不绝，就像一幅山水画，壮美多姿。浙东运河一带宁绍平原中零星分布的孤山残丘，海拔大多在250米以下，文化积淀更为深厚。有城中山如府山、蕺山、塔山，有采石山如箬簀山、吼山、柯

---

① 民国《重修浙江通志稿·地理考》第一章《山脉记·天台山脉》，方志出版社2010年版。

山、羊山，有镇海屏障之山如伏龙山、招宝山及虎蹲各岛，还有流传丰富民间传说的山如涂山、夏盖山、保驾山、龙山、姜山等。唐代的元稹和白居易就分别有"天下风光数会稽"和"东南山水越为首"的评价。这部分内容会在后面章节中详述。

**表 2-1　沿运河廊道两岸各 2 公里内相关的山体**

| 序号 | 河道名称 | 北（左）岸山体 | 南（右）岸山体 |
|------|----------|----------------|----------------|
| 01 | 西兴运河 | 北山 | 西山 |
| 02 | | 长山 | 象山 |
| 03 | | 凤凰山 | 柯山 |
| 04 | | 航坞山 | 行宫、韩家、石堰三山 |
| 05 | 城河段运河 | 西施山 | 府山、蕺山、塔山三山 |
| 06 | | | 亭山 |
| 07 | | | 龙山 |
| 08 | | | 龟山 |
| 09 | | | 禹陵眠犬山 |
| 10 | 山阴故水道 | 大稷山 | 箬篑山 |
| 11 | | | 凌家山（森海豪庭内） |
| 12 | | | 吼山 |
| 13 | | | 海螺山 |
| 14 | | | 银山 |
| 15 | | | 凤凰山 |
| 16 | 御河 | 周家山 | 东横山 |
| 17 | 蒿坝段 | 牛山 | 蒿尖山 |
| 18 | | 马山 | |
| 19 | | 卧龙山 | |
| 20 | 曹娥江段 | | 龙山 |

| 序号 | 河道名称 | 北（左）岸山体 | 南（右）岸山体 |
|---|---|---|---|
| 21 | 虞余运河 | 羊山 | 龙会山 |
| 22 | | 老鹰山 | 大旗山 |
| 23 | | 面前山 | 渚山 |
| 24 | | 菁江山 | |
| 25 | 四十里河 | 兰芎山 | 大顶尖 |
| 26 | | 象山 | 大峰尖 |
| 27 | | 五癸山 | 鲤鱼山 |
| 28 | | | 凤鸣山 |
| 29 | | | 横山 |
| 30 | 十八里河 | 湖山 | |
| 31 | | 仙人山 | |
| 32 | 余姚江 | 丰山 | 柏门山 |
| 33 | | 玉皇山 | 小山 |
| 34 | | 梅花山 | 童家山 |
| 35 | | 黄泥山 | 正无山 |
| 36 | | 鲻山 | 浪干山 |
| 37 | | 犀牛山 | 小湾山 |
| 38 | | 凤凰山 | 王家山 |
| 39 | | 葛山 | 青木山 |
| 40 | | 羊角尖 | 姆岭山 |
| 41 | | 大湾山 | 石塘山 |
| 42 | | 赭山 | |
| 43 | 慈江 | 云山 | 乌石山 |
| 44 | | 彭山 | 后黄山 |

| 序号 | 河道名称 | 北（左）岸山体 | 南（右）岸山体 |
|---|---|---|---|
| 45 | 慈江 | 龙王堂山 | 双顶山 |
| 46 | | 白鹤山 | 狮子山 |
| 47 | | 灵山 | |
| 48 | 甬江 | 招宝山 | 馒头山 |
| 49 | | 虎蹲山 | 西庙山 |
| 50 | | | 金鸡山 |
| 51 | | | 竺山 |
| 52 | 小浃江 | 龙山 | 双峰山 |
| 53 | | 中央山 | 窑山 |
| 54 | | 撒网山 | 大爿山 |
| 55 | | 陈山 | 门面山 |
| 56 | | | 徐山 |
| 57 | | | 枣子山 |
| 58 | | | 大呑山 |
| 59 | | | 林家山 |
| 60 | | | |
| 61 | 中塘河 | 止水山 | 奕大山 |
| 62 | | | 田螺山 |
| 63 | 奉化江 | 马湖山 | 牛角尖 |
| 64 | | 大、小西岭 | |
| 65 | 南塘河 | 湖山 | 它山 |
| 66 | | 笔架山 | |
| 67 | 刹子港 | 管山 | 卢家山 |
| 68 | | | |

| 序号 | 河道名称 | 北（左）岸山体 | 南（右）岸山体 |
|---|---|---|---|
| 69 | 东横河 | | 牛山 |
| 70 | | | 陈山 |
| 71 | | | 羊角山 |
| 72 | | | 凉帽山 |
| 73 | | | 伍梅山 |
| 74 | | | 马家山 |
| 75 | | 笔架山 | 光南山 |
| 76 | | 虞山 | 乌贼山 |
| 77 | | 朝驾山 | 牛头山 |
| 78 | | 司城山 | 盐仓山 |
| 79 | 快船江 | 伏龙山 | 石人山 |
| 80 | | 石塘山 | 东岙山 |
| 81 | | | 王家山 |
| 82 | | | 下朝山 |

## 三、万壑争流

浙东运河廊道南侧山脉连绵，"万壑争流，百怪垂涎"的景致展现出自然的壮丽与野性的奥妙。山峦在这里聚集，仿佛是天地初开时的巨灵们在这里停下了脚步，形成了一座座峥嵘的山峰。每一座山都是独特的个体，它们或重峦叠嶂，或峭壁突兀，构成了一幅气势磅礴的画面。在这些巨人的脚下，万条山涧、溪流、河谷交错纵横，它们在千百年的岁月中，不断雕琢着山石，形成了令人叹为观止的峡谷与沟壑。

清末一部精良的地图学著作《浙江全省舆图并水陆道里记》，蕴含了丰富的地理信息，将山川水系与城镇记录其中，可以让我们清晰地看到山水与浙东运河的关系。天目山余脉在湘湖和运河之北，龙门山脉与会稽山脉形成浦阳江、西小江，它们对浙东运河的水源和航运带来极大的影响。会稽山脉以北的水系汇聚于鉴湖，历史上称为"鉴湖三十六源"，这些水系对浙东运河的正常运行具有很大的贡献。会稽山脉与四明山脉分水岭主要形成剡溪与曹娥江，这里人文底蕴深厚。四明山北侧与虞北平原、余慈平原交接，形成了许多被分割的谷地。玉带溪、通明江汇成溪山湖、皂里湖、西溪湖、小渣湖，这些湖都与四十里河、十八里河的水源有关；兰阜山与竹山北侧诸水汇成白马湖、东西湖泊及牟山湖，是虞余运河重要的水源；四明山脉北侧与翠屏山南侧诸水汇成姚江，在平原上自然弯曲，与萧绍平原的各水系形态不相同。四明山脉与天台山脉汇成奉化江的源头，支流包括东江、县江和鄞江。对浙东运河与城市用水影响最大的是历史上的广德湖与现在的东钱湖。以上大致可以形成浙东运河廊道南部水系的地理框架。这样的山川，不仅是自然的杰作，更是世代人们用智慧改造利用自然的结果。

以下介绍山脉主要溪流，江河在后面章节详述。

### （一）鉴湖"三十六源"

春秋时期，会稽地区以会稽山脉为南界，北临宛如珍珠的后海（今杭州湾），东倚曲折蜿蜒的曹娥江，其心脏地带是一片向西逐渐展开的湿地平原。这里的地形如同一系列台阶，由山至原，再至海，形成了独特的自然景观。古代地理学家郦道元在其著作《水经注》中对此地作了生动的描述，这是一个水系交错、河网密布的地方，河流众多，难以详尽计数。

会稽山脉的水资源十分丰富。研究显示，流入古鉴湖水域面积超过0.38平方公里的溪流多达43条，其中超过0.8平方公里的溪流有36条，即史书记载的"三十六源"。鉴湖西连西小江，东接环城河，南边汇聚了型塘溪、漓渚溪、兰亭溪、若耶溪和富盛溪等众多水流，北侧则是古时称为南塘的区域，有古鉴湖西湖堤，众多小河穿梭其间，与萧绍运河相通，流域面积达357平方公里。

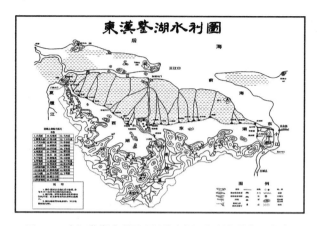

图 2-6　东汉鉴湖水利图（图片来源：绍兴市鉴湖研究会）

在会稽山流入鉴湖的河流，自东向西主要有：

型塘溪，从湖塘镇发源，流经型塘，注入鉴湖，全长18.65公里，流域面积28.61平方公里。江名源于大禹治水的故事。

漓渚溪，据《山阴县志》载，源于唐里六峰山，北流入镜湖，全长20.4公里，流域面积57.23平方公里。勾践时期，范蠡在此地培育人才，"蠡驻"的谐音为"漓渚"，江名可能由此而来。

兰亭溪，也称娄宫江，可能因兰亭书法圣地而得名。河流发源于兰亭镇，流经多个镇街，注入鉴湖，全长21.55公里，流域面积111.31平方公里。

坡塘溪，发源于南池岙底坞的妃子岭，流经施家桥等地，于廿亩头汇入绍兴城环城河。河道全长4.1公里，流域面积13.39平方公里。坡塘得名于范蠡饲养鱼类的历史，坝体长约250米，高10米，水域面积约0.24平方公里，蓄水量达80万立方米。

南池溪源起南池，途径陆家荇、任家塔，最终在绍兴城南门融入环城河。河流全长约6.7公里，辅助水系达22.6公里，流域面积为21.43平方公里。据《（嘉庆）山阴县志》记载，南池溪从秦望山、法华山等发源，流入镜湖。溪流因越王勾践开挖南池而命名。《（嘉泰）会稽志》记载，南池位于山阴县东南，分为上、下两池，传说范蠡在此养鱼，并由此得到勾践的赏识。南池也称为牧鱼池或目鱼池。考古发现，南池位于今秦望村，塘坝被当地称为塘城岗，长约 220 米，水域面积约 0.53 平方公里，坝高 16.3 米，水库容积约 300 万立方米。

若耶溪，历史上有多个名称，如越溪、刘宠溪等，发源于上嵋岙村，流过多个区域后，最终汇入绍兴市区的稽山门，是绍兴平原南部山区最大的河流之一，同时也是会稽平原的重要水源之一。若耶溪对越民族历史发展有着极其重要的影响，它见证了越国从旧都到新都的迁移，是越族政治中心的轴线。越国不仅在这里设立了部落中心，还建立了生产和冶炼基地。若耶溪周边文化底蕴深厚，这里不仅有着丰富的历史记载和传说，如"禹得天书""西子采莲"等，还有道教、佛教圣地，唐宋时期众多文人墨客也曾在此地留下了许多脍炙人口的诗文。

攒宫溪，源自五丰岭，流经多个村庄后注入运河，它的命名则与南宋六位帝王的丧葬地有关。

富盛溪，可能因越王勾践在其西侧修建的富中大塘而得名，河流起源于青龙山。

### （二）曹娥江源

曹娥江的名字来自汉代孝女曹娥的传说，她为寻父投江而殉，因此该江以她的名字命名。曹娥江全长 197.2 公里，流域广达 6080 平方公里，发源于磐安县城塘坪长坞，流经新昌、嵊州、上虞等地，最终在绍兴新三江闸东北汇入浩瀚的钱塘江。江水自源头至汇口的总高差为 597 米，平均坡降为 3.3‰。

曹娥江的上游部分被称为澄潭江，源头位于尚湖镇城塘坪长坞，东北流向，经过五丈岩水库，向北流入新昌县界内，途径镜岭、澄潭镇，最后向东汇入新昌江。澄潭江全长 86 公里，流域面积 851 平方公里，高差达 582 米，平均坡降为 6.7‰。

汇入新昌江后的澄潭江便成为曹娥江，东北流向，至嵊州南部，西边汇入长乐江，再北上至蒋家埠，东边汇入黄泽江，流向浦口后东边汇入下管溪，再至上浦，西边汇入小舜江。流经蒿坝、曹娥直至百官镇，西北流向，至五甲渡，河道在此左转绕出一个大环形湾，最终东北流向钱塘江。曹娥江在章镇以下受潮汐影响，形成感潮河段，河口宽度超过一公里。

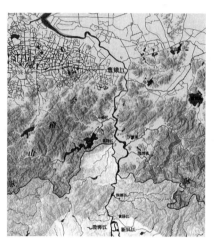

图 2-7　曹娥江主要水系图

## （三）甬江源流

甬江在浙江东部，因流经古甬地，故名。顾祖禹《读史方舆纪要》又称鄞江：

> 鄞江，府东北二里。一名甬江。其上流自四明诸山汇溪涧之水，引流东北，势盛流驶至它山下，堰而为渠，自它山东折而北二十五里经长塘堰，又东经府东南三十里之临江堰，复南折而东，至府东南四十里之坊桥而会于奉化江。奉化江自奉化境北流经坊桥，合于鄞江，又北出而西折经府南十里之铜盆浦，又北至府东南五里之林郎坝，历东门外浮桥至城东北三里之桃花渡，而慈溪江流合焉。慈溪江承上虞、余姚之水，东南流至府西二十五里西江渡，又经府西北七里王家湾，又东经北门外至桃花渡合于鄞江，又东北为定海之大浃江。其地亦谓之三江口，亦曰三港口，府境诸水悉汇入焉。

图 2-8　甬江主要水系图

　　宁波的甬江由南北两大支流共同构成。南面的支流是奉化江，起源在奉化、余姚和嵊州的交界处的大湾岗董家彦，它蜿蜒向东北方向流淌 93 公里，在宁波市的市中心三江口与北面的姚江相融。而姚江，即北面的支流，涌出自余姚的四明山夏家岭和眠岗山，向北迂回后东流 107 公里，与奉化江在宁波市区的三江口汇聚。两江合流后，命名为甬江，继续向东北流淌 26 公里，最终在镇海的外游山流入东海。以北源姚江计算，甬江全长达到 133 公里，流域面积覆盖了 4518 平方公里，河床总落差为 665 米，平均坡降为 5.0‰。该流域平均年降水量介于 1300 毫米至 1700 毫米之间，降水的年际变化、年度分配和地面分布差异均较大。

　　奉化江，甬江的南支流，流域面积达到 2223 平方公里，河床总落差为 750 米，平均坡降高达 8.1‰。奉化江的正源为剡江，剡江源头至公棠村的 36 公里河段，被称作晦溪，在晦溪上游建有亭下水库。河流经公棠后，左引康岭溪。康岭溪，曾名剡源、三石江，起源于撞天岗南麓的老庵基山，以"剡原九曲，风景如画"著称。剡江经过溪口、萧王庙，穿过平原区域，流至方桥附近的三江口，此处左汇鄞江，右接县江和东江，三江口以下的河段则被称作奉化江。奉化江继续向东北流淌，穿过鄞州，最终在宁波市区的三江口与姚江汇合。

　　姚江，甬江的北支流，也被称作余姚江或舜江，流域面积达到 1934 平方公里，河床总落差为 665 米，平均坡降为 6.2‰。姚江发源后北流，经过梁弄镇，流入四明湖水库，离开水库后继续向北，到达娄家闸与通明江交汇，此处以下被称为姚江干流。它东流经过余姚城，然后向东南流至浦口，右侧汇入陆埠溪，至丈亭时左侧加入慈江（又名后江），之后流经车厩、宁波市区的姚江大闸和新江桥后与奉化江交汇。姚江在 1958 年之前是一条受潮汐影响的河流，潮水可以涨到通明坝下游。1959 年，在姚江口上游 3 公里处建成的姚江大闸将姚江变成了内河。

### 1. 奉化江源

奉化江的支流主要包括东江、县江和鄞江。东江起源于奉化区尚田镇的薄刀岭冈，全长 41.7 公里，流经尚田、孙家村等地，在方桥附近与奉化江汇合。县江起源于奉化区大堰镇的大公岙，全长 69.5 公里，曲折流向东北，在横山形成水库后，流经多个地区最终在方桥汇入东江。鄞江源于四明山的白肚肠岗，全长 69.4 公里，河床落差达到 769 米，坡降为 11.1‰，经过周公宅水库、皎口水库等多个节点，最终在横涨附近流入奉化江。从它山堰以下，鄞江受到潮水的影响，大潮时水位可达堰下。

### 2. 姚江源流

姚江西起上虞境内通明闸，东经安家渡，流经余姚后直抵宁波三江口。就天然形势而言，姚江可分为上、中、下三段：自发源至通明闸为上游，15 公里；自通明闸至余姚为中游，22 公里；自余姚至鄞州为下游，60 公里。关于姚江源有说是余姚四明山夏家岭眠岗山的，也有说是上虞梁湖江坎头的，还有人认为它与曹娥江同源。

曹娥江古称舜江，为纪念孝女曹娥而改名。在北宋时邑人张达在梁湖江坎头西山与兰芎山间创置沙湖塘之前，曹娥江和姚江是同一条江。光绪《上虞县志校续》有记："沙湖塘在外梁湖，距县西三十二里。宋邑人张达创置，以御娥江潮水，自西山至兰芎山麓筑塘，长三里，塘尽处，筑牮塘数十丈，建石闸一座，遇潮水泛滥，则坚闭其闸。"[①] 这石闸就在无量闸位

---

① 《光绪〈上虞县志校续〉点校本》，中国文史出版社 2016 年版，第 507 页。

置，遇潮水时关闭，旱则引江水注于四十里河，灌溉农田。旧江道成为运河的雏形。因此，北宋前姚江源头就是曹娥江源头，在磐安县尚湖镇尖公岭，建沙湖塘之后的姚江源头是上虞梁湖江坎头，而从四明湖水库娄闸河下来的河道可称为姚江的山区支流。

后江，亦称慈江，始发自镇海区的秀美小桃花岭，融汇了汶溪等众多溪流。其南行途径化子闸前，被尊称为中大河；过此，称慈江。慈江蜿蜒于江北区的年山乡芳江村，历经 1974 年的人工整治，流经丈亭镇西侧，与姚江汇流。河道途中，魏家浦、官桥浦等多处水系汇入，经管山浦等地与姚江相融。后江全长约 28 公里，河面宽达 60 米，平均水深介于 2—3 米，化子闸以下，河床坡度渐缓。

南庙溪自余姚茭湖乡的东大爿涌出，北流后在梁辉乡的苏家园大桥头与东山河交汇，全程 13.5 公里，坡降达 43.48‰。

兰溪，也就是现名的陆埠溪，发源于余姚茭湖乡的南黄，向东北流动，在杜徐附近汇聚乌石方向的水流，陆续在袁马和翁岙附近接纳更多支流，最后在陆埠水库与洪山方向来水汇合。陆埠水库的控制区域达 54 平方公里。溪水离开水库后，北向流过陆埠镇，进而流向姚江。陆埠溪全程 21.5 公里，流域上游坡降为 32.26‰，而洋溪段河宽约 60 米，水深 1 米，在其注入姚江的地方设有浦口闸，它是陆埠镇通往姚江的主要水道。

大隐溪，也被称为慈溪，其名来源于东汉孝子董黯的故事。董黯孝顺，母亲患病时渴望饮用大隐溪的水，董黯因而在溪边建屋照料母亲直至痊愈。溪流发源自鄞州云洲乡大庵山，流经洪山乡大坪地，再向东北至芝林，最终流经大隐镇南部的云溪，东北向流入姚江。大隐溪全长 24.5 公里，坡降 20.83‰。

# 第二节 山林水库

## 一、山林演变

### （一）森林历史变迁

森林是一种可再生的自然资源，有自然生长、枯朽和演替的发展过程，同时，人类对森林的种植、经营、利用等干扰对森林的演变也起重要的作用。因此森林的演变是在自然条件和人类活动的共同作用下进行的。探讨浙东运河生态环境的变迁，该流域内森林的历史变迁是一个重要的方面，它在一定程度上反映了流域内气候、水文和人类活动的变迁。森林的历史变迁又影响了流域内的其他自然因素。

#### 1. 战国及以前时期浙东运河流域的森林

新石器时期的宁绍杭嘉湖平原，是古越先民的重要繁衍生息地之一，当时运河流域森林繁茂，禽兽众多，人们穴居或巢居，钻木取火，以兽皮为衣，以采集果实、狩猎和捕鱼为生。此时，除了为维持生存而焚林驱兽和零星采伐外，人类对森林资源的利用很少。随着"刀耕火种"等原始农业的兴起、木竹利用的扩大，以及需要消耗大量薪炭能源的制陶业等手工业的出现，焚林垦殖这类生产性和生活性森林资源的消耗显著增加。跨湖桥、井头山、河姆渡遗址出土的箩、簟、簸箕、席等竹编，木栏式建筑、独木舟、木桨等木器，还有丝织品、陶器等，可见当时的宁绍平原的木竹加工利用与纺织、陶器等手工业已较普及。夏到周为奴隶社会的鼎盛时期，春秋战国之交（约公元前 5 世纪）时进入封建社会。随着人口的增加，农垦地面积扩大，木竹利用增多，生产渐趋复杂、消耗薪炭能源较多的冶炼、制陶、煮盐等手工业兴起，战争频繁发生，对森林的破坏也日益增多。春秋末年至战国初期，战争纷起，吴越两国多次发生大规模征伐，被直接和间接破坏的森林其面积是比较大的。据陈桥驿和汪波的研究，越国在人口最多时，每平方千米不过 6 人。公元前 473 年，勾践灭吴后，为与齐晋争霸中原，迁都琅琊，带走居民 3 万户，约 12 万人，加上战争之伤亡，约占越国人口之半。古代浙江森林破坏虽从周代开始，但由于人烟稀少，生活简陋，生产规模不大，春秋中叶前又罕有较大战争，所以对森林的破坏有限；而森林有自然增长和再生能力，故浙东运河流域，除人类聚居区附近的低丘平原外，各山地依然被茂密的原始森林所覆盖。

图 2-9 河姆渡遗址村落发掘现场出土的大量木构遗迹（图片来源：《海丝图录》）

战国以前，浙东运河流域森林变迁的主要原因有：其一，开垦农田。中国的农业起源很早，在浙江余姚河姆渡发现了大量稻谷和骨耜、木耜等农具。原始农业的生产方法是"刀耕火种"，许多森林就这样被毁掉了。夏商周时期实行"井田制"，夏代开始炼制青铜，商代以青铜铸造农具，这些都推动了农业发展，致使更多的森林被开垦为农田。其二，建造房屋。绍兴越国印山王陵的墓室采用原木构架。浙江余姚河姆渡遗址发现了规模较大、房屋毗连的聚落，即原始的村庄，房屋的梁、柱、板等均为木制。大大小小的聚落、民居和规模宏大的城邑、都城、宫殿的建造，致使许多森林被砍伐。其三，砍伐利用。考古出土的独木舟、木桨、木耜、木犁、木纺轮、木刀、木槌、木铲以及木碗等生产、生活用具、交通工具等都是木制的。春秋战国时，车船更多了。此外，在各地遗址中发掘出陶器、铜器、铁器，而当时冶炼铜、铁矿和制造铜、铁器都是以木炭为燃料的。随着人口增殖、文化和科学技术发展，人们使用木材数量逐渐增多，致使森林面积逐年减小。同时，夏商周时期，就有一些有识之士注意到了森林保护的重要性。《逸周书·大聚解》载，夏禹提出"春三月山林不登斧"；在《荀子·王制》中荀况提出"草木荣华滋硕之时，则斧斤不入山林……斩伐养长不失其时，故山林不童而百姓有余材也"。上述论述都说明必须适时伐木，其用意是人们既可得到成熟的木材，树木又能天然下种或萌生蘖条，天然更新。

图 2-10　越国印山王陵墓室原木构架（图片来源：绍兴市鉴湖研究会）

### 2. 秦汉晋南北朝时期浙东运河流域的森林

秦统一六国后，大修驰道，广植行道树。《汉书·贾山传》："秦为驰道于天下，东穷燕、齐，南极吴、楚，江湖之上，滨海之观毕至。道广五十步，三丈而树，厚筑其外，隐以金椎，树以青松，为驰道之丽至于此。"嬴政三十七年（前210）秦始皇"东巡之会稽"，从安徽入浙，途经今杭州，登会稽秦望山。可见当时浙江通径也是青松夹驰道的。

自秦至汉初，浙江人口缓慢平稳地增长。秦始皇为了巩固统治，在人口上采用疏散融合政策，"徙大越民，置余杭，伊攻口故部，因徙天下有罪适吏民，置海南故大越处，以备东海外越，乃更名大越曰山阴"（《越绝书》卷八）。也就是说，一方面将宁绍地区人民迁徙至浙西和皖南，另一方面又将北方一部分汉民迁至宁绍地区。当时北方已有铁器、牛耕及轮作复种等先进农业技术，这对宁绍地区和太湖流域的土地开发起了一定的积极作用，同时也加速了对该地域丘陵平原的森林破坏。秦至汉早期，对浙江原始森林的破坏主要在平原地区，宁绍平原和杭嘉湖平原在海退构筑海堤之前，原是一片沼泽森林，历经农垦兴修水利，采伐森林，率先变为农作植被，西汉桓宽的《盐铁论·通有》载："伐木而树谷，燔莱而播粟。"汉代中叶至三国东吴期间，随着人口增加，陶瓷、冶炼、造船、造纸、缫丝等手工业的发展，对木材和薪炭的需求剧增，继而破坏周边低丘森林。秦汉制陶瓷器，除有实用的生活用品、装饰品、模型外，还有随葬品。仅上虞就发现有38处汉代窑址。浙江的冶炼业在春秋战国时就有一定基础，尤以铸造名剑而驰誉神州。东汉中叶以后，会稽郡成为全国铸镜业的中心。由于经济发展和大批北方人士迁入，作为日常用品，铜镜的需求量大增。虽然对森林破坏增加了，但由于原有资源丰富，即使在人口较多的会稽山北麓仍存有不少古木巨树。南朝梁武帝时诏令官吏教民种植桑果。当时浙江蚕桑业已相当发达；也盛产柑橘，不少农户以柑橘为生计。从晋到南朝，茶叶产业也有了一定程度的发展，浙北丘陵地区就有御贡茶园。

　　虽然在秦汉晋南北朝时期该区域森林屡遭破坏，但由于人烟稀少，森林依旧处于原始状态，北魏郦道元《水经注》："（天目山）山极高峻，崖岭竦叠，西临峻涧，山上有霜木，皆是数百年树，谓之翔凤林。"这一时期林业是有所发展的。植树造林的主要树种为桑、枣、榆、松、柏等，还有栗、柿、桃、梨、橘等果树和漆、楮、茶等经济林木和竹类，用材树种只占小部分。植树造林的主要目的是解决衣食问题。

　　秦汉时期，森林减少的主要原因如下：其一，大规模毁林垦殖。《汉书·地理志下》载，长江下游江南地区"火耕水耨，民食鱼稻"，西汉桓宽的《盐铁论·通有》载："伐木而树谷，燔莱而播粟"，随着大面积农田的出现，森林面积在不断地减小。三国以后，北方战乱不停，大量人口向南方迁移。例如，《晋书·王导传》载，西晋末永嘉之乱后（312），"洛京倾覆，中州士女避乱江左者十六七"。上述因素加速了运河流域内南方森林的消亡。其二，滥伐乱砍森林。帝王将相为修筑宫室宅邸和建造棺椁大量伐木。汉代冶铁业、制陶业也有发展，每年因烧炭而砍伐的森林树木不在少数。当时以木炭作为冶铁的燃料和还原剂。帝王将相墓穴填充的木炭数量也极多。其三，战争毁林。三国到南北朝末期一直处于战乱状态。在战争中，必须修建营寨、堡垒、鹿砦等工事，还须制造大批战车战船、滚木、弓箭、兵器柄杆、云梯等。有时，为便于进军，要"伐山开道"。为阻止敌军，有时还要"伐木塞道"。《后汉书·来歙传》及《后汉书·隗嚣传》等对此均有记载。

### 3. 隋唐宋元时期浙东运河流域的森林

唐代浙人已普遍饮茶，唐至德、乾元前后，陆羽《茶经》问世，这进一步推动了茶叶生产技术的传播和普及，会稽山、四明山、千里岗、仙霞岭、雁荡山等丘陵低山缓坡都有茶园分布，产茶地区已遍及全省大部分州县，其中重点产区"以越州上；明州、婺州次；台州下"（《茶经》）。当时浙北平原地区农村"桑麻蔽野"，连许多寺院也种植桑树。

宋代提倡广种桑、枣、榆、柳，并采取奖励、减免税、设立农师、禁止乱樵采、保护名胜古迹森林等措施，对森林尤其是对经济林的发展起到了一定的推动作用。在中国历史上宋太宗首先设立农师以推广农林技术，《宋史·食货志》中有"太平兴国中，两京、诸路许民共推练土地之宜、明树艺之法者一人，县补为农师"。宋英宗诏令民种桑柘之地毋得增赋，神宗、高宗、理宗在不同时期都曾免过竹木税，徽宗和孝宗奖励课民种桑枣者。浙东提举朱熹指导栽桑技术，印发了"种桑法"，有力地促进两浙蚕桑技术的普及和提高，浙江遂成为全国蚕桑业最发达的地方。乌桕在宋代发展也较快，南宋时浙江的平原地区已普遍栽植乌桕，陆游诗云："乌桕赤于枫，园林九月中。"宋真宗时屡下禁樵之诏，以保护名胜古迹之森林。

至南宋、元初时，宁绍平原和杭州附近，人口倍增，但山高路险，交通闭塞，生产落后，对连绵不断的原始林区影响有限。纵有"刀耕火种""插杉点桐"等破坏天然林的情况，但主要集中在盆谷台地及其附近坡地，规模也较小，原始森林依旧广布。

隋唐宋元时期浙东运河流域森林变迁的主要原因有三：其一，开垦农田。这一时期，仍有军队屯田，宋欧阳修在《新唐书·李元谅传》中记载，唐将领李元谅曾率士兵毁林开荒，"辟美田数十里"。唐宋时期，许多地区原本在低山山坡上种植果树，而到南宋，由于烧畲田和修梯田，建桑园和菜园，有的地方只能把一些果树种植到较高的山上。南宋诗人杨万里在《桑茶坑道中》中有"田塍莫笑细于椽，便是桑园与菜园。岭脚置锥留结屋，尽驱柿栗上山颠"的诗句。其二，各种手工业发展，森林被伐作燃料。这一时期，社会秩序基本安定，因而手工业有很大发展。制陶（瓷）业的发展尤快。从唐到五代，浙江余姚上林湖瓷窑激增。唐代开始在上林湖设立"贡窑"，专烧进贡用瓷器。直到宋初，上林湖的制瓷业仍处在兴旺发达阶段，即使到宋末，瓷业仍然兴盛。因此，每年必然要砍伐大面积的森林。其三，森林火灾烧毁大量森林。唐宋时期农业有较大发展，农田开垦相当多，而且盛行"畲田"，即"刀耕火种"，这极易蔓延引起森林火灾。所谓"畲田"，据南宋范成大在《劳畲耕诗序》中解释为"峡中刀耕火种之地也。春初斫山，众木尽蹶。至当种时，伺有雨候，则前一夕火之，藉其灰以为粪。明日雨作，乘热土下种，即苗盛倍收。无雨反是"。这种"畲田"，种植几年后，土壤肥力递减，则需再开，所以毁林相当严重。梯田是在畲田的基础上发展形成的。随着人口增殖、经济发展、科学技术进步，森林被砍伐也增多，总的趋势是森林日益减少。浙东运河流域内近山区森林被砍伐殆尽。有识之士如宋沈括在《梦溪笔谈》中已敲响警钟："今齐鲁间松林尽矣，渐至太行、京西、江南，松山大半皆童矣。"

图 2-11　上林湖越窑遗址

### 4. 明清时期浙东运河流域的森林

明洪武帝建国之后，以农桑为立国之本，十分重视经济林的发展，诏令吏民广栽桑、枣、柿、栗、胡桃、桐、漆、棕等经济林木，要求百姓有田四、五亩至十亩，须栽桑半亩，十亩以上倍之，田多者按此比例增加，栽桑以四年起科，不种桑出绢一匹。清代康熙以后，浙江蚕桑业又有新的发展。康熙三十五年（1696），康熙在其《桑赋》序中云："朕巡省浙西，桑林遍野，天下丝缕之供，皆在东南，而蚕桑之盛，惟此一区。"乾隆年间蚕桑、茶叶、柑橘等产业得到进一步发展。清代在名胜古迹和风景区栽松也较多。南宋时凤凰山、万松岭一带有成片松林景观，后遭破坏，清雍正八年（1730），总督李卫补植万松，以还旧观。清代后期，茶、桑、果等经济林种植继续有所扩大，蚕桑业发展最快。鸦片战争以后，海禁大开，宁波被列为五个通商港口之一，加上离上海口岸又近，这对浙江外贸十分有利。道光二十年（1840）以前，中国生丝每年出口量还不到1万担，同治七年（1868）达到5.73万担，光绪二十五年（1899）增至14.81万担，位居中国出口物资首位。当时浙江丝绸颇受外商青睐，浙江产茧94.5万担，占全国的38.8%。至清末，交通不便的少数山区或名山寺院附近尚保存有一定面积的原始天然林，其余地区多已被次生林和人工林所替代。

明清时期浙东运河流域森林变迁的主要有以下五个原因：其一，朝廷采办"官木"。明清朝廷大兴土木的规模是空前的。地方官府所建官邸和衙门等数量更多，规模也相当宏伟，为修建这些建筑物，朝廷砍伐了大量森林。《清实录》载，康熙二十一年（1682），为修缮紫禁城，朝廷派官员赴江南（相当于今江苏、安徽二省）、江西、浙江、福建、湖广和四川采办楠木。其二，毁林屯田。明代仍盛行屯田，既有军屯，又有民屯。其三，民间滥伐森林。随着人口的增加、经济的发展，木材需求量增加，引发了民间对森林的滥伐。其四，森林火灾焚毁。由于人口增殖，在森林附近路过或进入森林进行农副业生产的人增多，发生森林火灾的情况也增多。其五，过量取柴，大面积的森林被砍伐。

浙东运河流域内的森林面积经历了一个由多到少的演变过程。这个过程是复杂的，在漫长的岁月中，这一演变对运河产生了巨大的影响，主要表现在自然灾害频繁、水土流失严重、河道堵塞、环境恶化、运河流域内动植物资源减少等方面。

### 5. 新中国成立后运河流域的森林

新中国成立后，浙江省十分重视林业生产，造林、育林的面积逐年扩大。1950—1957年，浙江省共造林1174.3万亩，8年造林面积是国民党统治浙江22年造林面积的25.8倍。民国时期破坏的森林得到很大恢复，森林资源出现良好增长势头。[①]

但是，到了1958—1959年的"大跃进"时期，由于基建与工业的需材量剧增，重森工轻营林、重造林轻抚管的现象十分普遍，尤其是"大炼钢铁""大办食堂"与"人民公社化"时的"一平二调"，给浙江森林造成的破坏尤为严重，当时不少城镇大小高炉遍布，农村千家万户同吃食堂，成片的森林和大量周边树木被砍伐充作柴炭。加上相关政策不落实，林木被任意采伐调用，严重挫伤了生产队和群众造林护林的积极性。1960—1962年的三年困难时期，粮食紧张，山区毁林开荒的现象随处可见。[②]1963年起情况有了明显改变，随着中共中央和国务院关于禁止乱砍滥伐森林和停垦还林政策的落实，浙江省造林面积逐年上升，森林资源又逐渐恢复。

新中国成立后，浙江省的农田防护林建设得到了极大发展。1981年，浙江省第一期农田防护林工程启动。萧山等地开始在平原进行农田防护林建设。1984年，浙江省开始第二期农田防护林工程建设，提出了一系列相关政策，巩固了原有的造林成果，促进了农田林网的发展。1989年，萧山政府提出"一年做好准备，四年消灭荒山，八年绿化萧山"的林业发展目标，全面开展封山育林、绿化荒山、沿海防护林工程建设和"四旁绿化、义务植树"活动。1990年宁波山区造林、育苗面积及平原植树株数，分别比新中国成立前增加10倍、70多倍和80多倍。

在此期间，浙江省的沿海防护林体系建设也取得了长足的进步。1980年，林业部将浙江省列入沿海防护林工程试点地区，在近海岸的围垦海涂和部分岛屿上开展沿海防护林建设试点。1987年，全国沿海防护林现场会

---

① 杨绍钦、季碧勇：《浙江省林地面积变化分析与预测》，《浙江林业科技》2014年第5期。
② 杨绍钦：《浙江省林地资源消长趋势及保护对策研究》，硕士学位论文，浙江农林大学，2016年，第10页。

议召开后，浙江省沿海防护林工程建设步伐加快。到 1995 年底，浙江省 26 个沿海平原县（市、区）已有 11 个达到了林业部颁布的平原绿化标准。

进入 21 世纪后，各级政府将工作重点放在发展生态公益林，开展现代林业园区、花园城市建设上。2007 年，绍兴市成功创建省级"绿化模范城市"，成为首批国家生态园林城市试点城市。2010 年，全市生态公益林 18.41 万公顷，森林活立木蓄积量达 1275.02 万立方米，森林覆盖率达 54.03%，林木绿化率为 55.2%，主要特产有香榧、板栗、竹笋等。

根据国家林业和草原局数据，2021 年，浙江省国家级森林公园共 44 处，省级森林公园共 84 处。在浙东运河周边的国家级森林公园有绍兴会稽山国家森林公园、兰亭国家森林公园、四明山国家森林公园；省级森林公园有绍兴香雪梅海省级森林公园、柯桥绿林竹海省级森林公园、祝家庄省级森林公园、上虞东山湖省级森林公园、余姚东岗山省级森林公园、慈溪达蓬山省级森林公园、瑞岩寺省级森林公园、宁波中坡山省级森林公园等。

### （二）最美森林

浙江省林业局公布的最美系列之最美古树、最美森林、最美古道，浙东运河周边的萧山越王城山森林、绍兴会稽山香榧古树群、柯桥王坛万亩青梅林、宁波四明山仰天湖森林等入选。[1]

图 2-12　兰亭国家森林公园

---

[1]　浙江省林业局网站，http://lyj.zj.gov.cn/col/col1297176/index.html。

## 萧山越王城山森林

森林位于萧山区城西的越王城山，嵌在风景如画的湘湖度假区内，占地约896亩，其峰顶海拔约128米。这片郁郁葱葱的森林，以当地品种如香樟、苦槠等树为主，构成了一个相对完整的生态系统，树木覆盖率高达90%。除了这些常见的树种外，这里还生长着一些珍贵的古树，如香椿和黄连木，为这方土地增添了一抹历史的厚重。登山步道穿梭其间，亭台楼阁隐于翠绿之中，它们提供了欣赏湘湖美景的绝佳位置。

越王城山不仅是一处生态宝地，也是一段历史的见证。这座山以春秋末年的历史故事而著称，它曾是越王勾践的兵营之地，古时称作固陵。历经沧桑，这里依旧保留着许多文化遗迹，如越王城遗址和古道，都是省级文物保护单位。勾践祠、洗马池、佛眼泉等古迹也散落其间。丰富的植被和优美的自然风光，加之文化古迹的点缀，使越王城山成为一处集自然景观和人文景观于一体的旅游胜地。

## 绍兴会稽山香榧古树群

绍兴市柯桥区、诸暨市以及嵊州市的交汇处，著名的会稽山地区，拥有一片古老而神秘的香榧林。这片古树群以其独特的农业和文化价值而获得了国际认可，于2013年5月被联合国粮农组织列为"全球重要农业文化遗产"。它是全球首个以山地果树为核心的农业文化遗产。

在会稽山脉中，分布着五大主要的香榧树群落，这些群落散布在赵家镇、稽东镇、谷来镇等多个镇区。在这片林地中，生长着超过10万株香榧树，其中不乏百年乃至千年的古树。这些古树以其奇特的树形而著称，或高耸入云，或盘根错节，或即使断枝也能再生，或顽强地夹在岩石中生长，或虽然弯曲仍旧枝繁叶茂。

会稽山的植物群落以香榧、针叶林和毛竹林为主，其间夹杂着常绿阔叶林，汇集了众多珍稀植物种类。这里的针叶林主要由马尾松、柏木、杉木等组成，而阔叶林则由多达250余种植物构成，涵盖了壳斗科、木兰科等多个科目。这些多样的树木种类共同构筑了一个既复杂又完整的森林生态系统。此外，会稽山的野生动物种类繁多，包括百余种哺乳类、飞禽和爬行类动物，如野鸭、野猪、麂、松鼠等。白鹭在繁殖季节成群结队的壮丽景象尤其引人注目。

会稽山的这片古楂林不仅仅是自然遗产，还与周围秀美的山川、丰富的文化遗迹相互辉映，共同构成了一幅生动的地方风情图。这里不仅有壮丽的自然景观，如秀美山峰、深邃峡谷、飞瀑流泉等，还有古道石桥、寺庙遗址等丰富的人文景观。

### 柯桥王坛万亩青梅林

位于绍兴市柯桥区南侧的王坛镇，是小舜江的发源地，这里以其广阔的青梅种植区而闻名。梅园面积超过 1.2 万亩，成为华东地区最大的连片青梅种植基地。2008 年，王坛镇荣获"中国青梅之乡"的美誉。每年的 2 月至 3 月，随着梅花盛放，成群的游客被这里的自然美景和宜人气候所吸引，纷纷前来观赏花海，享受休闲时光。

### 宁波四明山仰天湖森林

宁波四明山仰天湖森林公园坐落在起伏的四明山区心脏地带，属于中亚热带季风气候区，这里四季分明，阳光充沛，雨水丰富。这片区域的冬夏季风切换尤为显著，带来了凉爽的夏季和寒冷的冬季，因而被喻为"夏天的莫干山，冬天的长白山"，在特殊气候条件下，还能观赏到江南地区罕见的雾凇景观。

这里覆盖着丰富多彩的植被，特别是金钱松和常绿阔叶林景观格外引人注目。仰天湖，这个位于山顶的湖泊，当地民歌赞道："湖水仰望天，四周山环绕，湖身藏山巅。"它的奇特之处被概括为湖之奇、石之奇、竹之奇和故事之奇。森林内主要树种包括樟科的钓樟和楠木，壳斗科的橡树和栗树，金缕梅科的枫香，山茶科的木荷和柃木，层级丰富，从连蕊茶、乌饭树到映山红等灌木及莎草、黄花菜等草本植物，都能在这里找到。由于土壤贫瘠和岩石众多，这里的树木生长较慢，形态多样，每一株都独具观赏价值，整个公园宛如一座巨大的天然盆景园。

## 二、古道风光

"山川之美，古来共谈。"浙东南部森林间至今仍存有许多古道。城山古道、宛委山古道、秦望山古道、诸葛山古道、大雾尖古道、青板古道、紫洪岭古道、覆卮山虞嵊古道、仙过岭下古驿道、太白古道、天姥山古道、芝林古道、栖霞坑古道、霞客古道和深溪盘山古道……每一条逶迤于群岚之间的古道，都有自己的风情。

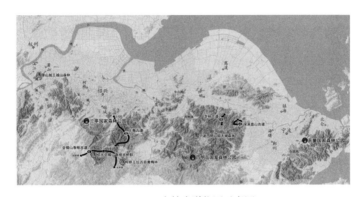

图2-13 森林古道位置示意图

### 会稽山香榧古道

贯穿嵊州市谷来镇、柯桥区稽东镇以及诸暨市赵家镇的会稽山香榧核心产区，直至诸暨市枫桥镇的繁闹香榧集市，这条57.5公里的古道是悠久历史的见证。它见证了千年以来香榧从会稽山采摘到枫桥集散，再扩散至全国各地的历史。它不仅是香榧文化的生命线，也是自然风光、人文遗迹、农耕与宗教文化、古村庄以及农业休闲体验的连接。沿线自然景观瑰丽，峰峦奇石、幽深崖壁、溪谷飞泉、丰郁竹林尽显山水之美。走马岗、龙头顶、龙鳞壁、双溪清流、赏月湾、寒天佩瀑布、斗坑双瀑、月华峡谷、三坑湖及饮马池等天造地设的奇观，让人流连忘返。而香榧会馆、石牌坊、竹牌楼、古月亭、赏榧亭、越州亭等景点，则是人文与自然和谐共存的见证。

### 霞客古道

始于宁海西门，绵延至天台县泳溪乡的筋竹岭头，再经弥陀庵与天封寺，蜿蜒至天台山的华顶主峰，再穿过万马渡景区，最终抵达新昌县横渡村的天姥山，全程累计 120 公里。这条古道是根据《徐霞客游记》记载的旅程而勾勒的，横跨宁海、天台、新昌三县。始建于唐代的古道，至今依旧铺着卵石，道路两旁点缀着诸多历史遗迹。古道不仅是一条古老的旅行路线，更是唐诗文化的传承

图 2-14　香榧森林公园

轴线。道路沿线生态环境优美，植被繁茂，森林覆盖率高达 90%。传说与故事在这里交织，如载入国家非物质文化遗产名录的刘阮遇仙故事、济公传说等，都为这条古道增添了浓厚的人文气息。

### 上青古道

横跨绍兴市柯桥区平水镇上灶到王坛镇的青坛，这条全长 21 公里的步道，将日铸岭、陶宴岭等历史悠久的森林古道融为一体。北部的日铸岭古道，从梅园锁泗桥出发，向南穿越日铸岭，至祝家村上祝而止。这曾是山区居民前往平水、上灶参加市集的必经之路，亦是连接绍兴与台州、温州的重要陆路通道，有如绍兴版的"茶马古道"。古道沿线的下马桥、议事坪、日铸云梯、太平井等古迹至今尚存①，古道石阶仍旧清晰可辨，溪流潺潺，绿树成荫，自然风光迷

图 2-15　日铸岭下马桥与香茗溪

人。陶宴（隐）岭古道得名于南朝时期的道教思想家、医学家陶弘景在此

---

① 最美森林古道连载系列之《浙江十大风情古道》（上篇），《浙江林业》2016 年第 12 期。

修道隐居。它始建于南朝，完善于明清时期。古道沿山蜿蜒上升，雄伟壮观。[1] 古道采用大小不一的石块铺就，分为阶梯式及平块式等多种结构，保存至今，依然风韵犹存。古道始于平水镇金渔村，终于王坛镇新联村，拥有 1400 多级石阶。一路上有"饭粒石""神仙脚印""泉水林"等有趣的景点和故事。[2] 陶宴岭古道在历史上是通往稽东、王坛和嵊州北乡、谷来、崇仁等地的重要路线，至今仍是绍兴南部山区为数极少的古代驿道遗址之一。古道在群山环绕之中，枫树散发着迷人的香味，景色特别宜人。

### 芝林古道

余姚市大隐镇芝林村坐落于四明山北麓，一条古老的小径从芝林村蜿蜒至陆埠镇蒋岙村大坪地，全程约为 4622 米。这条古道建于南宋，历经千年的风霜仍然通行无碍，它不仅是芝林与蒋岙两村的历史连结，也成了游人探访"浙东小九寨"这一秀丽景区的重要步行道路。古道西边，小溪如同流淌的旋律，曲折盘旋，山岙如同波浪起伏，竹林茂密，花香鸟语，还有飞瀑如帘挂于岩壁，清潭点缀其间，美不胜收。沿途的景色宛如画卷，让人流连忘返。

### 深溪盘山古道

宁波市海曙区集士港镇的深溪村潜藏着一条被称作"深溪龙鹫古道"的山间小径，起点是村中古老的长生寺，形成一条环状的轨迹，总长为5648 米。这条古道由三段组成，分别是龙鹫段、龙岗段以及鹫岭段。古道途经数座历史悠久的宗教圣地，包括香火鼎盛的长生寺、名声显赫的龙鹫寺以及神秘的龙王堂。沿途，游客可以探访潘家田水库的宁静水面，享受静安茶园的翠绿宁谧，探秘龙潭的深邃幽蓝，欣赏柴经石刻的古老文化，体验灵龟问道的神秘故事，以及在悦亲亭中感受古人的智慧和情感。这条古道近年来已成为游客争相打卡的热门地点，络绎不绝的游人证明了其独特的魅力和历史价值。

---

① 最美森林古道连载系列之《浙江十大风情古道》（上篇），《浙江林业》2016 年第 12 期。
② 最美森林古道连载系列之《浙江十大风情古道》（上篇），《浙江林业》2016 年第 12 期。

# 三、水库风光

　　山林水库宛如一块块镶嵌在群山峻岭中的璀璨宝石。水库不仅是重要的水源地，满足了供水、防洪和灌溉的需求，有些水库还兼有发电的功能；水库同时也是一个热门的旅游和休闲目的地。水库边植被丰富，环境优美，名胜古迹众多，能给游人带来不同的视觉和心灵的享受。

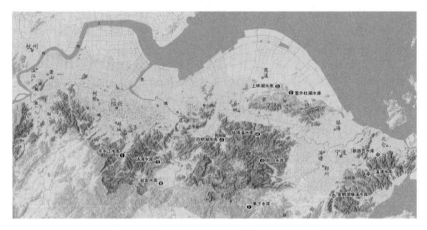

图 2-16　浙东运河周边主要水库位置示意图

## （一）会稽山脉主要水库

　　平水江水库，坐落在若耶溪流域之心，自 1958 年破土动工，至 1964 年竣工，再经过 1999—2001 年加固提升，现如今拥有 5457 万立方米的巨大蓄水能力，其中常态蓄水量为 3955 万立方米。水库主要承担着防洪和灌溉的重要职责，同时还提供饮用水和发电服务。环水库山峦环绕，景色如画，仿佛人间仙境。水库内点缀着三个形态各异的小岛，它们从南到北依次是湖心岛、狗头岛和蛤蟆岛，与西侧的文将军山、武将军山、虾公山构成独特的地理格局，东部三岛与之遥相呼应，共同营造出一幅美不胜收的湖光山色画卷。水库是会稽山风景旅游区的核心景区，东侧有平阳寺，西侧有云门寺，还有秦望山、云门山、化鹿山等环抱其间。

图 2-17　平水江水库现状图

汤浦水库，位于上虞区汤浦镇南一公里处，曹娥江下游的小舜江上游。其东主坝、西主坝和副坝共同拦截着 460 平方千米的集水面积。这是一个以供水、防洪、灌溉和改善水环境为目的的大型综合水利工程，总容量高达 2.35 亿立方米。

前岩水库则藏匿在嵊州市三界镇的前岩村，位于范洋江上游，是一个主要以灌溉为目的兼顾防洪、发电和供水的中型水库，总蓄水能力达到 1170 万立方米。

### （二）四明山脉主要水库

钦寸水库坐落于新昌县羽林街道附近，属于黄泽江水系，它是曹娥江的支流。坝体选址在钦寸村下游不远处，距离县城大约 12 公里，与绍兴市区相隔 108 公里，与宁波市区相隔 85 公里，流域面积达到 316 平方公里。构筑物主要包括一个混凝土面板覆盖的堆石坝，坝顶标高达 106 米，防浪墙高至 107.1 米，坝基高程约 42 米。该坝最大高度为 64 米，长 290 米，宽度为 8 米，蓄水量高达 2.44 亿立方米。这个以供水和防洪为主要目的的大型水库，还兼有灌溉和发电的功能，配套有小型的电站。

四明湖水库位于余姚市的梁弄镇，梁弄溪是其水源，处姚江上游。集水区面积 103.1 平方公里，最大高度为 16.85 米，坝顶标高 21.13 米，长达 600 米且宽 5.5 米，总蓄水量约 12354 万立方米。水库主要功能为灌溉和防洪，同时兼具发电和养鱼的用途。

图 2-18　四明湖水库现状图

陆埠溪水库坐落在陆埠溪上，位于余姚市兰山乡，集水面积 54 平方公里，大坝为沙壳粘土心墙结构，高 33.6 米，坝顶标高 51.73 米、长 325 米、宽 4 米，以凝灰岩为坝基。总蓄水量约 2870 万立方米，主要用于灌溉，同时结合了防洪、供水以及发电功能。

皎口水库位于樟溪河上，该河流是甬江水系中奉化江上游的重要支流。水库源头在四明山东部的莲花村，主河道自西南向东北流过多个地区。水库于 1970 年 5 月开始建设，是一座以防洪和灌溉为主，同时具有发电、养鱼和供水功能的大型水利工程，总集水面积为 259 平方公里，总蓄水量达到 1.198 亿立方米，主要工程包括拦河大坝、泄洪洞、溢洪道、发电输水洞和后坝式电站。

亭下水库位于奉化境内，是溪口国家级重点风景名胜区的一部分。水库位于奉化江的一个支流——剡江上游，距溪口镇约 7 公里，集水面积 176 平方公里，总蓄水量为 1.5 亿立方米，其中正常蓄水量为 1 亿立方米。该水库的主要功能是防洪和灌溉，同时也兼顾发电和供水。水库设计可以直接保护 10 万亩土地免受洪水影响，间接受益的土地达 40 万亩；此外，还能为奉化、鄞州、江东、北仑等地区提供灌溉用水以及城市用水。

上林湖水库位于慈溪市樟树乡，最初是一个湖泊，1957 年改建成水库。大坝由粘土心墙构成，高 10.8 米，坝顶长 300 米、宽 4.4 米。坝基由软黏土组成，并有宽 30 米的内外压实层加固。水库集水面积为 12.93 平方公里，另有 1.14 平方公里的引水面积，总计 14.07 平方公里，总蓄水量为 1822 万立方米，主要用于灌溉和防洪。

图 2-19　上林湖水库现状图

里杜湖水库位于慈溪市宓家埭乡，是在原有的杜湖里湖的基础上新建的，集水面积 20 平方公里，总蓄水量 2370 万立方米。大坝是由粘土斜墙土构成的，高 17.5 米，坝顶标高 19.13 米，平均坝长 440 米，宽 4 米。坝基同样由软粘土构成。水库水主要用于灌溉、工业生产和居民生活。

图 2-20　里杜湖、外杜湖水库现状图

外杜湖水库位于慈溪市宓家埭乡，是由原有的杜湖外湖改建，集水面积为 7.43 平方公里，湖面积为 3.3 平方公里。湖堤构造为粘土心墙，高 2.7 米，堤顶长达 4400 米，宽 8 米，总蓄水量达到 800 万立方米。湖内安装有总功率为 30 千瓦的 3 台电力抽水机，用于提升河水至湖中。

### （三）天台山脉主要水库

镜岭水库位于曹娥江主流澄潭江上，以防洪、供水及改善流域生态环境为主要功能，兼顾发电。它是"浙江水网"的重要组成部分，已列入

《"十四五"水安全保障规划》《长江三角洲区域一体化发展水安全保障规划》《浙江省水安全保障"十四五"规划》，是提升曹娥江流域防洪安全的关键控制性枢纽，是保障绍兴等城市水资源安全的重要工程。水库于2024年启动建设，正常水位约127米，总库容约3亿立方米，坝高约75米，引水管线约75公里，主要建筑物有拦河坝、泄水建筑物、放水建筑物、引水建筑物等。

长诏水库坐落于曹娥江支流——新昌江的上游地区，与新昌县中心的东南方向相隔约14公里。该水库的拦截大坝是细骨料混凝土构建的砌石重力坝。坝体顶部设计高程为138.16米，而抗浪墙的顶部则达到了139.36米，最大的坝高为68米，坝顶的全长大约为211米，宽度则是12米。水库总蓄水容量可达1.898亿立方米。长诏水库主要用途是防洪，同时兼顾灌溉、发电和水产养殖等，属于大型（Ⅱ型）水库。

金鹅湖水库，又称横溪水库，位于宁波市东南部鄞州区横溪镇附近的甬江流域。由白岩山和九阔岭发源的横溪向西流过道成岙，折向北至大岙区域汇入水库，总蓄水量高达3975万立方米。这座中型水利工程主要功能是灌溉和供水，同时也兼顾防洪、发电、养鱼等。

图 2-21　金鹅湖水库现状

东南滨海三溪浦水库位于宁波市东南约20公里的地方，属于鄞州区东吴镇辖区内的甬江水系，坐落在东上河的位置。上游水域由天童溪、凤溪、画龙溪三条小河汇集而成，距东吴镇约1.5公里处设有大坝。下游河道流经东吴镇、五乡镇、邱隘镇，最终流入杨木矸、甬新河等排涝系统，汇入甬江。水库集雨面积约为51平方公里，总蓄水容量达3310万立方米。

新路奁水库，人称"北仑明珠"，坐落于大碶街道南端大约2.5公里的地方，位于新路溪上游。其水源在天台山脉中太白山的滴水岩。水库水域面积在正常蓄水水位时达到1.02平方公里，上游集水区覆盖面积广阔，大约有24平方公里，主要河流全长约12.58公里。新路奁水库作为中型水库，主要具有供水兼防洪、灌溉等功能，被划定为一级饮用水源保护区。水库四周被绿色山脉环抱，成了当地著名的景观。

# 第三节　诗化山水

## 一、山水审美

山水文化是人类在长期实践活动中与山水形成各种对象关系的产物，由于主体本身的需求和目的不同，指向同一客体的对象化活动也会具有不同的重心和意义。这种情形，无论是在历时性上还是在共时性上都是普遍存在的。从发生学角度看，中国历史时期山水文化的重心，大致经历了实用、宗教、哲学和审美四个阶段。而在同时态上，这几个方面长期共存而又相互联系，彼此制约、渗透，从而复合出绚丽多彩的山水文化。作为一个动态的、开放的系统，山水文化是随着人、社会、自然这三者之间的繁复适应和关系演进而协调发展的。[①] 古人常说，游山水如读史，山水文化凝聚着人们的需求、目的和本质力量，具有深厚的历史文化内容。

在浙东的山水之间，留存着人类利用、开发和改造大自然的丰富遗迹，历代的方志、史籍中也作了大量的记载。历山种地、象耕鸟耘、舜会百官、尧住城郭、禹得天书、禹会会稽、毕功了溪及禹葬会稽等传说流传

---

① 周幼涛:《绍兴山水文化导论》,《徐霞客与越文化暨中国绍兴旅游文化研讨会论文汇编》,2003年11月。

至今。浙东运河附近的稷山、尧山、舜王山、姚丘、宛委山、会稽山等地，留存着尧舜禹三圣的许多遗迹，这里也是史前海进海退时先民主要的栖居之地，这些传说拉开了波澜壮阔浙东文明史的序幕。

小黄山遗址，位于嵊州小黄山，出土了距今 9000 多年的石雕人首，补充了长江下游地区新石器时代文化发展的序列；出土的夹砂红衣陶群及石磨盘等具有鲜明的文化特征，其文化内涵不同于跨湖桥文化、河姆渡文化。古湘湖两侧山水环境中发现了新石器时代的跨湖桥遗址，出土了堪称"中华第一舟"的独木舟。四明山脚下、田螺山、井头山多处遗址考古发掘，发现了多个依山傍水以采集、渔猎、农耕为经济手段的中国南方地区典型史前聚落。这些文化序列充分展现了先民们利用浙东地区自然山水环境生活的场景。

春秋战国时期，浙东的山水被更多地打上了"人化"的印记。最著名的当数会稽山，它是于越部族的发祥之地，也是军事上的腹地堡垒，还是经济上的生产基地和政治文化上的宗教圣地。产生于这一时期的历史文化遗迹在会稽山中星罗棋布，不可胜数。一大批山头就因越国的经济、军事、政治活动而得名，其中有采集和种植的蕺山、稷山、葛山、麻林山，有养殖和狩猎的犬山、鸡山、豕山、白鹿山，有开矿的姑中山、赤堇山，有作为冶铸场所的铸浦、上灶、中灶、下灶、日铸岭，有与军事、政治相关的印山、兰渚山、卧龙山、越王峥、航坞山等。[1]

秦汉时期，浙东山水迎来了审美时代。审美是人类精神发展的最高阶段。在我国文化发展史上，先人们超越实用和宗教，而用审美的观点看待山水，这经历了一个长期孕育的过程。[2]庄子说："天地有大美而不言。"这引导人们应该更注重于从对自然现象的观察和对自然规律的把握中去领悟和体验"美"的真谛。时

---

① 周幼涛：《绍兴山水文化导论》，《徐霞客与越文化暨中国绍兴旅游文化研讨会论文汇编》，2003 年 11 月。

② 周幼涛：《绍兴山水文化导论》，《徐霞客与越文化暨中国绍兴旅游文化研讨会论文汇编》，2003 年 11 月。

至秦汉，秦始皇巡视天下，司马迁壮游四方，汉末的曹操更有"东临碣石，以观沧海"的诗句，这充分表明了人类对山水的态度。

秦统一六国以后，秦始皇为了消解越地的"王气"，巩固国家统一，亲自巡视此地，从而留下了秦望、望秦、刻石等地名。东汉时期，马臻围筑的鉴湖使浙东山水环境得到了一次革命性的改造。山得水而活，水得山而媚。浩瀚明洁的鉴湖水在纵横百里的宽广空间上，把会稽山中的"千岩万壑"组合成为一幅前所未有的山水画卷。① 其实在宁波鄞西，汉晋前也存在一个大湖，名"广德湖"，后称"罂脰湖"，广袤数万顷，丰富了四明山东麓及周边的山水风光，可惜今废。从"芦雁翔集、千顷碧波"的水灵仙境到填湖围田导致生态失衡，山水文化审美的物质基础消失了，连"广德湖"的名称都湮没在浩瀚的历史长河中。

魏晋时期，隐士在山水审美实践中起主力军的作用。他们不再满足于隐迹山林，躬耕渔樵，而是寄情山水，热衷于游赏山水以悟道，择胜境而栖，造园林而居。② 知名的典故有兰亭雅集、谢安"东山再起"等。自六朝以降，绍兴的山山水水引发出无数美丽的诗篇。这些诗篇从各个侧面发掘绍兴山水之美，塑造了绍兴山水形象，从而扩大了绍兴山水的影响力，提升了它的知名度。

图 2-22　上虞东山景区航拍图

①　周幼涛:《绍兴山水文化导论》,《徐霞客与越文化暨中国绍兴旅游文化研讨会论文汇编》, 2003 年 11 月。

②　周幼涛:《绍兴山水文化导论》,《徐霞客与越文化暨中国绍兴旅游文化研讨会论文汇编》, 2003 年 11 月。

唐代，中国封建社会进入发展全盛期，越州的古鉴湖也展现出最动人的风采。作为水利工程，它自然有堤塘堰坝景观和丰富的水产景观，更重要的是，鉴湖极大地优化和美化了绍兴的自然地理环境，使会稽山在与鉴湖的相依相拥中彻底地改变了外在风貌，从而为审美的山水文化在这里兴起奠定了坚实的物质基础。之后相当长的时期内，这里是文人雅士趋之若鹜的山水旅游和文化旅游的热点地区及宗教兴盛之地。[①] 其风光正如后来李白所咏："遥闻会稽美，且度耶溪水。万壑与千岩，峥嵘镜湖里。秀色不可名，清辉满江城。人游月边去，舟在空中行。"正因为鉴湖沟通了若耶溪、剡溪，使会稽、四明、天台这三座浙东名山在此间盘结环绕。"我欲因之梦吴越，一夜飞度镜湖月"，"越女天下白，镜湖五月凉"，这种宽广、舒展、深沉、清凉的风格与盛唐气派颇为契合。唐代诗人们对越州一往情深，这里形成了一条被今人命名为"浙东唐诗之路"的古代山水旅游专线。唐朝是越窑工艺最精湛的时期，正如唐代诗人陆龟蒙诗中描写的："九秋风露越窑开，夺得千峰翠色来。"一大批优秀的越窑青瓷沿浙东运河远销海内外。上虞禁山窑址、凤凰山窑址群、慈溪栲栳山麓上林湖越窑遗址、东钱湖畔的玉缸山古窑址，无不处在优美的山水环境中，而且与浙东运河水路相连。

　　从宋代开始，"浙东唐诗之路"山水风光因古鉴湖的堙废而发生了重大的变化。随着唐代海塘工程的全面完成和平原北部河湖网整治产生成效，鉴湖逐渐完成了它的历史使命，原来的一片浩渺湖水变成了与平原北部一样河湖棋布、阡陌纵横、村舍相望的良田沃野。[②] 从此，成为今人熟悉的"江南水乡田园风光"。北宋政和二年（1112）杨时利用山水环境筑湘湖，"视山可依，度地可圩，以山为界，筑土为塘"，惠及周边九乡百姓。明代钱宰《湘阴草堂记》记载："勾践之墟有山焉，曰萧山，有水焉，曰

---

① 　周幼涛：《绍兴山水文化导论》，《徐霞客与越文化暨中国绍兴旅游文化研讨会论文汇编》，2003 年 11 月。

② 　周幼涛：《绍兴山水文化导论》，《徐霞客与越文化暨中国绍兴旅游文化研讨会论文汇编》，2003 年 11 月。

湘湖。萧山湘湖，山秀而疏，水澄而深，邑人谓境之胜若潇湘然，因以名之。"南宋绍兴元年（1131），南宋皇陵选址在富盛的青龙山、紫云山、五虎岭、雾连山，形成了左青龙、右白虎、前朱雀、后玄武的风水景观，它是中国古代风水理论的继承和发展。南宋一些学者、隐士选择的修行地也颇有意境。陆游在鉴湖边的三山别业居住将近三十余年，其中对环境也有详细记载。他曾居山阴鲁墟云门山草堂，南宋乾道二年（1166）迁居鉴湖三山西村，该村在行宫、韩家、石堰三山环抱之中。陆游《怀镜中故庐》诗云："临水依山偶占家，数间茅屋半敬斜。云边腰斧入秦望，雨外舞蓑归若耶"，道尽其对故乡山水的钟爱之情，而三山别业更是陆游心灵的家园、精神的慰藉。在宁波慈城之北、阚峰之下的慈湖，南宋之初诞生了"四明学派"著名的心学家杨简。宋代进士桂锡孙曾盛赞慈湖美景"一碧浸空，千翠倒影，山含采而水含晖"。如今，宋之风雅已然随历史的洪流远去，然而其中蕴涵的生活情调与审美意趣，却并未随着时代的变迁而湮灭，那是一种追求雅致、讲究品质的生活态度。[①]

　　进入明清以后，山水审美热情衰退。当然这个衰退过程十分漫长。这一时期浙东运河边值得一提的山是招宝山与东湖箬篑山。招宝山因为"潮汐出入可经"，波涛汹涌，骇浪滔天，又名候涛山，又因山巅原建有"插天鳌柱塔"，故又称鳌柱山；"商舶所经、百轸交集"，改称招宝山，寓"招财进宝"之意，"固六邑之咽喉，全浙之关键，而为商船出入之要道也，历来是兵家的必争之地"。威远城位于招宝山巅，始筑于明嘉靖三十九年（1560）春，周长502米，墙高7.4米不等，历经抗倭、抗英、抗法和抗日战争。内门有联曰："海不扬波千古定，地无爱宝一山招"，为明时所镌。招宝山是以海防为主要功能，而东湖箬篑山则是清末乡贤陶浚宣打造的桃花源。东湖本不是湖，而是一座青石山。这座古老的箬篑山，又叫绕门山，据说秦始皇曾经到此。嘉泰《会稽志》卷九载：箬篑山，"在县东十二里，旧经云秦皇东游于此，供刍草。俗呼绕门山"。东湖一带的

---

① 丹尼尔：《为什么宋朝审美能领先世界一千年》,《中国民族博览》2019 年第 15 期。

山，石质细腻坚固，从汉代开始，人们凿山取石。至隋代，又有越国公为扩城之用，大举开山取石。千百年来的凿山采石，形成了深潭和采石壁立之景，成为东湖之奇观。奠定今日东湖基本格局和山水风貌的是20世纪初的陶浚宣。他见东鉴湖箬篑山一带风光秀丽，便"筑堤环之，树桃柳其上，名之曰东湖"。此时的东湖已有了园林的雏形。

《礼记·祭法》中说："山林、川谷、丘陵，能出云，为风雨，见怪物，皆曰神。"人们选择适当的山川之地定时进行祭祀，以祈求或酬谢山川的赐予和庇护。进入文明时代以后，对山川的祭祀增添和突出了政治的内涵。在绍兴，"禹禅会稽"是山川之祭可以被追溯到的起点。此举具有重大意义和深远影响，它使会稽山得以在历史早期一直以江山社稷的象征雄踞于中华九大名山之首，地位在泰山之上。从越王勾践祭陵山行诸侯之礼，到秦始皇不远千里为祭禹刻石记功，之后唐宋元明，各朝对会稽山均有赠封。[①] 清代时，依然是"祭祀惟谨"，直到如今，会稽山也是国家公祭纪念大禹治水的重要场所。

在当今的旅游开发大潮中，浙东山水风光又迎来了绝好的发展机遇。会稽山大香林风景区宝林山峰顶兴建了兜率天宫，千年古刹保国寺所在的灵山建设为森林公园，一个又一个的山水风光景区正在被重新开发出来。每个时代都会根据自身的需要与力量重新定义与山水的关系，希望浙东运河生态廊道能保留更多的山水风光遗存，让后人重探昔日绝美的"浙东唐诗之路"，追寻宋韵历史时，可以回味它所曾经拥有的辉煌。

## 二、赋中山水

"天地阅览室，万物皆书卷"，箬叶乌篷，一城山水，无尽江南。浙东运河沿线文脉渊远，它凝聚在桨声里、跃动在青石板间、书写在画意中。

---

① 周幼涛：《绍兴山水文化导论》，《徐霞客与越文化暨中国绍兴旅游文化研讨会论文汇编》，2003年11月。

由于不同历史时期烙印的影响，越中山水园林遗存类型也呈现出丰富多样的特点，其中大量的名胜古迹构成浙东运河廊道的人文空间。从大禹陵到"九山中藏"，从柯岩到兰亭，这里有风景陵园、寺庙、观道、祠堂，也有兰亭、鉴湖、若耶溪等，《越中园亭记》自夸道："越中，众香国也"①。

作为谢灵运山水诗的发祥地，这里歌咏胜景的诗词层出不穷。明清以来，普遍形成的"八景""十景"诗词是对当地文化的完美诠释。"八景"或"十景"普遍代表了当地的历史传承和地理格局，是过去人们总结当地风景的一种手法，用一种约定俗成的方式将家乡的风物表现出来。②我们常说的"八景"或"十景"，其实并不是单单只有八个或十个景点，而是一个泛称，是当地将积淀下来的精粹浓缩于"八景"或"十景"中，形成人们对此地的特有印象。明永乐九年（1411）任澄有《萧山八景图诗》写萧山八景：航坞龙湫、湘湖秋水、西陵古渡、柳塘春晓、菊山秋霁、钱清暮潮、北干茅亭、渔川晴雪；清康熙《萧山县志》（康熙十一年，1672）记载萧山有旧八景：湘湖云影、海门潮势、北岭烟光、西山月色、祇园霜钟、谯楼晓角、渔浦渔歌、乐丘埋玉；民国《萧山县志稿》（民国二十四年，1935）载清杨绳祖《萧山赋》写萧山八景：湘湖云影、罗刹涛声、渔浦烟光、清江月色、北干松风、西村梅雨、书院遗芬、文峰拱秀。清代张庸《柯山八景》有东山春望、南洋秋泛、五桥步月、七岩观鱼、清潭看竹、石室烹泉、炉柱晴烟、棋坪残雪。清代孟骙《越中十咏》包含耶溪莲唱、芦萝花雨、炉峰夕照、镜水回波、南镇松涛、禹陵春望、兰亭修竹、曹江夜月、剡溪夜雪、秦望朝云。清代周元棠《越州十二景》有卧龙春晓、蕺山晴眺、秦望积雪、炉峰烟雨、若耶春涨、鉴湖秋水、禹庙苍松、兰亭修竹、星闸锦涛、柯亭夜月、曹江竞渡、吼山云石。③明末清初画家、

① ［明］祁彪佳：《祁彪佳集·越中园亭记》，中华书局 1960 年版，第 171—219 页。

② 赵烨：《基于自然和文化整体性的名山风景特质识别研究》，博士学位论文，华中农业大学，2019 年。

③ 潘荣江、邹志方注析：《海巢书屋诗稿注析》，浙江古籍出版社 2010 版，第 179—180 页。

诗人李因（1601—1685）作有《越中八景图》，八景分别为禹庙吟风、越台樵唱、柯亭椽竹、兰亭醉月、鉴曲渔歌、辰闸潮声、石宕观鱼、钱溪塔影。上述"八景""十景"或"十二景"都艺术化地概括了越中丰富的自然景观和人文景观，富有诗意地称赞它们的文化内涵。

若以基址类型和开发方式来分，越中园林有自然山水园和人工山水园，前者如始宁园、兰亭，后者如采石园、名人宅园、书院园林、衙署园林、寺观园林等，这些园林数量丰富，也不乏优秀之作，兼具历史价值和文化艺术价值。

图 2-23 禹庙吟风（图片来源：浙江图书馆编《越中八景图》） 图 2-24 越台樵唱（图片来源：浙江图书馆编《越中八景图》） 图 2-25 柯亭椽竹（图片来源：浙江图书馆编《越中八景图》） 图 2-26 兰亭醉月（图片来源：浙江图书馆编《越中八景图》）

图 2-27 鉴曲渔歌（图片来源：浙江图书馆编《越中八景图》） 图 2-28 辰闸潮声（图片来源：浙江图书馆编《越中八景图》） 图 2-29 石宕观鱼（图片来源：浙江图书馆编《越中八景图》） 图 2-30 钱溪塔影（图片来源：浙江图书馆编《越中八景图》）

### 山居赋

此赋大约作于南朝宋景平元年（423）至元嘉二年（425）间，即作者谢灵运从永嘉太守任上称病去职之后，至昙隆法师逝世之前。这篇赋包括自序和自注，洋洋万言，全文收录于正史《宋书》。所陈述的对象是作者祖父谢玄开拓、作者谢灵运扩建的"始宁墅"山居庄园。

始宁墅庄园南北绵延长约二十公里，东西距离宽狭不一，约十五公里，庄园范围大体北起今上虞上浦东山，当时称旧山、北山，南至嵊州崝浦仙岩一带，中间有曹娥江剡溪（时称浦阳江）同流贯通，两岸河谷地带另有一大片积水沼泽区，其中分布着许多汀洲小丘。此乃太康湖埋没所形成，当时名叫大小巫湖。两山遥遥相对，但相距不远，当时被泛称为南山与北山。旧居原建筑虽然不多，但作者归隐期间新增了许多建筑物。这一惊世宏篇是这么写的。

写山川之美："山川涧石，州岸草木。既标异于前章，亦列同于后牒。山匪砠而是岵，川有清而无浊。石傍林而插岩，泉协涧而下谷。渊转渚而散芳，岸靡沙而映竹。草迎冬而结葩，树凌霜而振绿。向阳则在寒而纳煦，面阴则当暑而含雪……"

写果园菜地："北山二园，南山三苑。百果备列，乍近乍远。罗行布株，迎早候晚。猗蔚溪涧，森疏崖巘。杏坛、柰园，橘林、栗圃。桃李多品，梨枣殊所。枇杷林檎，带谷映渚。椹梅流芬于回峦，榟柿被实于长浦。""畦町所艺，含蕊藉芳，蓼蕺菱荠，蒡菲苏姜。绿葵眷节以怀露，白薤感时而负霜。寒葱摽倩以陵阴，春藿吐苕以近阳。"

写植被丰盛："水草则萍藻蕰荄，藿蒲芹荪，蒹菰苹蘩，蒩荇菱莲……水香送秋而擢蒨，林兰近雪而扬猗。卷柏万代而不殒，伏苓千岁而方知……其竹则二箭殊叶，四苦齐味……其木则松柏檀栎，梗楠桐榆。□柘榖楝，楸梓柽樗。"

写园中水景：所居之地"左湖右江，往渚还汀"。自注："往渚还汀，谓四面有水。"近东有"下湖""西溪""石淜"等，"决飞泉于百仞"，"写长源于远江，派深毖于近渎"。自注："石淜在西溪之东，从县南入九里，两面峻峭数十丈，水自上飞下。比至外溪，封堨十数里，皆飞流迅激。"近南："则会以双流，萦以三洲。"自注："双流，谓剡江及小江，此二水同会于山南，便合流注下。三洲在二水之口，排沙积岸，成此洲涨。"近西："室壁带溪，曾孤临江。"近北："则二巫结湖，两眢通沼。""引修堤之逶迤，吐泉流之浩湤。山屼下而回泽，濑石上而开道。"

写园中水草："则萍藻蕰荄，蘿蒲芹蒣，蒹菰苹蘩，葹荇菱莲。"写鱼："则魷鳢鮂鱮，鳟鲩鲢鳊，魴鮪鲨鳜，鳇鲤鲰鱣。"

从园林到田野，从田野到湖泊，写出了湖光山色，水天一色："自园之田，自田之湖。泛滥川上，缅邈水区。浚潭涧而窈窕，除菰洲之纤馀。悠温泉于春流，驰寒波而秋徂。风生浪于兰渚，日倒景于椒涂。飞渐榭于中沚，取水月之欢娱。且延阴而物清，夕栖芬而气敷。顾情交之永绝，觊云客之暂如……"

该赋从上古穴居说起，随景顺时，详情务实，引经据典，寄物抒情，就题发挥，顺理成章，囊括山川形势，楼阁园林，仙佛人物，人文历史，地理方术，飞禽走兽，庄稼竹木，菜蔬药材……《越中园亭记·序》载曰："越中之水无非山，越中之山无非水，越中之山水无非园，不必别为园。越中之园无非佳山水，不必别为名。"这种风格既是因为浙东有"千岩竞秀，万壑争流"的自然条件，更是因为诗化山水的人文传统，"大美自然"的思想是形成这种风格的美学基础。

### 会稽三赋

王十朋《会稽三赋》是南宋时期著名的地理大赋，是其任绍兴府签判期间著述而成。三赋分别为《会稽风俗赋》《民事堂赋》《蓬莱阁赋》，真实记录了会稽的山水物产和人物古迹。尤其是《会稽风俗赋》，它按历史沿革、地理分野，将山、水、古迹、人物、物产叙述周详。

有具体描述越地山石洞峰之怪异把名人胜迹穿插其中的内容："其山则郁郁苍苍，岩岩嵬嵬，磅礴蜿蜒，崒崒峥嵘。若骞若奔，若阖若开，或凸或凹，或阜或堆，或断而联，或昂而低。虎卧龟磻，龙盘雁徊。舒为屏障，峙为楼台。崦映江湖，明灭云霄。八山中藏，千里周回。彭鲍名存，钜者南镇，是为会稽。洞曰阳明，群仙所栖。石伞如张，石帆如扬。石篑如藏，石鹢如翔。石壁匪泥，石瓮匪携。香炉自烟，天柱可梯。韫玉有笥，降仙有台。禹穴窅而叵探，葛岩蜚而自来。射堂丰凶之的，宛委日月之圭，应天上之玉衡，直海中之蓬莱。至若嵊山岿其东，涂山屹其西，阜至繇蜀，龟来自齐。梅山乃隐吏之窟，纻罗盖西子之闺。五泄争奇于雁荡，四明竞秀于天台。五云中令之故居，十峰昙翼之招提。故越为之首兮，剡为之面兮。沃洲天姥，眉兮目兮。金庭桐柏，仙子宅兮。南明嵌崆，宝相涌兮。南岩嵯峨，海迹古兮。陟秦望而望秦兮，登洛思而思洛兮。采葛食薇，敬吊前王兮；修竹茂林，缅想陈迹兮。连山如珠，秦皇之所驱兮；摩山如玦，亚父之所割兮。北干隐兮明月在，东山卧兮白云迷。少微寂兮幽鸟怨，太白空兮野猿啼。"其山若阖若开，或断或联；其石如张如扬，如藏如翔，千姿百态。名人胜迹如大禹会诸侯之会稽，晋葛仙炼丹之葛仙岩，西子浣纱之苎萝，秦皇上会稽祭禹之秦望山，王羲之会山阴之兰亭等，皆为美景。

有具体描述江湖水域风帆舟楫也穿插名人胜迹的内容："其水则浩淼泓澄，散漫萦迁，涨焉而大，风焉而波，净焉如练，莹焉如磨。溢而为江，潴而为湖，为沼为沚，为潢为污。汇为陂泽，疏为沟渠，窬而田畴，淤而泥涂。生我稻粱，溉我果蔬。集有凫雁，戏有龟鱼。实有菱茨，香有芙蕖。鹢舟如击，马楫如驱。船龙夭矫，桥兽睢盱。堰限江河，津通漕输。航瓯舶闽，浮鄞达吴。浪桨风帆，千艘万舻，大武挽绋，五丁噪诹，榜人奏功，千里须臾。境绝利博，莫如鉴湖。有八百里之回环，灌九千顷之膏腴。浮贺监之家，浸允常之都。人在鉴中，舟行画图。五月清凉，人间所无。有菱歌兮声峭，有莲女兮貌都。日出兮烟销，渔郎兮啸嘷。东泛曹江，哀彼孝娥；西观惊涛，吊夫子胥。概浦思夫概之封，翁洲访偃王之庐。箪醪投兮沼吴国，扁舟去兮变陶朱。鼓樵风兮游若邪，兴雪棹兮寻隐居。禊事修兮觞兰渚，陶泓沐兮池戒珠。了溪凿兮禹功毕，刑塘筑兮长人诛。酌菲泉兮怀古，饮清白兮自娱。"其中有舟楫、津渡、田塍，写若耶溪澄江如练，碧波如磨，也有王羲之修禊之砚池、大禹饮水之菲泉等，亦不胜数。

以上描写山水之胜，有条不紊，后面又写奇珍异宝、金玉铜锡诸类，在此不再赘述。

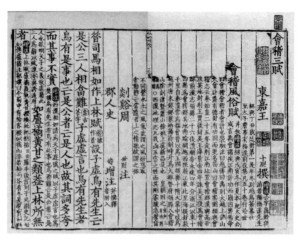

图 2-31　王十朋《会稽三赋》宋刻元修本

# 三、典型山水

## （一）诗画若耶

### 1. 若耶溪山水景观的形成

"若耶"一般指若耶溪，其水出自若耶山。若耶山下有一深潭，据推测是郦道元《水经注》中所记载的"樵岘麻潭"，但昔日的潭址已没入1964年建成的平水江水库。如今的库区依旧鱼鸥成群，风景秀丽。相传若耶溪有七十二支流，自平水而北，会三十六溪之水，流经龙舌，汇于大禹陵，然后又分为两股，一股西折经稽山桥注入镜湖，一股继续北向出三江闸入海，全长百里。溪旁旧有浣纱石古迹，相传西施浣纱于此，故若耶溪一名"浣纱溪"。若耶溪两岸风景秀美，佛寺众多，也是道教仙境福地；它是魏晋南北朝至宋代江南地区的著名溪流，也是江南山水的典型代表，更是越州乃至整个江南地区的地标。

沈约《宋书》曰："会土带海傍湖，良畴亦数十万顷，膏腴上地，亩直一金，鄠、杜之间，不能比也。"北魏郦道元《水经注》记载："若耶溪，水至清，照众山倒影，窥之如画。"东晋谢灵运在《于南山往北山经湖中瞻眺》中描述若耶溪"石横水分流，林密蹊绝踪……初篁苞绿箨，新蒲含紫茸。海鸥戏春岸，天鸡弄和风"。南梁王籍的《入若邪溪》是唐以前描写若耶溪最著名的诗作，其中"蝉噪林逾静，鸟鸣山更幽"一句流传甚广，令人赞叹，《梁书·文学传》誉之为"文外独绝"。唐代越州的经济、社会继续发展，正如袁宏道《山阴道》云："六朝以上人，不闻西湖好。平生王献之，酷爱山阴道。彼此俱清奇，输他得名早。"一大批著名诗人均曾到若耶溪游历或隐居，并留下诗篇，为江南美景增添了色彩，这也对江南文化的演变发展具有重要的意义。

　　唐诗中的若耶溪山水相依，曲径幽长，是诗人们梦寐以求的地方。孟浩然《游云门寺寄越府包户曹徐起居》："我行适诸越，梦寐怀所欢。久负独往愿，今来恣游盘。台岭践磴石，耶溪溯林湍。"另顾非熊《入云门五云溪上作》有"沿山寺寺花树，枕水家家竹林"；宋之问《宿云门寺》有"夤缘绿筱岸"；孟浩然《云门寺西六七里闻符公兰若最幽与薛八同往》有"密筱夹路傍"；陈羽《若耶溪逢陆澧》有"溪上春晴聊看竹"；李白《采莲曲》有"岸上谁家游冶郎，三三五五映垂杨"。总之，作为江南山水的代表，若耶溪不仅山水秀丽，引人入胜，而且历史悠久，文化氛围浓厚。人与自然和谐相处，是有关若耶溪诗词不可忽视的一个方面。

图 2-32　若耶溪图（康熙《会稽县志》，民国铅印本，卷首图八）

## 2. 若耶溪的山水景观特色

绍兴城南多山地，风景优美，若耶溪下游平原逐渐形成了诗情画意的江南田园风貌。崔颢《入若耶溪》:"轻舟去何疾,已到云林境。起坐鱼鸟间,动摇山水影。岩中响自答,溪里言弥静。事事令人幽,停桡向余景。"唐代诗人刘长卿《上巳日越中与鲍侍郎泛舟耶溪》:"兰桡缦转傍汀沙,应接云峰到若耶。旧浦满来移渡口,垂杨深处有人家。永和春色千年在,曲水乡心万里赊。君见渔船时借问,前洲几路入烟花。"

若耶溪是唐人梦寐中典型的江南山水,正如孟浩然《耶溪泛舟》:"落景余清辉,轻桡弄溪渚。泓澄爱水物,临泛何容与。白首垂钓翁,新妆浣纱女。相看似相识,脉脉不得语。"若耶溪林木幽深,植被茂密,多野生动物,尤其是猿猴、鹿、鱼、鸟等。宋之问《游禹穴回出若邪》:"禹穴今朝到,邪溪此路通。著书闻太史,炼药有仙翁。鹤往笼犹挂,龙飞剑已空。石帆摇海上,天镜落湖中。水底寒云白,山边坠叶红。归舟何虑晚,日暮使樵风。"丘为《泛若耶溪》:"结庐若耶里,左右若耶水。无日不钓鱼,有时向城市。溪中水流急,渡口水流宽。每得樵风便,往来殊不难。一川草长绿,四时那得辨。短褐衣妻儿,余粮及鸡犬。日暮鸟雀稀,稚子呼牛归。住处无邻里,柴门独掩扉。"李绅《若耶溪》:"岚光花影绕山阴,山转花稀到碧浔。倾国美人妖艳远,凿山良冶铸炉深。凌波莫惜临妆面,莹锷当期出匣心。应是蛟龙长不去,若耶秋水尚沉沉。"萧翼《宿云门东客院》:"路入山西又向西,雨和春雪旋成泥。风吹叠巘云头散,月照平湖雁影低。拄杖负书寻远寺,倩童牵鹿渡深溪。今朝独宿岩东院,唯听猿吟与鸟啼。"秦系《云门山》:"秀气渐分秦望岭,寒身犹入若耶溪。天开霁色澄千里,稻熟秋香亘万畦。"若耶溪雨后天晴,千里澄色;万畦水稻飘香,一片丰收景象。总之,作为江南山水风景的代表,唐人笔下的若耶溪具有生态环境优良、人与自然和谐、宁静清幽等特点,充分表现了唐代越地山水风景的基本特征。①

----

① 景遐东:《唐代山水诗与隐逸诗中的若耶溪》,《湖北师范大学学报(哲学社会科学版)》2022 年第 6 期。

图 2-33　若耶风光

## （二）兰亭雅集

### 1. 山水环境

兰亭坐落于浙江省绍兴市西南 13 公里处的兰渚山麓，历史上曾多次迁址，1980 年在原明清遗址上进行了重建，现成为一座古色古香、幽雅别致的风景园林。兰亭地处幽静的山林之间，西临兰渚山，山下潺潺兰亭江如丝绦般流淌，实现了园林依山傍水的设计理念，在园内的多处景点上都能看到兰渚山的美景，雄奇壮丽的青山与优雅独特的园林景观形成明显的对比。在兰亭，人们可仰望自然山峦之美，俯瞰清澈流水，正如王羲之在《兰亭诗》中所描绘的，"仰望碧天际，俯磐绿水滨。寥朗无厓观，寓目理自陈。大矣造化功，万殊莫不均。群籁虽参差，适我无非亲。"在水景造型方面，鹅池的曲水流向方池（墨池），多变灵活，结合了动与静。园林设计者通过水系将整个园林空间连贯起来，以水势带动了园中的景物，为它们注入了生机，这种处理手法精妙绝伦。

兰亭的发展经历了由自然景观向人文景观的演变历程。东晋永和九年（353），王羲之、谢安等人举办的修禊仪式以及传世的《兰亭集序》，使得兰亭名扬天下。此后，兰亭便承载着魏晋时期的历史记忆，成为后世文人士大夫缅怀先贤、凭吊怀古的重要场所。兰亭虽经历数次毁坏、重修，早已不是东晋时期的兰亭，但其作为一个文化符号，一直被后世文人不断地解构与建构。在此过程中，兰亭在世人心中由一个地名逐渐演变为一种精神寄托，不断被赋予新的文化内涵。

图 2-34　兰亭图（嘉庆《山阴县志》，民国铅印本，卷七图十五）

### 2. 兰亭修禊

东晋永和九年（353），王羲之在兰亭主持了修禊仪式，并有《兰亭集序》传于后世，在经过历代文人的修饰赞美之后，兰亭已经从最初的驿亭，逐渐转化为包含有多种意象的历史文化景观。

根据宋人桑世昌的考证，《兰亭集序》在历代都有不同的称谓，"晋人谓之临河序，唐人称兰亭诗序，或言兰亭记，欧阳公云修禊序，蔡君谟云曲水序，东坡云兰亭文……通古今雅俗所称，具云兰亭。"[1]《兰亭集序》内容丰富，不仅描绘了兰亭景观周围的自然风景，同时也表达了王羲之内心深处的诸多思考。日本学者小尾郊一的研究指出，参与兰亭集会的诗人们"常以老庄之心为心，志在达到老庄的境界。……这种境界，完全是以老庄为目标的无为自然和虚静的世界，也是为当时人士所共同憧憬与追求的世界"[2]。东晋王朝偏安一隅的现实，使得当时的文人士大夫逐渐失去了收复中原统一华夏的信心，转而陷入了对生死轮回的思考以及对山水风

---

① ［宋］桑世昌：《兰亭考》卷一，中华书局 1985 年版，第 1 页。
② ［日］小尾郊一：《中国文学中所表现的自然与自然观：以魏晋南北朝文学为中心》，邵毅平译，上海古籍出版社 1989 年版，第 98—99 页。

景的鉴赏之中。诗人们在鉴赏山水的同时，便会将自己内化到山水之中，与之成为一体，远离世俗的烦恼，在清静无为的状态中思考人生的真谛。"不言而喻，当他们在美丽的山水中不停地游玩时，他们的心灵便会在不知不觉间受到山水美的触发。"①明人刘基对王羲之纵情山水有着无限感慨："王右军抱济世之才而不用，观其与桓温戒谢万之语，可以知其人矣。放浪山水，抑岂其本心哉？临文感痛，良有以也，而独以能书称于后世，悲夫！"②吴楚材、吴调侯选注《古文观止》评道："通篇着眼在'死生'二字。只为当时士大夫务清谈，鲜实效，一死生而齐彭殇，无经济大略，故触景兴怀，俯仰若有余痛。但逸少旷达人，故虽苍凉感叹之中，自有无穷逸趣"。

图 2-35　兰亭图（明万历《绍兴府志》）

　　永和九年的这次兰亭集会，聚集了当时众多的世家子弟、文人墨客，大家不约而同地被兰亭幽美的景观所吸引，他们将现实与理想之间的矛盾，渗透到精神世界之中，融入山水之间，进而产生对生死的感悟，对人生与世界的思考。兰亭作为承载这些精神财富的实体，随着时间的推移，逐渐成为人们缅怀先贤、探访古迹的必去之处，后世的文人墨客在不断探寻中，又为兰

---

① ［日］小尾郊一：《中国文学中所表现的自然与自然观：以魏晋南北朝文学为中心》，邵毅平译，上海古籍出版社 1989 年版，第 103 页。
② ［明］刘基著、林家骊点校：《刘基集》卷四《题王右军兰亭帖》，浙江古籍出版社 2011 年版，第 185 页。

亭增添了更多的文化内涵。

### 3. 士大夫寻觅中的兰亭景观

#### （1）寻幽怀古

东晋之后，观赏越中美景、瞻仰兰亭古迹、追慕魏晋风流成为文人士大夫前往兰亭的主要活动内容。"晋王右军为越内史，雅会兰亭，流觞曲水，临池墨妙，辉映千祀，能使遗文感慨君子，故其俗始尚风流，而多翰墨之士。"[①] 越中秀美的山水景观吸引了众多诗人前来观赏。孟郊的《越中山水》写出了当时越州美丽的水环境，"日觉耳目胜，我来山水州。蓬瀛若仿佛，田野如泛浮。碧嶂几千绕，清泉万余流。莫穷合沓步，孰尽派别游。越水净难污，越天阴易收。气鲜无隐物，目视远更周。举俗媚葱蒨，连冬撷芳柔。菱湖有余翠，茗圃无荒畴。赏异忽已远，探奇诚淹留。永言终南色，去矣销人忧。"[②] 白居易在《答微之夸越州州宅》中曾夸赞兰亭美景："贺上人回得报书，大夸州宅似仙居。厌看冯翊风沙久，喜见兰亭烟景初。日出旌旗生气色，月明楼阁在空虚。知君暗数江南郡，除却余杭尽不如。"[③] 唐代宗大历四年（769），鲍防、严维等人效仿王羲之兰亭的集会，组织了另一次集会，三十七人联句成《经兰亭故池联句》，诗曰："曲水邀欢处，遗芳尚宛然。名从右军出，山在古人前。芜没成尘迹，规模得大贤。湖心舟已并，村步骑仍连。赏是文辞会，欢同癸丑年。茂林无旧径，修竹起新烟。宛是崇山下，仍依古道边。院开新地胜，门占旧畬田。荒阪披兰筑，枯池带墨穿。叙成应唱道，杯作每推先。空见云生岫，时闻鹤唳天。滑苔封石磴，密筱碍飞泉。事感人寰变，归惭府服牵。寓时仍睹叶，叹逝更临川。野兴攀藤坐，幽情枕石眠。玩奇聊倚策，寻异稍移船。草露犹沾

---

① ［宋］王十朋：《中国风土志丛刊·会稽三赋》，广陵书社 2003 年版，第 42 页。

② ［清］彭定求等编：《全唐诗》卷三七五《越中山水》，中华书局 1960 年版，第 4213 页。

③ ［唐］白居易著：《白居易全集》卷二三《答微之夸越州州宅》，丁如明、聂世美校点，上海古籍出版社 1999 年版，第 340 页。

服，松风尚入弦。山游称绝调，今古有多篇。"①唐人崔峒亦写有《送薛良史往越州谒从叔》："辞家年已久，与子分偏深。易得相思泪，难为欲别心。孤云随浦口，几日到山阴。遥想兰亭下，清风满竹林。"②越中山水使诗人难忘，诗中透露出难舍难分之意，而想到兰亭，便会起缅怀先贤之意。

图 2-36 《兰亭修禊图》局部（明钱榖绘，美国大都会艺术博物馆藏）

（2）追慕风流，修禊相继

兰亭集会的一个重要目的便是"修禊事也"。《周礼》中记载："女巫，掌岁时祓除、衅浴。"郑玄注："岁时祓除，如今三月上巳，如水上之类；衅浴谓以香薰草药沐浴。"③三月上巳日的修禊仪式最初的目的是消灾祈福，带有浓厚的宗教色彩。根据日本学者小尾郊一的考证，"修禊"在不断发展演变之后，其性质由原来的以消灾祈福为目的的宗教仪式，逐渐转变为以游玩为目的的宴游集会。④东汉张衡的《南都赋》有关三月上巳日的记录便反映出这种变化："于是暮春之禊，元巳之辰，方轨齐轸，祓于阳濑。朱帷连网，曜野映云。男女姣服，骆驿缤纷。致饰程蛊，偓佺便娟。微眺

① 浙江省地方志编纂委员会编著：《宋元方志集成》（第 14 册），杭州出版社 2009 年版，第 6494 页。

② 周振甫主编：《唐诗宋词元曲全集》（第 6 册）《全唐诗》卷二九四《送薛良史往越州谒从叔》，黄山书社 1999 年版，第 2203 页。

③ ［汉］郑玄注、［唐］贾公彦疏：《周礼注疏》卷二六《女巫》，上海古籍出版社 1990 年版，第 399 页。

④ ［日］小尾郊一：《中国文学中所表现的自然与自然观：以魏晋南北朝文学为中心》，邵毅平译，上海古籍出版社 1989 年版，第 87—91 页。

流睇，蛾眉连卷。"① 至两晋时期，上巳日已经成为全民参与的节日，《晋书·礼志》中记载："汉仪，季春上巳，官及百姓皆禊于东流水上，洗濯祓除去宿垢。而自魏以后，但用三日，不用上巳也。晋中朝公卿以下至于庶人，皆禊洛水之侧。"② 集会游乐、宴饮赋诗已成为修禊仪式中必不可少的活动内容。

兰亭集会成为后世文人争相效仿的活动。白居易曾将平泉宴比作兰亭之会，"逸少集兰亭，季伦宴金谷。金谷太繁华，兰亭阙丝竹。何如今日会，泯涧平泉曲。杯酒与管弦，贫中随分足。"③ 唐人顾况在《宴韦庶子宅序》中也曾提到兰亭，并将自己参加的宴会与兰亭相比较："昔洛下邺中，兰亭岘首，文雅之盛，风流之事，盖一方耳。今席有芳樽，庭有嘉木，饮酒赋诗，皆大国圣朝群龙振鹭握兰佩玉者也。在古其有陋乎？在今其有荣乎？终宴一夕，寄怀千载，是时也。暮春骀荡，孟夏恢台之交耳。"④ 清初王士祯在"红桥"举行修禊仪式时，曾提到"红桥词即席赓唱，兴到成篇，各采其一，以志一时盛事，当使红桥与兰亭并传耳"⑤。王士祯是清代著名的文坛领袖人物，他在扬州组织诗酒宴会，引来众多文人追捧。诗人面对"红桥"，触景生情，赋诗歌咏。王士祯显然是想把"红桥"修禊仪式举办成能与兰亭集会相媲美的盛会。

（3）风流一梦，家国遗恨

明末清初，文人士大夫所处的政治环境与宋末元初时期较为相似，因而之前文人笔记中的故事，也就被清初文人拿来当作忠君报国的典范来宣传。读张岱的诗文，可以感受到深重的家国遗恨。万历四十一年（1613）

---

① ［梁］萧统编：《文选》卷四《京都中南都赋》，海荣、秦克标校，上海古籍出版社1998年版，第25—26页。

② ［唐］房玄龄等撰：《晋书》卷二一《礼志下》。

③ ［唐］白居易：《白居易全集》卷三六《游平泉宴泯涧宿香山石楼赠座客》，第555页。

④ ［清］董诰：《全唐文》卷五二九《宴韦庶子宅序》，中华书局1983年版，第5369页。

⑤ ［清］李斗：《扬州画舫录》卷一〇《虹桥录上》，潘爱平评注，中国画报出版社2014年版，第173页。

十七岁的张岱满怀欣喜前往兰亭游玩，彼时张岱"极爱繁华，好精舍，好美婢，好娈童，好鲜衣，好美食，好骏马，好华灯，好烟火，好梨园，好鼓吹，好古董，好花鸟，兼以茶淫橘虐"①，对兰亭美景抱有极大的期待。但是当他看到兰亭之时，眼前的景象令他失望。《古兰亭辨》中记载："万历癸丑，余年十七，以是岁为右军修禊之年，拉伴往游。及至天章寺左，颓基荒砌，云是兰亭旧址。余伫立观望，竹石溪山，毫无足取，与图中景象，相去天渊，大失所望，哽咽久之。故凡方外游人，欲到兰亭者，必多方阻之，以为兰亭藏拙。"②尽管如此，但并不影响张岱对王羲之的仰慕之情，"嗟余右军，山水钓弋。勿以风流，掩其器识。评公书者，评公则一。飘若云飞，矫若龙惕。"③就像王羲之一样，张岱度过了自己的前半生，然而王朝鼎革，张岱的人生也随之改变，之前的放浪形骸、快意人生犹如黄粱一梦戛然而止。康熙十二年（1673），时隔六十年之后，张岱再次造访兰亭。此时的张岱已不再是曾经的追风少年，年逾古稀的他也不再为眼前的残垣断壁而失望，"荒草埋兰蕙，青山泣杜鹃。墨花不再发，曲水枉回旋"④。张岱在经历王朝变革的阵痛之后，逐渐释然了，只是面对兰亭遗址，作为前朝遗民仍然有些许感慨："但恐年华屡易，山水亦有升沉，时代迭更，笔墨徒存感慨。"⑤兰亭在张岱的心中，似乎只剩下对故国的怀念和哀伤了。

### 4. 古迹修复

清政府在康雍乾时期开展了大规模的古迹修复活动。根据林伟的统计，在清代绍兴地方志中，被记录的修复古迹数量就有七十二处，修复次数共计达到一百一十二次。⑥康熙十二年（1673），绍兴知府许宏勋偶至兰

---

① ［明］张岱：《张岱诗文集》，夏咸淳点校，上海古籍出版社 2018 版，第 294 页。

② ［明］张岱：《琅嬛文集》卷三《古兰亭辨》，栾保群点校，浙江古籍出版社 2013 年版，第 88 页。

③ ［明］张岱：《张岱诗文集》，夏咸淳点校，上海古籍出版社 2018 版，第 395 页。

④ ［明］张岱：《张岱诗文集》，夏咸淳点校，上海古籍出版社 2018 版，第 91 页。

⑤ ［明］张岱：《张岱诗文集》，夏咸淳点校，上海古籍出版社 2018 版，第 201 页。

⑥ 林伟：《盛清时期绍兴地区古迹修复研究》，硕士学位论文，华东师范大学，2016 年，第 12 页。

亭，见其景观破败不堪，回想兰亭昔日的光辉，不禁感慨万千，而思"修复古迹，守土之职也"①，于是，修复兰亭。姜希辙将修复的全过程记录于《重建兰亭碑记》②。许宏勋在兰亭修复之后，修禊其中，并作诗曰："经岁干戈乱，兰亭纵目新。盛衰空自惜，感慨向谁陈。山水私吾辈，诗文继晋人。与来歌欲暮，醉去酒忘巡。举世争崇诞，群贤乐有真。从兹游越者，复把永和春。"③

兰亭不仅得到地方官员的青睐，同时也受到清王朝最高统治者的关注。康熙三十四年（1695）绍兴知府宋骏业重修兰亭，毛奇龄记录了此事："康熙丙子，皇上万几之暇，偶书《兰亭序》及《舞鹤赋》二通，而廷臣有请之者，谓兰亭本王右军修禊所记，当奉御书，勒石于绍兴山阴之兰亭。"④三年后，康熙皇帝亲笔御书赐"兰亭"二字。乾隆十六年（1751），乾隆皇帝南巡，绍兴是其目的地之一。驻跸绍兴期间，他巡幸了大禹陵、兰亭两处景观，留下了六首有关兰亭的诗。刘妍烁的研究指出，最高统治者的关注以及巡幸，为兰亭重回大众视野带来了帮助，但在专制统治的大背景下，兰亭已经逐渐失去了它原有的气质和地位，沦落为地方官员阿谀奉承皇帝的陪衬，魏晋风流在强大的皇权面前，也不得不黯然失色。⑤兰亭的修禊活动，已经"成为清政府官员、地方生员、士绅之间的社交活动平台，士人与官员结成一张密切的关系网络"。⑥

---

① ［清］俞卿修、周徐彩：康熙《绍兴府志》卷九《古迹志》，《中国方志丛书》，台北成文出版社1983年版，第838页。

② ［清］俞卿修、周徐彩：康熙《绍兴府志》卷九《古迹志》，《中国方志丛书》，台北成文出版社1983年版，第839—840页。

③ ［清］俞卿修、周徐彩：康熙《绍兴府志》卷九《古迹志》，《中国方志丛书》，台北成文出版社1983年版，第840页。

④ ［清］毛奇龄：《新纂兰亭、孤山二〈志〉序》，谭其骧主编：《清人文集地理类汇编》（第5册），浙江人民出版社1988年版，第750页。

⑤ 刘妍烁：《兰亭：景观、意义与明清之际绍兴士人》，硕士学位论文，华东师范大学，2014年，第43—44页。

⑥ 刘妍烁：《兰亭：景观、意义与明清之际绍兴士人》，硕士学位论文，华东师范大学，2014年，第45页。

图 2-37　兰亭核心区平面图

图 2-38　兰亭王右军祠内景

图 2-39　兰亭碑
（《亚细亚大观·亚细
亚写真》大观社编,
1924—1928 年）

图 2-40　兰亭曲水流觞

图 2-41　御碑亭
康熙御笔

# 第三章
# 江河景观

　　浙东运河与多条江河相连，这些江河包括交叉的钱塘江、钱清江、曹娥江和平行的姚江、甬江。这些江河对运河的景观产生了直接的和多层面的影响。首先，平行交叉共同构成了浙东平原的水系骨架，交汇处通常会形成视觉上的焦点。水位高差、不稳定，对浙东运河船只运行影响甚大。因航运交通而成的著名节点有西兴闸、曹娥坝等。与运河平行的有姚江和甬江，它们与运河形成一定的景观廊道，使得水系的视觉效果更加宽阔，并且在河岸线上形成连续性的景观。其次，江河两岸的空间根据时代的发展而变化，城市景观与自然水域景观紧密结合，为城市提供了更多的水景观和亲水空间，为居民和游客提供了休闲娱乐的场所。再次，由于江河的水流、水质及河岸利用的差异，形成了不同的生态环境和景观类型，为生物提供了丰富的栖息地，促进了生物多样性。最后，河流与运河的景观互动为沿线地区的旅游业提供了独特的资源，可以形成以水为主题的旅游路线和观光点。

# 第一节　钱塘涌潮

## 一、钱塘江概况

　　钱塘江是中国东南沿海地区主要的河流之一，是浙江省最大的河流。由于河道在杭州附近曲折呈"之"字形，故又名之江、曲江、浙江。钱塘江河道曲折,上游为山溪性河道,束放相间;中游为丘陵;下游外呈喇叭形状,江口逐渐展宽。

## 二、钱塘江潮

钱塘江潮被誉为世界上最大的潮汐景观之一。钱塘江潮的产生,主要是由于地球上的海水受到月球和太阳等天体的引力作用。

钱塘江潮汐景观的特点是潮头陡立,犹如一道直立的水墙,奔腾而来。在农历八月十五至八月十八这段时间,钱塘江潮最大。观赏钱塘江潮的最佳地点包括海宁市等地。

钱塘江潮汐景观的形成还与钱塘江的地形有关。杭州湾北岸的长江带来的泥沙逐渐形成太湖冲积平原,与相对稳定的南岸形成独特的河口形状。喇叭形的河口结构使得每日有更多的海潮汇入杭州湾,推动湾口附近沉积的泥沙向湾内移动,慢慢地便在河口段形成沙坝。进入湾口的潮波遇到一个个沙坝,便形成壮观的潮汐景观。

"钱塘潮"大约出现于春秋,汉朝时已有规模。《越绝书》有"浩浩之水,朝夕既有时,动作若惊骇,声音若雷霆,波涛援而起"的记述。在月球、太阳引力和地球离心力三者的共同作用下,东海潮波由杭州湾逆流而上,倒灌钱塘江,积聚的潮波能使潮头暴涨而陡立,形成"涌潮"。北宋至清代,"钱塘潮"的位置基本在海宁大、小尖山一线。其周期约为一日两次潮涨潮落,农历每月初一、十五以后两三天内潮涌最大。文献中一般称涌潮为"涛",汉代辞赋家枚乘曰"将以八月之望,与诸侯远方交游兄弟,并往观涛乎广陵之曲江",并详尽描述了其波澜壮阔。魏晋时期,在顾恺之的《观涛赋》"既藏珍而纳景,且激波而扬涛"等文献中,钱塘潮已是可供人观赏的景观。南宋定都临安后,自每年中秋前后至八月十八,钱塘江边十分热闹繁盛。《梦粱录》:"都人自十一日起便有观者,至十六、十八日倾城而出,车马纷纷,十八日最为繁盛……盖因帅座出郊,教习节制水军,自庙子头直至六和塔,家家楼屋尽为贵戚内侍等雇赁,作看位观潮",

金国使臣来宋也曾被安排到钱塘江边观潮。"钱塘潮"的雄壮景观，加上历史上文人墨客的描述，使钱塘江观潮逐渐成为杭州著名的旅游项目。

## 三、钱塘江河口三亹变迁

钱塘江发源于安徽休宁，流经安徽、浙江等地，流域面积达到55491多平方公里。钱塘江主要流域面积在浙江，接近浙江省陆域面积的一半，是浙江的母亲河。

第四纪以来，钱塘江河口平原地区曾多次出现海进、海退，滨海区域河道变化频繁。此后钱塘江北岸的太湖平原和南岸的萧绍平原逐渐形成，钱塘江河口经历了剧烈变化。每年长江有数亿吨泥沙从长江口被带到杭州湾。受潮流和东南季风的影响，泥沙不断淤积在南北两岸。同时，山会平原南部的会稽、四明等山上的泥沙随着溪流，顺着千岩万壑，流向杭州湾，加之海潮带来的泥沙，杭州湾南岸的海岸线逐渐形成。在南北两岸诸多因素的影响之下，钱塘江河口即杭州湾逐渐形成。杭州湾呈漏斗状，临近河口越近，涌潮浪头越大。随浪潮而来的泥沙便在钱塘江河口以内不断堆积，最终形成钱塘江沙坎。如此反复，当沙坎发展到一定高度的时候，"潮差大、水深小"两个形成涌潮的条件便具备了，涌潮便应运而生了。

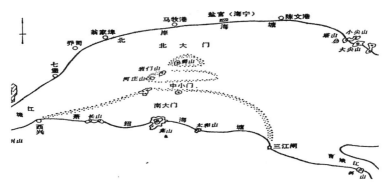

图3-1　钱塘江三门示意图[1]（引自《中国水利史稿》下册）

---

[1]　水利水电研究院编：《中国水利史稿》（下册），水利电力出版社1989年版，第205页。

钱塘江属潮汐性河流，其入海口曾出现变动，在历史文献中记载钱塘江入海口主道有北大亹（"亹"同"门"）、中小亹、南大亹（亦称鳖子亹）三处。① 根据陈桥驿等的考证②：长期以来钱塘江主道基本固定在南大亹，至南宋嘉定十二年（1219）首次出现江道北移的现象，但主道仍在南大亹，一直持续至元朝末年；明代开始有所变化，自洪武至万历，"海凡五变"③。从南宋嘉定十二年（1219）开始出现北移的迹象，至乾隆二十四年（1759）最终稳定在北大亹，历经五百多年的河道变迁最终落下帷幕。

新中国成立后，国家大规模开展缩窄江道、治江结合围涂的工程。50年代起迄今，累计围涂190余万亩，杭州闸口至海宁十堡之间60余千米的河道缩窄至1千米—4千米，形成现今较稳定的岸线。1974年，由于建设镇海港的需要，在镇海城东招宝山东北麓兴工抛石筑堤至外游山，1976年完工，将钱塘江河口的下界南端外移至外游山。至今，钱塘江河口岸线已经逐步趋近治理规划线。

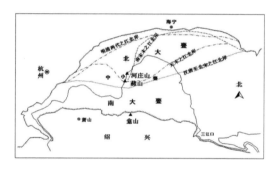

图3-2　钱塘江北岸海岸线示意图（参考《历代钱塘江北岸示意图》，汪胡桢：《钱塘江海塘沿革史略》，载于1947年《建设》杂志第1卷第4期）

---

① "盖古时钱塘江入海之道有三：一曰南大亹（即鳖子门），在龛山、赭山之间。一曰中小亹，在赭山与河庄山之间。一曰北大亹，在河庄山与海宁县城之间。"见《民国绍兴县志资料》第二辑《地理·闸》，载冯建荣主编《绍兴水利文献丛集》，广陵书社2014年版，第440—441页。

② 车越乔、陈桥驿：《绍兴历史地理》，上海书店出版社2001年版，第37—40页。

③ 五变指永乐九年（1411）、成化七年（1471）、弘治五年（1492）、嘉靖七年（1528）、万历三年（1575），引自［明］陈善《捍海塘考》，见闫彦、李大庆、李续德主编：《浙江海塘·海塘艺文》，浙江大学出版社2013年版，第294页。

图 3-3　钱塘江两岸风貌

# 第二节　西江清波

## 一、西小江概况

西小江从萧山临浦峙山闸进入萧山内河，峙山闸西北侧有新坝船闸，江道行至萧山区衙前镇前方村后入绍兴市界，在钱清镇与西兴运河交汇，再东流至新三江闸入曹娥江，全长 72.3 千米。西小江衙前以西河段为杭甬运河西段主航道之一，河宽 30 米—80 米，水深 2.5 米。[①]

西小江又名钱清江，系浦阳江东流之故道。浦阳江原在萧山临浦镇麻溪村附近流入西小江，经柯桥区钱清镇至三江口入杭州湾。明嘉靖年间浦阳江改道，从此浦阳江经萧山义桥镇碛堰山北出钱塘江，不再借道西小江东流。

2003 年，浙东引水工程正式开工，从萧山枢纽引富春江水，经萧绍平原河网进入曹娥江大闸枢纽，再由曹娥江东岸引水闸分别向宁波和舟山地

---

① 《浙江通志》编纂委员会编：《浙江通志·运河专志》，浙江人民出版社 2021 年版，第 19 页。

区引水。萧山枢纽与杭甬运河新坝船闸邻近，富春江水主要通过西小江等河道进入曹娥江河道，曹娥江以东引水工程也部分借道杭甬运河输水，浙东引水工程提高了杭甬运河通航水位。[1]

## 二、西小江水患及治理

### （一）水患原因

明清时期，西小江主河道在绍兴府城西北方向，发源于诸暨县的浣江；而后由山阴县天乐乡西北处向北流入萧山县境内，其水流在萧山县钱清镇与发源于西干山脉的夏履江汇合；继而向东北方向流去，在绍兴三江口处流入后海（杭州湾）。因其直通出海口，并且受潮汐影响较大，是为潮汐河流。西小江上接浦阳江下游之水，下通杭州湾海口，并与运河交叉衔接，既是沿江两岸农田灌溉的重要水源，又是内河航运的重要水道。

明天顺元年（1457）绍兴知府彭谊建白马山闸以遏制三江口之海潮，不久"闸东尽涨为田，自是江水不通于海"[2]，至明嘉靖十六年（1537）三江闸建成，西小江成为萧绍平原内河，从此河海分离，西小江也由原先的潮汐河流转变为淡水内河。浦阳江发源于浙江金华府浦江县，其下游经西小江过山、会、萧三县向东至三江口流入杭州湾。西小江在浦阳江长期的冲击作用下，河道渐宽，南宋初年钱清镇附近的河面宽度已有十余丈，元末河面最宽处可达三百六十尺。[3] 西小江为萧绍平原提供了充沛的淡水资源，满足了其水流覆盖区域农田的灌溉需求。然而自明代以来，浦阳江水文系统的不稳定以及河流含沙量较大的特点，给下游地区带来诸多负面

---

① 2013 年，萧山枢纽、曹娥江大闸枢纽、曹娥江至慈溪引水、舟山大陆引水一期等 4 项工程已先后建成并发挥效益。

② ［明］萧良干修、张元忭等纂：《绍兴府志》卷七《山川志四·江》，见绍兴丛书编辑委员会编：《绍兴丛书》（第一辑），中华书局 2006 年版，第 642 页。

③ 参见车越乔、陈桥驿：《绍兴历史地理》，上海书店出版社 2001 年版，第 155 页。

影响。①

明朝前中期，水旱灾害频繁，西小江两岸到处是斥卤之地、葎苇之场。② 引发西小江水患的原因十分复杂，这与当时的气候条件以及浦阳江的水文系统有着密切的关系，但是在传统社会的生产力条件下，人们能够掌握的气候和水文知识相当有限，不可能通过对气候和水文资料的解读来及时应对水患灾害。当时对可能出现的水患灾害的预判，更多是根据以往同时期气候和水文异常造成的灾害得出的。③ 此外，浦阳江的水文因素也是引发西小江水患的重要原因。浦阳江上游属溪流型河流，山高谷窄，水流湍急；中游流经诸暨附近，与湖泊相连，湖泊遭到围垦，不仅没有起到蓄水的作用，反而加大了浦阳江的泥沙含量。待浦阳江下游流经西小江河道时，泥沙俱下，河道淤积变窄，河床进而抬高，不利于航运。每逢雨季，水流无法及时排泄，横流之水便冲出河道，危及两岸百姓和农田的安全。

虽然可将西小江水患的直接原因归于浦阳江水文特点以及气候，但湖泊围垦破坏了平原内部水生态环境，打乱了正常的水循环系统，降低了平原内部的水容量，减弱了湖泊蓄水、灌溉的作用，这也是导致水患灾害的

---

① 参见洪惠良、祁万荣：《绍兴农业发展史略》，杭州大学出版社 1991 年版，第 199—200 页。洪惠良、祁万荣将这些负面影响归纳为三个方面：1.造成西兴运河的淤浅；2.形成江河落差，造成淡水流失和妨碍交通；3.造成山会平原频繁的水旱灾害。

② 见〔清〕顾炎武：《天下郡国利病书》（浙江下），《续修四库全书》编委会编：《续修四库全书》（下册），上海古籍出版社 2002 年版，第 54 页。清顾炎武在《天下郡国利病书》中就当时水势漫流无处可泄的水利形势评论道："自后镜湖废为田，源既漫流，水无所潴，兼以浣江（浦阳江）之水灌于西江，山阴遂成巨浸。时遇霆潦，水势泛溢，惟一玉山斗门不能尽泄。"

③ 参见车越乔、陈桥驿：《绍兴历史地理》，上海书店出版社 2001 年版，第 45—48 页。根据陈桥驿等的统计，在本论述时段内（1368—1759），萧绍平原发生水灾共计 22 次，有月份（农历）记录的有 15 次，其中五月份 5 次、六月份 4 次、七月份 2 次、八月份 5 次；有月份记录的水灾绝大部分发生在五月到九月的这五个月中。显然五月和八月是该时段萧绍平原水灾最多的月份。五月份的水灾与梅雨有关，八月则是秋雨过多所致，这与萧绍平原地处亚热带季风气候区有着密切的关系。

重要原因之一。在此基础上，钱塘江潮携带大量泥沙，溯流而上，冲击西小江，潮水退后大量泥沙沉淀在河道之中，导致河道淤积、河床抬高，进而导致江水漫流。随着时间的推移，钱塘江主道北移，南岸淤积严重，泥沙的堆积使西小江出海口地势高耸，水流不畅，致使西小江本就严峻的水利形势雪上加霜。自明朝建立（1368）到绍兴太守汤绍恩修建三江闸（1537）之前，西小江下游出海口受海潮顶托，江水无法及时排泄，海潮中携带的大量泥沙被冲入江中，造成泥沙淤积，河道淤浅，致使西小江航运无法正常进行。因此，这一时段内西小江的治理主要集中在泄水与遏潮两个方面。

### （二）西小江改道与整治

如前所述，治理西小江势在必行，这也成为明代以来绍兴水利的核心主题之一。

**浦阳江改道**　浦阳江改道工程有两个核心问题需要解决，首先是开凿碛堰山口，它是浦阳江下游北上汇入钱塘江的必经之路，打通碛堰山口便可使浦阳江下游实现分流，进而减少浦阳江流入西小江河道的水流量。关于开凿碛堰山口的过程，光绪《诸暨县志》中有明确的记载："开碛堰始于元至元间萧山县尹崔嘉讷，继于明天顺间知府彭谊，然麻溪东行之道仍如故也。至成化间知府戴琥始筑麻溪而塞之，并开碛堰而广且深之，时主其谋者萧山致仕尚书魏骥也。"[1] 元代至元年间萧山县尹崔嘉讷首开碛堰山口，彼时碛堰山口河道甚为狭窄，只能分担一部分浦阳江水流，主道仍在西小江。至明成化年间绍兴太守戴琥在萧山籍致仕官员魏骥的影响下，将碛堰山口拓宽加深，以便其容纳更大的水流量。然而打通碛堰山口，并不意味着完成浦阳江改道，此时浦阳江下游分为两条支流，一条过碛堰山口，经渔浦北上汇入钱塘江；另一条则经西小江，过钱清镇，向东在三江口入杭州湾。堵住浦阳江转入西小江的河口，迫使浦阳江完全转入碛堰山

---

① ［清］陈遹声修、蒋鸿藻纂：光绪《诸暨县志》卷一三《水利》，清宣统二年（1910）刻本。

口才可算作改道工程的完成。

封堵浦阳江流入西小江的河口成为浦阳江改道的第二个核心问题。明天顺年间绍兴知府彭谊"建议开通碛堰，于西江则筑临浦、麻溪二坝以截之"①。彭谊提出建议修筑临浦、麻溪二坝，使浦阳江之水不再流入西小江，此建议是否被实施，史料中并未说明。可以明确的是，这一问题的最终解决是由成化年间绍兴太守戴琥完成的。明成化年间，绍兴太守戴琥见山、会、萧三县深受西小江水患之害，于是"相度临浦之北，渔浦之南，各有小港，小舟可通其中，惟有碛堰，小山为限，因凿通碛堰之山，引概浦江而北，使自渔浦而入大江，由是概浦江与大江合而为一，乃大筑临浦之麻溪坝，使椠浦江之水不得由小江而下，以为山会西北、萧山东南之害"②。至此，浦阳江改道工程结束，工程始于元至元年间，结束于明成化年间，时断时续，前后历经两百余年。经过此次改道，浦阳江下游的河道一直稳定在新开挖的碛堰山口中。

**西小江排水问题**　除浦阳江改道外，西小江下游的排水问题也受到地方官员的特别关注。随着碛堰山口的不断拓宽，水流量不断加大，西小江河道水流量则不断减少。与此同时，西小江河道也因水流变小而泥沙淤积严重。加之杭州湾大潮不时冲入西小江河道，潮水中的泥沙也被遗留沉淀下来，进一步加剧了西小江河道淤积，最终造成排水不畅。碛堰山口开通之后，曾有人提出将其封堵，使浦阳江复归西小江河道，利用浦阳江水流来冲击河道中的泥沙，《明英宗实录》记载："浙江绍兴府山阴县西有小江，上通金华、严、处，下接三江海口，旧引诸暨、浦江、义乌等处湖水以通舟楫。近者，水泄于临浦三叉江口，致沙土淤塞。乞敕有司量户差人筑临

---

① ［明］林策修、［明］魏堂续增：嘉靖《萧山县志》卷二《建置志·水利》，见杭州市萧山区人民政府地方志办公室编：《明清萧山县志》，上海远东出版社 2012 年版，第77 页。

② ［清］王之宾修、董钦德纂：康熙《绍兴府志》卷一七《堤塘》，见绍兴丛书编辑委员会编：《绍兴丛书》（第一辑）第 2 册，中华书局 2006 年版，第 432 页。

浦戚堰，障诸暨等处湖水，仍自小江流出，则沙土冲突，舟楫可通矣。"①

戴琥对此建议予以批驳："好事者不察事务，不审水性，每以修堰为言，殊不知筑堰之初，未有海塘，水尚散流，故筑其一道，而余犹可以杀其势，故能成功；兹欲以箕致之土塞，并流之江可乎？设如堰成障而之东小江数丈之道，果能容之乎？予固谓：诸暨将成巨浸，而山、会、萧十余年舟行于陆，人将何以为生？或以先浚西小江为言者，亦不知世久，故道皆为良田，浚之，故土无所安致，虽或暂通，而水势不能敌潮，故潮入，则泥澄不胜其浚，而终无益于堙塞，不然，则至今尚通可也。"②戴琥既不同意使浦阳江复归西小江故道，又因下游潮水所带之泥沙一时难以处理，也不欲疏浚西小江，他的结论是"堰决不可成，小江决难复通矣"。③浦阳江改道碛堰山口，总体上对山、会、萧三县是有利的，"凿碛堰，筑麻溪，此山、会、萧山一大利害也"④。

戴琥采用修建大量排涝水闸的办法来缓解西小江的排水问题。他在"山阴新灶、柘林各置一闸，以泄江南之水；又于扁拖、甲蓬各置一闸，以泄江北之水；复又萧山之冤山、山阴之新河各置一闸，以泄湘湖及麻溪之水"⑤，上述六闸地处下游河道紧要之处，分散下泄水流，减轻了玉山闸的排泄压力。特别是扁拖闸，其蓄泄区域不在玉山闸控制范围之内，客观上弥补了后者的不足。明正德六年（1511）山阴知县张焕认为"以三邑之水，皆宗于玉山、扁拖两闸；旱则储之，以资灌溉，潦则决之，以防浸

① 《明英宗实录》卷九"宣德十年九月戊子"条。

② 李永鑫主编：《绍兴通史》（第四卷），浙江人民出版社 2012 年版，第 128 页。

③ 李永鑫主编：《绍兴通史》（第四卷），浙江人民出版社 2012 年版，第 128 页。

④ ［清］邹勷、刘俨修、［清］张崇文等纂：康熙《萧山县志》卷一二《水利志·碛堰》，见杭州市萧山区人民政府地方志办公室编：《明清萧山县志》，上海远东出版社 2012 年版，第 462 页。

⑤ ［明］蒋谊：《新建诸闸碑记略》，引自［清］徐元梅修、［清］朱文翰等纂：嘉庆《山阴县志》卷二〇《水利》，见绍兴丛书编辑委员会编：《绍兴丛书》（第一辑）第 8 册，中华书局 2006 年版，第 819 页。

淫，然环郡之地亘数百里，溪壑暴涨，二闸岂能速退"[1]。于是兴建扁拖南闸，分担原扁拖闸的部分排水压力，"故于泾溇之区，倚玉山为固，增置水闸，以分泄玉山斗门之水，则三江之至柘林，患可除矣。复于扁拖故闸左右，增置斗门六洞，以泄小江南北暴涨，而三邑居民可均受其利矣"[2]。这样一来，玉山闸与扁拖诸闸可共同节制内河水流，戴琥"多点排水"的水利规划得到进一步完善。"多点排水"节约了水利成本。水闸灵活方便，可以在短期内实现排水效果，但是由于其数量较多，在调控方面可能会带来一些麻烦，为此，戴琥建立水则，刻于石碑之上，为世人调控水利之用。[3] 该水则于成化十二年（1476）启用，它提高了新建水闸的使用效率，规范了用水秩序，协调了农业灌溉、水路航运之间的关系。

图 3-4　斗门闸图（引自万历《绍兴府志》）

图 3-5　明前中期西小江示意图（参考《南宋初至明嘉靖浦阳江改道钱清江示意图》，陈鹏儿：《古代浦阳江下游改道与山会平原农田水利》）

**下游潮汐问题**　在三江闸修筑之前，西小江出海口受潮汐顶托，不仅江水无法及时东流入海，而且潮水中携带的泥沙造成了西小江出海口及

① ［明］王鉴之：《泾溇诸闸碑记》，引自［清］徐元梅修、［清］朱文翰等纂：嘉庆《山阴县志》卷二〇《水利》，见绍兴丛书编辑委员会编：《绍兴丛书》（第一辑）第 8 册，中华书局 2006 年版，第 819 页。

② ［明］王鉴之：《泾溇诸闸碑记》，引自［清］徐元梅修、［清］朱文翰等纂：嘉庆《山阴县志》卷二〇《水利》，见绍兴丛书编辑委员会编：《绍兴丛书》（第一辑）第 8 册，中华书局 2006 年版，第 819 页。

③ ［明］萧良干修、张元忭等纂：万历《绍兴府志》卷一七《水利志二·闸》，见绍兴丛书编辑委员会编：《绍兴丛书》（第一辑）第 1 册，中华书局 2006 年版，第 830 页。

河道淤塞。更为严重的是，钱塘江河道北迁，南岸形成了大面积的沙地滩涂，客观上抬高了北部沿海的地势，使大量淡水无法排出，并且海潮逆流而上，致使沿江两岸农田尽为斥卤之地。明天顺年间绍兴太守彭谊在钱清镇以东 10 里处，兴建白马山闸，以堵截由三江口溯江而上的潮汐，并以此闸控制上游来水，蓄淡防旱。但是，白马山闸并未按照彭谊的设想发挥作用，由于其建闸处距离三江口较远，无法利用曹娥江和玉山斗门的排水来冲击下游河道中的泥沙，加之碛堰山口的开凿，西小江上游来水量减少，无法积蓄大量淡水以防旱灾。因此，白马山闸建成之后不久，闸外便开始淤积。此后，戴琥在"滨海之地，修筑三江、柘林、夹蓬、扁拖四所斗门，节潮水之上下"①，西小江两岸百姓深受其利，斥卤之地变为民居，萑苇之场尽为桑田。尽管如此，上述诸闸并未有效地挡住潮汐，且戴琥所建的四所斗门只能减小潮水的冲击力，并不能阻止其溯江而上，起不到遏潮的作用，"其潮汐之来也，拥沙以入；其退也，停沙而出。迨至日久，沙拥成阜，当其霪雨浃旬，水不得泄，则泛滥为患"②。清康熙年间绍兴乡贤程鸣九编撰的《三江闸务全书》记载："粤稽三江之有闸也，为山阴、会稽、萧山三县水口。其初潮汐为患，坏宫室，毁田园，且直入郡城，虽城内亦潮汐出没处，故卧龙山上有望海亭。自汉唐以来，建闸二十余所，惟玉山闸为重，次即扁拖闸，皆蓄泄随时，以备旱潦。水势虽稍杀，究未据要津，遂有决筑沿塘之劳费，而患不能除。"③玉山闸与扁拖闸的主要功能是排水，面对杭州湾的海潮冲击，两闸能够发挥的作用相当有限。

为此，嘉靖十六年（1537）绍兴知府汤绍恩在三江口修筑三江闸，内蓄淡水防旱，外拒咸潮冲淤，涝则泄洪入海。不仅如此，汤绍恩继续拓宽

<hr />

① ［清］王之宾修、董钦德纂：康熙《绍兴府志》卷一七《堤塘》，见绍兴丛书编辑委员会编：《绍兴丛书》（第一辑）第 2 册，中华书局 2006 年版，第 432 页。

② ［清］韩振：《三江闸考》，见［清］程鸣九：《三江闸务全书》，载冯建荣主编《绍兴水利文献丛集》，广陵书社 2014 年版，第 243 页。

③ ［清］程鸣九：《三江闸务全书》，《郡守汤公新建塘闸实迹》，载冯建荣主编《绍兴水利文献丛集》，广陵书社 2014 年版，第 24 页。

碛堰山口，并在原麻溪坝外修筑茅山闸，进一步巩固浦阳江治水成果。概言之，明代前中期在地方官员的组织下，针对西小江水患，做了浦阳江改道、西小江排水以及拒下游潮汐三个方面的工作。改道使浦阳江与萧绍平原基本隔绝，修筑新水闸帮助西小江排水，并订立水则规范水利管理。最终，汤绍恩修筑三江闸，使潮汐不能入平原内部，并为萧绍平原积蓄淡水，以防旱灾。三江闸的修筑为这一时期绍兴水利的修建画上了句号，针对西小江的治理也告一段落。"嗣是以后，钱清有江之名，而实则不复为江。可以引江之利，而不受其害。居民亦几忘其为三江之一也。"①

　　综上所述，三江闸及其附属水利工程的修筑使山会平原上的水利状况自鉴湖湮废以来再次恢复统一，并且在此基础上通过对平原内部河湖水网的整治，扩大了山会平原上的农田灌溉面积，一定程度上减轻了水旱灾害对农作物的影响，为保证稳定的农业生产起到了重要的作用；在此之后，地处萧绍平原的山阴、萧山、会稽三县以其独特的地理位置和较好的农业经济基础以及繁荣的商品经济逐渐成为绍兴地区经济发展的中心，而这一切与三江闸的修建有紧密的关系。②

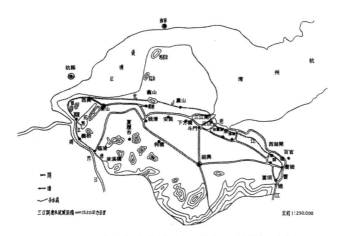

图 3-6　三江闸泄水流域图（引自民国《绍兴县志》）

①　［清］全祖望：《鲒埼亭集》（第 4 册）卷三四，商务印书馆 1936 年版，第 437 页。
②　张权：《明清时期绍兴地区水环境变迁研究》，博士学位论文，浙江大学，2017 年。

西江塘位于钱清江江口，是古时山阴县北部地区的重要屏障。特别对山阴县下辖清风、昌安两乡的农业生产极为重要。"清风、安昌两乡实濒大海，有塘岸以御风潮，或遇圮损，随即修筑。"①宋嘉定六年（1213），受海潮冲击，西江塘溃损严重，清风等乡顿时成为泽国，损失极为惨重，"冒民田，荡室庐，漂没转徙者二万余户，斥卤渐坏者七万余亩，岁失两乡赋入以万石计者四年"②。当时的绍兴知府赵彦俊决心对其大规模修整，在得到中央政府的支持后，修筑工程在当年秋天开工，次年夏天完工，共计修筑海塘6000余丈。"守赵彦俊请于朝，颁降缗钱殆十万，米万六千余石，又益以留州钱千余万，仓司被旨督办复致助。……又请行下吏部，今后差注山阴尉，职添带巡修海塘，视成坏以加劝惩。"③

在此之后，嘉定年间绍兴知府汪纲对西江塘进行过维修，其在之后的很长一段时间中没有发生过大规模的溃决现象。这一时期海塘修筑技术也在不断提高，五代以后绍兴地区的海塘建设逐渐将注意力转移到防止海岸侵蚀和滩地的防护上，"并采用编竹笼石维护海岸、大木排列保护塘角等措施"④。南宋时期，绍兴地区的海塘逐渐由土塘改为石塘，进一步提高了海塘的质量。在经过宋代的修缮扩建之后，绍兴北部的海塘体系得到进一步完善，从而保障了沿海地区人民的农业生产和财产安全。元代，绍兴在海塘建设方面的建树较少，这使得绍兴水利建设在进入明代之后经历了一番艰难的过渡历程。⑤

① ［南宋］施宿、张淏撰，李能成点校:《会稽二志点校·宝庆会稽续志》卷四《堤塘》，安徽文艺出版社2012年版，第440页。
② ［南宋］施宿、张淏撰，李能成点校:《会稽二志点校·宝庆会稽续志》卷四《堤塘》，安徽文艺出版社2012年版，第440页。
③ ［南宋］施宿、张淏撰，李能成点校:《会稽二志点校·宝庆会稽续志》卷四《堤塘》，安徽文艺出版社2012年版，第440页。
④ 李永鑫主编:《绍兴通史》（第三卷），浙江人民出版社2012年版，第358页。
⑤ 张权:《明清时期绍兴地区水环境变迁研究》，博士学位论文，浙江大学，2017年。

图 3-7　西小江与浙东运河节点现状

# 第三节　娥江如画

## 一、曹娥江概况

曹娥江是浙江的一条大河，因孝女曹娥投江寻父尸而得名，流经嵊州附近又称剡溪，流经上虞区境又称上虞江，百官附近段古称舜江，下游段古称东小江。干流全长 197.2 千米，流域面积 6080 平方千米。

## 二、曹娥江河口变迁

曹娥江受自身江道地形冲淤的影响，潮汐年际、年内变化较大。20 世纪 70 年代以来钱塘江河口大规模治江围涂，曹娥江本身围涂束窄和口门延长，曹娥江河口的高潮位和低潮位均有所抬高，同时，涨潮历时明显缩短。曹娥江河口特定的水动力条件（径流和潮汐）、泥沙条件以及边界条件决定了河床演变特点：洪冲潮淤，大冲大淤。

图 3-8　曹娥江风光

　　"历史上曹娥江口门外主槽存在 3 个可能出口方向（出北、出东北和
出东），与钱塘江主槽相接，绝大多数情况为出东北，其次是出东，出北
最少。出北时因曹娥江口门外主槽长度要比出东北和出东时长 5—10km，
引起曹娥江河口河床淤积，从而抬高低潮位，减小潮差。为说明曹娥江口
门外主槽出口方向对曹娥江潮汐的影响，取曹娥江口门外主槽出北（1996
年）和出东北方向（1997 年）时桑盆殿高、低潮位及其潮差进行统计。为
便于比较，取两次统计时间均为农历一月十五至十九，且两者前期径流量
均不大。统计结果表明，口门外主槽出东北与出北方向相比，桑盆殿平均
低潮位降低 0.93m，潮差增大 1.03m，而平均高潮位相差不大。上述结果
表明，口门外主槽出口方向对潮汐特征影响也很大，但次于径流因素。"①

　　曹娥江大闸建成后，曹娥江河口段由外江变成内河，有效地避免了风
暴潮危害的侵袭；至此萧绍平原和姚江平原连成一体，使浙东地区的水资
源得到优化配置。大闸的修建为两岸土地开发带来了机遇，为绍兴城市北
进、建设杭州湾工业新城区创造了有利条件。"钱塘雪浪与天平，小入曹
娥亦有声。"作为钱塘江的第二大支流，曹娥江的惊涛骇浪、波澜壮阔之
景自古引得许多诗人在此留有屐痕墨韵。而就在这海洋与陆地相交之处，

---

① 　潘存鸿、蔡军等：《山溪性可冲性强潮河口曹娥江潮汐特征》，《东海海洋》
2000 年第 1 期。

中国第一河口大闸——曹娥江大闸，宛如一条凌空的巨龙，横卧在江口，记录着千百年来的奔流不息，描绘着"上善若水"的水利盛世。天海茫茫，江水汤汤，随着历史的推移，曹娥江河口地区的商贸活动日益繁荣，成了当时浙东地区的重要交通枢纽。

图 3-9　曹娥江大闸

## 三、曹娥江人文景观

曹娥江，不仅承载着自然的秀美，也深深渗透着历史的沉香。这条河得名于一个动人的汉代故事——忠孝女曹娥为寻找溺亡父亲的遗体，哀恸至极，最终投江而亡，五天后与父同浮水面，其事迹感动了世人。

晋代诗人谢灵运的《山居赋》被誉为抒情性的地理志，描写了会稽与四明山区的壮丽自然，尤其对曹娥江口的风光有着细腻的描绘："远北则长江永归，巨海延纳。昆涨缅旷，岛屿绸沓。山纵横以布护，水回沉而萦洄。信荒极之绵眇，究风波之暌合。"唐代有李白"涛卷海门石"、刘禹锡"须臾却入海门去"等句。明代张岱的《白洋潮》则将绍兴西北海滨的白洋潮描绘得栩栩如生，令人仿佛身临其境。

漫步在曹娥江沿岸，古老的建筑和遗址点缀其间。尤其是岸边的曹娥庙，以其简约典雅而著称，庙内的曹娥塑像象征了忠贞与孝道的永恒价值。邻近的曹娥碑，上面刻有东晋书法家王羲之的力作，《曹娥碑》不仅记载了曹娥的忠孝事迹，更以其碑体书法之美而著称，吸引了众多书法爱好者和历史研究者的目光。

如今的曹娥江，不仅是绍兴乃至浙江的文化象征，也是中国悠久历史和深厚人文的见证者。它迎接着来自四方的游客，也滋养着这里的居民。它是一座连接着过去与现在、自然与文化的桥梁。

# 第四节　姚江九曲

## 一、姚江概况

余姚江，简称姚江，又称舜江、舜水。全长 107.4 千米，流域面积 1934 平方千米。它北流经四明湖，在上虞永和镇新江口接通明江汇成姚江干流，入余姚境内分为南支的兰墅江（最良江）、中支的姚江干流、北支的候青江，三江汇流后过郁家、姜家渡、丈亭镇、大隐镇，在宁波市区三江口会奉化江成甬江，在镇海注入东海。其主要支流有明江、十八里河、贺墅江、马洛中河、西江、中江、东江、后江等。

图 3-10　蜿蜒的姚江

## 二、姚江变迁

姚江发源于四明山夏家岭东北眠岗山，源头称为梁弄溪，于通明堰接纳来自江坎头的来水后，于余姚市马渚镇上陈村进入宁波市境，并于梁弄镇注入四明湖水库。出水库后河流向北汇合四十里河于新江口，该段河流亦称四明江。新江口之后的河段始称姚江，折向东北依次与十八里河和马渚横河汇合。浙东运河由此进入自然河道并开始宁波段。此后河流经过余姚城区，分为北、中、南三支，北支称候青江，南支称兰墅江，又名最良江。出城后三江合流并曲折向东南，与多条溪流汇合后进入丈亭镇境内的丈亭三江口，汇合慈江，此后向东进入宁波城区，于湾头地区分为两支。其中向东一支长 5 公里，因截弯取直而成为盲端。另一支为人工河道，经姚江大闸后与原河道汇合，再行 3.3 公里到达宁波三江口，并与奉化江汇合成为甬江。

姚江的历史可以追溯到秦汉时期。当时，姚江流域地区设有句章县，归属会稽郡。东汉时期，会稽郡移治山阴。三国时期，吴国在会稽郡东部设立临海郡。隋唐时期，姚江流域地区属江南道。南宋时期，姚江流域地区经济发展迅速，姚江成为对外交通的重要通道。

宋元时，姚江流域地区凭借其独特的地理位置，发展成了重要的商贸中心。当时，有许多船只通过姚江往来于中国沿海地区和世界各地，姚江因此成了海上丝绸之路的重要通道之一。随着历史的推移，姚江流域地区的经济、文化等各方面都取得了长足的发展。

明清时期，姚江流域地区继续发挥其地理优势，发展商业贸易。同时，这里的农业、手工业和渔业也得到了进一步的发展。当时，姚江畔的许多村庄都是以渔业为主要生活来源，如江北区的庄桥、洪塘等地。

新中国成立后，姚江流域地区的发展进入了一个新的阶段。当地政府对姚江进行了多次整治，姚江成了一条具有现代化交通功能的水道。同时，该地区的经济结构也发生了变化，商业、工业、旅游业等多元化发展，为当地经济注入了新的活力。

总之，姚江历史悠久，其流域地区在古代曾是海上丝绸之路的重要通道，具有丰富的文化底蕴。随着时代的发展，该地区不断转型升级，积极发展经济和文化事业，为当地居民提供了更好的生活环境。

## 三、姚江古渡

自古以来，姚江沿岸便布满了渡口，它们无声地见证着历史的变迁，承载着人们的日常生活。至于这些渡口最初出现的确切年份，已无人知晓，但宁波地区河姆渡、田螺山、井头山等古遗址的发掘，让我们得以窥见其悠久的历史。回顾 20 世纪 50 年代，姚江之上仅余姚城中有一座桥横跨两岸，而过江大多依赖于船夫的摆渡。

文献记载，昔日姚江上曾有五十余个渡口，如宋代宝庆年间《四明志》所提及的黄墓渡、李溪渡、青林渡、任家渡、鹳浦渡、丈亭渡、蜀山渡、城山渡、车厩渡等。在宁波城区，东渡（桃花渡）、西渡等也曾繁忙一时。然而随着时代的发展，新桥的建立使渡口逐渐退出了历史舞台，昔日的江上渡船也日渐稀少，曾经繁华的渡口只能在记忆中寻觅踪迹。

黄墓渡在余姚市河姆渡镇，清代方钦华的《黄墓渡碑记》生动描绘了其昔日的繁忙景象："上而冠盖往来，下而游人络绎，以致山人、木客、村农、贩夫之问渡于此者，日凡千百辈"。历史上，甬江出海口曾位于镇海三官堂附近，东海的潮水沿甬江直达余姚，河姆渡的先民生活在此，见证了潮涨潮落，夜晚江水潮声也是他们生活的一部分。

图 3-11　黄墓渡口

图 3-12　城山渡口

车厩渡位于河姆渡镇境内，距离余姚城区东南方大约 17 公里。车厩山传为越王勾践停车秣马之地。在车厩山上，有个被称作"寨基坪"的平坦山地，长 100 多米，宽 30 多米，相传为勾践练兵之所。车厩山下为车厩渡，清代诗人释实振曾吟咏道："大江潮落候，岸岸泊行舟。市散村烟合，日斜渡艇浮……霸业消沉久，室将残厩留。"诗中描述了过去渡口的繁忙景象，以及对勾践往昔雄心的追忆。

城山渡南岸是余姚市大隐镇城山村，北岸是江北区慈城镇的城山渡村及王家坝村。渡口亭子柱上刻有一联："尧舜江畔，历代古亭映河山；越郡野渡，千秋遗迹忆句章。"据史料记载，句章城建于公元前 472 年，是勾践设立的句章县治所。城山渡旁曾有句章港，战国时期为全国五大港之一，它不仅是越国的海防关隘，还东连三江口，西接车厩，成为勾践储备粮草和训练军队的要地。然而到了晋代，句章城慢慢废弃，人烟稀少。东晋隆安四年，句章城遭孙恩起义军攻陷，历经 870 多年的县治最终化为废墟，县治遂迁往小溪（今鄞江桥）。

### 大西坝渡

曾名蓝公渡，坐落在海曙区高桥镇的高桥村，其历史可追溯至宋代。这座坝是一项重要的水利工程，横跨大西坝河，北端紧邻姚江，对于调节姚江与大西坝河的水位至关重要。不同时期，这个地方曾被称为西渡、西江渡、西渡关，有时又名西津。自北宋运河出现后，由于姚江下游潮流湍急，船舶往往选择内河航道，经过西渡，再通过余姚小江（慈江）前往丈亭，等待时机前往姚江上游。

姚江河口通常设有堰或闸门来调节与随潮涨落的水位的差异，因此船只要想进入姚江，就必须要过坝。大西坝渡因设置有过坝设施，成了甬杭运河上的交通要道。历史记载官府为了保持其通畅不断拨款维修。"舳舻相衔，上下堰无虚日"，这句话描述了西渡船只络绎不绝的状况。明弘治元年（1488），朝鲜官员崔溥经历海难后，漂流至浙东台州沿海，最终沿运河北上抵达北京。他的《漂海录》描述了沿途的所见所闻，其中有对大西坝渡的观察："坝之两岸筑堤，以石断流为堰，使与外江不得相通，两旁设机械，以竹绹为缆，挽舟而过"，这段记载不仅展示了大西坝的建筑特点和功能，同时也是外国人对古运河和大西坝曾经繁荣景象的见证。

时至今日，尽管船堰已经废弃，但与其并排的水闸依然存在。在大西坝渡的渡口，曾经有中亭和下亭，供候船使用，尽管现在只剩下几间旧屋，但它们见证了历史的变迁。

图 3-13　大西坝渡口

图 3-14　郑家渡（昔称丈亭渡）

### 丈亭渡

又称宋家渡，现为郑家渡，位于余姚城区东部，距余姚城区 14 公里。丈亭在古代是连接会稽与明州的重要交通枢纽。一首乐府词吟唱了丈亭渡往昔的繁忙与美好："南山明，北山明，中有长亭号丈亭，沙边供送迎，东江清，西江清，海上潮来两岸平，行人分棹行。"当时的人们在此送行迎接，船只候潮而行。明代慈溪人王淮在《丈亭渡》诗中写道："舟人候潮至，饭罢即扬舲。"宋代诗人陆游在《发丈亭》中也写道："姚江乘潮潮始生，长亭却趁落潮行"，描述了船只利用潮水落潮时顺流而下，节省了船夫的劳力；陆游笔下的"参差邻舫一时发，卧听满江柔橹声"，我们似乎能够目睹那参差错落的船队，听到江面上柔和的橹声。

图 3-15　姚江夕照风光

# 第五节　甬江通海

## 一、甬江概况

甬江，浙江省八大水系之一，古称大浃江，甬江之名出自境内甬山。

甬江从姚江源至镇海入海口全长 133 公里；从奉化江源至入海口长 118.7 公里，流域面积 4518 平方公里。上游源头有姚江、奉化江两支，以奉化江为正源，发源于四明山东麓的秀尖山；以姚江为正源，发源于四明山夏家岭东北眠岗山西坡；流经鄞州区、海曙区、奉化区、江北区、镇海区、北仑区，在宁波市三江口与奉化江、姚江汇合成甬江，并于宁波镇海流入东海。甬江干流即姚江、奉化江汇合于宁波市区三江口后至镇海大小游山出海口段，全长 26 公里，流域面积 361 平方公里。

## 二、三江口景观

宁波三江口，是余姚江与奉化江交汇成甬江之地，更是宁波的心脏地带，被当地居民亲切地誉为"宁波的外滩"。从明朝开始，宁波就已经是海上丝绸之路的重要起点之一。可以想象，郑和下西洋时，他庞大的船队中，有来自福建的"福船"、广东的"广船"、上海的"沙船"以及浙江的"鸟船"。特别是"鸟船"，它们大多在宁波等地建造，后从三江口扬帆出海，最终与郑和的舰队在海上汇合，共同踏上了一段传奇的航程。

新中国成立之后，宁波港的旧港区就分布在三江口地带。得益于三江口独特的水资源和水运条件，这里的农业、手工业和工商业迅猛发展。三江口一度船帆林立、商船竞渡，南来北往的船只在此交换货物或者中转，江畔货物装卸作业络绎不绝，商户街连绵不断，人声鼎沸，这里无疑是宁波的经济和贸易中心。

今天，三江口依旧守护着宁波的历史文化遗迹和城市记忆，见证了历史与现代的融合。唐武后年间建造的"天封塔"，塔身高 51 米，六角形状，是全国重点文物保护单位。古老的"鼓楼"，据说是唐代明州城的南城门，现在是宁波仅存的古城楼遗址。宋元明时期的大型衙署仓储遗址"永丰库遗址"，是国家级文物保护单位。"天一阁"则是我国现存最古老的家族藏书楼，也是中国十大历史名楼之一。此外，1936 年建成的"灵桥"，是宁波最早的钢结构桥梁，其资金由宁波旅沪同乡会提供，由德国西门子公司建造。而那些坐落于江北岸的近代欧式建筑群，如海关税务司官邸楼、天主教堂及邮政大楼等，都讲述了宁波开埠后的历史故事。

三江口不仅是宁波的地标，更是文化与智慧的聚集地，孕育出了许多历史上的名人。南宋词人吴文英、教育家王应麟，明代的哲学家王守仁、文学家方孝孺，明末清初的"三大思想家"之一黄宗羲，近现代的地质学家翁文灏、生物学家童第周、昆虫学家周尧、遗传学家谈家桢、书法和篆刻家沙孟海、国画大师潘天寿，以及获得"诺贝尔医学奖"的屠呦呦等，这些杰出人物宛若璀璨星辰，照亮了宁波的天空。甬江，宁波的母亲河，随着时光的流逝，展现出宁静而温婉的秀美，同时不失海纳百川的胸怀与勇气。

# 第四章
# 平原区水网景观

浙东运河水系见证了江南地区的繁荣发展,它更是水乡景观的灵魂。河流与湖泊,它们通过与运河和闸渠相互联结,形成了一个错综复杂的水网系统。这些河流,或宽阔缓慢,或细窄迅疾,有的直接与运河相通,有的则受人工闸渠的控制。湖泊点缀其间,既能调节水系的流量,又能为周边的农田提供灌溉的便利。它们是运河生态系统中不可或缺的组成部分。运河南侧水系弯曲自然,北侧因围涂的关系比南侧顺直些。湖泊的变化更加丰富,有生成,有湮灭,部分湖泊根据时代需求又重生。田园的绿意与水的灵动相得益彰,构成了一种与自然共生的江南农耕景观。田园不是单一的生产单元,而是运河景观的一部分,它与河湖相依相伴,共同维系着这一地区的生态平衡和文化传承。河湖与田园的和谐共融,共同编织出一幅生动的浙东运河水乡景观图,彰显了人类与自然和谐相处的智慧与美学。

# 第一节　平原河网

浙东山形地势西南高而东北低,背山面海,高度悬殊。江河溪涧激湍奔流,有曲折纤细,也有源短流急,港河纵横,密如蛛网。

表 4-1 沿运河廊道两岸各 2 公里内相关的水系

| 序号 | 河道名称 | 北（左）岸水系 | 南（右）岸水系 |
|---|---|---|---|
| 1 | | 闸站河 | |
| 2 | | 建设河 | 建设河 |
| 3 | | 北塘河 | 后河 |
| 4 | | 大浦河 | 白马湖输水河 |
| 5 | | 济民河 | 官北河 |
| 6 | | 山北河 | 下湘湖河 |
| 7 | | 毛家河 | 新开河 |
| 8 | | 商城河 | 里自横河 |
| 9 | | 蔚家河 | 南官河 |
| 10 | | 长山直河 | 箸簧河 |
| 11 | | 山南河 | 姑娘桥直河 |
| 12 | 西兴运河 | | 前河西河 |
| 13 | | | 新开河 |
| 14 | | 大治河 | 新林周直河 |
| 15 | | 西直河 | |
| 16 | | 新河港 | |
| 17 | | 杭甬运河 | 杭甬运河 |
| 18 | | 明华河 | |
| 19 | | 西小江 | 东小江 |
| 20 | | 里河江 | 南运河 |
| 21 | | 黄江河 | 龙池河 |
| 22 | | 坂湖直江 | 青墩江 |
| 23 | | 华墟直江 | |
| 24 | | 黄社溇直江 | |

| 序号 | 河道名称 | 北（左）岸水系 | 南（右）岸水系 |
|---|---|---|---|
| 25 | 西兴运河 | 管墅直江 | 管墅直江 |
| 26 | | 夏家溇直江 | |
| 27 | | 瓜渚湖直江 | 梅市直江 |
| 28 | | 大溇河 | |
| 29 | | | 青甸湖 |
| 30 | 绍兴城河 | 下大路河 | 绍兴环城河 |
| 31 | | 都泗河 | 平水西江 |
| 32 | 山阴故水道 | 平水江 | 平水江 |
| 33 | | | 华顺江（御河） |
| 34 | | 三滩江 | 漫池横江 |
| 35 | | | 横山木江 |
| 36 | | 白塔洋 | 洋湖泊 |
| 37 | | 犀牛山 | 大泾港 |
| 38 | | 凤凰山 | 七石江 |
| 39 | | 葛山 | 长塘江 |
| 40 | | 西直河 | |
| 41 | | | 荷花塘 |
| 42 | | | 向阳河 |
| 43 | | | 前进河 |
| 44 | | 马家桥河 | |
| 45 | | | 轮船江东塘段 |
| 46 | | | 丽董河董村段 |
| 47 | | 马家桥河 | |
| 48 | | | 蒿金河（蒿坝河） |
| 49 | | 曹娥老街河 | 曹娥江 |

**续表**

| 序号 | 河道名称 | 北（左）岸水系 | 南（右）岸水系 |
|---|---|---|---|
| 50 | 虞余运河 | 百沥河 | 百沥河 |
| 51 | | 西泊 | 白马湖 |
| 52 | | 五洲面前河 | |
| 53 | | | 西泊 |
| 54 | | 杭家江 | |
| 55 | | 前庙江 | |
| 56 | | | 东泊 |
| 57 | | 马慢桥面前河 | |
| 58 | | 西七里江 | |
| 59 | | 东七里江 | |
| 60 | | 青山港 | 牟山湖 |
| 61 | | 茄兰江 | |
| 62 | | 奖嘉隆江 | 马渚中河 |
| 63 | | 马湖山 | 贺墅江 |
| 64 | 四十里河 | 总干渠 | 总干渠 |
| 65 | | 沙湖河 | 横河 |
| 66 | | 皂李湖 | 抽屉河 |
| 67 | | 曹黎河 | 前河 |
| 68 | | 东泾河 | |
| 69 | | 浦湾河 | |
| 70 | | | 花园畈河 |
| 71 | | | 南村埭河 |
| 72 | | | 环村河 |
| 73 | | 瓢河 | |
| 74 | | 唐家埭河 | |

| 序号 | 河道名称 | 北（左）岸水系 | 南（右）岸水系 |
|---|---|---|---|
| 75 | 四十里河 | 俞家埭河 | 孙闸直河 |
| 76 | | 埭河五云村段 | |
| 77 | | 埭河陈夏谢村段 | |
| 78 | | 丁家埭河 | 四明江 |
| 79 | | 章家埭河 | 丁家河 |
| 80 | | | 后头汶 |
| 81 | | | 两单江 |
| 82 | | | 马渚干渠 |
| 83 | | 贺墅江 | 城南干渠 |
| 84 | | 马渚中河 | |
| 85 | 十八里河 | | 瓢河 |
| 86 | | | 唐家埭河 |
| 87 | | | 俞家埭河 |
| 88 | | | 埭河五云村段 |
| 89 | | | 埭河陈夏谢村段 |
| 90 | | | 丁家埭河 |
| 91 | | 章家埭河 | 章家埭河 |
| 92 | | 马渚干渠 | 马渚干渠 |
| 93 | 余姚江 | 食禄江 | |
| 94 | | 油车江 | |
| 95 | | | 最良江 |
| 96 | | 六浦江 | 新丰河 |
| 97 | | 三官堂河 | 龙坑溪 |
| 98 | | 候青江 | 东山河 |
| 99 | | 竹山江 | 南排江 |

| 序号 | 河道名称 | 北（左）岸水系 | 南（右）岸水系 |
|---|---|---|---|
| 100 | 余姚江 | 沿山河 | 东张河 |
| 101 | | | 中心河 |
| 102 | | | 陆埠溪 |
| 103 | | 龙山浦 | 新桥浦 |
| 104 | | 东家浦 | 八尺浦 |
| 105 | | 沙浦河 | 慈江 |
| 106 | | 横四浦 | 幸福河 |
| 107 | | 五车大河 | 陈家浦 |
| 108 | | 小泾浦 | 东澄官河 |
| 109 | | 剎浦 | |
| 110 | | 大泾浦 | 陶徐冯溪 |
| 111 | | 白罗浦 | |
| 112 | | | 大隐溪 |
| 113 | | 安仁河 | 后山河 |
| 114 | | 中横河 | |
| 115 | | 官山大河 | |
| 116 | | | 马浦河 |
| 117 | | 毛家河 | |
| 118 | | | 五江河 |
| 119 | | 洋市河 | 泗江河 |
| 120 | | 青林河 | |
| 121 | | | 翠柏河 |
| 122 | | 湾头中心河 | |
| 123 | | 甬江 | 奉化江 |

| 序号 | 河道名称 | 北（左）岸水系 | 南（右）岸水系 |
|------|----------|----------------|----------------|
| 124 | 慈江 | 丈一排灌河 | |
| 125 | | 潺子浦 | 增产浦 |
| 126 | | 彭王浦 | |
| 127 | | | 陆江浦 |
| 128 | | 吴泽浦 | 小泾浦 |
| 129 | | 张家浦 | 刹浦 |
| 130 | | 官桥浦 | |
| 131 | | | 大泾浦 |
| 132 | | 魏家浦 | 白罗浦 |
| 133 | | 云山浦 | |
| 134 | | | 安仁浦 |
| 135 | | 东大河 | |
| 136 | | | 中横河 |
| 137 | | 东城河 | 官山大河 |
| 138 | | | 江北大河 |
| 139 | | 荪湖水库河 | 洪塘江 |
| 140 | | 虞家河 | |
| 141 | | | 西大河 |
| 142 | | | 后大河 |
| 143 | | 沿山大河 | |
| 144 | 东大河 | 长应河 | 长应河 |
| 145 | | 西河 | 英雄河 |
| 146 | | 香山港 | 西大河 |
| 147 | | 周林港 | 甸张港 |
| 148 | | 官仓港 | 郭家港 |

| 序号 | 河道名称 | 北（左）岸水系 | 南（右）岸水系 |
|---|---|---|---|
| 149 | 东大河 | | 东港 |
| 150 | 甬江 | 江北大河 | 江后河 |
| 151 | | | 老杨木碶河 |
| 152 | | 大东江 | |
| 153 | | 甬新河 | |
| 154 | | | 渡驾桥河 |
| 155 | | | 沿山干河 |
| 156 | | 郭家港 | |
| 157 | 甬江 | | 王家洋河 |
| 158 | | 东大河 | 小浃江 |

# 一、蜀山平原河网

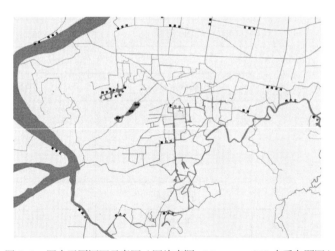

图 4-1　蜀山平原河网示意图（图片来源：bigemap GIS 水系专题图）

麻溪坝以北、西江塘以东、北海塘以南的中部平原地区，为蜀山平原，又称萧南平原。蜀山平原为海湾湖积平原区，地势平坦，略呈西高东低之势，河流、湖泊密布，呈网状分布，为萧绍平原水系的组成部分。

蜀山平原河网有91条河流，河道总长度239千米，河流水域面积12平方千米。其中县级以上河流有25条，河道总长度130千米，水域面积8.8平方千米。主要河道有西小江、官河、南门江等。

## 二、山会平原河网

鉴湖湮废集中在宋代，留下河网和一批湖泊。明嘉靖二年（1523），南大吉出守绍兴府，任内主持疏浚和整修绍兴城河及城外一些主要河道。嘉靖十六年（1537），绍兴知府汤绍恩主持建成三江闸，钱清江成为内河。三江闸建成后，又在闸两侧筑海塘四百余丈，使二百余里萧绍海塘连成一体；在蒿坝建清水闸，引曹娥江水冲三江闸下淤积。至此，蓄、引、排相结合，绍兴平原河网水系的调整基本完成。曹娥江大闸位于曹娥江河口，2007年建成，是我国强涌潮河口地区第一大闸，也是浙东水资源配置的重要枢纽工程。绍兴平原河网形成了以浙东运河和鉴湖余留部分为东西向主干河、以众多湖泊河道为蓄水处、以曹娥江为蓄排水总枢纽的水利新格局。

图4-2　山会平原局部河网示意图（图片来源：bigemap GIS 水系专题图）

表4-2 绍兴平原六横五纵排涝河道基本情况　　　　　单位：米

| 序号 | 河名 | 河段 | | 河长 | 现状 | |
| | | 起点 | 终点 | | 面宽 | 底高程 |
|---|---|---|---|---|---|---|
| 一横 | 南运河—鉴湖 | 钱清岭江 | 湖塘上鉴湖 | 4660 | 36—87 | -0.5—0.5 |
| | | 湖塘宾舍 | 东跨湖大桥 | 20080 | 25—300 | -0.35—0.84 |
| 二横 | 浙东古运河 | 钱清 | 陶堰泾口 | 48750 | 15—280 | -0.5—2.88 |
| 三横 | 马山闸西江 | 吴江塘下 | 瓜渚湖 | 7220 | 36—50 | 0.23—1.42 |
| | | 瓜渚湖 | 菖蒲溇直江 | 11100 | 37—194 | -0.5—1.4 |
| | | 菖蒲溇直江 | 大坂洋 | 9270 | 36—102 | 0.16—1.5 |
| 四横 | 三江大河 | 吴江塘下 | 横湖 | 6350 | 39—71 | 0.15—0.59 |
| | | 横湖 | 单家 | 3240 | 44—54 | -0.2—0.5 |
| | | 单家 | 夹蓬闸 | 5670 | 72—85 | -2.44—1.0 |
| 四横 | 三江大河 | 夹蓬闸 | 荷湖 | 1820 | 69—98 | -3.08——0.22 |
| | | 荷湖 | 老三江闸 | 1680 | 60—257 | -3.08——0.22 |
| | | 老三江闸 | 新三江闸 | 2660 | 220—310 | -2.07——0.63 |
| 五横 | 杭甬运河 | 杨汛上坂 | 塘角 | 56950 | 60—80 | -0.34—1.96 |
| 六横 | 东小江—滨海大河 | 钱清 | 华舍 | 12380 | 30—80 | 0.2—1.2 |
| | | 华舍 | 马鞍镇 | 12700 | 25—55 | 0.7—1.2 |
| | | 马鞍镇 | 姚家埠闸 | 4000 | 18—25 | 1.3—1.8 |

| 序号 | 河名 | 河段 | | 河长 | 现状 | |
|---|---|---|---|---|---|---|
| | | 起点 | 终点 | | 面宽 | 底高程 |
| 六横 | 东小江—滨海大河 | 姚家埠闸 | 鉴湖 | 16450 | 26—43 | 0.8—1.5 |
| 一纵 | 大坂湖直江 | 鉴湖 | 铁路 | 3410 | 6—169 | 0.12—0.75 |
| | | 铁路 | 安昌镇 | 5860 | 6—170 | 0.35—1.57 |
| 二纵 | 瓜渚直江 | 鉴湖 | 瓜渚湖 | 4010 | 9—93 | 0.75—1.42 |
| | | 瓜渚湖 | 三江大河 | 3140 | 9—98 | −0.05—2.49 |
| | | 三江大河 | 滨海大河 | 4440 | 9—55 | 0.2—2.5 |
| 三纵 | 外官塘 | 泗汇头 | 盐仓娄 | 6600 | 43—200 | −0.16—1.35 |
| | | 盐仓娄 | 三江大河 | 2860 | 40—100 | −0.28—1.08 |
| 四纵 | 长水江 | 窑湾江 | 马山闸西江 | 5450 | 37—146 | 0.14—0.93 |
| | | 马山闸西江 | 长水江闸 | 4570 | 14—45 | 1.3—2.6 |
| 五纵 | 马山大河 | 金家娄 | 马山闸西江 | 4160 | 22—211 | −1.2—1.4 |

# 三、姚江平原河网

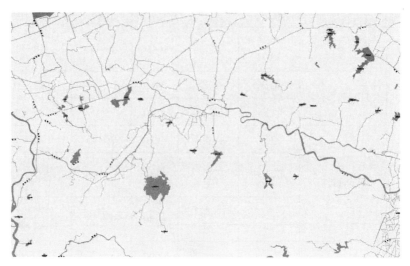

图 4-3 姚江平原局部河网示意图（图片来源：bigemap GIS 水系专题图）

## 1. 西北河区

西起曹娥江右岸，东以慈溪鸣山路江至横河人民闸一线为界，南与姚江干流区相连，北临钱塘江河口，称姚江平原西北河区。西北河区向钱塘江排水和曹娥江引水骨干河道见表4-3。

表4-3　西北河区向钱塘江排水和曹娥江引水四横三纵骨干河道

| 河名 | 起点 | 终点 | 河长（千米） | 河底高程（米） | 河道面宽（米） |
|---|---|---|---|---|---|
| 虞甬运河 | 百官赵家坝 | 长坝 | 14.2 | 0.5—0 | 35 |
| 虞北河 | 三兴闸 | 闸头堰 | 14.3 | 0 | 50 |
| 七六丘中心河 | 七五丘环塘河 | 横塘农场 | 25.1 | 0 | 50 |
| 西一闸干河 | 西大堤一号闸 | 上虞市界 | 23.8 | 0.5 | 80 |
| 滨江河—沥北河 | 百官杜家村 | 崧沥河 | 12.50 | 0.5 | 35 |
| | 崧沥河 | 七六丘中心河 | 3.3 | 0.5—0 | 35—60 |

| 河名 | 起点 | 终点 | 河长（千米） | 河底高程（米） | 河道面宽（米） |
|---|---|---|---|---|---|
| 滨江河—沥北河 | 七六丘中心河 | 二号闸 | 11.73 | 0——0.5 | 60—65 |
| 百崧—崧北河 | 百官百驿桥 | 盖沥河 | 12.7 | 0.5 | 45 |
| | 盖沥河 | 七六丘北塘河 | 4 | 0.5—0 | 45—75 |
| 百崧—崧北河 | 七六丘北塘河 | 三号闸 | 7.3 | 0——0.5 | 75—80 |
| 盖南河—盖北河 | 白马河 | 盖沥河 | 10 | 0 | 45 |
| | 盖沥河 | 东进闸 | 5.6 | 0——0.5 | 45—75 |
| | 东进闸 | 新东进闸（四号闸） | 6.3 | -0.5 | 75—80 |

此外，上虞丰惠镇有西溪、东溪、杜溪、十里河、百云溪、凤鸣溪、贺溪，永和镇有麻溪，驿亭镇有杨家溪；虞北河网地区有鸭石江、崧越河、崧谢河、盖泌河，海涂各丘有中心河、沿塘河等。西北河区其他河道基本情况见表4-4。

**表4-4 西北河区其他河道基本情况**

| 河名 | 范围 | 说明 |
|---|---|---|
| 马渚横河 | 由上虞五夫长坝进入余姚境，由西向东流1公里，由北来高桥江汇入，又1公里，由南面牟山湖汇入，再向东3公里，青山港来汇，再向东2公里，经西横河闸、斗门入姚江。 | 自长坝至斗门，长12公里，河宽40米至60米，水深2.0米至3.0米，可通内河40吨级航船。其东段属姚江干流沿岸河区。 |
| 高桥江 | 起自余姚兰塘黄家埠，南流经高桥、回龙汇入马渚横河。 | 全长16公里，平均河宽19米，平均水深2.2米，可通农船，排涝时流向东北经临海浦闸出杭州湾。 |
| 临海浦 | 南起余姚临山城西横山狮闸旁，北至临海浦闸，流入钱塘江。 | 全长5.5公里，河宽40米至64米，平均水深2.5米。临海浦闸建成后，为向北排涝的骨干河道。 |

| 河名 | 范围 | 说明 |
|---|---|---|
| 四塘横江 | 西起上虞浦前，向东流经横塘、兰海、临海、湖北、夹塘、万圣、镇海、朗海、小曹娥等地，于许丁二丘入慈溪境，东流经浒山傅家路江至逍林四灶浦。 | 全长38.88公里，为余姚、慈溪灌区主要输水河道。其中余姚段20公里，平均河宽25.4米，平均水深2.5米；慈溪段12.88米，平均河宽14米，水深1.7米至2.0米。 |
| 青山港 | 青山港亦称菁江，以"佳山水菁"得名。汇泗门、湖堤、东蒲、青山、青港诸地之水。北起余姚泗门镇姐妹桥，南流经夏王宅汇入马渚横河。 | 河长10.0公里，平均河宽19米，平均水深1.4米。 |
| 临周江 | 西起余姚临山镇人交堰，东南向流，过湖堤、泗门，向东经朗霞、东浦、新新等地，于慈溪周巷镇南与长泠江相接。 | 全长19.2公里，河面宽18米，可通航。 |
| 长泠江 | 起自慈溪周巷镇。东北向西南斜贯余姚市新新、老方桥、开元、马渚等地。于马渚汇入马渚中河。 | 河长20公里，平均河宽22米，平均水深2.2米。河道平直，是沟通余姚西北及慈溪西北部的重要航道。 |
| 八塘横江 | 慈溪庵东区东三、东二、东一、西一、西二、西三等地及庵东农场随八塘的筑成，逐步形成八塘河。 | 总长28.44公里，河宽10米至25米。 |
| 建塘江 | 起自慈溪四塘，至九塘入海，流经建塘、西三、庵东农场。 | 全长6.03公里，河宽16米至40米，水深2.5米至3.2米。 |
| 周家路江 | 晚清已有此江，大古塘南称长泠江，向北注入四塘江，流经慈溪周巷、精忠、小安等地。 | 全长6.5公里，平均河宽18米，平均水深2.4米。 |
| 三八江 | 位于慈溪庵东区。1958年3月，西二乡发动妇女新掘，故取名为"三八江"。西经七塘河与垫桥路江相通，东北经八塘、九塘入海。 | 全长4.35公里，平均河宽35米，水深2.2米。 |
| 垫桥路江 | 起自慈溪大古塘江，流经云城、长河、大云等地至七塘江，往东与三八江相通。 | 全长1.8公里，平均河宽18米，平均水深2.0米。 |

| 河名 | 范围 | 说明 |
|---|---|---|
| 三十弓江 | 自慈溪天元镇东界塘流经高王、沧田、庵东至六塘，与六塘横江相连。 | 全长 7.81 公里，河宽 22 米，平均水深 2.1 米。该江为慈溪西部地区水上交通要道。 |
| 七塘横江 | 自慈溪洋浦至高王路江，流经新浦、胜北、东三、崇寿、庵东等地。 | 全长 18.9 公里，河宽 11 米至 20 米。东三、东二、东一、西一、西二、西三的七塘江，为新中国成立后新开。 |
| 六塘横江 | 有两段，一是逍林区六塘横江，从半掘浦至六灶江，流经新浦、胜北、崇寿 3 地，全长 9.6 公里，平均河宽 20 米，平均水深 2.0 米，属慈中河区；二是周巷、长河、庵东区六塘横江，从小安至庵东五爱江，流经小安、义四、大云、沧田、庵东等地，全长 10.51 公里，平均河宽 20 米，平均水深 2.0 米，属西北河区。 | 大古塘江也称大塘横江，宋、元筑大古塘时，连接垒塘所挖的取土坑而成，跨西北、慈中河区。西起上虞沥海，于横塘乡入余姚境，东北流至临山，临山至泗门段已废。续起于泗门，于新新入慈溪，于化龙堰再入余姚，过历山复入慈溪。流经周巷、云城、潭南、历山、宗汉、浒山、白沙、樟树、桥头等地，东至洋浦。余姚境尚存 18.5 公里；慈溪境内长 20.3 公里。平均河宽 14.5 米，水深 1.6 米。 |
| 崔陈路江 | 起自慈溪大古塘，北与四塘江相通，流经历山、新界、天元、高王诸地。 | 全长 8.9 公里，平均河宽 14 米，平均水深 1.5 米。 |

## 2. 慈中河区

西以鸣山路江为界，东至洋浦，北接庵东，东南与慈东河区分界，这片称慈中河区。慈中河区主要河道情况见表 4-5。

**表 4-5　慈中河区主要河道基本情况**

| 河名 | 范围 | 说明 |
|---|---|---|
| 四灶浦 | 起自慈溪白沙镇罗宗祠，至十塘入海。 | 全长 16.16 公里。其中罗宗祠至三塘段称四灶江，长 4.9 公里，平均河宽 21.5 米，水深 2.0 米；三塘至十塘段称四灶浦，长 11.3 公里，宽 40 米；九塘至十塘段长 1.1 公里，河宽 60 米至 80 米，水深均为 2.0 米。 |

续表

| 河名 | 范围 | 说明 |
|------|------|------|
| 水云浦 | 旧称水霊浦，起自慈溪大古塘，至九塘入海，流经择浦、胜东、新浦、胜北、东三等地。 | 全长 15.7 公里，平均河宽 20 米，平均水深 2.4 米。 |
| 新浦 | 起自慈溪东横河，至九塘入海，流经樟树、道林、新浦等地。 | 全长 16.8 公里。其中，东横河至五塘段，称破山路江，长 11.45 公里；五塘以北段称新浦，长 5.3 公里。平均河宽 15 米，水深 3.5 米。 |
| 半掘浦 | 起自慈溪胜山塘，至十塘入海，流经三管、新浦等地。 | 全长 9.83 公里，河面最宽 60 米，最窄 25 米，平均水深 3.0 米。半掘浦在胜山横江南有余家江、杜家江等水来汇。 |
| 洋浦 | 发源于慈溪白洋湖，唐景龙元年（707）建洋浦闸，原是向北排涝的主要通道，现因八塘闸外海涂淤涨，失去排涝能力，洋浦之水向西经新二江、胜山塘横江流入半掘浦入海，流经鸣鹤、五里、桥头、三管、附海、东海、新浦等地。 | 全长 17.0 公里，平均河宽 13 米，平均水深 1.5 米。 |
| 胜山塘横江 | 原名慈溪楝树塘江，从洋浦至胜山十甲江。 | 全长 9.63 公里，河宽 17 米，深 2.0 米。 |
| 潮塘横江 | 从慈溪精中万安至白沙华家江。 | 全长 21 公里，河宽 25 米，深 2.5 米。 |
| 新二江 | 西起慈溪白沙华家江，东至洋浦。 | 全长 9.79 公里，河宽 20 米，深 2 米。 |

### 3. 慈东河区

洋浦以东，瀹浦岭以北，这片称慈东河区。慈东河区主要河道情况见表 4-6。

**表 4-6　慈东河区主要河道基本情况**

| 河名 | 范围 | 说明 |
|---|---|---|
| 郑家浦 | 发源于慈溪观城卫山北麓，到九塘入海，流经东海、东山头、附海3地。 | 全长10.2公里，平均河宽25米，平均水深2.0米。 |
| 徐家浦 | 发源于慈溪东山头银山北麓油车江，到九塘入海。流经东山头、附海等地。 | 全长5.93公里，平均河宽25米至60米，平均水深2.0米。 |
| 方家浦 | 起自慈溪观城油车江，至九塘闸入海，流经观城、福山、五里、东山头等地。 | 全长9.58公里，河宽20米至35米，平均水深2.5米。 |
| 高背浦 | 发源于慈溪杜溯，旧称直落浦，从外杜湖中闸至海黄山闸入海。流经宓家埭、师桥、五洞闸3地。 | 全长14.6公里，河宽35米至50米，平均水深2.0米。 |
| 淹浦 | 发源于慈溪杜湖，从快船江至九塘入海，流经淹浦、五洞闸、师桥3地。 | 全长11.36公里，平均河宽27米，平均水深2.0米。 |
| 古窑浦 | 发源于慈溪五磊山麓，从东安乡洪家村至八塘入海，流经东安、洋山、掌起、五洞闸等地。 | 全长13.0公里，平均河宽22米，平均水深2.0米。 |
| 淞 | 发源于长溪岭。从东安乡小埠头至淞浦闸入海。流经东安、范市、五洞闸等地。 | 全长11.57公里，平均河宽28米，平均水深2.0米。 |
| 五塘横河 | 龙山区五塘横河，从慈溪淞浦至伏龙山西，流经沿海、范市、甸山、田央、龙场5地。 | 全长5.76公里，平均河宽13米，平均水深2.5米。 |
| 四塘横江 | 四塘横江观城、逍林区段，东起慈溪蛟门浦，西至一灶江。 | 全长37.6公里，平均河宽14米，平均水深2.5米，与西北河区四塘横江相接。 |
| 三塘横江 | 三塘横江逍林、浒山段，东起慈溪水云浦，西至坎墩镇鸣山路村，流经择浦、胜山、坎东、坎墩4地。 | 全长9.63公里，平均河宽17米，平均水深2.0米，与西北河区三塘横江相接。 |
| 快船江 | 因通快船而得名，西起慈溪洋塘，与东横河相接，东迄龙场乡林家村，流经观城、掌起、洋山、淹浦、师桥、福山、五里、鸣鹤、范市、甸山、田央、龙场等地。 | 全长22.0公里，水道曲折，河面最宽处有30米，最窄处不足10米，平均水深1.8米。现龙山区境内10公里已多处不能通航。 |

| 河名 | 范围 | 说明 |
|---|---|---|
| 公路横河 | 1958年新开，从慈溪淞浦至雁门王家村广济桥。流经范市、甸山、田央、龙场、龙山、雁门等地。 | 全长11.13公里，平均河宽12米，平均水深3米。 |
| 慈镇航道 | 为沟通慈溪与镇海之间的水上交通，1986年开凿澥浦岭两侧未通航地段。 | 长9.1公里，河面宽27米，水深3.0米。1986年6月，兴建40吨级船闸1座。现不通航。 |
| 淡水泓 | 发源于慈溪窖湖，从窖湖西闸起，流经甸山、田央、慈溪第二农场，至淡水泓闸入海。 | 全长6.08公里，平均河宽19米，平均水深3.0米。 |
| 灵峰浦 | 在慈溪龙场乡境内，起自公路横河，至灵峰浦闸入海。 | 全长4.66公里，河宽20米至36米，平均水深2.2米。 |
| 镇龙浦 | 发源于慈溪凤浦湖，至镇龙闸入海。 | 全长4.46公里，平均河宽18米，平均水深2.3米。 |

## 4. 镇海河区

镇海河区位于化子闸以东和甬江之间，原称江北河区。镇海河区主要河道情况见表4-7。

**表4-7 镇海河区主要河道基本情况**

| 河名 | 范围 | 说明 |
|---|---|---|
| 中大河 | 发源于镇海汶溪尖山、大斗山、万丈山，经三圣殿水库流至黄杨桥，后东流，经长石桥、骆驼桥、贵驷桥、万嘉桥，折向东北，过新添庙桥，至镇海西门平水桥，在白龙洋汇前大河，至张鉴碶入甬江。 | 全长22公里，河宽22.0米，平均水深1.2米至1.7米，是镇海河区主要河流，上游与慈江相接，由化子闸及泗港闸控制进水。 |
| 前大河 | 古名夹江河，又称颜公渠。西起镇海常洪，与甬江平行，经庄市、临江，出张鉴碶入甬江。 | 全长13公里，平均河宽14米，平均水深1.4米。 |
| 沿山大河 | 发源于镇海河头乡横溪大蓬山，西起河头十字路水库（又名九龙湖）输水口，出长桥头向西南折东，流经澥浦闸入海。 | 全长7.2公里，平均河宽31米，平均水深1.3米。 |

| 河名 | 范围 | 说明 |
|---|---|---|
| 万弓塘河 | 又称镇海大塘河，北起镇海区岚山嘴南麓，与澥浦大河相接，南至镇海城关镇，其水流向澥浦闸后入海。 | 全长 12.1 公里，河宽 16 米，平均水深 1.2 米。 |
| 江北大河 | 从镇海费市流经庄桥、庙跟、半路凉亭至孔浦闸注入甬江。 | 全长 11.5 公里，平均河宽 25 米，平均水深 3.5 米，为慈江尾部地区涝水直接排入甬江的重要河道。 |
| 浜子港 | 从镇海庄桥大河更楼起至庄市疗养院止。 | 全长 8.3 公里，河宽 18 米，后又开挖 2 公里与塔前港连接，是清水浦闸排水的配套河道。 |

## 四、鄞奉平原河网

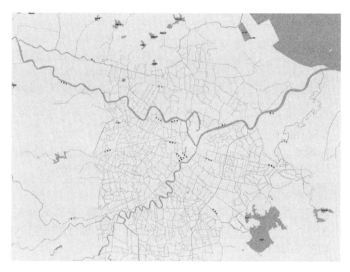

图 4-4　鄞奉平原局部河网示意图（图片来源：bigemap GIS 水系专题图）

### 1. 鄞西河区

鄞州姚江以南、奉化江以北地区为鄞西河区。鄞西河区主要河道情况见表 4-8。

表 4-8　鄞西河区主要河道基本情况

| 河名 | 范围 | 说明 |
|---|---|---|
| 南塘河 | 又称前塘河。鄞州区樟溪经它山堰分流后，堰上之水在鄞江镇由官池东趋洪水弯，出洞桥，经横涨桥，注栎社，历石碶、段塘，自南水门入宁波市区。 | 全长 24.5 公里，平均宽度 33.1 米，平均水深 1.84 米。南塘河与奉化江平行，沿途设置碶闸较多，沿河村镇密集，是鄞西平原引、蓄、排和航运的主要河道，历史上又是宁波市区供水的引水河渠。 |
| 中塘河 | 源出鄞州区大雷山，合姚坑之水注林村大溪，并涵凤岙、桃源之水趋集仕港、卖面桥，出望春桥与西塘河合流，入宁波市西门口。 | 长 12.0 公里，平均宽 24.7 米，平均水深 2.68 米，是横贯鄞西平原中部的主要河流。凤岙市河、梅梁桥河、集仕港、西洋港等为其支流。 |
| 后塘河 | 又名西塘河。源出鄞州区大雷山诸溪，由山下庄注石塘，上接上游河，经岐阳、高桥、望春入宁波市区西门口。 | 全长 13.18 公里，平均宽度 32 米，平均水深 3.12 米。九里浦河、叶家碶河、七里碶河、新河等为其支流。 |
| 新塘河 | 又称南新塘河。自鄞州区横街头，经布政至石碶与南塘河相接。 | 全长 11.5 公里，平均河宽 23.5 米，平均水深 2.11 米。西北至东南走向，横贯于鄞西中部，连接南塘河、中塘河、后塘河，是构成鄞西河网的骨干。 |
| 湖泊河 | 自鄞州区横街头至石塘，沟通中塘河、后塘河。 | 长 7 公里，河面宽阔处 67.9 米，狭处 30 米，平均宽 48.9 米，水深 1.6 米。东通集仕港，北通西塘河，南通弥陀寺河，西通茅草槽河。 |
| 千丈镜河 | 始于鄞州区横涨荷花池村附近的照天江，东至栎社与南塘河相接，位于南塘河以北，与南塘河平行。 | 全长 6.5 公里，河宽 42.9 米，水深 1.47 米，是横贯栎社境内的主要河道。 |

## 2. 鄞奉河区

奉化江、甬江以南地区为鄞奉河区。鄞奉河区主要河道情况见表 4-9。

## 表4-9  鄞奉河区主要河道基本情况

| 河名 | 范围 | 说明 |
|------|------|------|
| 小浃江 | 由鄞州区钱堰头引东钱湖水，直注汇纤桥，经五乡镇至余家附近入北仑区下邵乡，流至小港镇，由浃水闸入甬江口。 | 河长35公里，平均宽46.4米，平均水深3.26米。其上游有二：一支自斗门桥经羊侯庙至太史湾，一支自东西回江二碶北流至太史湾，会合后入北仑区。它是北仑长山地区引鄞东南之水的主要河道，也是鄞东南向浃水闸排洪的主要河道。 |
| 后塘河 | 又称东塘大河，旧时亦名北塘河。原出鄞州区太白山，上游分二支：一支自东吴始，一支来自宝幢。二支于五乡镇合流后经盛垫、福明、七里垫，入宁波市区张斌桥。 | 河长18.5公里，平均宽30米，平均水深1.8米。 |
| 中塘河 | 收鄞州区东钱湖莫枝堰下注之水，北迤经沙家垫、鹅颈汇、泗港、潘火桥至横石桥与前塘河会合，通至江东新河头。 | 河长8.95公里，平均宽24.2米，平均水深1.54米。下应河、花园河、小塘河为其支流。 |
| 前塘河 | 又名外塘河，旧时亦称横溪河。源出鄞州区道陈岭，汇道陈岭、乾坑、画梁三路水于横溪。建有横溪水库，控制集水面积39.8平方公里。出横溪，东纳栎斜、东钱湖的大堰、高湫二碶之水，西南纳白杜、茅山、姜山来水，经云龙、下应、横石桥与中塘河相接，流至江东区新河头。 | 河长18.0公里，平均宽29.2米，平均水深2.2米。 |
| 姜山河 | 自鄞州区永兴桥至斜桥。 | 河长7公里，平均河宽21.6米，平均水深1.4米。东通定桥，西通斜桥，南通白杜，北通铜盆浦。自姜山西河自界中桥至更楼坝，长13.5公里，平均宽21.6米，平均水深1.3米，由铜盆浦闸入奉化江。 |
| 同福汇港 | 自上塘至鄞奉桥。 | 河长8公里，平均河宽25米，平均水深2.5米，与白杜河、前塘河、姜山西河相通。 |

| 河名 | 范围 | 说明 |
|---|---|---|
| 甲村河 | 俗称横河,自雉鸡山至新塘沿。 | 河长 5.9 公里,平均河宽 25 米,平均水深 2.5 米,与姜山西河、前塘河、白杜河、桃江相通。 |
| 九曲河 | 自颜桥至定桥。 | 河长 3.5 公里,平均宽 19 米,平均水深 1.5 米。东通前塘河,西通同福汇港,北通定桥,南通横溪。 |
| 长山港 | 自高湫堰至云龙。 | 河长 5 公里,平均河宽 60 米,平均水深 2.5 米。高湫堰泄放后经长山港分流中塘河、甲村诸河。 |
| 下应河 | 自平水堰至潘火桥。 | 河长 7 公里,平均河宽 22.5 米,平均水深 2.1 米,与前塘河、中塘河相通,自永福桥经张泗桥、华嘉桥通周宿渡入奉化江。 |
| 宝幢河 | 源出蹯跨山之水帘洞,经明堂岙至杨家田,流经沙堰河头分二支,一支北流至青云桥为宝幢河正源,一支流经泗洲湾、斗门桥与北支会合为宝幢河,西流至汇纤桥与来自天童、少白诸水汇合,总名后塘河。 | 由宝幢至汇纤桥,长 4.5 公里,平均河宽 21 米,平均水深 1.5 米。 |
| 铜盆浦港 | 东通前塘河,南通九曲河,后入奉化江。 | 自云龙碶至铜盆浦,长 13 公里,平均河宽 24.7 米,平均水深 1.7 米。 |

　　以上平原河网与运河相依相生,共同构成了该地区的水利系统和交通网络。这些河网是该地区水文地质条件和地形演变的自然产物,它们为土地提供灌溉水源,对农业生产至关重要,同时也是天然的交通要道。然而,由于河流自身的地理限制与季节性波动,河网的航运和灌溉功能并不能完全满足人们的需要。这时,运河的建设便发挥了重要作用。运河作为人工挖掘的水道,它的建设往往是基于对现有河网的补充与优化。运河可以连接自然河网中的断点,促进不同河流之间的水源交换与补给,提高水资源的利用率。同时,运河的设计往往考虑到了航道的稳定性与可控性,可保证全年航运的连续性,特别是在枯水期或洪水期,运河的调水作用更

是至关重要。运河还能连接较远的河流或水体，打破自然河网的地域限制，将水资源和交通运输的范围扩展到更广的地域，促进了物资的交流与文化的融合，对区域经济发展起到了巨大的推动作用。

在现代，随着科技的进步和社会的发展，平原河网与运河的关系更加紧密。通过现代水利工程技术，人们可以更加高效地管理和调控河网与运河，实现防洪、灌溉、供水、航运等多重功能，为区域经济的发展提供重要支撑。

# 第二节　湖光奇丽

浙东，灵山秀水，让无数文人墨客魂牵梦绕。李白《送友人寻越中山水》："闻道稽山去，偏宜谢客才。千岩泉洒落，万壑树萦回。东海横秦望，西陵绕越台。湖清霜镜晓，涛白雪山来。八月枚乘笔，三吴张翰杯。此中多逸兴，早晚向天台。""镜湖水如月，耶溪女似雪。新妆荡新波，光景两奇绝。"他把鉴湖的柔美与刚毅糅合在一湖清波中。著名诗人孟郊在《越中山水》中云："日觉耳目胜，我来山水州。蓬瀛若仿佛，田野如泛浮。碧嶂几千绕，清泉万余流。莫穷合沓步，孰尽派别游。越水净难污，越天阴易收。气鲜无隐物，目视远更周。举俗媚葱蒨，连冬撷芳柔。菱湖有余翠，茗圃无荒畴。赏异忽已远，探奇诚淹留。永言终南色，去矣销人忧。"宋陆游《稽山行》诗则详尽地记述并赞颂了其故乡秀丽的山川和丰富的物产。

峰峦环绕，具有天然湖山之胜的湘湖，在清乾隆时有湘湖老八景的胜境，同时还有灌溉萧绍两邑的功用。白马湖在湘湖之北，旧称西陵湖，亦名西城湖，波光岚影，风景绝佳。

根据陈桥驿等的考证①，历史时期绍兴地区湖泊的演变分为三个阶段，如表4-10所示：

表4-10　绍兴地区湖泊演变过程

| 阶段 | 时间 | 湖泊变迁区域 | 湖泊性质 |
|---|---|---|---|
| 第一阶段 | 新石器时代至唐代 | 南部山区走向北部平原 | 海迹湖<br>（天然沉积式湖泊） |
| 第二阶段 | 宋代至清代 | 湖泊群逐渐退出平原 | 海迹湖<br>（天然沉积式湖泊） |
| 第三阶段 | 民国至今 | 湖泊群在山区复兴 | 水库<br>（人工堰塞式湖泊） |

其北进区域演变的先后顺序如表4-11所示：

表4-11　绍兴地区湖泊北进区域演变

| 时间 | 公元纪年 | 区域 |
|---|---|---|
| 新石器时代至春秋时代 | 前2200—前476 | 山麓地带 |
| 春秋时代至汉代 | 前476—220 | 中部地带 |
| 汉代至唐代 | 220—907 | 沿海地带 |

到唐代为止，绍兴地区的湖泊北进已告一段落，这是绍兴地区湖泊演变的第一阶段，与第二、第三阶段不同的是，第一阶段绍兴地区的水环境变化非常明显，是由大自然主导的，它奠定了绍兴北部平原地区水陆环境的基本面貌。据陈桥驿等的考证：历史时期由217个主要湖泊组成的湖泊群，在唐代之前已基本形成。②在唐代以后，受雨水冲击以及河流泥沙淤积作用的影响，尽管平原地区仍在向北发展，但靠近海岸线的已然不是湖泊，而是变成了农田。

---

① 陈桥驿、吕以春、乐祖谋：《论历史时期宁绍平原的湖泊演变》，《地理研究》1984年第3期。
② 陈桥驿、吕以春、乐祖谋：《论历史时期宁绍平原的湖泊演变》，《地理研究》1984年第3期。

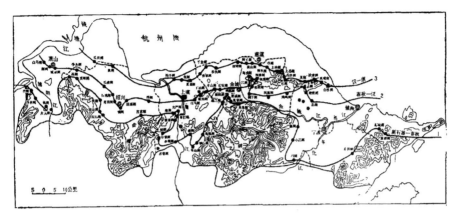

图 4-5　历史时期宁绍平原主要天然湖泊出现年代示意图
（录自陈桥驿、吕以春、乐祖谋《论历史时期宁绍平原的湖泊演变》插图 2）

# 一、鉴湖

## （一）鉴湖概况

鉴湖是长江以南历史上著名的水利工程，经历了千年沧桑，现存湖泊仅为古鉴湖的一部分。古时鉴湖别称繁多，如长湖、大湖、庆湖等，文人雅称为镜湖。鉴湖的形成可追溯至东汉永和五年（140），当时的会稽太守马臻引会稽及山阴两县 36 条河流之水汇聚成湖，其面积辽阔，一度超过200 平方千米。自唐代中期起，湖泊开始逐步淤积，面积减小，至北宋时期，地方豪强筑堤造田，湖泊面积锐减。历经岁月的洗礼，现在的湖塘、容山湖、屙石湖、白塔洋等都见证了鉴湖的历史变迁。现今的鉴湖，虽然湖域面积仅余 30.44 平方千米，但湖水清澈，素有盛名，是绍兴酒的灵魂之水。湖滨有马臻墓、陆游故里、三山、快阁等古迹。在鉴湖泛舟，近处波光粼粼，远处山峦起伏，仿佛置身于一面巨大的镜子之中。

## （二）鉴湖文化景观特征及变迁规律

先秦时期，越族先民逐渐走出山区，开始开发山麓平原地带。他们先是筑堤建坝形成新的垦区。越国勾践为了复仇吴国，重振越国经济，修建了不少水利工程，其中有富中大塘、吴塘、苦竹塘、山阴故水道、山阴故陆道、回涌湖等。越国依照“山—原—海”的地势来构建越国水利体系，为日后马臻对鉴湖的修筑提供了基础，其中有的甚至直接成为日后鉴湖湖堤的一部分。

“汉顺帝永和五年（140），会稽太守马臻创立镜湖，在会稽、山阴两县界。……塘堤周回三百一十里，溉田九千余顷。”[①] 马臻根据会稽山脉的地理形势，在北部建堤蓄水，筑成鉴湖，其实质与水库相同，是一座大型平原水库。

图 4-6　古鉴湖水利图（嘉庆《山阴县志》，民国铅印本，卷二十图二十三）

鉴湖的修筑有效改善了山会地区穷山恶水的景观状况，形成了优美的水环境。魏晋南北朝时期，鉴湖得到持续改造，该区域经济快速发展，奠定了会稽郡的重要地位。永嘉南渡之后，中国政治中心南移，大批移民避乱江南，会稽郡成为重要的移民地，移民促进了当地的开发；世族南迁促进了浙东地区文化的交流，会稽郡成为江南经济文化中心，这为鉴湖文化景观的发展带来了契机。著名的“兰亭雅集”就发生在鉴湖南面的会稽山麓地带。同时，西兴运河得到修建，沿运河设置了许多石堤、石桥、石纤道。诗人陆游《夜归》写道：“晡时掠柂离西兴，钱清夜渡见月升。浮桥沽酒市嘈囋，江口过埭牛凌兢。寒畬煮饼坐茅店，小鲜供馔寻鱼罾。偶逢估客问姓字，欢笑便足为交朋。须臾一饱各散去，帆席健快如超腾。云间

① 孔灵符：《会稽记》，《鲁迅辑录古籍丛编》，人民文学出版社 1999 年版，第 317 页。

成楼鼓坎坎，山尾佛塔灯层层。夜分到家趋篝火，稚子惊起头鬅鬙。道途辛苦未暇说，一尊且复驱严凝。"

隋唐时期，会稽郡成为全国经济发达地区之一。山会海塘的大规模修筑、玉山斗门的扩建以及明州（宁波）单独设郡，进一步推动了浙东运河的发展，唐代鉴湖进入全盛阶段，此时古鉴湖的风光也最为成熟。宋代，绍兴经济进入了新的发展时期。宋室南迁引发了绍兴地区人口剧增。浦阳江、曹娥江携带的泥沙逐渐增加，加上围湖造田，鉴湖的面积不断萎缩。南宋嘉泰十五年（1222），古鉴湖已大部分被围垦湮废，浩渺湖水变成了良田沃野。

明代三江闸建成，平原河网格局基本形成。在新的水利形势下，鉴湖经历了或废弃或填占或改建或移建的变迁过程。明清时期，文人学士在柯岩布景造园，形成"柯岩八景"，另有如寓园、秋水长天阁、吴氏别业等。新中国成立后，鉴湖被列入浙江省第三批省级风景名胜区，鉴湖风景名胜的发展翻开了新的篇章。

图 4-7　鉴湖风光

### （三）鉴湖遗存

古鉴湖消逝之后，这片区域大多数变成了耕作的土地，同时诞生了诸多小型的湖泊以及错综复杂的港汊和河道。

主要的湖泊如下。

**鉴湖残部**　这是古鉴湖西部遗留下来的部分。它从亭山开始，延伸至湖塘，全长22.5公里，宽度在不同地段有着显著的变化，最宽可超过300

米，而最窄处仅 10 多米，平均宽度为 108.4 米，平均水深为 2.77 米，正常情况下的蓄水量为 875.9 万立方米。它与其他河港互连，形成独特的塘浦河湖体系，长期以来被综合利用于当地居民的饮用水源、农业灌溉、航运等。

图 4-8　鉴湖残部现状

**厖石湖遗迹**　位于福全街道，是古鉴湖东部遗留的一部分，水域面积达 17.9 万平方米，蓄水量可达 50.48 万立方米。

图 4-9　厖石湖遗迹航拍图

**白塔洋**　现在陶堰街道的区域内，水域面积约 125.4 万平方米，蓄水量高达 339.33 万立方米。作为古鉴湖东湖的一块区域，它南接百家湖，是浙东运河的一部分。白塔洋水域宽阔，多处宽度超过百米，航运条件十分理想。湖东北方向有白塔山，西侧则是白塔寺。白塔寺位于绍兴城东六十里的瓜山西麓，面朝南方，背靠北方，前临白塔洋。寺内现存有明代建筑。相传这里是"竹林七贤"之一的嵇康（字叔夜）所居，他曾在此处改编古琴名曲《广陵散》。

唐代诗人独孤及在唐至德年间居住于越州，曾作诗赞美白塔洋：

贺鉴湖东越岭湾，地形平处有禅关。

塔高影落门前水，茶熟香飘院后山。

幽谷鸟啼青桧老，上方僧伴白云闲。

有人若问广陵散，叔夜曾经到此间。[①]

图 4-10　东鉴湖湖田航拍图

**洋湖泊**　位于今日的皋埠街道是古鉴湖东部的残余部分，东侧紧邻百家湖。水域面积 43.3 万平方米，蓄水量为 117.17 万立方米。

**百家湖**　在陶堰街道是古鉴湖东部的残余部分，水域面积为 66.9 万平方米，正常蓄水量为 149.94 万立方米，湖面开阔，水道纵横交错。

图 4-11　百家湖水景图

---

① 任桂全主编：《绍兴佛教志》第一章《寺院》，浙江人民出版社 2003 年版，第 61 页。

关于水位，古鉴湖的正常水位约为海拔 5 米。在当今的绍兴平原，古鉴湖区域内的正常水位海拔则为 3.5 米。

古堤遗存如下。

**鉴湖古堤**　鉴湖古堤历史悠久，至今大部分仍保持着原有的风貌。特别是绍兴西部绍兴县（今绍兴柯桥区）的湖塘地带，这里的古堤沿着湖岸蜿蜒延伸，形成了著名的"十里湖塘"。这段古堤也被当地人亲切地称作"南塘"。

**东西湖湖堤**　鉴湖被划分为西湖与东湖两个部分。西湖的北堤从稽山门延伸至广陵斗门，全长约为 26.25 公里；而东湖的北堤则从稽山门一直伸展至上虞的樟塘新桥头村，全长 30.25 公里。湖南岸则与稽北的山脉相接。东西湖的界限，是一条从稽山门至禹陵村的道路。

古桥（西鉴湖）遗存如下。

**东跨湖桥**　桥的西南端是马臻的墓庙，桥名因其横跨鉴湖而得。陆游在其《柳》诗中赞叹："春来无处不春风，偏在湖桥柳色中。看得浅黄成嫩绿，始知造物有全功"。

**西跨湖桥**　位于柯桥区的湖塘镇，清人李慈铭在《微雨中过湖塘》中描绘了这座桥在雨中的美景："西跨湖桥雨到时，四山烟景碧参差。白云忽过青林出，一角斜阳贺监祠。"这座桥呈南北方向，主体为单孔石拱桥，附有四孔引桥，桥高超过二丈。明代徐渭在桥联中写道："岩壑迎人，到此已无尘市想；杖藜扶我，往来都作图画看。"

图 4-12　东跨湖桥山阴道

图 4-13　西跨湖桥主桥

图 4-14　西跨湖桥望柱

图 4-15　西跨湖桥桥头

**画桥**　这座桥坐落于越城区东浦镇鉴湖村，是一座由 15 孔石梁构成的桥，其中有 5 个大孔和 10 个小孔，大孔的跨径为 5.7 米，全桥长 62.7 米。它建在古鉴湖南塘上方，下面是南北向的排涝河道，在古鉴湖时期，这里可能是一座闸桥。画桥地处鉴湖中心，南望水面宽阔，能见到苍翠的稽山；北望则有三山围绕，农田铺展，民居点缀。陆游在《思故乡》[①]中描述的画桥景色正是他在鉴湖所见："一湾画桥出林薄，两岸红蓼连菰蒲"，他还写道："何由唤得王摩诘，为画湖桥一片愁?"[②]

## 二、湘湖

### （一）湘湖概况

湘湖位于杭州市萧山区西部，距离这座城市的繁华中心约 20 公里。它

① ［南宋］陆游:《剑南诗稿》卷一。
② ［南宋］陆游:《纵游归泊湖桥有作》,《剑南诗稿》卷四八。

是一幅融汇了水光山色的天然画卷，承载着丰富的历史文化，亦为国家级的休闲旅游胜地，总面积达35平方公里。湘湖因其绮丽的风景而被誉为西湖的姐妹湖，亦见证了浙江文化的起源。这里曾出土了人类使用最古老的独木舟，是国家重点文物保护单位跨湖桥遗址所在地。湘湖畔城山顶有越王城遗址，在这里可追溯"卧薪尝胆"的古往今来；湘湖还是唐代诗人贺知章的家乡，诸多文人墨客如李白、陆游、文天祥、刘基等都曾在此留下了永恒的诗篇。

湘湖景区有湘浦、湖上、城山、越楼、跨湖桥、定山、压乌山等多个景点，与东方文化园、跨湖桥遗址公园、杭州世界休闲博览园、杭州乐园、下孙文化村、极地海洋公园、城山广场、荷花庄、金沙戏水、湘浦问莼等10余个文化公园交相辉映。湖区内散布着湘堤卧波、湘浦观渔、忆杨思贤、绿岛掬星、湖心云影、城山怀古、湖桥拾梦、越堤夕照、纤道古风、越楼品茗、跨湖问史等20余个独具特色的景观。这里山清水秀，绿波漾漾，自然风光与八千年文化交织，孕育出萧山独有的休闲雅趣。湘湖，一个远离尘嚣、静谧而深远的城市绿洲，等待着我们进一步的探索。

## （二）湘湖与运河的关系

湘湖在萧山城西约1公里处。万历《绍兴府志》卷七载：

> "湘湖，在县西二里，本民田，低洼受浸。宋神宗时，居民吴姓者奏乞为湖，而政和二年杨龟山先生来知县事，遂成之。四面距山，缺处筑堤障水。水利所及者九乡，以贩鱼为生业者，不可胜计。生莼丝，最美。"

湘湖曾是古代浙东运河的重要航线，也为浙东运河提供了持久的水源支持。春秋时，越国的山阴故水道，过柯岩、宾舍、钱清，继而沿西小江流向固陵，最终汇入钱塘江。古籍记载："其渡江之处，自草桥门外江西岸渡者曰浙江渡，对萧山县西兴；自六和塔渡者曰龙山渡，对萧山渔浦。"[①]

---

① ［清］顾祖禹撰，贺次君、施和君点校：《读史方舆纪要》卷九〇"浙江二"，中华书局2005年版，第4129页。

在湘湖段，浙东运河有两个分支，一支流向临浦，直抵渔浦港；另一支穿过西小江，通向固陵港。这两个古港都是山阴故水道在钱塘江的重要节点。

到了南宋时期，渔浦和湘湖周边湖泊淤积，对古运河的航行造成了影响，渔浦到西小江的航道运力降低。渔浦渡口曾是重要的渡口，到了南宋，它的重要性逐渐被南岸的西陵渡口所替代。

湘湖可作为西兴运河水源的调节与补充：

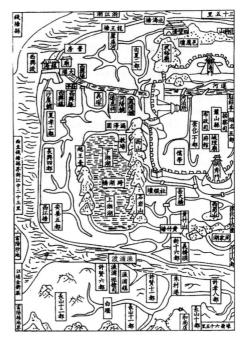

图 4-16　湘湖与西兴渡、渔浦渡的关系
（录自《萧山水利史》第 406 页）

"湘湖。萧山西部滨海处有一高阜，四周多山。北宋政和二年（1112）将乐人杨时知萧山令，在县西部滨海高阜处兴筑湘湖。沿湖灌水穴口 18 处，北边有石浚口穴，与运河相通注。"①

民国二十四年（1935）《萧山县志稿》载：

"运河，旧志：宋令顾《水利事迹》：萧山自西兴闸至钱清堰，计四十五里，中有运河。河之南有湘湖，河之北为由化、夏孝二乡。每遇岁旱，各得湘湖水利，如欲取水，先于运河两头筑坝，方决望湖桥下坝，引入运河……按：运河自西达东，横穿县境而过，为各溪河之干流，沿途闸坝甚众，其通塞关于本邑之水利，亦极巨也。"②

①　杨钧：《明代中叶浦阳江河口地区水利建设与水道变迁》，盛鸿郎主编：《鉴湖与绍兴水利论文集》，中国书店 1991 年版，第 179 页。
②　《萧山县志稿》卷三《衢路》。

此为萧山段运河的状况，以及它与湘湖水利的关系。

湘湖自古以来便是浙东运河水系的关键组成部分，它是连通西兴运河与浦阳江的水利枢纽。根据 1935 年《萧山县志》所绘制的区域全图及 1987 年《萧山县水利图》，湘湖北面通过下湘湖闸与西兴运河衔接，南面还与义桥镇相连，成为多条河流的交汇点。

湘湖被群山环抱，湖面如同镶嵌在群山之间的一面宝镜。清朝诗人周起莘赞叹其美景："涵虚天镜落灵湖"。明代文人张岱则将湘湖比作羞涩的少女："如处子，眠娗羞涩，犹及见其未嫁时也。"而湘湖的老八景"龙井双涌""跨湖春涨""水漾鸣蛙""湘湖秋月""尖峰积雪""越城晚钟""柴岭樵歌""湖中落雁"，也曾是游人必访之处。

图 4-17　湘湖图（明万历十五年《绍兴府志》刻本）

古时湘湖之美，在嘉庆《山阴县志》中得到诗意记录，其中《乡物十咏》对湘湖莼菜的描绘格外动人：

"旁邑湘湖菜，吴淞可并称。未经千里致，日拟一帆乘。勺水银丝滑，盂羹雉尾登。先秋须记忆，时过也堪憎。"

1990 年，在湘湖中心地段的跨湖桥附近处发现著名的跨湖桥遗址。遗址距今有 7000—8000 年，"是浙江境内年代较早的新石器时代文化遗存"。[①] 其中出土了一条独木舟遗骸，舟呈梭形，其舟体和前端头部保存较好，唯舟体后端已残缺。残存长度为560厘米，宽53厘米，舟体厚度3厘米—4厘米，船舱深仅15厘米，距今约7000—8000年，是我国最早且最长的独木舟实物。[②]

越王城山位于湘湖南侧，海拔128米，是《越绝书》中记载的固陵。[③]《越绝书》卷八："浙江南路西城者，范蠡敦兵城也，其陵固可守，故谓之固陵，所以然者，以其大船军所置也。"

近些年来，湘湖景区经过了细致的开发，自然景观和人文古迹相得益彰，旧时风貌依旧存留在这片绿水青山之间。

# 三、牟山湖

牟山湖位于余姚马渚地带的青港和湖山，被东、南、西三面的山脉所环绕，其北部则由人工堤坝所围，自宋代以来，这里便作为姚西地区农田灌溉的关键水域，同时也是运河系统的重要水源。

图4-18　牟山湖与虞余运河

① 浙江省文物考古研究所：《萧山跨湖桥新石器时代文化遗址》，《浙江省文物考古研究所学刊》，1974年，第6—21页。
② 徐峰等：《中国第一舟完整再现》，《杭州日报》2002年11月26日第3版；潘剑凯《萧山挖掘出世界上最早的船》，《光明日报》2002年12月1日第2版。
③ 陈志富：《萧山水利志》，方志出版社2006年版，第149页。

明代嘉靖和隆庆年间（1522—1572），本地豪绅开始占据该湖泊，几乎将整个湖面转为农田。到了万历十五年（1587），恢复湖泊的行动引发了纷争，万历十七至十九年间（1589—1591），地方官员叶炜下达命令，将农田铲除，恢复成湖泊。故湖也有"新湖"的别称。清朝乾隆至光绪年间，湖泊得到了多次修复，但私下开垦湖田的行为却屡禁不绝。

光绪二十三（1897）和二十四年（1898），为了制止私自垦田，划定了灌区，严子绍测量绘图，刘福升编写了《牟山湖志》，永久存档备查。民国十六年（1927），有人提议开垦湖泊，浙江省政府指示水利局进行了勘测。民国二十一年（1932），肖霭士制定了《牟山湖灌溉之计划》，计划约32%的湖面将被开垦为农田，同时加高湖堤以增加蓄水量，但这一提议并未实行。

民国三十六年（1947），"牟山湖疏浚复垦办事处"成立，在当年将湖北部的土地围垦为3400亩的农田。民国三十七年（1948），通过水利贷款新开挖了3条水渠，同时修复了大有和屡丰两个水闸，该工程在次年初完成。中华人民共和国成立后，办事处于1952年、1954年、1957年、1962年对湖堤和水闸进行了修缮。1969年，五藏岙开挖，将四明湖的水引入湖中，并对湖堤进行了加固和提高，堤岸加固达8000米，堤高达到4米，并用石块保护岸边，1970年工程完工。如今，湖面积保持在5000亩，正常情况下能够容纳420万立方米的水量。

## 四、东钱湖

东钱湖，这个名字寓意着富贵与繁荣，它也被称为"万金湖"和"黄金湖"。根据夏侯曾先所著《会稽地志》记载："其湖承钱埭水，故号钱湖。"这片湖泊最初是由古老的海洋遗迹自然形成的潟湖，距离宁波市中心大约15公里。东钱湖被山脉环绕于东南两侧，而西北面则是一片辽阔的平原。湖体又自然划分为三个区域：西部以师姑山和笠大山为分界线，这一带被称作"谷子湖"；东北部则以湖里塘作为边界，那里曾被称为"梅湖"；而湖的其他区域统称为"外湖"。然而，梅湖从1960年起就不再作为一个独立的部分存在。

　　东钱湖的历史可溯源于晋，陆云在其《答车茂安书》中提到了宁波的鄮治"西有大湖，广纵千顷"，这里所指的"西有大湖"，实则是东钱湖，而鄮治相传位于现今宝幢附近。唐朝时期，东钱湖的治理工程得到了加强。唐天宝三载（744），鄮县的县官陆南金对这片湖泊进行了大规模的开发整治，通过对湖边山区的缺口筑堤封堵，形成了8道堤坝和4个堰闸，并将12.12万亩土地转换成了灌溉农田。北宋嘉祐年间（1056—1063）又进一步完善了灌溉系统，设立了4个水闸并用水平石标定了放水的标准。随后，包括钱堰、大堰、莫枝堰、高湫堰、栗木堰、平水堰（又称平湖堰）、海湖堰等在内的七大堰系统建成，为整个湖区的水位控制和农业用水提供了支撑。尽管这些工程在历史上进行过多次修缮与维护，但东钱湖依然面临自然淤积、堰闸设施老化或人为损害、湖区葑草生长等诸多问题，需要不断地进行疏浚和整修。

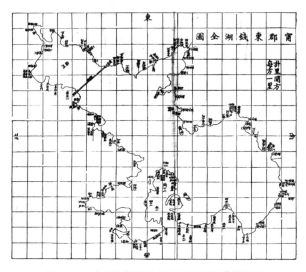

图 4-19　宁郡东钱湖全图（民国《东钱湖志》）

　　东钱湖周围群山环绕，形成一道道曲折的岸线，那里山水相连，景致优美，自古以来就是文人墨客的游览胜地。他们在这里流连忘返，留下了诸多赞美湖光山色的诗篇。史氏家族从月湖迁移到东钱湖下水村，便有了

"一门三宰相，四世两封王"的家族荣耀。民间流传着"生居月湖边，死葬钱湖边"的说法。今日湖边的山麓上，遍布着古代墓冢和石刻碑文，精工细作，令人叹为观止。

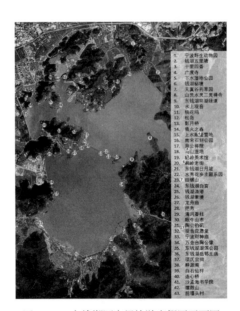

图 4-20　东钱湖国家级旅游度假区平面图

东钱湖的十大景观以其独特的自然美和文化内涵而闻名，其中包括"陶公钓矶""余相书楼""百步耸翠""霞屿锁岚""双虹落彩""二灵夕照""上林晓钟""芦汀宿雁""殷湾渔火""白石仙坪"。特别是陶公山，它位于谷子湖畔，三面环水，曾被称作伏牛山。相传越国大夫范蠡和西施在这里隐居，后人将伏牛山更名为陶公山，并将他钓鱼的地方命名为"陶公钓矶"。陶公岛上，还存在着陶公祠、古佛洞、上乘庵等历史遗迹，这些地方有的与西施、范蠡有着千丝万缕的联系，有的与宋代的文学家、政治家王安石有关联。

东钱湖还以其南宋时期的石刻群而闻名，这些石刻分布在湖北岸的郭家峙一带，是南宋时期"一门三相"的史氏家族的墓道石刻。这些石刻在中国美术史、文物考古史和雕刻艺术史上占据了极其重要的位置，为研究那一时期的墓葬制度、服饰文化、雕刻工艺和民俗提供了宝贵的实物资料。

图 4-21　东钱湖风景

图 4-22　东钱湖南宋石刻群

# 五、日月湖

　　"城中双湖，其始但称'南湖'，钱公辅《众乐亭序》可考也。其后乃有'西湖'之名；而割长春门右一带为南湖。因西湖为月湖，南湖为日湖矣。"[1] 从南湖发展到日、月两湖，是以州名湖，析明州之"明"字。

《读史方舆纪要》载：

　　"日湖，府治东南一里。一名细湖，周二百五十丈。治西南又有月湖，周七百三十丈。志曰：二湖之源，俱出四明山，一从它山堰经仲夏堰入南门为日湖，亦名南湖；一从府西南五十里大雷山经林村十字港，汇望村桥入西门为月湖，亦名西湖。宋元祐间郡守刘

---

① ［清］全祖望：《鲒埼亭集》，商务印书馆 1936 年版。

理尝浚治之，为郡城之胜。其下流自城北三里保丰碶泄于鄞江。"①

**月湖**　位于浙江省宁波市城区的西南，"溯湖之始，盖自有唐"，唐代贞观十年（636），鄞县的王君照首次开挖了月湖。唐太和七年（833），王元担任鄞县县令，大力修建水利，"导它山之水作堰江溪"，将四明山的清泉引入城中，形成了日、月两湖。

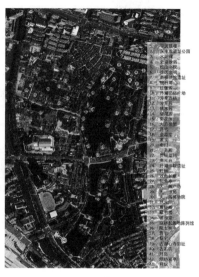

图4-23　月湖景区平面

两宋时期，宁波发展成为一个繁华的城市，城内水系不断得到扩建，水网交错，"二水支派，缭绕城市；往往家映修渠、人酌清沚"。以月湖为中心，形成了"三江六塘河，两湖居城中"的城市水网布局。

"月湖之所以奇绝者，以其中有十洲。十洲，神仙所居也，此取象矣。……湖山之胜，岂惟常与邦人共之，虽远方之好游者，亦使至焉。"宋元祐八年（1093），刘淑在浚湖时植树，并以积土筑成了著名的月湖十洲。南宋绍兴年间，刘珵进一步建设，布置了楼阁亭榭，并植入四季花木，使得月湖十洲景色更加优美。除此之外，月湖还有七桥（湖心西桥、湖心东桥、憧憧西桥、憧憧东桥、虹桥、衮绣桥、四明桥）与三堤（偃月堤、广生堤、桃花堤）。

月湖西岸由三个小岛组成：烟屿、雪汀、芙蓉洲。

烟屿，历史上宋代有舒氏懒堂等，明代则有陆家等望族的居所。陆氏在湖西拥有多处宅第。著名的徐时栋"烟屿楼"至今仍然保存于此。

雪汀位于烟屿之北，曾有五代节度使的宅邸、宋代的能仁观音寺等。

---

① ［清］顾祖禹撰，贺次君、施和金点校：《读史方舆纪要》卷九二浙江四，中华书局2005年版，第4241页。

至明清时期，这里有广盈仓、周家的观察第、月湖书院等历史建筑。

芙蓉洲则位于雪汀北部，一直延伸到衮绣桥。这里在宋代有感圣寺、常平仓等，明代有闻天官、李尚书等宅第以及著名的天一阁。

中央群岛，是由松岛（又称竹洲）、化屿、柳汀以及芳草洲这四个美丽的地方构成的。

松岛曾经名为竹洲。史浩建观后更名。宋代，这里有著名的学者公开办的讲舍、锦照堂、少师史弥大的住所，以及名流聚集的竹洲三先生书院。史浩自号"真隐"，将自己的读书居所称为真隐观，并在其周围建造了庙宇，如谢遗尘庙等。

化屿，坐落在松岛之北，宋代诗人王亘有诗："山川如幻阁长秋，一岛飞来伴九洲。"它是所有岛屿中的翘楚，岛上早期有湖心寺和其他几座阁楼，如十洲阁、澄辉阁等。月湖庵就是湖心寺遗留下来的部分。不仅如此，这里还有袁忠臣祠等历史遗迹。

柳汀，在化屿的北部，与前两岛相连。王亘曾用诗描述柳汀："不似长安陌上梢，只将离恨寄长条。临流系得虹霓住，留作憧憧两岸桥。"古时的西憧憧桥和东憧憧桥，都在这里。柳汀岛上还有众乐亭、涵虚馆、关帝庙、逸老堂等历史遗迹。

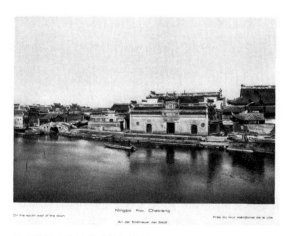

图 4-24　恩斯特·柏石曼著《中国的建筑与景观》（*Baukunst Und Landschaft In China*），1923 年

图 4-25　月湖航拍图

芳草洲，也称为碧沚，位于最北端。宋代，这里曾有丞相史弥远建的碧亭。明代，这里有范司马祠等。

接着是东岸的三洲，包括竹屿、月岛、菊花洲。竹屿，是松岛东侧的延伸。这里有宋代的义田庄、仰嵩楼。同治年间所建的林宅，是浙东地区保存至今的雕刻艺术的代表之一。

月岛，位于竹屿北面，与柳汀遥遥相对。这里有一片象征着宁波人才辈出的"院士林"。

菊花洲位于月岛的北部。古代，这里有众多的府邸和使馆。宝奎巷的水则亭，一度被淹埋，1999 年考古发掘后得到修复，并成为省级文物保护单位。

今之新月湖于 1998 年由宁波市政府依据古月湖的文化传承重新设计建设。新月湖的设计巧妙地保留了古月湖十景的名称与精髓，同时在地理布局上作了精心安排。在此过程中，新挖掘了月亮湾、菊花洲、水则和芳草洲等四处新的水系，并且巧妙地通过八座新桥将它们连接成一体。新月湖还通过堆土成山，改变原有的轮廓，形成了全新的景观。花果园周围建造了新的亭台楼阁，整个区域成了一座生机勃勃的"园中园"，现在人们称之为"月园"。通过周边的截污工程，月湖的水质得到了显著改善。南侧的望湖桥和西侧的马牙漕则分别与护城河相连，保证湖水的循环流动，使其成为活水。

新月湖景区完美地体现了浙东水乡的特色、江南园林的风格以及深厚的历史文化。它不仅是宁波市区最大的园林景区，也是宁波市区最为重要的历史文化保护区。

**日湖** 旧日湖已经消失，宁波市新建日湖，以弥补这一文化空白。新日湖东起江北大庆南路延伸段，南至通途路，西临湖滨路，北至环城北路，形成了一个开放的城市公园，成为市民休闲娱乐的新去处。

# 第三节　石宕胜景

浙东运河流域有各式各样的石桥，摩崖石刻上刻有名家的作品，随处可见石梁、石柱、石桌、石凳、石阶、石路、石堤、石塘、石坊、石亭。形成这些丰富多样的石文化景观主要有两个条件：一是特殊的地质构造提供了丰富的石矿资源和适宜的石质条件，从而形成了千岩万壑、奇峰异石的自然山景；二是采石业的发达。石头的用途广泛，涉及生活、生产、防御、艺术审美等方面。早在新石器时代，越族的先民就制造了许多石质的生产工具和生活用品。在众多的石文化景观中，石宕是最具特色的。无论是东湖岩壁、吼山云石还是柯岩云骨，都展现了先人的技艺和智慧。

## 一、石宕探源

石宕作为石质景观的代表，遍布各地，其称呼也因地而异。在浙东地区，石宕被称为"石荡""石塘""岩宕"，个别区域称之为"硐"或"窟"，指采石场。浙东运河周边主要有柯山、羊山、东湖、尧门山和吼山等石宕景观。余姚市的大隐镇自古以来便是浙东地区重要的石材开采地之一，至今仍然盛产"大隐石"。石宕按照种类可分为板宕和细石宕两种。前者用于铺地和建造河坎；后者用于大型建筑物，可供石匠进行细致的雕刻。

《越中园亭记》云："柯山石宕，传系范少伯筑越城时所凿。"可见，越国早期的发展，与石宕有着密切关系。《越绝书》曾载有"石塘"这一地名："石塘者，越所害军船也。塘广六十五步，长三百五十三步。去县四十里。"通常人们认为此"石塘"系石砌而成，位于今萧山境内古海塘沿线航坞山麓。根据当时的技术条件以及相关史料的记载来看，应该是天然石块与人工开凿的石料搭配使用。

大规模开采石宕的活动开始于汉代，史料中多有体现。东汉永和五年（140），会稽郡太守马臻开创著名的鉴湖工程，其排灌设施主要分斗门、闸、堰、阴沟等，《水经注》记有"沿湖开水门六十九所"。如此巨大的工程，需要大批石料，特别是筑斗门、开闸、建堰、造阴沟，要用到整块的石料，建堤营桥也要用上好的石材。据记载，鉴湖用的石料，主要来自东湖、尧门山的石宕开采。之后西兴运河，唐代的海塘，以及纤道，都需使用石材。《嘉庆山阴县志》云："柯山寺在县西三十里，晋永和年间敕建。旧志：产石，为民所采成岩洞，巧匠琢为佛。"至明代，除造官塘纤道外，还广修避塘，完成了当时著名的水利工程三江闸。明张元忭《修三江闸记略》云："已又发巨石凹凸其两颠，凸以当上流，令杀水怒，凹以衔旧甃……又窍石及其底，悉为牝牡相钩连……又覆石其上，令平衍可驰。"明余煌《三江修闸成规》云："每洞用石匠八名，共二百二十四名，于洋山、大山、柯山、尧门山等处，各立匠头，其工价照募夫例给发。"《闸务全书》又云："命石工伐石于大山、洋山……"

此外，城市建设需求也是促使石宕业发展的动力。城市建设对石宕的需求包括建城、修城、城市扩建，还有路面、街道、河岸的铺设修饰等。至清代，一些行人较多的巷弄小街也大多"悉以石甃"，极大地刺激了石宕开采业的发展。余姚市姚江边也有许多石材开采地，其中最有名的是大隐镇。据史料记载，大隐早在两千年前曾作为浙东区域中心的"句章县治"，今天的城山渡村，曾是全国闻名的大港口，水陆交通非常发达。在汉代开宕采石，此地就已形成多处"石井"，至今还留下诸多开宕采石的洞穴。余姚老城区、宁波三江口的重要街巷，路面大多为大隐石板。姚江两边的纤道、宁波经余姚通往扬州的官道，都是用石板铺就。此外，民间的亭台楼阁，很多建筑都用石料铺凿而成。留传至今的余姚市标"舜江楼""通济桥"，都是由大块条石砌成，经几百年风雨而不蚀，这是石工们开宕采石所留下的杰作。

随着时代的变迁，20世纪60年代以后，砖头大量生产，再加上水泥被广泛应用于建筑领域，这种充满危险、效益低下的采石作业逐渐退出历史舞台。这些深不见底的石宕，有的被废弃，有的被填埋，有的被占为他用，其中有被雨水所淹没的，成为人们所说的"宕潭"。

绚丽多姿的浙东石宕景观，无论是天然成就的，还是人类加工、雕琢的，都是以岩石为其载体或背景。虽然浙东运河周边的岩石种类繁多，但综观东湖、吼山、柯岩等地的岩石，几乎全都属于形成于白垩纪的火山岩或火山碎屑沉积岩。而匠师们选址、选材、开凿、加工而成的岩石巨作，几乎全都是火山碎屑沉积岩。这些岩石的成分比较简单，结构比较致密，性脆易劈，抗压性能好，基本上没有遭受后期的热液蚀变，较好地保留了原岩的物质成分和结构构造，硬度适中而均匀，容易开凿成较完整的大石块、大石板，十分有利于匠师们的精雕细琢。据《鄞县通志》记载："鄞邑之地层至为简单，除火山岩流及现代之冲积平原外，无其他地层可言，造成西北与东南二山系之岩石，均为酸性之流纹岩。"不过，由于采石的地层略有不同，两者也有各自明显的特征。西北（今海曙区）以出产小溪石及梅圆石而著称，这也一定程度上造成规模巨大、形状奇特的地上石宕；而地处东南的东钱湖附近，虽然也有自己的石宕，但其所需的民用石材，绝大多数取于山体之下，由此也形成了个体独立、形状垂直、大小不一、深度超常的地下石宕。在建筑材料还不是十分丰富的时候，浙东这块古老的土地为人类提供了丰富的石材资源，再加上浙东，匠师辈出，石文化的兴盛就水到渠成了。

## 二、石宕的开采

石宕开采工序繁多，衔接严密，有着明确分工。根据分工不同，主要有吊运工、石匠师傅、炮工（近代才有）、铁匠等。其中，尤为重要的是石匠师傅，当地俗称"大宕师傅"。而那些搬运石料的配合人员，俗称"操泥板"。炮工则是专门从事破山开石之人。开采坚硬无比的岩石还需要开采和运输工具，主要有专用的吊车、跳板、凿子、各种铁锤、錾子、撬棒、墨斗、石斧、铁棍、光棍（抬石料之用）、线坠、麻绳、煤炉（最早用木炭）、风箱、铁砧、磨石、独轮车等，以及后来应运而生的炸药。大宕师傅所使用的铁锤颇有讲究，被人称为"青果榔头"，这种榔头重约5公斤，形如青果，二头小中间大。开石时不可缺少的是錾子，前端呈扁平状，后端呈圆形，长约10厘米，直径比成年人大拇指粗一点，据说，由于其体积小巧，被当地人俗称"麻雀"。有一种土制的吊运石料的装置，主要由吊杆、滚筒、车筒等组成。吊杆，采用当地粗壮的圆木做成，直径0.2米，长有4米多，与地面形成大约45度斜角，一半伸入石宕之内。吊杆下端加工成活动的球面，支撑在凹坑的岩石中，通过其旋转，可以使吊杆左右摇摆。顶端处，有两条绳子，一粗一细。粗的斜拉在正后处牢靠的桩基上，与地面、吊杆组成一个固定的三角形，让吊杆始终保持一定角度。细的那条用来左右拉动吊杆。地面上，还有一个固定的滚筒，长约1米，直径约0.4米。外端面上，安装有数根盘旋的手柄，以供起吊石人操作。车筒，位于吊杆顶端，用檀树做成，具有耐磨、抗开裂、表面光滑诸多特点，被人称作"檀树车筒"。这种专门制作的吊石装置，可垂直运载数几百斤，平时固定在石宕边上。使用时，只需要地面二人配合，一个人拉动细绳子，一个人绞动滚筒就行了，既实用又安全。

独轮车，用木头制成，用于装载碎小的废石。车上有一条绳子，可挂在推车者的颈部，车轮两侧各挂一只竹箩，可载重50公斤左右，依靠双手推着前行。据当地人说，这种形体独特的车子，非常实用，不受道路大小的影响，尤其是狭窄、高低不平的山路。墨斗，用于落料时在石块表面弹出墨线来，便于精准加工。至于煤炉、风箱、铁砧、磨石、锻打铁锤等工具，都是用来淬火加工凿子等工具的。开采石宕的山体都不高，一般在50米左右，有的只是一个隆起的山包。由于其长年暴露在空气中，表面岩石趋于风化和开裂。因此，一般都需要破土开山，取在山体之内的原石。如果遇到风化层较厚的情况，还得将整个山包夷为平地，破土开山。古代，没有现代化的施工工具，要完全采用人工方法，将无用的风化岩石全部撬下，待全部清理完毕，按步骤在原石上开凿所需的石料。这不但异常危险，而且速度缓慢。

开采石料，一般从地面往下进行。石匠师傅一般会根据岩石的纹理，考虑直采或横取。另外，还会注意易裂的石筋或其他瑕疵。确定以后，石匠师傅先在原石表面放样划线，再依据所划的线条，用凿子凿出垂直的缝隙（其深度要到达石板的厚度），三边完成以后，在其第四边开凿水平孔洞。如果开采1米不到的板料，只需1个即可。如果大于这个尺寸，则需2个，相距约15厘米。因此，采下来的石板的边缘，都会留下不深的半圆孔，1个到2个。凿成后，再用錾子轻轻敲入，这样，在其张力的作用下石板就会自行分离开来。当地人习惯将这样的石宕，称作"板宕"。但要注意，开采板宕时，用力不宜过猛，否则，板料就会发生崩裂现象，甚至破碎。分离以后，用撬棒插入石缝内，将其慢慢移开，直至抬到吊杆下方，为后一步吊运做好准备。一般常见的尺寸，多为长1.2米、宽1.1米、厚10厘米，稍薄点的有8厘米。一个人开采一块板料，从放样画线到成块分离，一般需要半小时左右。不过，这还要看石料所处的深度。岩层分布越往下，石质越软，颜色越纯，越容易开采。要开采巨大条石，其开采方法有所不同，而且，耗费时间会更长。

吊运和搬运都是相当危险的高空作业。刚开始的时候，由于石宕并不深，开采重量巨大的条石，只需合力相抬就行。随着石宕深度的增加，一般开采数百斤的板料，还得依赖吊车。当开采的石料到达一定数量，就可以开始吊运了。先用麻绳绑好石料，下面的人就会吹响哨子，而上面接应的人听到以后，就会推动滚筒上的手柄。慢慢绞动滚筒，于是，石料就会跟着绳索徐徐上升。到了地面之上，旁边的另一个人开始拉动绳子，将其慢慢移动过来。整个吊运过程需要精心配合，保持一定速度，容不得出现半点差错。

当石料运到地面以后，绝大多数都要运往周围的石材加工厂（俗称"石作厂"），再按照用户的不同要求，进一步精雕细琢，直至打磨成型。也有人为了减少搬运的不便，索性将石作厂建于石宕附近。至于地面上运输石料，都是依靠人力。过去，没有四通八达的公路，石料运向外界，唯一的办法就是依靠水路，浙东运河也是石料主要的运输通道。

# 三、石宕景区

## （一）水石大盆景东湖

东湖位于绍兴城东约 6 公里的箬篑山北麓，面积 5.79 公顷。宋《嘉泰会稽志》云："箬篑山在县东十二里，旧经云：秦皇东游，于此供刍草。俗呼绕门山。"此处"山多坚石，取用甚广"。汉代成为采石场。隋朝越国公杨素修筑罗城时开采规模扩大，久而久之，石山被削去近半，形成高达50 余米的悬崖峭壁和变化万状的岩面，岩泉随之涌出，河水继而入侵，成为长约 200 米、宽约 80 多米的水塘。清光绪二十二年（1896），会稽陶堰乡绅陶浚宣到绕门山一带考察，发现此处的悬崖峭壁千姿百态，觉得这是不可多得的自然景观，可以为越中增加一处绝妙的风景胜地。于是将此事与两位堂兄——陶在铭与陶在宽商量，两位堂兄对陶浚宣的规划十分赞同，设法筹得 8000 银元，购得地产。陶浚宣开始对东湖园林巧妙设计，努力把原来岩石景观中最具审美价值的部分凸现出来，在箬篑（绕门）山麓筑堤 200 余丈，堤外为河，堤内藏湖，利用采石形成之峭壁以及塘、潭、池、洞等，造桥筑路，营宅建亭，形成仙桃洞、陶公洞、听湫亭、桂岭、香积亭、饮渌亭、秦桥、万柳桥、稷庐等胜景，所有景观都留有陶浚宣的题刻。整个工程于光绪二十五年（1899）完成，因地处城东，遂取名为东湖。

东湖景观以山明水秀、岩奇洞幽、亭桥错落、湖洞相连等为特色，被誉为江南的水石大盆景，和杭州西湖、嘉兴南湖并称为浙江三大名湖。它与浙东运河一堤相隔，湖内水质清澈。坐乌篷、观石洞，是游客游玩东湖的一大享受。"仙桃洞"洞高50余米（水面至山顶），当年采石的匠人，在两块岩石中间留下了一堵厚不盈尺的石壁，石壁中央又凿一门，两旁刻有"洞五百尺不见底；桃三千年一开花"门联一副。东湖石景一绝为陶公洞，洞高47米，水深18米，洞口狭窄，一叶扁舟，欸乃入洞，越是往前，漏光处就越窄，终于只剩洞顶的小块蓝天。石壁上有四言诗一首："箬箦东湖，凿自人工。壁立千尺，路险难通。大舟入洞，坐井观空。勿谓湖小，天在其中"，这首诗是郭沫若先生当年秋游东湖时所题。从远处眺望东湖全景，宛如一幅泼墨山水画，置身其中，山重水复，左右逢源，令人流连忘返。

东湖风景区是绍兴优秀的旅游资源之一。随着绍兴现代城市构架的建立，城市空间快速扩张，毗邻东湖风景区西侧的迪荡新城定位为新的城市发展中心，经过多轮规划，形成"水石·东湖、水乡·水湖、东湖·人家"的建设理念。2006年东湖风景区入口综合整治工程启动，设计有入口办公区（游客中心、景区入口、办公房）、水上活动区、休闲垂钓区、购物休闲餐饮区、停车区五大

图4-26　东湖入口改造总平面图

内容，主要解决东湖的入口形象与景区功能配套等问题，建设目标是延续东湖"水石大盆景"特色，再现江南风情。2009年开放后与老东湖景区充分衔接，更好地体现"水、石、东湖"的韵味。

图 4-27　东湖全貌　　　　　图 4-28　东湖仙
桃洞

图 4-29　东湖石壁　　　　　图 4-30　东湖核心景区平面图
郭沫若题词

## （二）云骨石佛话柯岩

　　绍兴柯岩风景区，是一个以石文化为主要特色的国家 4A 级风景区。它南依鉴湖，北倚柯山，东接绍兴城区 12 公里，西距杭州市区 50 公里。它融柯山鉴水于一体，以古采石遗迹和鉴湖风光为依托，兼具宗教、建筑、园林、雕塑、书画等多种文化内涵。游客身临其境，可饱览山水泉石园林亭榭之胜，可感受浓郁的文化氛围。[①]

————————
①　何信恩:《异彩纷呈的绍兴石文化》,《今日浙江》2003 年第 16 期。

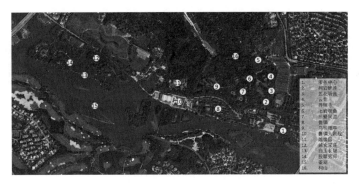

图4-31　柯岩风景区平面图

　　柯岩自古以石雕大佛和云骨巨石闻名于世，至清代已形成了名闻遐迩的"柯岩八景"，即东山春望、七岩观鱼、炉柱晴烟、石室烹泉、南洋秋泛、五桥步月、清潭看竹、棋坪残雪。游客纷至沓来，诗人歌吟不绝。柯岩石佛，高20.8米，有四大奇特之处。它是由被采挖掉的半座柯山中有意遗留下来的一整块巨岩雕凿而成，其岩底与山基相连。大佛采用国内罕见的"圆雕法"，背部镂空，两耳相通，耳洞高达1.2米。历代诗人游柯岩，首先歌咏的当然就是这尊石佛。清朝钱遵宪《游柯山石佛寺》一诗云：

> 石佛当年寺，亭亭丈六身。
>
> 不知此腹中，容得几多人？

　　清代另一诗人周师濂，则把柯岩石佛与羊山石佛并列题咏，而写出了它们的各有特点。诗云：

> 羊山石佛石工琢，如玉在中抱其璞。
>
> 柯山石佛石工斫，如龙出水见其角。
>
> 我将羊山比焦山，隐藏岩谷环林薄。
>
> 我将柯山比金山，藻绘丹青现楼阁。
>
> 乃知造物钟灵异，吾乡真有好丘壑。
>
> ······

柯岩地标云骨巨石，位于石佛之东，高30余米，底围4米。整块巨石上圆下扁，底部最扁处直径不足一米，被誉为"天下第一石"。它犹如平地一股青烟，旋转升腾，直上晴空，古代柯岩八景名之为"炉柱晴烟"。

1995年，绍兴县人民政府决策，建设柯岩风景区，定下"高起点规划，高品位设计，高质量建设，高速度开发，高规格管理"的方针，景区管理者上下齐心，团结奋斗，开拓创新，短短几年，景区建设取得极大成功，被旅游界誉为"柯岩现象"。2001年1月，柯岩风景区荣获国家旅游局授予的"AAAA"级风景区称号，声名远播海内外。

图 4-32　天工石佛

图 4-33　越中名士苑雕像

图 4-34　水中社戏台

图 4-35　巧夺天工

### （三）云石桃林映吼山

吼山，石奇、水秀、洞幽、花艳，堪称江南一绝。云石、棋盘石是吼山石景之精华。它原是人工采石残留的测高点、支撑点，经过千百年风霜雨雪的洗礼，与周围景观浑然一体，成为一大奇观。康熙《会稽县志》

云："一笋矗霄，可数十丈，亭亭如云。"云石高22米，顶云兀立，特奇而挺秀。一块椭圆形巨石仿佛从天外飞来，横卧在细长的石柱上，篆书"云石"两字为民国二十五年（1936）夏邑人鲍彬所书。石上常有祥云缭绕，瑞气笼罩，故名为"云石"。云石之旁又有棋盘石。棋盘石名声显赫，誉满江南。它高20余米，周10余米，底部瘦削，上覆三块犬牙交错的巨石，拔地而起，像一个束发垂髫的童子在跪拜观音，巍峨雄奇。顶石酷似棋盘，故得名"棋盘石"。顶石与托盘之间，有一空隙，置陋室一间，曾是高僧坐关参禅之处。

吼山的烟萝洞，是微型的中国园林小景。据传晋代道人葛洪在此结庐炼丹修道，明代文人陶允宜也曾筑巢隐居于此。洞口上旧有楼阁、像城。进入"城"中，豁然开朗。四周陡壁屹立，形如一口竖井，为采石所存空谷。仰视洞口，一线天色。峭壁顶端，银色瀑帘飞流直泻，顺着岩崖，犹如钻石和珍珠撒在眼前。称为"中流砥柱"的是荡中一块耸拔而起的山岩，像刀削斧砍似的方正挺直。大文学家张岱曾叹曰："谁云鬼刻神镂，竟是残山剩水"。

"人面桃花相映红"。吼山桃林，历史悠久，享有盛名。一俟春天，三百余亩桃林数千株桃树，争相怒放，景区成了花的海洋，蔚为壮观。吼山桃花开得早。桃花在春雨中争芳斗艳，红的像炉火，粉的像云霞，白的像瑞雪，可谓五彩缤纷，姹紫嫣红。桃花节期间，桃花一簇簇，一片片，开满晴空，在阳光下溢彩流光。

吼山还有许多人文胜迹。据记载，越王在吼山养犬猎南山白鹿。寿宁禅寺，自古为浙东佛门圣地。据嘉泰《会稽志》卷七，北宋宣和五年（1123）陆游的二祖父陆傅出资在吼山建造寺院。张岱的《陶庵梦忆》一书，多次盛赞曹山美景。蔡元培见吼山花木稀少，引种桃中珍品蟠桃，从而蟠桃成为吼山一大特产。

图 4-36 吼山核心区资源分布图

图 4-37 吼山现状

### （四）石境残迹见羊山

羊山位于绍兴市区西北 15 公里齐贤镇境内，连亘数里，广数百亩，属会稽山余脉伸入于山会平原的孤丘。羊山得名，据《嘉泰会稽志》卷九载，因"山有石如羊"，故名羊石山，俗作羊山。又以其山势起伏状如卧龙，又名龙山。羊山是绍兴石文化的又一奇迹。羊山石作为建筑用材，素与会稽箬篑山石齐名而蜚声越地。羊山石的开凿，在越王勾践时代已经开始。《越绝书》记载："石塘者，越所害军船也。……去县四十里。"石塘离羊山较近，当时为越国的水军基地和码头。其石来源，有很大部分来自羊山。据《下方桥陈氏宗谱》记载："昔范大夫凿此山之石以城会稽，故今称蠡城。"越国大夫范蠡筑山阴小城后，又利用城内孤丘采羊山石而筑大城。羊山的采石当在越国时就开始了，但大规模开石宕当在隋开皇年间。当时，杨素封越国公，组织民工采羊山之石拓展郡城，最终建成与今日绍兴老城相一致的罗城。同时，水利建设也要采羊山之石作为塘堤和水闸的建筑材料。据《东汉鉴湖水利图》（载盛鸿郎主编的《鉴湖与绍兴水利》，中国书店 1991 年版），羊山附近地区在东汉时为沼泽地，今天的良畴沃野，全赖历代民众一系列的水利工程。

山会平原是个特殊的地形，北濒后海（今称杭州湾），中有潮汐直薄的西小江，因此需采石筑海塘、江塘。山阴海塘在唐时已建。宋明间整治西小江，筑南塘，建白马山闸、顾埭闸、牛口闸等。江塘南北两侧又兴建新灶、柘林（今存）、夹篷诸闸。明嘉靖十五年（1536），为进一步整治西小江，知府汤绍恩"命石工伐石于大山、羊山"，精心建造了 28 孔的滨海大闸——三江闸，从而使西小江成为一条内河，百姓得以精耕细作。明余煌《余公修闸成规条例》载，为建三江闸，"于洋山（即羊山）、柯山、犬山、绕门山等处"，大量采石。其中羊山开采最多，究其原因，在以水运为主的古代绍兴，羊山无疑去闸最近，又有西小江顺江而下之便利。

羊山东南 3 公里处的狭猱湖避塘所用石材，亦采自羊山。《闸务全书》："狭猱湖屡遭覆舟之患，崇祯十五年，邑人张贤臣捐赀六千两，于湖西一带建塘六里，舟行塘内，以避风涛。"避塘在清代嘉庆、咸丰、同治和宣统年间均有修缮。现塘全长 3500 米，宽 2 米，高 5 米，系条石垒叠，上铺石板，塘路曲折，有天济、普济、德济、平济、中济王座石拱桥和一石廊路亭组成，为全国重点文物保护单位。狭猱湖避塘所用石材量，堪称宏富。随着山会平原一系列水利设施竣工，大量移民落户，引发建房、铺路、造桥石材需求量激增。据统计，仅羊山附近的齐贤、安昌两镇境域 74.78 平方公里，就有各类石桥 220 余座，人口密度也为全县之冠，达每平方公里 1300 人以上。羊山周边村落皆以采石为主业。羊山之北的金帛山、驼峰山等，在古代是不能开采石材的。在生产力低下的古代，人民只能借助自然来应付灾害，驼峰山等就成了抵御海潮的一道天然屏障。据嘉庆《山阴县志》卷三载，清雍正十二年（1734），禁止驼峰山开凿。乾隆二十一年（1756）再立碑禁止。

在上述背景下，羊山方圆数十里的用石则必取自羊山。17 世纪末，著名学者朱彝尊看到羊山残貌已"洼以为洞，洼以为潭"（《曝书亭集》卷六十八）。到 19 世纪中叶，羊山已成残山剩水、碧涧深潭，成为今天所看到的千奇百怪、千姿百态的羊山石景。羊山石景是千百年来石宕工人的"艺术"创造。

图 4-38　羊山石境

# 第四节　田园多彩

## 一、田园景观

宁绍平原是杭州湾南岸东西向的狭长海岸平原，包括山会平原、三北平原、三江平原。宁绍平原地势低洼、水网纵横，先民依据自然基础，开荒，兴修农田，创立村落并营建城市。在宁绍平原区域，人们利用水网、闸堰坝、海塘等设施造就了山水相依的江南风土景观。

宁绍农田依据（山·原·海）台阶式地形，其开发历史可以分为五个阶段：早期越民山麓开垦、运河区域故陆道水道营建、平原湖泊始建及海塘体系稳固、湖泊围垦及沿海闸塘构建、近代围垦与发展。农田开垦由西部的山会平原逐渐扩散到东部的宁波平原，从南边的山麓地区到北部的滨海沿线，几乎都由类似的自然发育和人工干预两者组合完成。通过上千年开垦建设，贫瘠荒芜的土地转变成了富饶之区。

海岸线的变迁和潮汐河的沉积作用形成了宁绍平原遍布沼泽、潟湖的初始水文环境。伴随着淡水资源的利用与阻海水塘闸的兴起，以农田为主体的农业景观逐渐从南到北扩大到各处的滨海平原，大大改善了宁绍平原农业生产能力。南部山区提供了丰富的淡水资源，水利技术的提升满足了饮用、灌溉、泄洪等功能。明末祁彪佳的《越中园亭记》记载："湖浅处筑为圩，深处蓄为池，种桑栽莲，建高楼其上"[①]。由于人口增多，耕地面积需求变大，加上海塘技术发展，平原上大部分的湖泊如萧山湘湖、绍兴鉴湖、宁波广德湖等不同程度地转化为圩田。

### （一）田园景观特征

宁绍平原田园景观体系包括水利系统、田园聚落与中心城市。水利系统由海塘和运河组成，其中还叠加了海防与驿道；田园聚落可以划分成山麓（孤丘）聚落、堤塘聚落、闸坝聚落和娄港聚落等主要类型；中心城市主要有绍兴城与宁波城。下面主要介绍田园景观特征。

#### 田园河网密布

宁绍平原田园区域经过历代整理，形成一个庞大稠密的复杂水系。这里河港密布，湖荡错列，田园周边河网呈现出鱼骨状和网状结构。浙东运河是田园区河网东西方向的主脊，沿线支流间距不等。乾隆《绍兴府志》曾记载"支流港汉，萦绕联络，大者为湖、为池、为娄，小者为港、为渚、为渎、为浦、为湾、为汇、为荡、为汀"[②]。就整体而言，沿湖区和运河周边的农田琐碎，形态各异；以北区域因围垦土地广阔平整，农田形态相对规整。一般农田堤岸多为土岸，大致比田面高出一些。通常从河娄引入灌溉沟渠，采用统一排涝、各自灌溉的方式。沿渠和娄边野花野草丛生，是最富有湿地野趣的地方。

---

① ［明］祁彪佳：《祁彪佳集》，中华书局1960年版，第112页。
② 李亨特：乾隆《绍兴府志》，上海书店出版社1993年版，第18页。

图 4-39　田园结构示意典型（一）　　　　图 4-40　田园结构示意典型（二）

### 田区层级分明

　　田区是一个由运河、农田和沟渠组成的水利系统，它将广袤的沼泽荒原与人的生产关联起来。这个水利系统的层级化结构建立了自然尺度与人类居住空间的联系。运河网络的庞大有序使得沼泽荒原得以秩序化，形成一个水平向延伸的序列。在这个序列中，南部山系作为竖向的背景起到了重要的作用。几十座散落在冲积平原上的孤丘成为水平延伸的田园景观中的各级中心。

图 4-41　东鉴湖田园

　　陆游《柯山道上作》描述"道路如绳直，郊园似砥平。山为翠螺踊，桥作彩虹明"。这里的道路笔直，郊园平坦，山脉如翠绿的螺蛳起伏，桥梁如彩虹一般明亮。这些描述展示了萧绍田园独特的景观特征。

### 田园文化衍生

这个区域性的田园景观系统不仅与周围的自然景观相互关联，也衍生出相应的社会组织方式和生活原则。农田形态与社会形态呈现出一种契合关系，形成了一个稳定而明确的"农田社会"，其存在是基于水资源的分配。

山会水则等法规体系则平衡了农区水运、防洪和灌溉的需求。马臻、杨时、汤绍恩等地方官吏，以其杰出的水利设计能力成为各个时期的典范。他们将水利工程高度融合于农田的开垦历史中。农田不仅是一个水利系统，而且是一个兼具实用性和美学价值的杰出景观，展示了人类与自然的和谐共存。

图 4-42　上虞沈湾段田园

图 4-43　姚江余姚段农田

## （二）湿地景观

运河曲折流淌，湿地的生态系统异常丰富。这里是众多鸟类迁徙的中转站，也是它们理想的栖息之地。运河沿线，从古至今留下了许多文人墨客的足迹和诗篇。

根据浙江省政府办公厅公布 2022 年新增和调整的省级重要湿地名录，省级重要湿地共计 87 处，其中浙东运河周边共 8 处。它们是萧山湘湖湿地、绍兴市狭鰕湖省级重要湿地、余姚牟山湖湿地、余姚市四明湖省级重要湿地、浙东运河余姚段湿地、浙东运河江北段、浙东运河镇海段湿地、杭州湾河口海岸镇海段湿地。其实结合浙东运河山阴故水道，还有一处重要的绍兴鉴湖湿地公园，于 2016 年底创建省级湿地公园，并在 2017 年申报开展国家湿地公园建设试点。其湿地公园文化底蕴深厚，与自然生态相互交融，是绍兴市委、市政府打造"稽山鉴水"生态品牌、实践"两山"思想的重要举措。

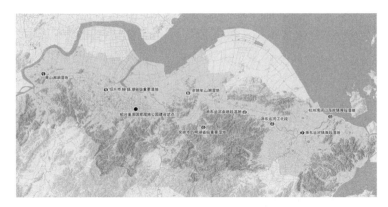

图 4-44　浙东运河周边主要湿地位置图

图 4-45　东鉴湖沿运河岸线风光

图 4-46　东鉴湖油菜花

### 绍兴市狭溇湖省级重要湿地

又名镜湖湿地公园，位于越城、柯桥、袍江三大城市组团的中心，处于绍兴大城市"绿心"核心部分，是淡水湖泊型城市湿地公园，曾获浙江省生态文化基地称号。公园东起解放北路西侧河流及梅山公园，西至张家潭等河流，南临鸭沙滩、莘莘泾，北依狭溇湖环湖路，总占地面积 15.6 平方公里。

图 4-47　避塘

　　该湿地公园自然资源丰富，独特的荷叶形地形，能充分展示平原河网地区丰富的湿地景观。该湿地公园内水网密集，地下水位高，自然地形为低湿地，湿地景观占一定比例。据调查，这里共分布着管束植物 67 科、142 属、165 种，有鸟类 12 目 24 科 74 种，还有兽类、爬行类、两栖类以及软体动物、鱼类、浮游藻类等多种生物。北侧的狭猺湖是绍兴最大的天然淡水湖，因盛产狭猺鱼得名，独具地方特色，现存面积 2.23 平方公里。湖上有省级文保单位避塘。湖底有近 1 米的泥炭层，是绍兴此类矿产最丰富的地方。

　　该湿地公园几乎集中了绍兴平原水系的各种形态，集了江、河、湖、池、塘、港、渡、滩、湾、浦、泾、泉、潭、渎、溇于一体，历史上曾有"纳九河之水"的说法。它与南侧梅山江、陈家溇、泗汇头三水交汇而成的南湖合称为镜湖。

图 4-48　梅山湿地

## 二、田园作物

水稻种植伴随着于越民族对山会平原的开发逐步推广开来。宋元时期，新的水稻品种以及更为先进的水稻种植技术传入了绍兴，得到广泛的普及。然而，既使有这些技术以及人力等方面的投入，要想获得预期的水稻产量，其前提之一便是水利对于农业灌溉的保障。这一时期水利建设的重点主要集中在湖泊治理和海塘的建设上。[①]

浙东地区的土地使用按照利用方式可分为四大类：（1）水产和中药，（2）山林业，（3）经济作物种植，（4）粮食作物种植。与田园相关的主要是后两类。

**经济作物种植**　有关绍兴地区经济作物的种植情况，我们在前文的叙述中已有所涉及。宋元时期，随着纺织业的兴盛，种桑植麻成为绍兴地区农民家庭的重要副业。嘉泰《会稽志》曾记载，南宋时期诸暨生产的山后布质地优良，深受当时贵族阶层喜爱，"其初缉麻为缕，织成而精好纤密，盖亚于罗。然颇须厚价，故难售，惟贵介之公子厌纨绮者，独喜取之"。[②]此外还有产于剡州的强口布、越罗等，"越贡宝花罗者，今尼院中宝街罗是也。近时翻出新制，如万寿藤、七宝火齐珠、双凤绶带，纹皆隐起，而肤理尤莹洁精致，宝街不足言矣"。[③] 由于丝织业和苎织业的快速发展，对于桑麻的需求逐渐扩大。

南宋后期，江浙地区开始种植棉花。宋元之际，棉花传入绍兴，很快成为当地的重要经济作物。元代，政府在各地设立木棉提举司，浙东地区的驻地就设在当时隶属绍兴路的余姚州。直到明代，余姚已成为"浙花"的重要产地。稍后的明清时期，在绍兴地区北部平原特别是沿海新开垦的

---

① 张权：《明清时期绍兴地区水环境变迁研究》，博士学位论文，浙江大学，2017 年。

② ［南宋］施宿、张淏撰，李能成点校：《会稽二志点校·嘉泰会稽志》卷一七《布帛》，安徽文艺出版社 2012 年版，第 344 页。

③ ［南宋］施宿、张淏撰，李能成点校：《会稽二志点校·嘉泰会稽志》卷一七《布帛》，安徽文艺出版社 2012 年版，第 344 页。

土地上种植有大量的棉花。

茶叶在绍兴地区有着悠久的种植历史。南宋时期，绍兴已成为当时著名的产茶区，其会稽县日铸岭所产日铸茶甚为有名。当时绍兴所产茶叶品种很多，卧龙茶亦是精品，"然日铸芽纤白而长，其绝品长至三二寸，……味甘软而永，多啜宜人，无停滞酸噎之患。卧龙则芽差短，色微紫黑，……其涤烦破睡之功，则虽日铸有不能及，顾其品终在日铸下"。[①]元时，日铸茶成为绍兴地方给中央政府的贡品。进入明代，绍兴地区所产茶叶深受世人喜爱，各地商家纷纷将山阴、会稽两县诸山所产的茶叶贩运至其他地方售卖，因此茶叶在绍兴的经济作物中占有重要的地位。

**粮食作物种植**　绍兴地区存在着旱地农业和水稻生产两种农业生产类型，虽然在早期还存在着火耕水耨的农业生产方式，但在宋元时期基本已脱离这个阶段。旱地农业和水稻生产在不同的地点和不同的时期，它们所占的比重也有所差别。

这一地区的旱地农业主要是麦类作物种植。麦类作物在绍兴地区的大面积播种开始于南宋初年。根据嘉泰《会稽志》记载，当时绍兴地区种植的麦类作物有大麦、小麦、荞麦三种。大麦一般是在立夏前成熟，"新谷未登，民屑麦作饭，赖以济饥"[②]。小麦在小满前成熟，绍兴地区的小麦种类主要有白麦、松蒲麦、娜麦三种。荞麦生长期较短，七月种，九月收，常常被视为赈济救灾的农作物。我们这里提及麦类作物的生长、收获的时间，主要为了下文介绍麦类作物与水稻轮作情况作一铺垫。而绍兴地区在广泛种植麦类作物、发展旱地农业的同时，各种杂粮种植也十分活跃。绍兴地区的杂粮主要有稷、粟、豆三类，大多种植在山地丘陵地带。

水稻一直是绍兴地区主要的粮食作物。入宋之后，绍兴地区不断引进、改良水稻品种，水稻品种数量不断增多。由于绍兴地区人地矛盾较为

---

① ［南宋］施宿、张淏撰，李能成点校:《会稽二志点校·嘉泰会稽志》卷一七《日铸茶》，安徽文艺出版社 2012 年版，第 343 页。

② ［南宋］施宿、张淏撰，李能成点校:《会稽二志点校·嘉泰会稽志》卷一七《草》，安徽文艺出版社 2012 年版，第 321 页。

突出，在引进高产水稻品种的同时，人们想尽各种方法开垦新的土地。围湖垦田之风逐渐兴起，而鉴湖的湮废与之有着直接的关系。宋室南渡之后，绍兴各地的湖泊先后被垦殖为农田，根据嘉泰《会稽志》的记载，嘉泰初年整个绍兴府湖田上交的租税为每年66003石7斗4升。[①] 另据《浙江通史》的统计，南宋时期，绍兴府有湖田3500顷。[②] 斯波义信认为，明代前半期，绍兴有四种土地形式，即山田、湖田、中乡田、海田。其中湖田最肥沃、产量最高，海田和山田次之，中乡田最差。[③] 南宋以来，以鉴湖为代表的一些湖泊被围垦成农田，在原湖区范围（即湖泊水体所在地）内开垦的土地，称之为湖田。本地区的中乡田是指受西小江或运河灌溉的新开垦的农田，其位置大多地处山会平原北部，因土地较为贫瘠，承担的田赋也相对较低。山田种植众多经济作物，其效益相对较好。海田虽不适合大面积种植粮食作物，但有鱼盐之利。

除围湖垦田外，绍兴地区的百姓根据其所在地区的地理环境，开垦出涂田、淤田、水田、沙田等。涂田是沿海地区农民利用海滩涂地开垦农田的一种形式。随着绍兴北部海塘体系的不断完善，绍兴地区涂田的开垦面积也不断扩大。然而无论是围湖造田还是涂田开垦，开垦的数量毕竟有限。万历《绍兴府志》记载，元朝初年绍兴地区的耕地总量为6257740亩，只比北宋祥符年间多了13万亩，增加了2.2%，远远赶不上人口的增长速度。[④] 因此，绍兴地区的老百姓在积极开垦土地的同时，不断改进农业生产方式，提高单位面积的产量。

这一时期农业生产方式变革主要体现在农耕工具、耕作技术两个方面。农耕工具的改进，主要表现于曲辕犁、犁刀、铁镰、耘荡等耕作工具

---

① 参见［南宋］施宿、张淏撰，李能成点校：《会稽二志点校·嘉泰会稽志》卷五《赋税》，安徽文艺出版社2012年版，第91页。

② 沈冬梅、范立舟：《浙江通史》（宋代卷），浙江人民出版社2005年版，第184页。

③ ［日］斯波义信：《宋代江南经济史研究》，何忠礼、方健译，江苏人民出版社2012年版，第194—195页。

④ 李永鑫主编：《绍兴通史》（第三卷），浙江人民出版社2012年版，第377页。

的推广和使用。宋元时期，绍兴地区的耕作技术较前代也有一定的发展，特别是翻土、施肥、耘田等环节的改进，使得该地区单位面积的产量得到一定程度的提高。宋淳熙九年（1182）朱熹在绍兴赈济灾民的时候，对会稽县的稻作农业的亩产量作了估计，他认为该地区的亩产量一般为两石左右。[①] 但是面对巨大的人口压力，农业生产工具与技术的进步、品种的改良仍然不能满足巨大的粮食需求，这就需要提高粮食作物的复种指数来增加粮食的总产量。

南宋时期，绍兴地区以稻麦轮作的一年两熟制已经十分普遍，其中有两种具体形式：一种是大麦或早小麦同早稻连种，另一种是晚小麦同晚稻连种。上述两种轮作形式在绍兴地区是同时存在的，而采用哪种形式则由农民根据实际情况来决定。基于部分稻麦生长期较短的现实，绍兴地区有可能在稻麦轮作的基础上实现一年三熟，但因缺乏足够的史料，这只是一种推测。复种指数的提高，意味着在土地开垦数量有限并且农业生产方式在短期内难以获得突破的情况下，能使粮食产量大幅度增加，非常有助于缓解绍兴地区人地之间的紧张关系。

## 三、水产植物

### （一）莼菜

莼菜属浮水植物，在古文献中有茆、锦带、凫葵、水葵、露葵、缺盆草、马蹄草等别名。莼菜作为可食用野生植物，在我国有较长的采摘历史，古文献中多有记载。南北朝时期，农学家贾思勰在其著作《齐民要术》中言："莼：《南越志》云：'石莼，似紫菜，色青。'《诗》云：'思乐泮水，言采其茆。'毛云：'茆，凫葵也。'《诗义疏》云：'茆，与葵相似。叶大如手，亦圆；有肥，断著手中，滑不得停也。茎大如箸。皆可生食，

---

① 参见［宋］朱熹：《晦庵集》卷一六《奏救荒事宜状》。

又可汋滑羹。江南人谓之莼菜。或谓之水葵。'"① 历史上因其美味和药
用价值倍受人们青睐，为珍贵的野生蔬菜之一。②

宋代之前，绍兴鉴湖出产莼菜已闻名于世。早在六朝时期，"会稽寒
人陈氏有三女，无男，祖父母年八九十，老无所知，父笃癃病，母不安，
其室遇岁饥，三女相率于西湖采菱莼，更日至市货卖，未尝亏怠"。③ 当
时采莼人已经可以分辨出不同湖区所产莼菜质量的优劣。上游湖区水流较
快，且泥沙含量相对下游湖区较高，从水体的流速和水质上讲都不太符合
莼菜的生长条件，因此即便有莼菜，其质量也不如下游湖区生长的。而下
游湖区水流较缓，经过沉淀之后水质较为清洁，有利于生长出味美色鲜的
莼菜。④ 正如晋代童谣所言："宁食下湖荇，不食上湖莼。"⑤ 莼菜不仅莼叶
可以食用，在战乱和灾荒时期莼根也可以作为食物。⑥

湘湖莼菜在南宋时期获得盛名。嘉泰《会稽志》讲道："萧山湘湖之
莼特珍，柔滑而腴。方春，小舟采莼者满湖中。山阴故多莼，然莫及湘湖
者。"⑦ 湘湖当时出产萧绍平原质量最为上乘的莼菜，文人墨客有诗歌及之。
南宋诗人陆游，对绍兴地区的莼菜十分熟谙，"莼丝二三亩，采掇供晨羞。
鱼虾虽琐细，亦足赡吾州。人生常如此，安用万户侯。绿蓑幸可买，金印

---

① ［北魏］贾思勰原著，石声汉译注，石定枎、谭光万补注：《齐民要术·养鱼第
六十一》，中华书局 2015 年版，第 766 页。
② 见［明］李时珍编纂，刘衡如、刘山永校注：《本草纲目》草部第十九卷，华夏出版
社 2002 年版，第 932 页。
③ ［唐］李延寿：《南史》卷三《列传第六十三·孝义上》，中华书局 1975 年版，第
1817 页。
④ 王建革：《江南环境史研究》，科学出版社 2016 年版，第 376 页。
⑤ ［宋］郭茂倩编撰：《乐府诗集》卷八九《晋吴中童谣》，见《中华藏典·传世文选》
丛书之《乐府诗集》（第三册），西苑出版社 2003 年版，第 760 页。
⑥ 王建革：《江南环境史研究》，科学出版社 2016 年版，第 377 页。
⑦ 嘉泰《会稽志》卷一七《草》，见［南宋］施宿、张淏撰：《（南宋）会稽二志点校》，
李能成点校，安徽文艺出版社 2012 年版，第 325 页。

非所求"。① 宋政和年间，时任萧山知县的杨时在修筑湘湖之后，与友人登高望远，以诗歌咏湘湖美景，美景之中自然少不了莼菜的身影："短日催征辔，听鸡踏晓霜。远山频入望，薄酒谩搜肠。湘浦莼丝滑，吴淞鲙缕长。何时一疏放，把钓卧沧浪。"② 作为修筑湘湖的组织者，杨时面对湘湖美景以及湘湖莼菜，比他人多了一份感慨。

## （二）荷

《尔雅》："荷，芙蕖……其华菡萏，其实莲，其根藕。"绍兴种莲藕并以荷花作为景观的记载始于越王勾践时，有西子采莲的故事闻名于世。李白《子夜吴歌·夏歌》记述了正当初夏季节，若耶溪中荷花盛开，西子姑娘坐着扁舟随波采莲而来，越人争看西施采莲清艳之仪态，人满若耶溪之景。李白的《采莲曲》中写道："若耶溪傍采莲女，笑隔荷花共人语。日照新妆水底明，风飘香袂空中举"，可见诗人对莲荷的钟爱。后人不但多喜在园林之中种植荷花，在一些有条件的自然湖沼之中也会种植。

嘉泰《会稽志》卷十七载："山阴荷最盛，其别曰大红荷、小红荷、绯荷、白莲、青莲、黄莲、千叶红莲、千叶白莲。大红荷多藕，小红荷多实，白莲藕最甘脆多液，千叶莲皆不实，但以为玩耳。出偏门至三山，多白莲，出三江门至梅山，多红莲。夏夜香风率一二十里不绝，非尘境也。而游者多以昼，故不尽知。"莲藕可食用，是美味佳食。莲花则有广泛的观赏价值，其"出淤泥而不染"也是精神层面的寄托。今日之沈园、运河园、稽山园中遍种荷花，镜湖湿地公园中也有大片种植。

---

① ［宋］陆游著，钱仲联校注：《剑南诗稿校注》卷四四《读苏叔党〈汝州北山杂诗〉次其韵》，上海古籍出版社 1985 年版，第 2715 页。有关湘湖莼菜的生长、采摘、买卖等方面的内容，王建革已有非常细致的分析与鉴赏，请参见王建革：《江南环境史研究》，科学出版社 2016 年版，第 380—381 页。
② ［宋］陈思：《两宋名贤小集》卷九九《龟山集·言溪早起》，清文渊阁四库全书本。

图 4-49　湘湖荷花庄

## （三）菱

菱，古名芰屈、水栗，绍兴平原河网多有种植，既可食又可观赏。栽菱始于周，兴于秦汉，盛于唐宋。嘉泰《会稽志》卷第十七："楚谓之芰，秦谓之薢茩。越人谓小者为刺菱，大者为腰菱，……惟《武陵记》云：四角、三角曰芰，两角曰菱。其花紫色，昼合宵炕，随月转移，犹葵之随日也，越中所产进罗文菱最大，即所谓腰菱也。"明清时期养菱仍盛，鉴湖、若耶溪之中尤多。嘉庆《山阴县志》卷二十八《乡物十咏》中有《鉴湖菱》诗：

> 百顷画桥西，差差水面齐。都传生角锐，不碍折腰低。
> 论斗划船市，经风苇索携。客来便白剥，美尔远淤泥。

# 第五章
# 滨海景观

　　杭州湾，以其弯曲的海岸线、丰富的生态资源和深厚的文化底蕴，呈现出一幅多彩的滨海大观。繁荣昌盛的千年历史，塑造了滨海地区开放包容的鲜明性格。滨海新城已摇身一变，不再是往昔荒芜的盐碱之地，而是一片景色宜人的海滩，随处可见竞风斗浪的帆船和忙碌有序的码头。海洋的开放精神和浪漫气息洋溢其间。滨海区利用其邻海的地理优势，以其高科技产业、充满活力的城市形象，吸引着全球的目光。

# 第一节　滨海大观

## 一、千里海塘

### （一）海塘沿革

图 5-1　江海塘南岸总图［来源（嘉庆）《海塘揽要》87—90 页］

　　大致来说，浙东地区的海塘自西向东，按地段可分为萧绍海塘、百沥海塘、浙东海塘几段。其中萧绍海塘由西江塘、北海塘、后海塘、防海塘和蒿坝塘五段组成。

萧绍海塘于公元686年在山阴与萧山两县交界修筑，因此又称界塘。公元722年，县令李俊之在会稽县东北四十里处增修防海塘。《新唐书·地理志》云会稽"有防海塘，自上虞江抵山阴百余里，以畜水溉田。开元十年（722），令李俊之增修。大历十年（775）观察使皇甫温、大和六年（832）令李左次又增修之"。唐德宗贞元二年（786），浙东观察使皇甫政扩建玉山斗门为八孔闸门，因此又被称作玉山闸。与此同时，山会平原沿海的山阴海塘也规模初定。唐以后，萧绍海塘基本固定。明嘉靖十六年（1537），汤绍恩主持修建三江闸，并在东、西两侧修建海塘。山会平原周边海塘连成一线，至此将萧绍平原与杭州湾隔绝，钱清江成为内河，形成三江水系。

百沥海塘在今上虞，由前江塘、会稽和上虞两段后海塘组成。百沥海塘自宋代以后基本固定不变。此后于元至正七年（1347）加驻石塘一千九百四十四丈。明洪武四年（1371）、成化七年（1471）、正德七年（1512）、万历三年（1575）、崇祯九年（1637）多次修复、改建石塘。此后，海岸线基本稳定，并逐步向北推移。

浙东海塘东起镇海招宝山，西至上虞夏盖山，由数道海塘组成。

上虞段海塘的主要功能为御潮屏障，该塘与余姚大古塘、利济塘相接。后海塘始筑年份不详。史料可见的最早修缮记录为元大德间（1297—1307），当时"风涛大作，漂没宁远乡田庐，县役阖境之民，植楗畚土以捍之，费钱数千缗"。此次修筑效果不大。此后至元六年（1340）六月，改筑土塘为石塘。由于修筑技术有限，石塘于至正七年（1347）复溃。至正七年（1347）六月，重新修复，非常牢固，潮水不得入。明洪武四年（1371）秋，郡守唐铎和县令赵允文把土塘改为石塘，共修筑了石塘一千三百丈。二十四年（1391）筑堤四千丈，并改建石闸。嘉靖年间（1522—1566）知县陈大宾加筑海塘。此后再无大修，直至清初。

余姚、慈溪一带属淤积型岸段。最早修筑于公元1047年，余姚县令谢景初修筑莲花塘，也称谢令塘，民间俗称后海塘，即今日之大古塘。其间多次修筑，明洪武五年（1372），石塘塌裂。洪武十二年（1379）邑令何肃率领民夫修筑。洪武二十年（1387），朝廷筹划抗倭，在此设置定海卫，并拓建县城。嗣后，在成化、正德年间续有增筑。隆庆三年（1569）秋，增筑内城，城塘合一。至此，既可防海潮又可御外敌的古海塘今之规模基本形成。此后，塘外沙涂远涨，后海塘百余年安然无恙。

### （二）海塘遗存

海塘是浙东运河区域非常重要的水利工程。由于江道变迁、沿江围垦，明清以前的海塘虽有一定留存，但是多掩埋于地下古海塘偶尔因建设挖掘被有所发现。现存的钱塘江古海塘包括北岸海塘和南岸海塘两部分，其中北岸海塘，大致西起西湖区转塘镇狮子口村，经梵村、闸口、南星桥、碑亭边，再沿秋涛路、杭海路一直到九堡、乔司，并与海宁段相接；南岸海塘，因为在萧山城北，所以历史上又称"北海塘"，也是断断续续。清代鱼鳞大石塘规模宏伟，结构精良，闻名于世，保存较好，至20世纪80年代依然在发挥防御洪潮的作用。它们是保护运河端点城市杭州和运河安全的重要水利工程设施。

图 5-2　萧绍海塘

绍兴段的萧绍海塘在绍兴市境内长 44.15 公里。海塘建成后不断遭受风暴潮汐的冲击，屡毁屡建，不断巩固完善。新中国成立后，萧绍海塘经过多次加固、改造，现保存状况较好，属于保护运河和运河城镇的水利设施。

百沥海塘南起百官龙山脚，北至夏盖山西麓，全线长 39.7 公里，不包括山体长 36 公里。百沥海塘元代以前情况，已无可查考。元大德年间修复宁远乡为风潮所坏海塘。元至元六年（1340），筑莲华池等处潮毁塘。元至正七年至九年（1347—1349），筑桩基石塘 1924 丈。元至正二十二年（1362），风暴潮将土塘冲毁殆尽，绍兴路史王永督修，砌筑条石丁由塘 1944 丈，在鹊子村偏西一带。为固塘护岸，民国时期在百官大坝头塘外修建石盘头，吕家埠霸王丘抛筑丁坝。新中国成立后，先后抛筑多座丁坝、盘头。为排涝、引水、通航，沿塘（堤）还建有涵闸及升船机站等。2017年，百沥海塘被列为省级文物保护单位。

浙东海塘（上虞段）起自夏盖山东麓，向东经谢塘镇延安、乌盆至余姚市界止，长 4.5 公里，全线为条块石塘。唐长庆二年（822）创建夏盖湖，筑北堤挡潮，可能为浙东海塘（上虞段）的雏形。

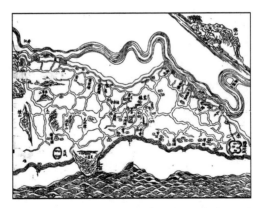

图 5-3 江海塘堤图上虞段（引自光绪《上虞塘工纪略》）

浙东海塘（上虞段）有明确记载最早的修缮记录为元大德年间，最晚到建国时止，前后共修筑五次，即明代两次，清代三次。元代始改部分土塘为石塘。清康熙六十年（1721）重筑。清雍正三年至四年（1725—1726）

建成无桩基的条块石塘1467丈，其余均为培修土方。民国十五年（1926），堤外筑土塘，部分海塘开始转为二线塘。1974年，修建上虞七四丘围堤，西延至夏盖山之西，东接余姚九塘，是临潮第一线海塘。至此，浙东海塘（上虞段）彻底失去直接防潮的功能，全部转为二线塘。

宁波段所属的镇海后海塘，始建于唐乾宁四年（897），历代相沿修葺，1974年因围涂造地失去原有功能。后海塘全长4800米，宽3米，高9.9米至10.6米，夹层石塘东段1300米为"城塘合一"部分。镇海城北临海，常年遭遇海潮冲击。于是在唐乾宁四年（897），开始修建泥塘，在宋淳熙十六年（1189），已经溃塌多次的泥塘改作石塘，但仍然抵御不了飓风狂浪的冲击，再次坍塌。清乾隆年代，县令王梦弼在旧塘基础上重建新塘，新塘将单层石塘改为夹层石塘，以此保证了塘的永久牢固。为防御倭寇在海塘上登岸，他又把山下一千多米长的一段改成下塘、上城，使"城塘合一"，并在塘上安置了12座警铺（类似亭子）、25尊大炮等防御倭寇的设施。以后历代都有修葺，海塘就这样保留了下来。直到1974年因建镇海港围涂造地，它才完成了捍城防汛的使命。夹层石塘和"城塘合一"的建筑工艺技术，为浙江省沿海所罕见。"海阔奔难入，江河到此弯"，夹层石塘被誉为"海上长城"，是保护运河端点城市镇海和运河安全的重要水利工程设施。

图5-4　镇海后海塘

### （三）海塘安澜

在绵延的海岸线上，覆盖全线的海塘升级建设热潮再一次涌动。经过深入调研、系统谋划，2021 年 5 月，《浙江省海塘安澜千亿工程行动计划》《浙江省海塘安澜千亿工程建设规划》相继印发实施。"十四五"期间，浙江将开工建设海塘安澜千亿工程 1000 公里，全面消除海塘病险，初步实现安全、交通、文旅、生态示范成效，全面推行海塘产权化、物业化、数字化。到 2030 年，浙江将开工建设海塘安澜千亿工程 2000 公里，海塘安澜工程体系全面形成，富有生机活力的海塘岸线全面呈现，新产业、新业态沿海塘岸带不断聚合。

图 5-5　规划防潮标准分布图
（录自《浙江省海塘安澜千亿工程建设规划》公示文件）

　　海塘安澜生态提质布局中，加大对海塘岸带生态资源保护和生态化改造，修复塘前近海域生态，重点加大杭州江东湿地、宁波杭州湾湿地等重要湿地的保护力度。打造海塘绿道开放贯通走廊，环杭州湾钱塘江海塘绿道开放贯通，海塘安澜工程建设加强与海盐鱼鳞古海塘绿道、海宁百里钱塘生态绿道、杭州之江绿道、宁波慈溪滨海绿道等省级绿道的衔接，共同打造杭州湾畔独特的"环杭州湾海塘城市海韵慢行系统"，为群众沿江健身、骑行、跑步、休闲娱乐提供一道靓丽风景线。海塘车行道开放贯通走廊，自北向南因地制宜结合塘顶建设沿塘车行道或市政道路，实现全线贯通，展现杭州、嘉兴、绍兴、宁波沿海城市特色景观、城市历史文化、钱塘江河口岸线变迁风貌，体验环杭州湾观潮、赏景之趣。打造各美其美的文化走廊，重点结合钱塘江海宁段海塘、杭州南北大塘、西江塘闻堰段等海塘工程实施，融入古海塘、涌潮、围涂、捍海等文化，自北向南展现古海塘遗存、观潮胜地、钱塘时代、智慧亚运、曹娥风采等海塘"潮"韵风貌，观海天一线潮起潮落，品环杭州湾盛世人文，建成一条集观自然之潮、品人文之潮、兴经济之潮为一体的"百里赏潮"印象文化长廊。打造体验多元的活力珠链，重点结合钱塘江南岸钱塘新区、绍兴滨海新区、宁波前湾新区等区域海塘建设，打造未来城市生态活力廊道。

## 二、卫所林立

浙东与福建接壤，历经八卫军事防区，其中定海卫势当最冲，故防御程度最高。明代浙江沿岸良好的沿海条件为其提供了保障，明朝初年，洪武皇帝非常关注以卫所为核心的海防布局，但由于军屯制度和卫所体系相对落后，上述有利条件并没有完全转化为保护海防的助力，明初浙江沿海卫所战备没有形成理想中的战斗力，倭寇对浙江沿海的骚扰不绝于书，以沿海卫所为中心的海防建置需重新整肃已成为共识。进入明代，"天下既定，度要害地，系一郡者设所，连郡者设卫。大率五千六百人为卫，千一百二十人为千户所，百十有二人为百户所。所设总旗二，小旗十，大小联比以成军"。①

洪武十七年（1384），汤和奉命巡视东南沿海，为防备倭患，加强沿海守卫，遂有计划地发起了大规模沿海卫所筑城运动，"凡卫所、城池、巡司、关隘、寨堡、墩堠皆其所定"②，此举基本确立了浙江沿海卫所的主体格局，《明史》兵志又载："（洪武）十七年，命信国公汤和巡视海上，筑山东、江南北、浙东西沿海诸城。后三年……移置卫所于要害处，筑城十六。复置定海、盘石、金乡、海门四卫所于浙……又置临山卫于绍兴，及三山、沥海等千户所，而宁波、温、台并海地，先已置八千户所，曰平阳、三江、龙山、霩霍、大篙、钱仓、新河、松门，皆屯兵设守。"③

史料中记载了详细的卫所指挥制度，"本朝于会城置都指挥使司，统诸卫所，卫所之在内地者主守御，沿海者主备倭。卫在内地七，而沿海者九。卫各五所，其外又特设所三十四，在内地者六，而沿海者二十八。

① ［清］张廷玉等：《明史》，中华书局 1974 年版，第 2193 页。
② ［明］范涞：《两浙海防类考续编》卷二"沿海卫所巡司台寨烽堠"条，成文出版社有限公司，第 1 页。
③ ［清］张廷玉等：《明史》，中华书局 1974 年版，第 2193 页。

卫所之官各有定员，而沿海则特设总督都指挥一人、把总指挥四人，温、处、金、衢即以分巡兼理兵备，而沿海则特设巡视副使一人。卫所之军，各有总旗，有小旗；有操军，操有演武场；有运军，运有船；屯军，屯有田。有地，有池，有荡，军器有局而沿海则又备战，有船守瞭，有寨传警，有烽堠墩台。卫所之外有巡检司，司有弓兵，而沿海居其半"①。按明代制度，每卫有五千户所，沿海卫下辖有数目不等的千户所，少则一所，多则五所。所有千户、百户之分，千户所额定旗军名。

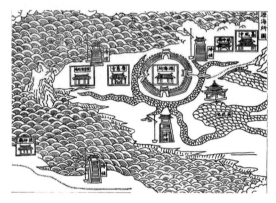

图5-6　沥海所城（康熙《会稽县志》，民国铅印本，卷首图三）

据雍正《浙江通志》卷九十八，绍兴府"北乃海之支港，北流薄于海盐，东极镇海之蛟门，西历凫赭，入鳖子门，抵钱塘。所属山、会等五县，并皆边海"，"自三江至龙山，延袤三百余里，中有宋家溇、蛏浦、临山、泗门、胜山、古窑、松浦，均为要冲之地"，境内所设绍兴卫外辖三江所、临山卫外辖三山、沥海二所。二卫三所之中，临山卫关涉者最多。

临山一卫二所之建设皆开始于明初洪武年间，永乐间略有增建，此后嘉靖时期略有改制，然主体不变。城周围广阔，各设水陆通道，其他一应设施皆为加强护卫及城内警卫。城外设置吊桥，用以有效阻击敌寇。沥海、三山分置东西两翼。同时卫所附近设立巡检司，其驻地设在临山卫东三十里，以相互策应。

---

① 嘉靖《浙江通志》卷五七，成文出版社有限公司1983版，第2563—2583页。

# 三、滨海孤丘

滨海孤丘孤悬于海塘之间，与浙东运河廊道遥遥相对。它状如一叶扁舟，曾经屹立在海上。它与海塘共同作用阻挡了海浪的侵袭，与浙东运河廊道南北相望，为浙东运河提供了可靠的保障。大多滨海卫所沿孤丘驻地。滨海卫所是明朝时期设立的一个军事机构，负责浙江沿海地区的防务。孤丘位于海边，是抵御外敌入侵的前线阵地。孤丘上建有烽火台，可以瞭望海面，发现敌情。孤丘上的士兵也可以利用有利的地势，抵御外敌的入侵。孤丘对于滨海卫所来说，是一个重要的军事据点。

以下择其主要介绍：

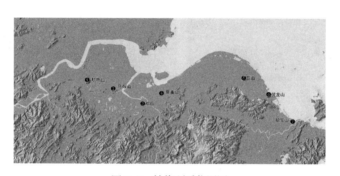

图 5-7　滨海孤丘位置图

## 航坞山

又名龛山、王步山，位于今杭州市萧山区瓜沥镇，离萧山城区 16 公里，与钱塘江遥遥相对，山势颇为险峻。主峰海拔 299 米，东西宽 3 公里，南北长 3 公里。因古时钱塘江上往来船只，皆以此山为航标而得名。春秋战国时期，航坞山一带曾是越王勾践的军港，据《越绝书》记载，勾践任命了一位长官，雇了七十名士兵在此驻防守护。相传春秋时越王勾践曾到此山，观此山气势不凡，连绵不绝，随之在心中许愿，若此山有一百个山头，便定都于此，以延续越国霸王之业，可数来数去航坞山只有 99 个山头，原来，他忘记数自己脚下的这个山头。勾践以为这是天意，遂罢定都于此的念头，遗憾而去。五代十国时期的吴越国王钱镠曾到航坞山来放步踏勘，所以航坞山又叫王步山。唐宋时期，这里一直设兵驻守。明嘉靖三十二年至三十四年（1553—1555），督臣胡宗宪、参将汤克宽在这里大破来犯倭寇，在明代浙东抗倭史上留下重要一笔。

明末清初，随着钱塘江主槽的北移，江道逐渐游移到赭山（位于今萧山区南阳街道）以北，到清代乾隆前，龛、赭间的涨沙已基本连片成陆。清嘉庆十八年（1813）朝廷正式颁谕，将原来属于海宁的赭山、西仓、靖雷诸乡，划归萧山管理。这座世代任凭潮汐昼夜冲刷的航坞山，从此成为远离江涛、屹立于广袤萧绍平原上的一座名山。

图 5-8　瓦泥池远眺航坞山

图 5-9　航坞山景

### 马鞍山

又名驼峰山，昔称蓬莱山或大峰山，是一座绍兴北部的标志性山脉。海拔 225.9 米，方圆十余里，屹立于绍兴市柯桥区马鞍街道。这座山因其独特的山峰结构而得名。马鞍山形如骆驼的双峰，被古人赋予了"驼峰山"的雅称。

图 5-10　马鞍山（驼峰山）

这座山由二支山脉构成，东峰和中峰北坐，南峰则位于南侧，相隔约60米。一座名为"石牛岗"的自然岗位于这两脉之间，成为连接两峰的天然纽带。环境幽雅，山势起伏，风光旖旎。

在这里，山脉的布局与自然环境相得益彰，南峰陡峭，垂直的岩石和翠绿的植被交相辉映；北面是中峰，其顶端是古老的青狮庙宇；东侧的石牛岗则季节性地绽放着栀子花；西面深谷蜿蜒向北，展现出一幅幽深秀丽的自然画卷。从山上南望，可以眺望连绵起伏的会稽山脉，北瞰则是浩瀚的杭州湾，景色壮观。

### 称山

坐落于上虞道墟，是一座不甚耸峙却饱含故事的山峰，昔日被称作金牛山，传说是一片灵芝盛生的海崖，金牛幻影时隐时现于此，最终化为了这座山。相传越王勾践在此炼剑铸剑，留下了"炼剑炉""洗剑池""试剑石"等历史痕迹，激发了无数文人骚客的创作热情。

称山曾是东晋以来文人墨客争相访问的地方，这里曾是古时观测日月潮汐的绝佳之地，吸引了无数文人雅士驻足观看。骆宾王、宋之问等历代文人雅士，曾踏足此地，李白更是留下了"此行不为鲈鱼鲙，自爱名山入剡中"这样的千古佳句，展现了称山无尽的文化魅力。

山中有一座名为称山寺的禅院，古名资德寺或称心禅寺。

尽管岁月流转，称山已不再直面大海，但其作为上虞唐诗之路的起点，依旧是一座丰富的文化宝库。

### 夏盖山

孤峰独立，方圆仅0.5平方公里，海拔仅169.9米，却犹如巧夺天工的翡翠，镶嵌在虞北平原的璀璨之中，自然雕琢出一道独特的地理轮廓。远望其形，古人以"相传神禹曾驻于此"来颂扬它的神圣，因此它又被称为大禹峰、夏驾山。

山脉之巅松涛涌动，绿意盎然，站在这高峰上，可以将虞北平原的肥沃与大海的辽阔一览无遗。山的北侧海涂铺展，似乎在诉说着古时候海塘的传奇。而在这片青山绿水之间，留下了"盘山十八井""白龙兴云池""鸣阳三亭"和古老的姑嫂庙等古迹。夏盖山在明清两代是抗倭的据点，无数英雄事迹在此上演。是抗日战争时期，爱国青年在岩壁上刻下的"还我河山""卧薪尝胆，湔雪国耻"等铿锵文字，至今仍历历在目。夏盖山凝聚着民族的记忆，传达出抗争精神。夏盖山下，碧波荡漾，被誉为"江南吐鲁番"的"中国葡萄之乡"盖北就坐落于此。

图 5-11　夏盖山航拍图

## 卫山

又名浪港山、迎浪山，位于浙江省宁波市慈溪市观海卫镇北侧，其蜿蜒起伏的山脉东西延展，峰峦连绵数里，海拔约 120 米。山脚曾直面大海，古时船只在此山避风，故名浪港山。卫山山体景观壮丽，历史上也因地理位置关键，成为浙东要塞。

这里的高峰和峻岭构成了天然的屏障，自古便有战略军事上的价值。"万里鲸波簇战栀，一城控制亦雄哉"，清代诗人冯汝霆赞叹卫山不仅地势雄伟，还在历史上扮演了守卫前线的角色。如明嘉靖年间，卫山成了戚继光对抗倭寇的军事要塞。他在这里利用地形优势，策划并实施了火攻战术，大败倭寇，这一胜利也成为民间传唱的佳话："八月十六大潮汛，二千倭寇进死门。庞涓师困马陵道，诸葛火烧藤甲军。"

如今，卫山依旧巍峨挺立，却不再听见战鼓的轰鸣，只有游客的欢声笑语和山风的呢喃。山上的古烽火台虽已荒废，但它们曾经的火光，如同历史的信号，告诉后人这片山林曾是护卫家园的坚固屏障。

### 伏龙山

在宁波三北众多濒海的孤山中，伏龙山以其独特的山形赢得了"巨龙赴海"的美誉。伏龙山海拔 282 米，峻峭屹立，是宁波三北濒海诸山中最高的山峰。山体上，伏龙寺静卧其中，寺前的莲花池承载着"千年水底蛇、口吐木莲花"这样色彩斑斓的民间传说。

图 5-12　伏龙山景

伏龙山的北侧面朝杭州湾，南边则紧邻锦屏丘陵，旧志有记载曰："伏龙山跨东西两海门，状如卧龙，内有千丈岩、海眼泉、石坛、乳井。"伏龙山下的镇龙浦河水滔滔，如白练般环绕山脚。潮汐的变化在此地尤为明显，北侧的大海昼夜涌动着海潮，构成了"后岭层松"与"杰阁飞帆"两大奇景。伏龙寺后的山坞，秋季野菊金黄，便有了"蓬苑秋香"的雅称。山顶时常云雾缭绕，如同仙境，如此美景被后人称为"霜凝丹槲"。

伏龙山的险峻与美丽吸引了无数文人骚客，戚继光在此地抵御倭寇之时，曾登山访古，他在伏龙寺中留下了著名的诗篇："梵宇萧条隐翠微，丹枫白石静双扉。曾于山下挥长戟，重向尊前醉落晖。衰草尚迷游鹿径，秋云空锁伏龙矶。遥看沧海舒孤啸，百尺仙桥一振衣。"

约莫三五里外的东面，有一座形似卧虎的小山，被称作蹲虎山。在伏龙山与蹲虎山之间的宽阔土地上，明代的战事遗址龙山土城矗立于此。虽不如城墙高峻，但土城的规整对于明代的战略防御体系来说，意义重大。西侧的观海卫、浒山所与之形成了互相支援的防御网。蹲虎山一带保留了抗倭战争的若干遗迹，如苦战岭、倭仔窝和烽火台等。山下的邱王村中，有纪念戚继光的下梅林庙，几百年来，村民们在此焚香点烛，表达对这位民族英雄的崇敬与怀念。

### 招宝山

位于宁波甬江出海口，地理位置极为重要，被誉为"浙东门户"。威远城坐落在宁波镇海招宝山巅，以招宝山天然峭壁为城基，环山顶而建，宛如雄狮盘踞于东海门户、甬江之滨，是一座重要的海防要塞，控制江海交通要道。威远城建于明嘉靖三十九年（1560），原为军事用途，城墙采用条石错缝垒砌，建筑工艺精湛。城墙周长约200丈，高约2丈2尺，厚约1丈，共设有160个雉堞。考虑到军事需要，城内还设有观兵台，并铺设了石板地坪和甬道。在威远城内还有一座名为宝陀寺的寺庙，与威远城的历史同样悠久，为这个庄严肃穆的要塞增添了一丝色彩。这座寺庙的存在，使得古老的威远城并不显得孤寂。至今，威远城仍屹立在招宝山之巅，展示着曾经辉煌的海防要塞的重要地位。

图5-13 光绪志招宝山图（引自《镇海县志》）

图 5-14 镇海口海防遗址

# 第二节 三江闸防

绍兴三江闸，修建于明代，位于绍兴市越城区斗门镇三江村，距运河 10 公里。因处钱塘、曹娥、钱清三江的汇合地，故名。明嘉靖十六年（1537）知府汤绍恩建。三江闸全长 108 米，除中段作改建外，左右两段基本保持原状。三江闸控水流域面积达 1520 平方公里，基本消除了萧绍平原的洪、潮灾害，保障了运河的安全，是浙江省海岸线上规模最大、保存最完整的古代泄洪御潮水利枢纽工程。此后由于泥沙淤积、河道变迁等原因，老三江闸已不能够承担起历史使命。1977 年经浙江省水电厅批准，开工建设新三江闸，并于 1981 年竣工。新三江闸位于老三江闸下游 2.5 公里处，它的建成，替代老闸成为萧绍平原新的排涝枢纽，受益农田 82.1 万亩。此后又修建了曹娥江大闸，该闸位于曹娥江河口，是我国强涌潮河口地区第一大闸，是浙东水资源配置的重要枢纽工程。

# 一、三江闸的建设及水利形势变化

明嘉靖十四年（1535），汤绍恩就任绍兴知府，上任之初便寻访各地，针对排涝问题开展调查研究，《明史·汤绍恩传》记载："山阴、会稽、萧山三邑之水，汇三江口入海。潮汐日至，拥沙积如丘陵。遇霪潦，则水阻沙不能骤泄，良田尽成巨浸。当事者不得已决塘以泻之。塘决则忧旱，岁苦修筑。"[1] 于是，他遍行水道，行至三江口，"相地形于浮山南、三江之城西北，见东西有交牙状，度其下必有石骨。令工掘地数尺余，果见石如甬道，横亘数十丈。"[2] 嘉靖十五年（1536）七月祭告海神，开始动工，并于次年三月完工，工程耗时不到九个月，共耗银五千余两。三江闸建成之后设立闸夫操纵大闸启闭，并派官员监督。相关制度逐渐确立起来，保证三江闸的正常运转。

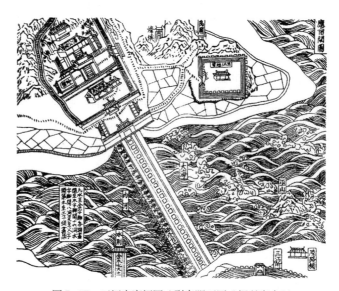

图 5-15　三江应宿闸图（引自明万历《绍兴府志》）

---

① ［清］张廷玉：《明史》卷二八一《循吏传·汤绍恩》，岳麓书社 1996 年版，第 4086—4087 页。
② ［清］程鸣九:《三江闸务全书》,《郡守汤公新建塘闸实迹》，载冯建荣主编《绍兴水利文献丛集》，广陵书社 2014 年版，第 24 页。

三江闸修建之后，在汤绍恩的主持下接连完成相关的配套工程。① 此外，为确保水闸安全，汤绍恩又令工匠在闸内修建三座小水闸，用来减缓水流对大闸的冲击作用。史料中记载："又于塘闸之内置数小闸，曰泾溇，曰撞塘，曰平水，以节水流，以备旱干。"② 三江闸的修建使绍兴地区完成了由鉴湖水系向三江水系的艰难过渡，正如《总督陶公塘闸碑记》中所言："呜呼伟哉！继是水无复却之行，患民无复决塘、筑塘之苦矣。……其沮洳，可蒲苇；其潟卤，可盐；其泽，可渔；其疆，可桑；其途，可通商旅。"③ 又如《郡守汤公新建塘闸实迹》中所说："今塘上成村，塘之内外沙涨，俱成田地，其工之不易为与费之不可限，尤甚于闸。……塘闸内得良田一万三千余亩，外增沙田沙地数百顷。至于蒲苇鱼盐之利，甚富而饶，驰骤往来，不似乘船之险，观游俯仰，咸称跨海之雄。"④

图5-16　三江闸图（嘉庆《山阴县志》，民国铅印本，卷二十图二十二）

① 参见洪惠良、祁万荣：《绍兴农业发展史略》，杭州大学出版社1991年版，第205页。

② ［清］程鸣九：《三江闸务全书》上卷《总督陶公塘闸碑记》，载冯建荣主编《绍兴水利文献丛集》，广陵书社2014年版，第27页。

③ ［清］程鸣九：《三江闸务全书》上卷《总督陶公塘闸碑记》，载冯建荣主编《绍兴水利文献丛集》，广陵书社2014年版，第27—28页。

④ ［清］程鸣九：《三江闸务全书》上卷《郡守汤公新建塘闸实迹》，载冯建荣主编《绍兴水利文献丛集》，广陵书社2014年版，第26页。

据《三江闸务全书》记载，三江闸修成之后经历过五次大修。主要有两种措施：

第一，疏浚大闸内外淤泥。上文中提及的《浚江实迹》中记载了康熙十一年（1672）至三十二年（1693）的四次疏浚记录。从整个清代来看，同治六年（1867）的疏浚规模最大。同治五年（1866），浙江巡抚马新贻《奏勘办绍兴闸港疏浚折》中说："自江失故道，日趋向西，海潮亦由西而上。江流日迁而日弱，海沙遂日涨而日高。……目前闸外之沙高于闸内，且越闸而入内河，若不趁此冬令水涸，力求疏浚，来春水发为害甚巨。"①这次疏浚工程由浙江按察使王凯泰负责，《清史稿·王凯泰传》中记述道："五年，擢浙江按察使。绍兴三江闸泄山阴、会稽、萧山三县水入江，岁久沙积，三县民请浚治。凯泰履勘浚治，复旧利。"②

第二，增置水闸，加强萧绍平原水流排蓄能力。针对三江闸排水能力逐渐下滑形势，清中后期绍兴地方政府在北部海塘沿线陆续修建了一批小型水闸，以便于排水并进一步减轻三江闸的排水压力。同治五年（1866）绍兴知府高贡龄主持修建姚家埠闸，位于北海塘"善"字号段。同年修建的还有楝树下闸。③同治七年（1868）修复山西闸、黄草沥闸。光绪十五年（1889）（一说光绪十六年，1890）绍兴知府霍顺武主持修建刷沙闸，因三江闸屡被湮塞，在其北侧西塘修建此闸，欲以此闸冲刷泥沙。除此之外，霍顺武于同年修建西湖底闸，其中郡绅徐树兰、邑绅袁文纬以及章廷黻、杜用康起到重要作用。最后还有由邑绅钟厚堂独资捐建的新清水闸，此闸建于光绪二十七年（1901）。

大闸带来的效益可以归纳为以下几点：

<hr>

① 王世裕：《塘闸汇记·记闸港疏浚》之《浙江巡抚马新贻奏勘办绍兴闸港疏浚折》，载冯建荣主编《绍兴水利文献丛集》，广陵书社 2014 年版，第 280 页。

② 赵尔巽：《清史稿》卷四二六《列传·王凯泰》（第 40 册），中华书局 1977 年版，第 12250 页。

③ 参见《民国绍兴县志资料》第二辑《地理·闸》，载冯建荣主编《绍兴水利文献丛集》，广陵书社 2014 年版，第 441 页。

第一，三江闸配套工程中修筑的海塘工程，使萧山平原与山会平原的海塘连接成为一体，最终断绝了萧绍平原与杭州湾的联系，河海划分为二，绍兴告别海洋。从灾害的角度讲，此举最终消除了咸潮沿河上溯给平原地区农作物带来的影响。三江闸修建之后，萧绍平原河湖水网的总水量大约四亿立方米，比鉴湖水系要多出 50% 左右。[1] 这就为萧绍平原地区的经济发展，特别是农业发展提供了充足的水资源。

第二，三江闸以其优越的地理位置以及较大的工程规模，成为萧绍平原上的水利总枢纽。自此，南部会稽山地的来水，流经绍兴地区纵横交错的河湖水系，最终受到三江闸的节制，整个平原地区的水量也可以得到很好的调整。"多余之水，经启闸而畅流入海，使平原免受洪患；闭闸又可控蓄内水，防止旱患。"[2] "三邑频多水患，潦则苦浸，旱则苦涸，田卒污莱、民号饥溺者匪朝伊夕"[3] 的凄凉面貌，得到显著的改善，但泥沙淤积成为三江闸新的隐患。

第三，三江闸建成后，萧绍平原内部水流平稳，为航运、水产养殖、农田灌溉等方面创造了更加有利的水环境。[4]

第四，三江闸建成之后，塘内党山、陶里、安昌、马鞍等地形成盐碱地，这些土地可以被改造为农田，种植棉花等农作物。[5]

三江闸的修筑使山会平原上的水利状况，自鉴湖湮废以来得到改善，并且在此基础上通过对平原内部河湖水网的整治，扩大了山会平原上的农田灌溉面积，一定程度上减轻了水旱灾害对农作物的影响，为保证稳定的农业产

---

① 沈寿刚：《三江闸与新三江闸述评》，《浙江水利科技》1991 年第 3 期。

② 洪惠良、祁万荣：《绍兴农业发展史略》，杭州大学出版社 1991 年版，第 206 页。

③ ［清］程鸣九：《三江闸务全书》上卷《序二》，载冯建荣主编《绍兴水利文献丛集》，广陵书社 2014 年版，第 11 页。

④ 参见洪惠良、祁万荣：《绍兴农业发展史略》，杭州大学出版社 1991 年版，第 207 页；李玉尚、顾维方：《从人工饵料到天然食料：16 世纪后中国绍兴的河道养鱼》，《中国农史》2015 年第 2 期。

⑤ 详见于［清］程鸣九：《三江闸务全书》上卷，载冯建荣主编《绍兴水利文献丛集》，广陵书社 2014 年版，第 26—28 页。

量起到了重要的作用。此外，三江闸的修建不仅使山会平原上的河湖水系接受统一调配，而且由于钱清江转而成为内河，使得萧山平原与山会平原上的水系连接起来形成较为完整的河湖水利体系，自此萧山平原与山会平原合并成为萧绍平原。在此之后，地处萧绍平原上的山阴、萧山、会稽三县以其独特的地理位置和较好的农业经济基础以及繁荣的商品经济，逐渐成为绍兴地区经济发展的中心，而这一切与三江闸的修建有紧密的关系。

## 二、三江闸与海塘建设的影响

三江闸兴建之后的若干时间里，绍兴北部的塘闸内外淤积了很多泥沙。《三江闸务全书》中曾论及塘闸与泥沙淤积的关系："盖论地形沧桑更变，关系非轻，即如闸外九曲沙，此合郡风水所关，而闸之所系更甚。夫沙曲，则潮不直入，沙泥随曲而止。故闸长通，厥后开毁两大曲，出水固易，而潮入亦易，闸口易涨者，此也。至如西汇磦，东噭磦，旧图两沙交合，沙形长阔，此闸之外卫也。今两沙豁开，沙形窄狭，比旧时十减其五，则潮势震撼而闸受病矣。"[1]塘闸既需要沙曲来减弱江潮的冲击力度，以保护自身的安全，又不能任由泥沙淤积以致河道淤积阻挡大闸排水。

为解决此问题，明清政府花费大量的人力、物力。其中一项措施便是将年代较长的泥沙改造为沙田，并将其中一部分用于塘闸日常开销，另一部分则交与附近百姓耕种。由于上述官府制定的赋税标准以及本地区长久以来人口压力所造成的对新增土地的强烈要求，促使附近百姓纷纷加入开垦沙田的生产活动当中。《郡守汤公新建塘闸实迹》中记载："今塘上成村，塘之内外沙涨，俱成田地，……塘闸内得良田一万三千余亩，外增沙田沙地数百顷。"[2]又如"山阴钱清江北，四十四、四十五、四十六、四十七四都内

---

① ［清］程鸣九:《三江闸务全书》上卷《塘闸内外新旧图说》，载冯建荣主编《绍兴水利文献丛集》，广陵书社 2014 年版，第 23 页。

② ［清］程鸣九:《三江闸务全书》上卷《郡守汤公新建塘闸实迹》，载冯建荣主编《绍兴水利文献丛集》，广陵书社 2014 年版，第 26 页。

塘，……建闸后，西江亦为内河，其地始可开垦，四都内增田甚广。……继筑者明弘治间太守游兴，增塘内田亦广。至于东西一带海塘，外沙田沙地，不可胜计。年来虽坍多存少，今由近年观之，则其广袤之势，讵可限哉!"①

三江闸以及附属海塘工程的修筑，对绍兴北部沿海地区的农业开发具有重要的意义。首先，海塘的修筑为内陆萧绍平原创造了一个稳定、安全的农业生产环境；其次，三江闸以及海塘工程的完善使绍兴地区正式告别海洋，内陆交通成为其主要命脉②。第三，海塘的修筑使其外部淤积的泥沙能够得到很好的利用，特别是在钱塘江河道北趋的大背景下，地处大江南岸的绍兴沿海滩涂有很大的利用价值③。

三江闸及其附属水利工程的修筑给山会平原的农田灌溉以及农业生产的安全提供了较为稳定的保障，在一定程度上减轻了气候原因对农业收成的影响；三江闸的修筑使得绍兴地区的农田灌溉面积扩大，提高了粮食生产的总量；随着三江闸配套水利工程的完善，三江闸与海塘共同构成了绍兴北部塘闸水利工程系统，对外抵御潮水侵袭，对内调节水位，蓄水排洪，成为萧绍平原上的水利枢纽④。

三江闸的修筑使得萧绍平原水环境渐趋稳定，水体周边围田的不断扩张使得绍兴地区内部水体面积进一步萎缩，围湖垦田行为愈演愈烈，平原内部干田化趋势更加明显。与此同时，三江闸及海塘外的滨海区域因泥沙淤积而造成三江口排水不畅，影响泄洪；泥沙淤积还造成大量沿海沙地，人们越过海塘开垦沙地⑤，种植棉花、油菜等耐盐碱性经济作物，逐渐将其发展成为绍兴重要的农业生产区域。

---

① ［清］程鸣九:《三江闸务全书》上卷《郡守汤公新建塘闸实迹》之附录《建闸增田》，载冯建荣主编《绍兴水利文献丛集》，广陵书社 2014 年版，第 26 页。

② 盛鸿郎:《绍兴水文化》，中华书局 2004 年版，第 195 页。

③ 有关清代绍兴北部海涂屯垦的论述，参见穆连杰:《清代萧山的海涂垦殖研究》，硕士学位论文，宁波大学，2012 年。

④ 张权:《明清时期绍兴地区水环境变迁研究》，博士学位论文，浙江大学，2017 年。

⑤ 张权:《明清时期绍兴地区水环境变迁研究》，博士学位论文，浙江大学，2017 年。

## 三、新三江闸

自 20 世纪 70 年代初，三江闸因闸外河道淤塞及滩涂围垦等原因排泄渐封堵后，萧绍平原泄洪排涝全赖马山、红旗、大寨、楝树下、西湖底五闸外泄，但五闸的总泄流量尚不及原泄流量的 60%，同时还受制于排涝河道配套不完善和外江淤积带来的泄水不畅影响，萧绍平原受水、旱威胁的程度日益严重，兴建新三江闸成为扭转萧绍平原蓄淡排涝被动局面的必然选择。

新三江闸，系大型（泄水大于 1000 立方米 / 秒）滨海排涝闸，在三江闸下游 2.5 千米处。居县境北部，距城（市区）约 18 千米。闸东西走向，东与马山海涂七〇丘围堤相接，西与县围七〇丘东堤正交。闸外是曹娥江下游左岸弯道之凹岸，对面江岸是上虞市七七丘围涂，两岸江道面宽约 3.3 千米。1977 年 9 月经浙江省水电厅批准建造，1977 年 11 月 5 日动工。至 1981 年 6 月 30 日全部竣工。

新三江闸按十年一遇防洪标准设计，在 3 日雨量 254 毫米，曹娥江下泄洪峰流量 4000 立方米 / 秒的条件下，4 天排完来水恢复内河正常水位。设计平均过闸流量 528 立方米 / 秒，最大过闸流量 1420 立方米 / 秒。在与沿海诸闸配合下，承担萧绍平原 5.5 万公顷农田（其中萧山 1.27 万公

图 5-17　新三江闸现状

顷、上虞 0.6 万公顷、越城区 0.48 万公顷、柯桥区 3.13 万公顷）的排涝任务。平原可免除中涝，减轻大涝的损失。基于排涝能力的增强，平原内河蓄水位可提高 8—10 厘米，相应增加 1400 万立方米的蓄水量，增强平原的抗旱能力和航运能力。新三江闸建成后，显著提高了萧绍平原的除涝抗旱效益。

# 第三节　围涂万顷

## 一、滩涂的形成

绍兴地区大规模开垦沙田开始于明末清初，我们以清代开垦沙田效果较为明显的萧山县为例来讨论上述问题。

海塘型围垦则是明清时期绍兴地区开垦沙田面积最主要的开垦形式。为了详细分析这种开垦形式，我们首先简要回顾一下明清时期绍兴地区的海塘工程建设。由于明清时期钱塘江河道北趋，相较于北岸的海塘工程建设，南岸萧绍平原北部的海塘建设规模较小，并且大部分工程集中在明中期至清中后期。钱塘江南岸的绍兴地区的海塘建设在清代特别是钱塘江河道北趋之后，相对北岸而言进入一个相对"平静"的阶段。[①]

海塘的修建及增筑为绍兴沿海地区圈占了大面积的滩涂，《萧山县志稿》中记载："海宁之沙地削，则龛山之沙地涨，今属于萧山之东沙、西沙至青龙山、白虎山以外，好好乎平沙无垠者，皆昔时所涨也。是时海宁城内，几同泽国，幸高宗南巡，……因命浙抚觉罗吉庆拨藩库，定为修筑海塘之经常费。"[②] 根据穆连杰的介绍，嘉庆十八年（1813）南沙地区划

---

① 参见和卫国：《治水政治：清代国家与钱塘江海塘工程研究》，中国社会科学出版社 2015 年版。
② ［清］来裕恂：《萧山县志稿》卷五经济，天津古籍出版社 1991 年版，第 11 页。

归萧山之后，直到民国三年（1914）的百余年中，南沙地区东西长度增长了大约6912米，南北长度增长了大约12672米。从土地数量上来看，光绪二十八年（1902）南沙新堤的修筑一次性就为萧山地区圈占了两万多亩沙田。[①] 史料中记载："新堤建自光绪二十八年，……经山、会、萧三邑士绅，……于绍萧沿海，创筑大堤，长四千八百余丈，底厚三丈，面厚八尺，高一丈。二十八年冬开工、次年春工竣，计圈进绍县三江场粮地一千余亩、萧县日月等号、生熟沙地两万余亩。"[②] 从史料中可以看出，南沙新堤的修筑，为萧山地区增添了两万多亩沙地，这为缓解当时绍兴地区人地矛盾起到了非常重要的作用。萧山县南沙地区的形成是钱塘江南岸滩涂形成的典型代表，极大地改变了绍兴地区北部滨海平原水环境，往日的千里江涛如今已变成一望无垠的沙田。

## 二、围垦区域的变迁

自古滨海之地向来具有鱼盐之利，萧山南沙地区自然也不例外。海水以及江潮的双重作用使得这一地区土地的盐碱度相对较高，直接种植农作物显然不是最明智的选择。因此，这里的人们大多通过熬制海盐等方式，将土地的盐碱度降下来，然后再种植耐碱性较高的农作物，进一步开发土地。而这些都得益于海塘及沿海水利工程的建设，海塘的修筑、沙田的围垦为盐户制盐提供了安全保障与可利用资源。据万历《绍兴府志》记载："永乐初，始于旧海塘之北筑塘，以遮斥地，曰新塘，以别于旧塘云。已而沙壖益起，海水北却十许里，其中俱可耕牧。成化间，风涨潮汹，稍荡决壖，际水利佥事胡某复于海口筑塘以御潮，曰新御潮塘，自是斥地之利，岁登……天顺间，宁绍分司胡琳请以新塘至海口之地尽给灶户永，为盐课根业，毋令军民侵渔之。……弘治初，诏侍郎彭韶整理盐法，议非灶户敢有侵地

---

① 参见穆连杰:《清代萧山的海涂垦殖研究》，硕士学位论文，宁波大学，2012年，第46页。

② ［清］来裕恂:《萧山县志稿》卷五经济，天津古籍出版社1991年版，第79页。

者，每亩岁科银八分，谓之荡价，给灶补课。而豪强愈益争不解，群灶苦之。其明年，绍兴府推官周进隆察民灶之情，相地浅深，于新塘之下筑塘界之。塘以南与军民共利，其北惟灶户是业，争缘是得息。以其周姓，因称塘曰周塘云。"①盐利涉及国家税赋，且与周边百姓生活息息相关，因此处理好灶户与民户、种植与晒盐的关系，对本地区的社会稳定有重要意义。同时海盐的开发，不仅有利于土地的改善，也有利于消化农村富余劳动力。

绍兴北部较大规模的盐场有仁和场、西兴场、钱清场、三江场、曹娥场、石堰场，其中西兴场、钱清场隶属萧山县管辖。明清时期浙江地区的海盐制作方法一直以淋煎法为主导②，生产成本相对较低的板晒法在萧山地区并没有得到很好的推广，这与萧山地区的自然地理环境有一定的关系。民国《萧山县志》中曾提到此问题："萧境滨海，其利在盐，然盐产之盛衰，视海卤之浓淡以为断，西兴归并钱清由卤淡也。大抵萧之海卤利于灶煎，而不利于板晒，殆亦海卤强弱之有异，相沿不改岂无故。"③无论是板晒还是灶煎，都为绍兴北部沿海制盐业提供了技术上的帮助，同时也降低了该地区农田的盐碱度，为种植农作物、进一步改造沙田起到了关键性的作用。这只是改造沙田，开垦海涂的第一步，之后需要长时间的改造方可种植农作物。由于新垦的沙田土质疏松，并呈现盐碱性，十分有利于棉瓜豆类经济作物的生长。正如《沥海所志稿》中说："本乡沥海地土性质半沙半泥，塘外沙地多含卤质，故斥卤甚旺，塘内民田布种早禾木棉，间年交互种植，其余春花、斗麦、珠菽亦多，南汇沙地产瓜甚多，味较他处甜。"④在种植水稻之前，当地农民会先种植其他农作物，待土地质量改善之后，方能种植粮食作物。

---

① ［明］萧良干修、张元忭等纂：万历《绍兴府志》卷一七《水利志二·堤塘》，见绍兴丛书编辑委员会编：《绍兴丛书》（第一辑）第1册，中华书局2006年版，第821—822页。

② 参见唐仁粤主编：《中国盐业史》（地方篇），人民出版社1997年版，第337页。

③ 彭延庆等纂修：《萧山县志稿》，卷六《田赋下》，成文出版社有限公司，民国二十四年铅印本影印，第580—581页。

④ 《绍兴县志资料》第一辑《沥海所志稿·物产》，1938年铅印本，第2a页。

## 三、筑塘围涂

我们把视线聚焦到三北平原，随着平原成陆，人们开始建设池塘和圩田，逐步将耕作地向外扩展。在10世纪之前，由于沿海地带地形多变，民间根据具体情况独自堆土建堤，以此来抵御潮汐的侵袭，这些散乱的小堤如今已无从考证。而有文献记载的较大规模的堤坝建设活动，起始于宋朝庆历年间的大古塘。随着时间的推移，海涂陆续上涨，海塘也在不断扩建，直至形成今天的九堤防线。慈溪县境内建有东西走向的主要海堤共9到13条，全长超过520公里，围垦的海涂面积达到了775平方公里[①]。

图5-18　人工围涂场景（图片来源：绍兴市鉴湖研究会）

历代的筑塘和围垦活动由各自的县政府独立负责，因此不同地区的海塘建成时间、位置以及命名均有所不同，唯有大古塘和利济塘穿越了三县的北部边境。大古塘修建于11—14世纪，东起龙场乡的龙头场，西至当时的上虞县沥海地区（现上虞区沥海乡），横跨镇海、慈溪、余姚和上虞四县，全长80多公里。从龙头场延伸至周巷镇的马家路村，长达48公里，曾是沿海地区的重要防御堤坝，现在已经成为民众集中居住的地区，范市、师桥、观城、浒山、周巷等镇都位于堤坝两侧。利济塘则是在18世纪由各县分段建设而成，东起伏龙山西侧，西接余姚县兰塘乡的干墩

---

① 《慈溪县志》，1992年。

村，并与大古堤相连，全长65公里。从伏龙山延伸至建塘乡的板桥路村，总长50公里。其他海塘的建设情况则各不相同。

自1949年后，由于自然的海涂淤积和人为的促进淤泥沉积，新增了大量的可供围垦的海涂地。自1952年起，各地动员群众进行筑堤围垦，直到1987年，陆续完成了八堤、九堤的建设，共计140多公里，新增的围垦海涂面积达到110平方公里。

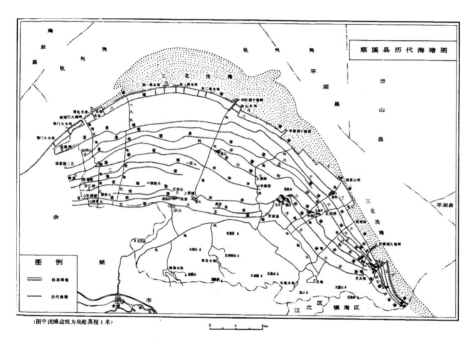

图5-19　慈溪县历代海塘图（录自《慈溪县志》1992年）

# 第六章
# 浙东运河地标性景观

浙东运河列入中国大运河遗产包括河道3段，相关遗产点5个，它们构成了具有地标功能的景观。

3段河道包括浙东运河萧山—绍兴段、浙东运河上虞—余姚段、浙东运河宁波段。没有列入遗产的运河历史水道有四十里河、姚江—甬江；运河支线包括御河（攒宫江）、十八里河、慈江—中大河、运瓷专线（东横河、快船江）、小浃江、前大河、宁波城六塘河；人工引河有蒿坝引水河；城河、内河有丰惠城内河、余姚城河、慈城城河、宁波城河。

相关遗产点是指与运河工程水运密切相关的遗产。列入运河遗产名录的5个遗产点有杭州西兴过塘行码头、绍兴八字桥、绍兴八字桥历史街区、绍兴古纤道和宁波庆安会馆。没有列入遗产清单的运河沿线风景名胜更是不胜枚举，本章涉及的浙东运河地标性质的景观超出了遗产名录清单的范围。

# 第一节　运河水道景观

水道是浙东运河景观的中枢，连通浙东运河区域。水道可分为运河本体，以及分布于运河沿线的闸坝、斗门、码头、渡口、纤道、桥梁等设施。线性的运河本体与点状的工程设施构成了浙东运河的核心区景观。

# 一、运河干线水道

### 浙东运河萧山—绍兴段

萧绍运河西起西兴街道，向东流经萧山城区，到衙前街道后进入柯桥区钱清街道与西小江汇合；再向东，通过上虞区抵曹娥江，全长78.5公里。

新编《萧山县志》载，西晋永康年间（300—301），司空贺循在会稽主持凿渠，即今萧绍运河一段，后又延伸，西至西陵，东与上虞曹娥江合流。到了唐朝，运河的渡、河、塘、站四项工程均纳入官办范畴，称为官渡（浙江渡）、官河（运河）、官塘（纤道）、官站（驿站）。南宋迁都临安（今杭州）后，为漕运需要，曾多次整治、疏浚西兴至萧山段河道，乾道元年（1165）又开挖西兴至江边段新河，因有北海塘相隔，未与钱塘江接通，现与北塘河相连；乾道三年（1167），又募人疏西兴至大江沙河20里，浚闸内运河13里；嘉定年间，萧山县令汪纲主持西兴通江段工程的疏浚，并在通江口建了节制闸，又在萧山西门外"创庐一所，名曰施水"。此后，运河又经过多次疏浚，其主干河道基本稳定。

图6-1　西兴运河萧山段

图 6-2 西兴运河钱清段

图 6-3 西兴运河柯桥段

图 6-4 绍兴城内河

图 6-5　山阴故水道西段

### 浙东运河上虞至余姚段

上虞段大运河属浙东运河，西从东关街道担山村入境，东至驿亭镇长坝入余姚，中间沟通曹娥江，包括萧曹运河（浙东运河杭州萧山—绍兴段）和虞余运河（浙东运河上虞—余姚段）二段河道及古纤道一处遗产点，全长 26.4 公里。

虞余运河旧名马渚横河，起于绍兴上虞百官街道赵家村曹娥江边，止于宁波余姚斗门即虞余运河与姚江相交处，总长度约 25 公里。宋嘉泰《会稽志》有记载，虞余运河是沟通曹娥江和姚江的重要河段。上虞段大运河在宋代进入黄金时期，它成为浙东地区水路干道，促进了两岸城镇的发展繁荣。元明清时期，这段运河得以继续沿用并保存至今。2013 年 3 月，上虞段大运河被国务院公布为第七批全国重点文物保护单位。

图 6-6　山阴故水道东段

图 6-7　虞余运河上虞段

## 浙东运河宁波段

第一段为浙东运河宁波段，从五夫升船机至曹墅桥。

这段运河是沟通曹娥江和姚江的运河河段，历史上对促进沿线城镇的繁荣发挥了重要作用，至今仍保留着运河两岸村镇相依的自然风貌。这段运河始建于宋代（10—13 世纪），是利用当地的湖泊沼泽，经人工整理后形成的运河。现为六级航道，平均宽 22 米，水深 1.5 米。

第二段为大运河（宁波段）。

余姚市丈亭镇位于姚江和慈江的交汇处，是浙东运河宁波段的起点。位于宁波境内的浙东运河宁波段，横贯宁波北部，全长 133 公里，经由余姚、江北、海曙、鄞州、江东、北仑、镇海等地。运河由姚江、甬江、慈江、刹子港、杭甬运河等河道组成，是全国第七批重点文物保护单位。这

图 6-8　虞余运河宁波段

是运河文化与海上丝绸之路文化沟通的通道。自然江河与人工塘河并行结合、复线运行、因势取舍，是宁波段运河的一个重要特征。历史上对宁波运河航运情况的记载，比较详细的要数朝鲜人崔溥所写的《漂海录》。

图6-9　姚江

图6-10　慈江

图6-11　慈江—刹子港

## 二、支线及复线水道

### 御河（攒宫江）

亦称攒宫江，位于东湖村董家堰—皋埠攒宫村埠头，是南宋时开凿的运河，目的是将南宋帝王棺椁从临安运到皇陵，长5.5公里。御河上有5座陵桥，为陆路通宋六陵而铺设。

图6-12　御河

### 人工引河蒿坝引水河

从上虞曹娥街道萧绍海塘—白米堰村萧曹运河，工程引曹娥江水入平原河网，意在"俾内河水常有余，应宿（闸）不至久闭，得长流以为出口刷沙之用"。现河道仍在，闸已不用，无引水作用。

图6-13　蒿坝引水河

### 四十里河

始于梁湖堰，流经丰惠镇到通明堰入姚江，再东由永和镇安家渡村流入余姚境，全长约 23 公里，平均宽 18 米，水深 1.3 米。始建于西晋，古称运河。南宋高宗时，整治河道，四十里河与萧绍运河连接，浙东运河自萧山经绍兴、上虞、余姚至宁波，全线贯通。

2004 年，杭甬运河拓宽改造，此段按四级航道标准建设，设计水深 2.5 米，底宽 40 米，2007 年通航。

图 6-14　四十里河梁湖段

### 十八里河

位置在丰惠城西二里西黄浦桥—郑监山堰—余姚江江口北岸江口坝。永乐九年（1411），鄞人郑度开十八里河直抵江口坝（下坝）入余姚江，永乐后官民船皆走十八里河。元代以后，浙东运河地位下降，但是仍有修

图 6-15　十八里河

缮，维持航运功能。明代修建了十八里河，作为四十里河丰惠以东段的复线，曾经作为运河主航道，目前航运功能已减弱，长1公里。

## 姚江—甬江

由西向东从余姚、宁波穿过，至镇海甬江口入海（杭州湾南岸），航段全长106.6公里。姚江、甬江与奉化江在宁波三江口交汇分界。姚江为杭甬运河4级航道。原为潮汐河，如果连续晴20—30天，海水逆河而上可抵丈亭，连续晴40天，海水可抵上虞的通明。海水退潮时，水流湍急。1959年建设姚江闸后，姚江闸之上的姚江河段成为内河。境内上游相对平直，江面一般为50米左右，水深2.5米；下游江面开阔，河道多曲折，宽度一般为100—150米，最宽处可达250米，水深5米左右。境内姚江干流原长86.16公里，历经数次裁弯取直，现河段长约81公里。

甬江是潮汐河，潮汐属不正规半日期潮型，一天有两个高潮和两个低潮。甬江河道底坡平缓，长期比较稳定。

图 6-16　姚江

图 6-17　甬江

### 慈江—中大河

从慈城夹田桥向东至镇海，长 30 公里。慈城至镇海段，杭甬运河乙线，目前航运功能已减弱。

图 6-18　中大河

### 运瓷专线（东横河、快船江）

自余姚向北、向东直通慈溪市上林湖越窑遗址并通往海港，长 52 公里。由东横河、快船江组成，有余姚直达上林湖越窑遗址的运瓷专线，并通往海港。

图 6-19　运瓷专线快船江

### 小浃江

自五乡育王向东北镇海甬江口，长 23 公里。目前航运功能已减弱。

图 6-20　小浃江

## 前大河

位于甬江北，镇海西南，长 6 公里。甬江前大河，古称夹江河，又称颜公渠，甬江镇海段复线。

## 宁波城六塘河

以宁波古城为中心向周边辐射，长度合计 67 公里。宁波城周边南塘河、中塘河、西塘河、后塘河、前塘河，以及姚江、奉化江、甬江、月湖等与城河系统沟通，共同形成了宁波三江平原的核心水系，被人们形象地归纳为"三江六塘河，一湖居城中"。

图 6-21　后塘河

图 6-22　前塘河

图 6-23　西塘河

图 6-24　中塘河

# 三、运河世遗点

## 杭州西兴过塘行码头

西兴过塘行码头位于钱塘江南岸的西兴古镇，历史上曾是两浙门户，交通发达、地势险要，自古为"浙东首地，宁、绍、台之襟喉"。西兴的历史可上溯至春秋时期。越国大夫范蠡在此筑城拒吴，史称固陵，六朝时称西陵。吴越王钱镠以"陵"非吉语，改西陵为西兴至今。古时候的西兴万商云集、市容繁华，出现了专替过往客商转运货物的"转运行"，也叫"过塘行"。南北客商、东西货物都需在此中转，故过塘行布满西兴。过塘行是西兴商业全盛时期的标志。全盛时期，西兴拥有七十二爿半过塘行。

西兴地处浙东运河的北端，浙东运河隔钱塘江，与对岸江南运河南端运口遥遥相望。西兴运口段水道受泥沙淤积影响变迁频繁，西兴运口过塘行码头是钱塘江口东岸水道变迁、运河水运兴衰的历史见证。

图6-25　浙东运河西兴浙东第一台图
（引自万历《萧山县志》）

图6-26　西兴过塘行码头

## 绍兴八字桥

位于绍兴城区八字桥直街东端，处广宁桥、东双桥之间。其作为我国最早的"立交桥"，据嘉泰《会稽志》记载，始建于南宋嘉泰年间（1201—1204），南宋宝祐四年（1256）重建，"两桥相对而斜，状如八字，故得名"。八字桥附近一带，古民宅保存较为完整。2001年6月25日，八字桥列入第五批全国重点文物保护单位。

桥以石材构建，结构造型奇妙，八字桥陆连三路，水通南北，南承鉴

湖之水，北达杭州古运河，为古代越城的主要水道之一。这里位处三街三
河四路的交叉点，桥呈东西向，为石壁石柱墩式石梁桥，三向四面落坡，
共中二落坡下再设二桥洞，解决了复杂的交通问题。

　　桥面条石并列，长 4.85 米，桥高 5 米，净跨 4.5 米；桥面宽 3.2 米，
桥东西长 27 米；桥东的南北向落坡各为 12.4 米、17.4 米，桥西的南向落
坡为 14 米，西南落坡 17 米。

图 6-27　八字桥

### 绍兴八字桥历史街区

　　位于绍兴古城东北部，北邻胜利路，南至纺车桥，西临中兴路，东靠
环城路，面积约 31.94 万平方米。

　　八字桥历史街区是绍兴古城街河布局的典范，街区内有稽山河和都
泗河两条河道，成丁字形。其中稽山河为城东部主干河道，全长 2300 米。
都泗河为浙东古运河沟通城内外之通航水路，全长 600 米。八字桥水街为
"一河两街"，八字桥与河道两旁恬淡素雅的民居十分协调。广宁桥一带则
为"一街一河"（"前街后河"）和"有河无街"，有着众多的文物保护单位
及有价值的传统民居。在八字桥附近有东双桥、广宁桥两座古桥与其相互
映照，堪称水城一景。位于都泗门的龙华寺，始建于南朝宋元嘉二十四年
（447），江总名篇《修心赋》描述了龙华寺环境和寺中清幽生活："寺域则
宅之旧基，左江右湖，面山背壑，东西陵跨，南北纤萦。聊与苦节名僧，
同销日月，晓修经戒，夕览图书，寝处风云，凭栖水月。"今存大殿，坐

北朝南，三开间，硬山顶，屋脊已残，系清代建筑。马家台门建筑体量雄伟，抬梁穿斗结构完整，现为绍兴市市级文保点。曹家台门、赵家台门、姚家台门等也各具特色。八字桥以西亦有一座教堂，兼有罗马式与巴洛克的风格，为绍兴市文物保护单位。

图6-28　八字桥历史街区

### 绍兴古纤道

　　古纤道位于绍兴境内浙东运河绍兴至萧山段，唐元和十年（815）观察使孟简所建，又名官塘、运道塘。它卧伏于西兴运河，是萧绍运河上的一大奇观，所用材料皆为青条石、青石板，因有"白玉长堤"之称。

　　明弘治年间、清康熙年间均曾重修。1983年与1989年再行修缮。其中自阮社太平桥至钱清板桥之间，在长达数里的河道中建造多孔低梁桥连接而成，形若铁链。以条石平砌作桥墩，每孔桥面直铺三块巨形石板，道宽1.5米，孔跨2米，两旁临河，贴近水面，景色奇丽。内有一段长502

图6-29　绍兴古纤道

米，149 孔，另一段长 377.4 米，112 孔，均保存完好。此纤道历史久远，形制独特，为国内所罕见。

### 宁波庆安会馆

庆安会馆位于浙江省宁波市区三江口东岸，为甬埠行驶北洋的舶商所建，始建于清道光三十年（1850），落成于咸丰三年（1853），既是祭祀天后妈祖的殿堂，又是舶商航工娱乐聚会的场所。庆安会馆是中国八大天后宫和七大会馆之一，又是江南仅存二处融天后宫与会馆于一体的古建筑群之一。2001 年 6 月，庆安会馆作为清代古建筑，被国务院公布为第五批全国重点文物保护单位，现改建为全国首家海事民俗博物馆。

天后，又称天妃、天上圣母，民间俗称妈祖，是中国沿海百姓崇拜的海神，宁波与妈祖信仰关系密切。北宋宣和五年（1123），宋徽宗为妈祖钦赐"顺济"庙额后，使妈祖信仰借助明州港而获得朝廷认可，并使其影响从地方扩大至全国。

图 6-30　庆安会馆

# 第二节　运河如练

## 一、白玉长堤

镜中看竹树，人地总神仙。

白玉长堤路，乌篷小画船。

有山多抱墅，无水不连天。

朝暮分南北，风犹感昔贤。

　　清代诗人齐召南在《山阴》诗中赞美绍兴古纤道为"白玉长堤路"，描绘出"舟船辐辏、纤道蜿蜒、鉴水如镜、水天一色"的画卷。古纤道，又称官塘、运道塘、纤塘路，自西向东横亘百里，沿浙东古运河而行，是运河与天然河流交汇的工程设施，是古人行舟背纤为行船提供动力和缓避风浪的通道，是运河航运的重要辅助设施。自西晋西兴运河凿成即现雏形，唐元和十年（815）进行大规模浚修，浙东观察使孟简修建绍兴西郭

图6-31　古纤道柯桥段

门外至萧山方向的"运道塘"，既保证了运河本身的安全，也便于过往于运河的船只牵引。《新唐书·地理志》卷四一有关运道塘（纤道）记载"北五里有新河，西北十里有运道塘，皆元和十年观察使孟简开。"嘉泰《会稽志》卷十有关运道塘（古纤道）记载"运道塘在县西北一十里，唐《地理志》云：元和十年，观察使孟简筑"。明弘治年间改用石砌纤道，形成现有规模。

古纤道共 150 里，自西向东沿浙东运河而行，大部分即为运河堤岸。现存的杭州萧山官河纤道、绍兴古纤道（柯桥段）、绍兴古纤道皋埠段、绍兴上虞古纤道、宁波牟山湖段纤道等五段保存较好。其中绍兴古纤道（柯桥段）保存最为完整且最具有代表性，全长 7.7 公里。1988 年 1 月，作为我国水利史上的一大奇迹，被列为第三批全国重点文物保护单位；2014 年，中国大运河入选世界文化遗产名录，绍兴古纤道被列为世界文化遗产点。它是世界文物孤本，是江南水乡文化的精致标本。

浙东运河古纤道，静卧运河水面，或两面临水，或依运河堤岸而筑，它们相互间隔，互相衔接。沿途石桥错落，设计科学，结构精巧，工程浩繁，宛若一条水上飘带，堪称我国水工建筑的典范。

根据纤道形式，纤道可分为双面临水纤道与单面临水纤道。双面临水、破水砌筑的古纤道，多在水深河宽的地方，有实体纤道和石墩纤道两种，路面宽 2.5 米左右，路基一般高 2.7 米，是古纤道全程体量最大的一段。纤道路基砌筑方法一般有实体砌筑和石墩上架石梁平桥式砌筑两种，一种采用大条石一顺一丁砌筑，层层上叠，另一种墩与墩之间上架三根石梁，并列铺成。主要遗存如下：

绍兴古纤道（柯桥段），大部分为运河南堤。纤道连续延展，局部路基平面呈"S"形，在赋予纤道活泼柔和美感的同时，也可以缓解和抗御风浪对本体的冲击。

渔后桥古纤道位于绍兴钱清镇联兴村渔后自然村，东西向横跨浙东运河支流大湾，清代建筑。纤道全长 183 米，双面临水，共 30 余孔，每孔跨度 2—5 米不等，平均跨度 3.6 米，纤道路面通体以每孔二块石板平铺而成。纤道东端设单跨石梁桥一座，桥名即为渔后桥。

图 6-32 渔后桥纤道

　　单面临水纤道依运河岸而筑，即运河堤岸，路基由条石砌筑和纯以土埂为路两种，这类纤道路基砌筑方法有三种，一种用条石错缝横平砌间丁石，层层上叠，一种采用"一顺一丁"之法垒叠，一种朝运河侧面多为石板竖砌，石板与石板间施丁石榫卯牢固，上均横铺石板。主要遗存如下：

　　官河纤道，位于西兴至衙前的官河沿线，为运河南堤。长达数十公里，整体保存一般，局部有破坏，部分岸线现作为步行道使用。现保存较好的为新塘街道和平桥村之间一段，长 3 公里。

图 6-33 官河纤道

　　绍兴古纤道皋埠段，位于绍兴皋埠镇独树村与樊江村之间，全长约 5 公里，为浙东运河北堤。

　　绍兴上虞古纤道，位于上虞东关、曹娥两街道间，全长 10.7 公里。部分为运河北堤。

图 6-34　皋埠段纤道　　　　　　　　　图 6-35　上虞段纤道

　　宁波牟山湖段纤道，位于余姚牟山湖，全长 3—4 公里，部分为土堤。

　　纤道上还点缀着石桥 40 余座，它们形式多样，各具千秋，构造讲究，是古纤道不可分割的组成部分，具有较高的历史、艺术、科学研究价值。浙东运河与古纤道由西向东穿越古城与历史文化街区，水陆交汇的节点需要处理立体交通的问题，所以少不了横跨运河、一端接纤道的大中型石桥，如始建于明万历四十八年（1620）的太平桥，清咸丰八年（1858）重建，横跨浙东运河与古纤道，南北走向，由一孔拱桥和八跨梁桥组成，全长 40 米。有些纤道甚至在桥拱内侧通过，如单孔石拱融光桥，南北向，横跨浙东运河与古纤道，全长 15.5 米。有些石墩纤道多贴近水面，能起到调节水源和灌溉的作用。如果多加注意，连续贴水的纤道局部会有座桥，主要为安全考虑。若来往船只遇到较大风浪，便必须通过与纤道平行的凸起的拱桥、梁桥，从而安全地进入浅水区躲避。古纤道与桥梁所用石料，萧山段与柯桥段大多采用羊山石，它的石质坚韧，略显红色。明清两代，山阴、会稽北部所建塘闸、道路也用羊山石。绍兴古城至东关段则以东湖石为主，其石质地坚硬，呈灰白色，多红色或蓝色斑点。

　　唐时，江南经济空前繁荣，越州的造船业相当兴盛。当时，朝廷和官府所需的"大船""楼舰"有不少出自越州。然而，浙东运河段水深河宽，负重之舟逆流而行，常被风涛所阻，影响了船只的正常行驶。唐元和十年（815），时任浙东观察使孟简深感改善航运事业为当务之急，于是在城西筑起了一条行舟背纤的土堤型纤道——运道塘。运道塘成为古纤道形成阶段的最初形式。由于土堤型纤道"骤雨辄倾，水溢害稼，且病行李"，明时遂改用石砌。之后，历代维修不断。既有官修，又有民间捐修，在地方志和碑刻中多有载述。嘉庆《山阴县志》"官府建修纤道"记载："官塘在县西十里，自西郭门起至萧山县，共百里，旧名新堤，即运道塘。唐元和十年，观察使孟简所筑。明弘治中，知县李良重修，甃以石。后有僧湛然修之。国朝康熙年间，邑庠生俞国瑞倡修，首捐资产，远近乐输万余金，数年工竣。"说明唐、明、清三朝都有官修、民修纤道。1947年，绍兴设立修筑官塘委员会，针对古纤道年久失修、多处倾圮的现状，开展大规模古纤道修缮工作。修建碑记嵌在今阮社桥和荫毓桥桥台边墙上。新中国成立后，地方政府更是大修古纤道，把保护放在首位。据统计，自1995年以来，文物部门已整修被撞石墩45只，添补石梁38根，复原石梁200余根，再现了古纤道"长虹卧波"的风姿。民修方面也有许多记录。民国《绍兴县志资料第一辑》"民间善士修缮纤道"记载，"冯士毅，字再可，山阴柯桥人，隐于市肆而乐善好施，镇之南岸，东西官塘一带，绵亘数百里，日久倾仄，行者苦之。士毅先自捐金若干，与二三同志协力修复"。阮社乡绅章文镇、章彩彰兄弟以经营酒坊为业，生平乐善好施，曾于清光绪九年（1883）出资重修"太平桥至板桥所有塘路及玉带桥、宝带桥，共计281洞"。现在我们漫步在纤道上，还能见到纤道基础侧面石板镌刻的民间捐修纤道史料。

浙东运河上的古纤道如水上长城，给人以美的享受。路、桥、水、船、码头、古亭浑然一体，是一幅绝妙的风景画。纤道不仅有挡潮、蓄淡、人工背纤功能，还有灌溉的功能。随着东汉鉴湖新建，桥、闸等逐渐采用石材。唐代时，古纤道大规模采用石塘路。南宋时，行都临安的粮食通过运河运输。当时古纤道不仅是条背纤路，还成为航运动力。浙东运河原来的蓄淡功能弱化，行洪排涝功能、航运功能得到强化。宋代以后，浙东运河的区域性运河功能不断增强。清代时，这条运河在整个国家中的地位更为重要。乾隆帝、康熙帝时，都是沿着运河而来。绍兴古运河的航运功能、南北向行洪排涝功能、东西向水资源调配功能、农业灌溉功能不断加强。

现在浙东运河宁波段的古纤道留存较少。萧山境内的古纤道保护现状也不容乐观。原本姑娘桥和行头村社区一段的古纤道保存最为完好，现已被浇了水泥，令人惋惜。大运河列入世界文化遗产名录后，今天的古纤道如何保护、利用、传承，是亟需回答的问题。

## 二、万牛回首

北宋末叶，蔡肇曾记载了他从杭州经越州到明州的运河行程是"三江重复，百怪垂涎，七堰相望，万牛回首"。

这句诗描绘了运河壮丽的景象和繁忙的运河交通场景。"三江重复"指的是运河沿途的三条重要江河，是指钱塘江、钱清江（西小江）和曹娥江交汇。这里的"重复"意味着江河交错重叠，形成了复杂的水网。"百怪垂涎"指沿途看到的各种奇异景观或事物，足以让人称奇，说明越中山水的景色迷人，这里用夸张手法描绘沿途丰富多彩的奇特景象。"七堰相望"则指西兴堰、钱清北堰、钱清南堰、都泗堰、曹娥堰、梁湖堰及通明堰。"万牛回首"指过堰小者挽纤、大者盘驳，主要依靠老牛负重、盘旋回首，形成一条运河风景线。

图6-36　20世纪初水牛拖船过堰（绍兴市鉴湖研究会）

位于余姚牟山镇新东吴村关帝庙北侧的马家堰还能看到牛绞盘的影子。为调节水量兼作闸桥的古堰，原为泥堰。清同治七年（1868），当地村民改建为双口石堰，置木板闸，兼可通行人。古堰坝起到泄洪、防旱、蓄水、灌田、航运、交通等多种功用。2010 年 11 月，余姚市文物管理委员会将马家堰列为余姚市级文保点。

昔日马家堰因地处三镇交会，堰坝河港通衢而兴为闹市，粮店、油坊、百货店及旅店、饭馆，沿一河二街，门庭若市，仅酒坊就有昌盛、日兴、新泰丰等数家。名宅有积庆堂、申禄堂、余庆堂、春泽堂等。可以想象，昔日的马家堰充满了浓厚的市井气息，仿佛是一幅缩小版的《清明上河图》。

图 6-37　马家堰现状图

## 三、浪桨风帆

越人"以船为车，以楫为马"。越王勾践以"戈船""楼船""乘舟"和"习流"组成的水军，以水战为主击败吴国。秦汉至宋，越地为我国重要造船基地之一。东汉建成鉴湖后，溉田九千余顷，千村有楫，百里无波，遂成著名水乡。晋代开通浙东运河，从此，津通漕输，舟楫辐辏，浪桨风帆，千艘万舻，历千余年而不衰。许多诗人描绘在浙东运河乘舟航行的景观，如唐孟浩然《渡浙江问舟中人》："潮落江平未有风，扁舟共济与君同。时时引领望天末，何处青山是越中？"清周师濂诗《西郭夜归》："一驿蓬莱古渡头，夕阳西下送归舟。水心灯乱鱼虾步，港口风吹鼓角楼。东浦万家村酿足，高桥十里暮帆收。故乡我幸经行惯，不是人间浪出游。"古代驿站为官办之接力式通信运输机构，专司传达朝廷诏书、奏报地方文书及进呈贡物等职责。每驿派有驿丞，配置驿吏，雇用驿夫，址建有驿舍，备有舟车，供过往官员之需。自秦汉始，会稽境内已有驿、铺之设，延至唐宋，绍兴已成为浙东之漕运与驿运中心。沿古运河两岸专设钱清、柯桥、蓬莱、东关、曹娥等水驿，依次相连，深具特色，在我国水运史上留下重要一笔。蓬莱水驿为当年绍兴最大之水驿，有门楼、正厅、穿堂、后堂等二十余间。至清乾隆年间，配有船十五艘，水夫一百十名，仍具相当规模。此后随着交通条件之改善，水驿渐趋裁撤而不存。

### （一）乌篷画船

唐代鉴湖诗，不但写湖山之美，更把人写入其中。清代诗人齐召南在《山阴》诗中有名句："白玉长堤路，乌篷小画船。"此后多为人引用。现代摄影家多以此拍摄水与乌篷小船，鉴湖水和乌篷船似乎代表了绍兴水乡特色。但应该看到，齐召南在世所见古鉴湖早已荡然无存。

图 6-38　绍兴乌篷船（图片来源：《亚细亚大观·亚细亚写真》，大观社编，1928—1932 年）

乌篷船主要在运河内河航运，其中有一种船只如小画舫大小，鲁迅小说《阿 Q 正传》[1]"有一只大乌篷船到了赵府上的河埠头"，便是指此

①　鲁迅:《鲁迅全集》第一卷《呐喊》，人民文学出版社 2005 年版。

种船。船身上绘有图案，船头上雕刻着叫"鹢"的动物。传说"鹢"居于海，性嗜龙，龙见而避之，故造船者将其画雕于船头，使龙不敢兴风作浪，以求平安航行。鲁迅幼时就见到这种"三道明瓦窗的大船，已经泊在河埠头，船椅、饭菜、茶炊、点心盒子，都在陆续搬下去了"，并坐这种船到东关去看"五猖会"。"明瓦"就是指两扇"定篷"之间的一扇活动篷，上面嵌有径约一寸的半透明蛎壳片，既可采光，也可遮阳避雨，有"三明瓦"至"六明瓦"不等。这种大乌篷船较高大，篷高可容人直立，船宽可以置桌椅，供人娱乐、饮宴。

### （二）木质船型

以下不同船只的营业分工，可以满足各种商运需求，为水乡人们的生产和生活提供交通便利。

**独木船**　是用独根树干挖成的小舟。新石器时期，为河姆渡人捕捞海洋生物及运送少量物品的主要水上交通工具。

**唐船**　明州（今宁波）所造的载重 500—1000 斛的海船。在制作工艺上已使用油灰和船钉，是唐代明州港行驶沿海的主要货船。

图 6-39　唐船图

**海船**　北宋时期明州港行驶沿海货运航线的船种之一。载重量约 2000 斛，船型上阔下尖，"其面阔三丈，底阔三尺，利于破浪"。

**宋船**　系明州制造的沿海货运船舶。船型"采用小的长宽比，并配合以瘦削的型线，舱室采用'水密舱壁'，船体吃水线以下两侧设有'舭龙骨'，以减轻船舶摇摆"。宋船大小不一，凡 600 斛上下宋船，一般分 9

舱，置 3 桅。

**漕船** 多属平底沙船型，大者可载万斛，中者可载粮千石，为沿海运粮之用，又称"漕运船"。

**海漕船** 是一种尖底的三桅帆船，艏艉不分，两头各置一舵两桨，前后对称，上盖望楼，载重在 1000 斛上下。

**沙船** 明代多为"北帮"商号所经营之船舶。船型平底，小平头，艉部出艄，舭部有梗水木。身长而扁，吃水浅，稳性好。大号船长 10 丈，宽 1 丈 8 尺，设 4 桅，可载粮 1500 石。

**福船** 明代"南帮"商号所经营之船舶。大福船"底尖上阔，艏昂艉高，舱楼 3 重，中设 4 层，下层装土石压舱，2 层为住舱，3 层为操帆及餐事场所，中置水柜，左右开 6 门，4 层为露台，旁设翼板。"

**夹板船** 清代中期行驶沿海的主要货运船舶之一。分东洋夹板和西洋夹板船。大者"长七丈四五尺，宽二丈三四尺"，小者"长六丈有零，宽二丈有零"。

**宁波船** 又称"三不像""橹蛋船"，载重 6000—10000 担。

清代后期至民国期间，行驶宁波沿海货运航线的船舶还有绿眉毛（载重 15 吨）、温州白点（载重 10—20 吨）、六横雄鸡头（载重 10—15 吨）、温州小白点（载重 15 吨左右）等船型。

20 世纪 50 年代，营运宁波沿海货运航线船舶仍以木质船为主。载重 100 吨左右的木帆船大都配备柴油发动机，为机动货船。货船最大载重为 500 吨，后减至 400 吨。1958—1968 年的 11 年间，国营航运企业行驶浙江沿海的木质机动货船，最多时有编号"浙海 502""浙海 503"至"浙海 517"，共计 16 艘。

图 6-40　宁波船

# 四、千古名桥

## （一）运河桥梁景观

无桥不显水，无桥不成市，无桥不成路。桥梁的功能是跨越、联通。普通意义上的桥梁是跨越江河、联通道路的联路工程。对于运河来说，桥梁的存在是必不可少的。浙东运河上不仅古桥众多，且桥梁形式多样，用"古桥卧波"描述浙东运河，名副其实。

现存的明、清、民国老地图中，除了山川河流、府衙贤祠，浙东运河沿线有别于其他运河的一个重要特征就是廊道内桥梁特别密集。康熙南巡图第九卷，描绘的是康熙第二次南巡从钱塘江上岸，沿浙东运河途经西兴、萧山县、柯桥镇、绍兴府城直至大禹陵祭祀的场景。长卷中除描绘当时社会经济场景外，给人留下印象最深的就是那一座座形态各异、轻盈俊秀的石桥。乾隆南巡图第九卷，描绘的是乾隆帝第一次南巡拜谒大禹陵的场景。相较康熙南巡时代，江南的社会经济经过数十年的恢复，愈加繁荣，乾隆长卷对细节的刻画更为精致，石桥的类型也更多。

这些精美的石桥是江南地区各个历史时期科技水平的综合体现。根据唐寰澄先生所著《中国科学技术史·桥梁卷》对古桥结构类型的分类，绍兴古桥群涵盖了除"并列榫卯砌筑拱桥""镶面纵联砌筑拱桥""框式纵联砌筑拱桥"外的全部类型。其中有不少结构类型为适应绍兴地域特色的发明创造。"因水而有桥，因桥必有景"，在绍兴旖旎风光的山水长卷中，古桥是不可或缺而又引人入胜的一笔。绍兴古桥所特有的环境布局美、结构装饰美和桥楹诗文美，构成了特有的水乡交通景观，被誉为"垂虹玉带门前来，万古名桥出越州"。

绍兴古桥群历经沧桑，其中年久的已矗立千年，见证了漕运兴废、城市兴替，能保存到今天，实属不易。保护好绍兴古桥群，不仅仅是保护古桥的实物遗存，也是对整个绍兴水城历史、文化、记忆的传承。

## （二）古桥景观

宁绍平原河网河道密布，湖泊众多。古桥是运河上的节点，分布于大运河正河河道之上，或位于其支流水系上，加快了地区间经济文化的交流。这些古桥不仅有行船、牵引、人行等各种交通方式立体交汇的要求，还有审美的需要，体现了桥梁的营建技艺和艺术水准。

### 梦笔桥

萧山区中心的文化路上，一座古朴的石拱桥静卧在城河之上，这就是被当地俗称为"江寺桥"的梦笔桥。它的历史可以追溯到南朝齐时期，大约建于479年至482年间，其名字源自文学家江淹的著名故事"梦笔生花"。该桥到清代重修。如今的梦笔桥全长14.5米，宽2.5米，拱孔的跨径为5米。精心排列的纵向联结石节，一块挨一块紧密相连，共同构成了这座古桥的坚固脊梁。

图6-41　梦笔桥

### 回澜桥

位于萧山城东，南北走向，跨于城河（萧绍运河）之上。单孔石拱桥，孔呈环洞状。桥长21.4米，面宽3.8米，跨径8.8米。拱圈以纵联分节并列砌成。桥面平，两端各设踏跺21级。桥上两侧各有栏板9块，末端设抱鼓石，以望柱间隔。金刚墙立柱镌刻有楹联："半市七桥足证东土人烟聚，一河六港汇使南流地利兴。"回澜桥保存完好，现仍在使用。

图 6-42　回澜桥

## 太平桥

太平桥位于柯桥区阮社，横跨大运河，古纤道从太平桥下穿越。始建于明万历四十八年（1620，董宏度捐建）；清乾隆六年（1741）、清道光五年（1825）重修；现桥为清咸丰八年（1858）重建。桥长约60米，宽2—3.5米，桥拱矢高约5米，是绍兴最具代表性的大型拱梁组合桥梁。

北侧梁桥：长约40米，邻拱桥的三跨石梁桥从南到北逐级下降高差约0.5米，跨径由南至北分别为4.9米、4.5米和3.4米，由3—4根石梁拼就；其余五孔低于第三孔梁桥0.4米，分布在同一平面上，每孔跨径约3.2米，桥面通宽约2.1米，外围并有垂带石。

南侧拱桥：长21米，拱券半圆形，纵联分节并列法砌筑，拱券净跨约9米，矢高5.1米，拱桥内顶龙门石雕有蛟龙，南侧拱脚内为古纤道；金刚墙、桥墩以条石错峰叠砌，桥面石板漫铺，通宽3.5米。拱桥两端设栏板、望柱及抱鼓石，以各种祥纹、图案雕饰，南端落坡中设平台，台璧镶嵌修桥碑记4通，平台东西设落坡踏跺，北端落坡平台接梁桥。

图 6-43　太平桥

### 融光桥

融光桥位于柯桥街道大寺社区柯桥历史文化街区内，横跨大运河之上。融光桥始建于宋代，系单孔石拱桥，是柯桥的历史地标之一。融光桥全长 22.4 米，桥台以条石错缝顺丁叠砌而成，拱券以八横九联并列分节砌筑而成，净跨 9.8 米，矢高 7 米。拱顶置龙门石三块，上有深浮雕盘龙图案。南北桥堍设踏跺落坡，台阶自上而下呈喇叭状。

图 6-44　融光桥

### 泗龙桥

泗龙桥位于绍兴城西，东浦镇鲁东村南，横跨七亩基河上。始建年代不详。现桥由三孔半圆联拱桥与二十孔（四孔封堵）石梁桥组成，是绍兴现存的水面跨度最长、拱梁一体的石桥之一。南宋《嘉泰会稽志》、明《万历绍兴府志》《嘉靖山阴县志》、清《嘉庆山阴县志》《康熙绍兴府志》等文献都有记载。现存桥梁为民国二十三年（1934）修缮。

泗龙桥为南北跨向拱梁组合石桥。拱桥为 3 孔半圆孔，桥面长 7.9 米，净宽 2.1 米，桥南置 21 级石台阶，台阶长 8 米；桥北置 18 级石台阶，台阶长 6.8 米。中孔净跨 5.6 米，孔高 3.25 米；边孔净跨约 4.5 米，孔高各为 2.65 米。拱券为纵联分节并列砌筑。桥上有龙头长系石 2 根，间壁上刻有楹联，东为"建近千年路达南北，名驰廿眼水通西东"，西为"登新阶级高接梅峰，整旧规程前承鉴水"。拱桥南端落坡处接 16 孔平梁石桥，跨径为 2—5.4 米，孔高为 0.95—1.25 米不等。

图 6-45　泗龙桥

### 光相桥

光相桥位于绍兴城区上大路河（城内运河）上。元代单孔石拱桥，因桥畔原有光相寺得名。据历史文献记载，为绍兴城中最早的石桥。桥始建于东晋，宋《嘉泰会稽志》有记载，明隆庆元年（1567）又有修缮。清《越中金石记》录入了光相桥元代重建题记。1981年桥面栏板和望柱又有维修。

桥全长29.29米，桥面宽6米，桥南置23级台阶，长约12米，桥北置21级台阶（2级台阶损坏），长约10.7米，拱券条石纵向分节并列砌筑，拱石上镌莲花座图案，上刻"南无阿弥陀佛"和"至正辛巳重建光相桥"等。桥上置实体栏板和覆莲望柱，古桥北端西首一根莲花瓣望柱上刻"隆庆元年吉日重修"字样。

图 6-46　光相桥

### 题扇桥

题扇桥位于绍兴古城蕺山历史文化街区。据《嘉泰会稽志》记载,题扇桥始建于宋朝以前,清道光八年(1828)重修,横跨绍兴古城内环城河,为单孔半圆形石拱桥,桥拱为纵联分节并列砌筑,桥体已被植被覆盖,看不到拱券内顶是否存在原记载的龙门石刻。

桥长 18.2 米,宽 5.4 米。东西各设踏跺 19 级,均有侧脚,宽 0.76 米。上置实体栏板,下接抱鼓石,抱鼓石高 0.71 米,厚 0.21 米,雕饰卷草纹。

图 6-47　题扇桥

### 广宁桥

广宁桥位于长桥直街东侧,南邻八字桥,在八字桥历史文化街区内,横跨漕河,呈南北向。桥始建于南宋之前,为七折边单孔拱形石桥,全长60 米,用材硕大。桥拱下有纤道,桥上栏板饰云头子,与覆莲望柱、锻锦望柱勾连,是明清时期绍兴地区多边形拱券结构桥梁的典型做法。

图 6-48　广宁桥

### 泾口大桥

泾口大桥位于越城区陶堰镇泾口村，横跨浙东运河。始建不详，清乾隆《绍兴府志》有载，推测应为明代，现桥为清宣统三年（1911）重建，桥长约45米，宽约3.5米，拱高约6米，是国内罕见的三孔马蹄形拱桥。

北侧拱桥，马蹄型、薄形桥墩，长29.5米，拱高约6米，中孔净跨6.3米，两侧孔净跨均6.1米，拱券为纵联分节并列砌筑，拱券顶券脸石刻字已模糊不清，拱券内顶龙门石雕刻鹿、麒麟等图案，北孔内北侧沿河设有约1.2米宽纤道，桥面宽约3米。拱桥两侧置有石栏板及望柱，栏板正反面刻有雕刻梅花、万年青、绞丝纹、绶带、菱纹、博古纹等吉祥图案，栏板尾部置卷花石抱鼓，柱头雕饰莲瓣、雌雄蹲狮（12只）。拱桥中孔东西两侧饰兽首（狮头）长系石，间壁阴刻楷书桥联，东面为："利济东南通铁道，长留文字壮陶山。"西面为："夹泾长虹横白塔，一帆沙鸟度红桥。"桥名石上阴刻"泾口大桥"，均为清末著名书法家陶濬宣书。

南侧梁桥，长约15米，高约3米，跨度约4.5米，两侧置有栏板及望柱，柱头雕制覆莲。

图6-49　泾口大桥

### 通济桥

位于余姚市凤山街道。原系木桥，初名德惠桥。于南宋咸淳三年（1267）易名虹桥。经四毁四建，直到元至顺三年（1332）才用石砌成三孔拱桥，更名为"通济桥"。现存之桥系雍正七年二月至雍正九年二月

（1729—1731）重建，系一座陡拱式三孔二墩石桥。通济桥全长 43.39 米，主孔净跨 14.2 米，拱矢高度达 8.4 米。远望此桥，宛若长虹。当时，在整个浙东地区尚无如此大跨度的圆拱大石桥，故称为"浙东第一桥"，并镌刻于桥东侧顶部。据《建桥碑记》所载"海舶过而风帆不解"，可见此桥之高大。

图 6-50　通济桥

### 高桥

位于宁波市海曙区高桥镇高桥村，该桥东西向横跨在大西坝河与西塘河的汇合处，"舟至此，通西坝，达大江，为南北往来孔道"。它北濒姚江，西连四明山余脉的石塘山、深溪山，南经集仕港、古林而入奉化境内，向东经后塘河即至宁波城，水陆交通十分方便。高桥全长 28.5 米，面宽 4.68 米，拱洞跨 10.3 米，孔高 6.8 米，并筑有 1 米宽纤道。洞高、孔大是它的特点，有"船舶过往而风帆不落"之说。桥洞上方两侧各有石匾一方，北刻"指日高升"，南刻"文星高照"。

图 6-51　高桥

### （三）古桥景观特色

浙东运河历史悠久，沿线有许多古老的桥梁，它们不仅具有实用功能，还具有独特的景观特色，体现在其历史底蕴、建筑风格、结构特点、装饰艺术、生态环境和现代与传统融合等方面，这些都是运河文化的重要载体。

1. 历史底蕴：浙东运河沿线有许多古老的桥梁，如古纤道、绍兴的八字桥等，它们见证了运河的历史变迁，承载着丰富的历史文化底蕴。

2. 建筑风格：浙东运河桥梁的建筑风格多样，有石桥、木桥、砖桥等，其中以石桥最为常见。石桥造型古朴典雅，与周边环境相得益彰。

3. 结构特点：浙东运河桥梁的结构特点丰富多样，有单孔、多孔等不同的结构形式。这些结构形式充分体现了古代桥梁工程师们的聪明才智和高超技艺。

4. 装饰艺术：浙东运河桥梁的装饰艺术丰富多彩，如雕刻、绘画、对联等。这些装饰艺术不仅美化了桥梁，还体现了当地的文化特色。

5. 生态环境：浙东运河桥梁两侧的生态环境优美，有丰富的植被、水系等，与桥梁相互映衬，形成了一道独特的风景线。

6. 现代与传统融合：随着时代的发展，浙东运河沿线的一些桥梁经过了重建或维修，新旧桥梁相互融合，体现了现代与传统的完美结合。


## 五、堰闸通渠

浙东运河由于特殊的修筑特点，其人工河段和天然河道纵横交错。为使运河能够保持正常的水运状态，特别是在海潮回溯的特殊气候条件下能够正常发挥作用，就需要修建水利控制工程。这些控制工程发挥作用达 15 个世纪，并且一直以堰坝为主要类型。个别历史时期会增筑一些小闸、斗门等，用于调节水量，当然它们都属于堰坝的配套工程。浙东运河上的水利工程，只有西兴运河段的变化相对较为频繁，历史早期的堰，之后可能会改造为闸。此类闸堰交互修筑，直至废弃。这主要是由于浙东运河在不同历史时期面对不同的水利环境造成的现象。因此浙东地区特有的水利环境，使该地区的闸、坝的功能划分及建筑形式具有非常典型的地方特色和水利实用性，并且非常灵活。这些堰坝的作用也很简单，一般不为通航所需，仅以启闭控制水量交换。由于浙东运河上的闸堰等设施两侧水位相差较大，通船一般较为费力，遇到特殊情况必须通船则会雇船工纤夫拖船。明代之后，浙东运河上出现了闸坝并排布置的工程模式，即一段为闸、一段为坝，既可以闸蓄水，又可以坝通舟，后虽改建为钢筋混凝土的形式，但至今仍存在这种工程模式。

浙东运河除了堰、闸，还有坝、碶等工程，用以调蓄水位、控制流量、阻挡潮汐侵袭、改善引水或航运条件。同时沿线有码头、渡口、纤道、桥梁及驿站等配套设施，确保来往舟船、南北货物、商旅行人畅通无阻。

### （一）堰埭

#### 四埭

曹娥江与钱塘江交汇处的重要水利工程包括四个闸坝：柳浦闸、西陵闸（后称西兴堰）、浦阳北津闸（后称曹娥堰）以及浦阳南津闸（后称梁湖堰）。柳浦闸位于钱塘江北岸，通过它进入里河，行驶七里即可抵达杭州城的候潮门。西陵闸，南朝陈时被称为奉公闸，是浙东运河的首个重要闸坝，但到了唐末就已不复存在。姚汉源在《浙东运河史考略》的附注中提到，后梁乾化二年（912）八月钱镠在西陵建立了城池并设有水门，推测那时西陵闸可能已废弃。当时的这四个闸坝均为牛埭，即通过牛力牵引船只过坝，它们是浙东运河的关键通道。每年的闸坝税收能有百万以上，由此可见当时水运的繁荣。曹娥堰和梁湖堰的遗迹至今尚存。

#### 七堰

七堰从西至东依次为钱清堰、都泗堰、曹娥堰、梁湖堰、通明堰，以及余姚大江口坝、宁波西渡堰等，其中钱清堰和都泗堰特别重要。

在北宋末期，明州（今宁波）知州蔡肇记录了他沿着运河从杭州经过

越州到达明州的旅程。在《明州谢上表》一文中描述了穿越七个堰闸时壮
观的江水景象和牛群转头望去的情景。

　　《宝庆会稽续志》详述了航运的繁荣，同时也揭示了运河堰闸众多，
船只过堰时需费力牵引的困难。到了清康熙年间，黄宗羲详细记载了从余
姚至省城的路程中，由于江水和堰闸的布置，大型船只难以通过，且天气
恶劣时更是艰难。

图6-52　都泗堰

图6-53　通明堰遗址群

### 压赛堰

　　压赛堰位于江北区孔浦街道西管小区的倪家堰与姚江交汇口。这一水
利工程的历史可追溯至宋代，明代嘉靖年间至清代乾隆年间的史料中，将
其记载为压赛塔堰。自清代中后期至新中国成立后，由于其在地区中的重
要地位，压赛堰经历了数次加固和修缮。

　　如今遗留的堰坝结构由北向南依次为五眼碶、船闸、郭公碶三部分，
它们分别代表了不同历史时期的建筑风格与技术。五眼碶以石砌的五孔水
闸形式存在，每个水闸孔上铺设有条石，两侧设有用于固定水门的石制
槽，下方垫以石块，石块上还可见小圆孔。附近设有一小亭，船闸两侧
立有石柱，上面保留有光绪九年（1883）重修时留下的碑文，字迹依旧清
晰。在亭旁还残存有断碑和绞盘轴插孔。过船坝两侧的绞索亭石柱及绞盘
轴插孔是利用绞盘牵引船只过坝的历史遗迹，为研究我国古代航运技术提
供了珍贵的实物证据。

　　在历史上，压赛堰不仅是姚江北岸通向慈城、镇海等地区内河（即运口）

的关键通道，也是姚江与塘河之间一项重要的水利设施。它在调节姚江水质、防洪排涝、合理利用水资源等方面发挥了极其重要的作用，是研究水利航运史的宝贵财富。

## （二）坝

五夫长坝，名为柯家闸，是一个综合性水利控制和交通工程。它坐落于驿亭镇的虞甬运河尽头。该地区河流从西向东倾斜，导致上游水流难以调节。因此，在明朝时期，上虞的地方官员濮阳公在现长坝自然村的旧柯家村建立了这座拦河坝。到了清朝咸丰年间，坝上成了货物转运点，人们拖拉小船穿过堰坝。在民国时期，长坝成了繁忙的运输枢纽，有三个货盘班和三个渡口组织。1953 年，人力拖拉被更新为绞盘车拖拉。1977 年 7 月，原址建起一座 30 吨级船舶升降机，安全载重量设为 25 吨。这个升船机是一个小型斜面轨道式的，轨道长 115 米，坡度 1∶8，双轨宽度不一，分别为 3 米和 2.2 米。桥闸全长 19 米，宽 9 米，下部是三孔水门，孔间距 3 米，上部建有三间两层平顶建筑。1987 年，这里的水闸在原址上重建。南边设有管理处，北边则是管理升船机的办公室。

随着现代交通的发展，五夫长坝的运输功能已大不如前，坝体基本废弃。尽管如此，五夫长坝仍在防洪和抗旱中发挥作用。

图 6-54　五夫长坝

驿亭坝位于新驿亭村，这座坝建于清朝咸丰年间，南北延伸，以条石铺成其基，长 13.4 米，宽 3.2 米。坝的两端有一定的高差，大石板铺成的斜坡便于船只通过。昔日,坝周围有亭台楼阁,但现在已不复见。坝东南侧有一座民国时期建造的轮船屋,两层楼高,因外观像轮船而得名,曾是人们休憩和购物的地方。

图6-55　20世纪人力绞盘过堰(绍兴市鉴湖研究会)

西陡门闸坝位于西陡门村,是一个历史悠久的水利工程,宋代就有记载。闸坝的功能是引导白马湖之水入夏盖湖。坝东侧为闸,西侧为坝,闸是单孔结构,以整齐的条石建成。1986年,闸坝因公路建设而被拆除,现在河边仍有部分闸基遗迹。

图6-56　西陡门闸坝遗址

通明闸坝,位于丰惠镇通明村,曾是浙东运河的重要组成部分。原名古清水闸,始建于北宋景德年间,后几经扩建。1973年,旁边的过水堰改建成新的闸口。早期船只需人力拖拉过坝，20世纪20年代安装了手摇车船机。2008年，这座古老的闸坝在运河拓宽工程中被拆除，一些石构件仍留在江边。

图 6-57　通明闸坝　　　　　　　　　　　　图 6-58　新通明水闸

　　新通明坝，又称为中坝，位于虞光村的十八里河上，是宋代水利设施，定名为通明北堰。1953年，坝被重建为水闸。由于航道改变和缺乏维护，这座坝逐渐被废弃。

　　曹娥江畔的百官坝，昔日位于繁华的百官街道之南，现今的龙山酒家所在，民间亦称之为上堰头。这座坝全长达165米，清代咸丰年间添设了四道旱闸，光绪年间又经过一番修葺。堰坝之名，源于清末民初时期，当地以转运陶器和杂货驰名。中华人民共和国成立之后，此地更名为舜江码头。1962年，洪水摧毁了旱闸，随后改建为防洪堤。21世纪初，随着城市河岸整治，百官坝被埋藏在了新的防洪设施之下。

　　梁湖堰坝，坐落于梁湖镇的梁湖村，这里自魏晋南北朝便是浙东运河上的重要交通节点。清光绪《上虞县志》记载，有两座埭负责检查航行。自明代嘉靖年间起，由于江沙淤积，县令郑芸将坝址迁至江边，并保留原名，从此坝址不再变更。梁湖坝曾是绍兴至宁波水路交通的关键。到了民国，梁湖堰坝被列为上虞县能通航的古坝之一。20世纪50年代，船只往来依旧繁忙。到了70年代，上浦闸的修建改变了运河路径，堰坝遂失去了其航运功能。如今整治杭甬运河，人们在原地南侧500米处新建了大厍闸坝，开辟了新的航线。

上沙拖船弄闸口的古迹，藏匿在上沙村中，曾是萧曹运河与曹娥江之间的纽带。它曾设有盘车，以便将船只从水中拉上岸，然后利用滚木推进。据记载，这个弄闸历史悠久，可追溯至晋代，已有千年历史。随着水运的衰退，这里逐渐废弃，原本的青石板已被水泥取代，宽敞的弄面被两旁的民居侵占。

图 6-59　梁湖堰坝遗址

### 上沙顶坝底

也称曹娥堰，坐落于上虞区内曹娥街道的南沙村地界，端承萧绍与曹娥江之水脉，乃历史上促联二者的首个堰坝。从清代光绪年间的《上虞县志》中可知，浦阳江（即曹娥江）之南北两岸各建有堰，旨在监管舟行之秩序，其中浦阳江南的津站，旧时之梁湖堰，而北津则是如今所见曹娥堰。根据史料推定，此坝建造的历史可追溯至西晋。而今日所见之坝体，应属于明清年间之作。

往昔上沙顶坝底，曾是绍兴至曹娥江水陆交流枢纽，西接百步街，东至庙后街。河面宽敞，坝两旁的码头可泊数艘货船，商贸往来繁忙，商旅、船工络绎不绝。附近建有亭台、关帝庙和四明公所等公共设施，临街商铺林立，酒馆、米行、钱庄等一应俱全。

新中国成立后，随着经济的发展，人力牵引的船过坝逐渐受限，沙顶之坝在 1964 年拆除石制结构，改建为升船机以便渡船通行。到了 1984 年，因运河改道直接通往曹娥江，沙顶坝底功能荡然无存，逐步被遗弃。在 20 世纪 80 年代建设萧绍海塘之际，该坝被拆解。周边地区转变为村庄居民区，路亭与关帝庙不复见，往日的店铺酒肆改作民居，现场只余水泥桥梁，河底淤泥累积。

图 6-60　曹娥堰坝

大西坝，昔日西渡堰之所在，始建自宋代，旧坝已不存，而现存之坝为 20 世纪 60 年代所建，立于宁波市高桥镇大西坝村西侧，跨越大西坝河，是维护姚江与大西坝河水位的关键水利构筑物，并为内河船只通往姚江的必经之路。闸门本体为单孔水泥结构，长 4.66 米，宽 3.28 米，采用电力操作，顶部设有闸屋，可通过 14 级台阶上下；闸的西侧是碶桥，长度与闸相当，宽 1.91 米；闸北则是原管理办公室，五开间的两层楼房，现已废弃不用。

小西坝，则坐落于江北慈城的前洋村，位于官山河与姚江的交汇处，老闸已不复使用。新闸完工于 1993 年 12 月 20 日，设有 4 个水闸孔，每孔净宽 16 米，设计流量为 111.7 立方米 / 秒，主要承担排灌功能。

图 6-61　大西坝

图 6-62　小西坝

这些坝均为浙东地区重要的水利设施，它们与浙东运河的关系和作用如下：

1. 水流调控：这些坝作为水利枢纽，对浙东运河沿线的水流进行有效控制，在维持河道水位、防洪排涝以及灌溉等方面起着至关重要的作用。

2. 运输促进：浙东运河是古代重要的水上运输通道。在历史上作为连接运河与江的关键节点，促进了区域内水陆运输和货物转运，大大活跃了浙东地区的商业贸易活动。

3. 经济发展：助力周边区域发展成为繁荣的商贸集散地，商铺林立、商旅云集，推动了当地经济的发展和繁荣。

4. 技术进步：随着经济的发展和技术的进步，传统的坝体被改造升级。如上沙顶坝底改建为升船机，这反映了从人力、畜力拖船到机械化运输的转变，标志着水利和运输技术的进步。

5. 地理优势：坝与周边区域的水位得以调控，确保了内河船舶的顺畅通行，这对于维护浙东运河作为内河航道的功能至关重要。

综上所述，这些坝体不仅在水利管理、防洪等方面对浙东运河起着重要作用，而且促进了沿线地区的经济发展，保障了交通运输，见证了浙东地区经济的发展和社会的演进。随着时间的推移，虽然一些坝体的功能已经改变或不再存在，但它们在历史上的作用仍然值得铭记。

## （三）闸

萧山排灌闸站在滨江区钱塘江南岸的北塘河口，是萧山排水与灌溉的心脏地带。这里，通航闸如一条生命线，巧妙地将繁忙的钱塘江与宁静的北塘河连接起来，继而与声名远扬的萧绍运河交织，共同编织出一张水上交通的大网。

永兴闸，通称龙口闸，伫立在滨江区西兴街道浙东运河之首。它的历史可追溯至明代，它的坝石，记录着它曾经调节水位、方便船只行驶的历史。现在，它的遗迹虽然不再承载着水闸的功能，却化作一座桥，静静地诉说着它的过往。

图6-63　永兴闸遗址

　　无量闸，藏于梁湖镇华山居委会西山下的四十里河上。始建于北宋，这座控制水流的闸门见证了时间的流转。它的每一次开关灌溉着五万亩的农田，滋养着这片土地。紧邻的无量桥，为单孔石拱桥，结构古朴而坚固，是人与自然和谐共存的象征。

图6-64　无量闸

　　蒿坝清水闸，亦名清水闸，坐落于上虞曹娥江西岸上游的蒿坝境内。它的诞生源于明嘉靖年间的一个宏伟计划，它的建造不仅为防御江水，更为通导源泉。如今，尽管它失去了原有的功用，但闸体依然保存完好。

图6-65　清水闸

化子闸在镇海区九龙湖镇长石村，横跨慈江。化子闸始建于宋宝祐年间，此后不断重修，明清时期不断润饰，直至 1959 年重建成钢筋混凝土结构。

图 6-66　化子闸

涨鉴碶（闸）在镇海区招宝山街道。始建于南宋宝庆年间，明嘉靖年间修建。现改建成三孔结构，还留存过船堰的遗迹。

姚江大闸屹立在姚江边。1958 年，在大旱的挑战下，宁波市人民在三江交汇处西侧，以大胆的弯道取直之策，建起了这座宏伟的闸门。它有 36 孔闸门。

浦口闸于 1976 年建成，默默守护着陆埠水库的清泉，控制着西干渠入明伟乡河道之水。

西横河闸，光绪年间初建，1951 年和 1986 年两次重建，从简单的减水堰坝变成三孔水闸，承担着调节洪水、通行船只的重任。

斗门升船机闸，在马渚中河的南端，连接着繁忙的姚江水道。它的升船机能够容纳 40 吨级的货品。

图 6-67　姚江大闸

图 6-68　浦口闸

图 6-69　西横河闸

图 6-70　斗门升船机闸

斗门爱国增产水闸，坐落在马渚镇斗门村，与历史的斗门遥相呼应。现在的闸门已无法升启。

安家渡闸群坐落在四十里河上，背负着调节水位、灌溉田地的使命，默默支撑着宁波余姚的繁荣。

蜀山大闸在余姚市凤山街道的蜀山村，距离城区东侧约 10 公里。这座大闸是宁波历史上规模最大的船闸和水闸的结合体，于 2003 年 10 月动工，2005 年 12 月大闸竣工，是姚江流域防洪灌溉的脊梁和杭甬运河的关键航运节点。蜀山大闸以其总净宽达 96 米的雄伟体量，排水流量高达 556 立方米 / 秒的能力，肩负着守护余姚城市安全与调节姚江流域水文的重任。

图 6-71　蜀山大闸

姚江船闸在宁波市区，靠近宁波动物园，位于原姚江升船机旧址上，2000 年正式开工，于 2005 年 4 月建成，有长 160 米、宽 12 米的宽敞闸室。这座船闸解决了潮汐对姚江通航入海的影响，作为杭甬运河通往宁波市区的最后一道门户，它标志着船舶通航能力的飞跃——从40吨级提升至300吨级。船闸的中央自动控制系统能够一次性引领8艘船只穿行，仅需半小时便可完成通行。

每一座闸门，都是一幅风景，讲述着人与自然、历史与现代交织的故事。它们不仅仅是水的通道，更是文明的见证，是乡愁的栖息地，是景观创造者，是社会经济发展、技术进步和文化传承的注解者。

### （四）升船机

在曹娥江畔，曹娥老坝底升船机展现了水利工程与自然景观的和谐融合。这座升船机，悄然伫立在浙东运河的脉络上。尽管该机已不再运作，但它的存在是对曾经航运繁荣时期的缅怀，是浦阳北津埭历史的一部分。

赵家升船机则是上虞百官街道赵家村与运河之间的纽带。1979年建成，如今虽经坝体重建，它的身影依旧是运河边一个不可忽视的标记。坝体重建不仅提升了航行能力，也谱写了流域管理和水运发展的新篇章。

泗洲塘村闸坝，建设在古朴的驿亭镇五洲村中河之上，不仅是水利工程的象征，更是乡野风光的一部分。1956年建成的驿亭闸，至今仍在默默为引水工程服务，其旁的升船机虽然已部分废弃，但仍有一侧在使用。

图6-72 赵家升船机　　　　　　　　图6-73 泗洲塘村闸坝

### （五）渡、码头

#### 镇海渡

位于北仑区小港街道红联社区的尽头。昔日的镇海渡，曾是宋代交通要津，有"定海江南渡"的诗意名号。自宋初为官渡，镇海渡此后经历了民间化的变迁。淳祐年间，知府颜颐仲准令渡口由民船经营，每位过客仅需付铜板两文。简单的交易背后是对民生的深切关怀。明清时期，渡口更是繁忙的交通枢纽。而到了20世纪，镇海渡迎来了更为规范的管理，新渡轮及其码头的建设，使得江北与江南的连接更为紧密。

对岸江南道头，历史的痕迹因海济亭的存在而更加深刻。它见证了明远亭、明远阁的诞生。

图 6-74 镇海渡

### 半浦渡口

位于江北慈城镇半浦村的最南端，一段姚江的宁静水面上。这里曾是"鹳浦古渡"，郑氏家族的捐田造渡，体现了一种乡土的关怀与慈善精神。

### 西兴老街河埠头群

这是西兴发展史的见证。运河是城镇生命的动脉，而老街则是依托这条动脉逐渐兴起的商业命脉。沿着官河，老街河埠头群的密集排列，映照出昔日的商业繁荣。

### 渔浦门码头

这片遗址在考古的挖掘下，向世人展示了唐宋时期的水运历史。它不仅是一段历史的记忆，更是姚江南岸文明的根脉。

历史的河流在这些渡口、码头处汇聚，它们不是简单的交通工具或者建筑物，而是连结过去与现在的桥梁，生活与岁月交织变迁的象征。

# 第三节　城镇古村

浙东运河是城镇繁华之地的重要水道。沿线的府城、县城、市镇犹如项链上的珍珠一般，闪耀着璀璨夺目的光芒。这里的传统村落枕水而居，以楫为车。人们可以欣赏到社戏的精彩、乌篷船的飘逸、纤夫的坚实背影、粉墙黛瓦的台门和蜿蜒曲折的街巷。一幅浙东水乡的美丽画卷徐徐展开。

## 一、古城风华

### （一）绍兴城

绍兴城，春秋晚期越王勾践建都于此。该地为水乡泽国，陆地面积很小。为方便生产生活，勾践在此修建运河，随后历代王朝和地方政权均对运河进行过治理和疏浚。绍兴城在南宋时期，得到空前发展，而后经历史长河的洗礼，绍兴城建设成为闻名中外的江南水乡。绍兴作为江南水乡的代表，呈现出江南共有的特色，同时也呈现出自身的特点，"八百里湖光此地收，长桥水接鉴湖流""古城小桥多，人家尽枕河"，形成了一河一街、一河两街，有河无街和街随河走、桥连街路的独特景观，赢得"水乡""桥乡"的美称。

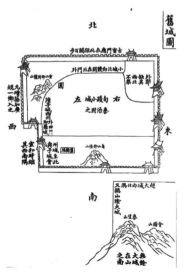

图6-75　旧城图（嘉庆《山阴县志》，民国铅印本，卷五图七）

勾践于公元前489年开始筑城。《越绝书》第八卷记载，城周二里二百二十三步，设陆门四处、水门一处。随即又在小城以东建筑山阴大城。城周达二十里七十二步，设有陆门三处、水门三处，是后来绍兴城市的创始。公元300年左右，晋会稽内史贺循主持开凿西兴运河。当时的会稽，社会稳定、经济繁荣，被誉为"今之会稽，昔之关中"，北方的王、谢等世家望族借运河之利纷纷南渡，会稽成了名士荟萃之地，曲水流觞、魏晋风骨造就千古风流。

唐代，浙东海上丝绸之路发展迅速，浙东运河的交通运输也日益繁荣，越州成为浙东航运的枢纽城市，与国内外加强了商贸往来和文化交流。当时的越窑青瓷，"青如天、明如镜、薄如纸、声如磬"，不仅作为皇家贡品深受贵族士大夫喜爱，也纷纷通过水陆两路销往朝鲜、日本、菲律宾、埃及、西班牙等国家。如今越瓷作为越地人民的一项发明创造，仍在世界文化史上闪耀着特有的光辉。此外，由于运河和鉴湖赋予的水利、交通、环境等的优势，越州享有了"会稽天下本无俦"的声誉，这条运河上"浪桨风帆，千艘万舻"，而且"山川自相映发"，美景应接不暇，吸引了400多名诗人到此一游，留下了许多脍炙人口的佳作，形成了一条绝无仅有的"唐诗之路"。

到了宋代，浙东运河水利、航运地位更加突出。众所周知，宋代浙东地区经济持续快速发展，柳永的一首《望海潮·东南形胜》脍炙人口。越地繁华热闹，地位非同一般。在南宋，越州成为陪都，这是绍兴城市发展史上的一次飞跃。建炎三年（1129），宋高宗赵构从临安过浙东运河到越州，1131年，越州改为"绍兴"，有"绍祚中兴"之意。浙东运河是通向南、北、东三条水运干道之一，除运输大量的军需物品、皇室用品，使节往来、海外贸易均通过这条运河外，也是一般商品流通、贸易往来的"黄金通道"。随着运河航运的繁荣，周边地区的经济得到快速发展，一大批村庄、集镇相继出现。

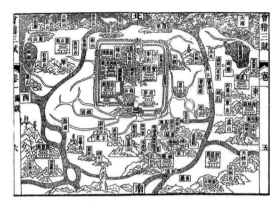

图6-76 绍兴府城图（康熙《会稽县志》，民国铅印本，卷首图二）

　　明清时代，浙东运河继续发挥着其航运、灌溉、防洪、排涝的作用。借水的优势和交通便利，这一时期最引人关注的是在运河两岸出现了大型酿坊，如东浦镇的"孝贞"，湖塘镇的"叶万源""田德润"，它们资金雄厚，作场宽敞，非一家一户的家酿和零星小作坊所能相比。因得天独厚的水质条件，绍兴黄酒成为酒林珍品，并随着这条运河，畅销全国各地，越酒开始行天下。著名诗人袁枚《随园食单》写道："绍兴酒，如清官廉吏，不参一毫假，而其味方真。又如名士者英，长留人间，阅尽世故，而其质愈厚。"1915年，绍兴东浦云集信记酒坊的酒获得巴拿马太平洋万国博览会金奖。黄酒逐渐成为绍兴的一张"金名片"。

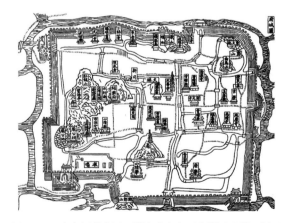

图6-77 南宋绍兴府图（引自［宋］王十朋《会稽三赋》）

浙东运河绍兴段作为曾经的水上交通命脉，如今成为了绍兴的世界文化遗产。它流经柯桥、越城和上虞三个区，是绍兴最长的线性文物。原故宫博物院院长单霁翔认为，它"最大程度地保留了历史文化的信息，成为独特的文化线路和文化景观"。运河边上的八字桥、八字桥历史街区、古纤道、太平桥、荫毓桥、融光桥等遗存，与众多碶闸、堰坝设施、水城门和码头一起成为重要的运河遗产。

2500余年的桨声灯影，2500余年的风雅越地。浙东运河这条通江达海的黄金水道，贯穿了绍兴2500余年的历史，滋养了越地风情，丰富了越地文明，共同成就了绍兴这座没有围墙的博物馆。

图 6-78　绍兴古城现状

### 绍兴城内历史街区

以"三山万户巷盘曲，百桥千街水纵横"闻名的绍兴老城，历经历史风雨沧桑。提出历史街区的概念，并进行历史街区的保护、修缮、开发是绍兴城市建设的创举。按照"重点保护、合理保留、局部改造、普遍改善"和"修旧如旧、风貌协调"的原则，通过河道整治、古桥修复、民居改造、清除违章、道路改建、管线埋设等措施，形成了一批主题鲜明、历史文化底蕴厚重、符合传统特点、兼顾旅游开发的历史街区。主要有：

仓桥直街历史街区。位于市区卧龙山东南麓。街区中心线的环山河，北起胜利西路，南至鲁迅西路，全长 1.5 公里，自北而南，依次有仓桥、宝珠桥、府桥、石门桥、酒务桥、西观桥、凰仪桥 7 座古桥。总面积 6.4

公顷，由河道、民居、街坊三部分组成。河道两侧，以水乡传统民居为主，为绍兴城内典型的"一河无街"格局。民居大多建于清末民初，其中有各式台门43个，集中反映了本地区的建筑特色和历史风貌。

2003年9月，绍兴仓桥直街历史街区被联合国教科文组织亚太地区委员会评选为2003年"文化遗产保护优秀奖"。

西小路历史街区。位于绍兴市卧龙山北麓，北至环城北路，

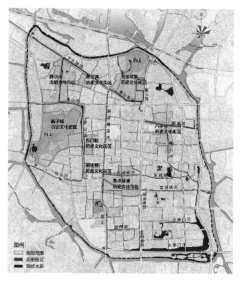

图 6-79　绍兴古城八大历史街区（录自绍兴古城水系规划）

南临胜利路，东至营桥河沿、铁甲营，西靠北海花园，总面积约19.78万平方米。西小河是街区的核心，南起鲤鱼桥接环山河，北至北海桥与上大路河汇合，全长700米，往南正对卧龙山巅的飞翼楼。河街并行的典型水乡格局是西小路街区的主要风貌，街区内保存的众多古迹，记录了绍兴这座历史文化名城发展中的历史足迹。始建于后晋，被列为绍兴市文物保护单位的谢公桥横跨西小河，东侧桥墩接新河弄，西侧桥墩接西小路。历史街区内分布着众多古迹。位于新河弄的明嘉靖年间礼部尚书吕本府第，是江南少见的大型住宅建筑群，为全国重点文物保护单位。位于胜利路鲤鱼桥旁的古越藏书楼，建于清光绪二十八年（1902），为中国最早的公共图书馆，是浙江省文物保护单位。位于胜利路的大通学堂，为贡院旧址，曾是陶成章、徐锡麟、秋瑾等革命先烈培养反清志士的军校，为浙江省文物保护单位。近年，绍兴市在王衙池明代民居、王阳明故居等基础上重金打造了阳明故里景区。

勾践小城历史街区。位于绍兴城区卧龙山南麓，东北面以环山河为界，西至府山西路，南至水偏门，是绍兴历史上最早的都城。街区内有越

王台、文种墓、唐宋摩崖石刻、飞翼楼、烈士墓、风雨亭、孙清简祠、范文澜故居等市级文物保护单位九处，有春山试寓、凌霄阁、龙湫泉、清白泉记碑、火神庙、凰仪桥、大木桥等市级文物保护点七处。另有众多古遗址和有价值的传统民居与特色构件。

鲁迅故里历史街区。以鲁迅故居为核心，东起中兴南路，西至解放路、南至鲁迅路河向南 50 米，北至观音弄和西咸欢河。在街区内有咸欢河、鲁迅路河、府河三条河道流经该区，河上多古桥。街区中保存了清末民初绍兴传统台门民居，有朱家台门、陈家台门、余家花园、寿家台门等，有小康之家的郎家台门、高家台门、宗家台门、王家台门等，也有连片的平民古住宅。街区内有全国重点文保单位鲁迅故居、鲁迅祖居、百草园和三味书屋，以及鲁迅笔下的咸亨酒店、恒济当铺、长庆寺、土谷祠、都昌坊口等真实场景。咸欢河沿依旧保持"一河一路"的格局，水埠、石桥、临河民居保存较为完整，众多台门依然保存完好。鲁迅故里历史街区体现了鲜明的主题特色，鲁迅及其文学作品成为鲁迅故里历史街区文化内涵的核心部分。

蕺山历史文化街区。位于古城东北部，由环城北路、中兴路、萧山街和局弄围合而成。蕺山河和萧山河从街区东部和南部环绕而过。街区内有戒珠坊、斜桥坊和笔飞坊三个历史街坊，以与书圣王羲之相关的戒珠寺、题扇桥、笔飞弄而得名。街区内山水相依，其自然环境得天独厚，体现多元的文化特色。位于西街的戒珠寺，曾是书圣王羲之的故宅，亦称"右军别业"。王羲之舍宅为寺后，遂成为寺院，唐代定名为戒珠寺，为越中历史悠久的古刹，寺址历千余年而未变。寺前有鹅池、墨池，寺内有山门、大殿、卧佛殿、上方院、竹堂、雪轩等。如今，一部分殿宇仍保存完好，一部分建筑则留有遗址。

蕺山是整个书圣故里历史街区的景观重点。据传山中生长一种带有腥味的蕺草，当年越王勾践因尝吴王之秽后，采食蕺草而治愈口臭，故名蕺山，海拔 30 余米，是古代绍兴城的八山之一。又因山麓有王羲之故宅，又名"王家山"。蕺山曾为当时越城的胜景之一，树木葱郁、梅香四溢，塔亭楼阁错落其间，风景优美。

蕺山历史文化街区范围内的江桥头一带，老字号商铺比比皆是，兰香馆、多益处、知味观、泰生酒店、震元堂、大昌祥、荣禄春、大雅堂、孟大茂香糕店、墨润堂书苑、奎元堂书铺、卜鹤汀笔庄……未有银行之前，钱庄乃百业之首，江桥头一带的兴旺和经济发展的繁荣，可从当时随处可见的钱庄来证实。据可查证的资料记载，晚清时期，街区内有钱庄42家，民国元年（1912）发展到53家，到民国十三年（1924）发展到62家。可以查证的钱庄字号有复裕、恒升明记、储成、恒和、同吉昶记、储昌、慎源、鼎大、中和、恒和泰、钜源、元升、恒隆昌等等。建于光绪十二年（1886）的钱业会馆至今还保留在笔飞弄内，而且已经成为绍兴市文物保护点。1914年9月15日中国银行绍兴分号于上大路下岸成立，1919年改为绍兴支行。在以后的岁月里，街区内又相继成立了农工银行、丝绸银行、交通银行，其它银行如上海丝绸银行绍兴分行、商业银行均设在水澄巷。正因为如此，绍兴的通讯业机构也特别看重此地段。旧时绍兴唯一的邮局也设于江桥头北块的局弄里，局弄也由此而得名，这也可以证明江桥头的商业地位。

为保护历史街区风貌，恢复蕺山风景，2003年修建蕺山景观，按蕺山原貌重新修复了具有晋代风格五层砖砌的王家塔（文笔塔），重建了状元亭以及明代著名理学家刘宗周曾在此讲学的蕺山书院。此外，还重现了摩崖石刻、冷然池、九曲桥等景观风貌，做深做透山水文章。蕺山之东公园以疏林草坪为基调，配以植物造型，点缀四季花木，是一处生态型的绿色公园，为市民提供了一个良好的休闲环境。

图6-80 文笔塔

米行街。米行街位于绍兴市城东，临运河而建，分米行前街和后街，全长约 500 米。其形成时间无从查考，晚清至民国时期极为兴盛，是这一时期绍兴规模最大、最著名的粮食交易市场之一，与当时的柯桥米市、临浦米市、东关米市齐名。这些米市皆设在运河边上，依托运河集散粮食。

绍兴向为地少人众，谷米产不抵销，不足之数，多赖市场调节，亟需长路粮食供应。此外，绍兴黄酒以糯米为原料，而绍地所产甚少，赖江西鄱阳湖地区和太湖流域等产地运来，供酿坊所需。1933 年，据《浙江省粮食运销调查报》载："绍兴粮食须仰给外地运。"民国十七年至二十一年（1928—1932），运河入糯米约 40 万当地石，合 468000 市石，籼米 125 万当地石，合 1462500 市石，粮食来源地为无锡、杭州、嘉兴、桐庐、诸暨等地。清末民初，米行街已形成供销加工一条龙，米行商号有宋衍泰、宋元升等，谷米加工有悦来、悦兴等工场。街区又有酒肆、饭店、商铺和茶店等，服务于来往客商。

五云米行街至 20 世纪 70 年代中期仍保持旧貌，店铺、米行皆临河而建，多为前店后宅，沿街临时设廊，俗称"街篷"。街篷连绵数华里，颇具规模。目前老街区保存的传统建筑约占所有建筑的 30%。

### 古城新颜

近年来，绍兴古城秉承"将古城献予全世界"的宗旨，依照"一城一桥三故里"的规划理念，陆续开展了 32 项文化、商业、旅游综合项目。这些项目包括徐渭艺术馆、绍兴师爷馆、阳明故居与纪念馆、古城北入口、孑民图书馆、北纬 30° 展示馆、气象馆、清廉馆、塔山、蕺山以及环城河的景观提升与夜景亮化工程。经过三年的不懈努力，9.09 平方公里的老城区焕然一新，水墨绍兴的画卷展现出独特的意境。

古城北入口是一个历史与现代交融的节点，东侧连接书圣故里，西侧至阳明故里，串联起历史街区。阳明故里覆盖 1356 亩，包含阳明纪念馆、伯府、吕府、西小河、上大路河、越城坊和南入口等七个区域。在阳明故里，可以看到重新塑造的碧霞池、天泉证道场景及伯府前的广场，还有生动的阳明先生雕像。王阳明故居、伯府第及纪念馆的建成，为"心学之路"增添了一处文化地标。

图 6-81　阳明故里

图 6-82　伯府内景

　　以青藤书屋为起点，通过对青藤别苑的改造、榴花斋的翻新和青藤书苑的再利用，展现了徐渭独有的人文精神。徐渭艺术馆不仅在周边历史街区进行了精细的肌理改造与色彩提炼，还创造了一个有节奏、流动、静谧且适应当代艺术需求的展示空间。艺术馆通过使用新型材料，追求与中国传统审美相契合的黑白色彩，赋予了空间一种永恒感和东方神韵。该艺术馆与绍兴师爷馆、青藤书屋及周边的老台门共同构成了一片庞大的艺术空间，成为古城文化的新高地。

　　孑民图书馆采用传统的白墙黑瓦建筑风格，融入绍兴的传统文化元素。其入口处采用了传统建筑的照壁形式，与蔡元培故居形成了新旧对话，成为研究、学习、弘扬蔡元培先生思想的文化新领地。

图 6-83　徐渭艺术馆

图 6-84　子民图书馆内庭景观

北纬 30°展示馆是从原有规划展示馆改建而来，展示了北纬 30°上绍兴独特的文化和地理现象，凸显了绍兴深厚的文化底蕴。展示馆通过独特的视角和奇特的灯光设计，提供相关的体验式项目，与绍兴名人馆、清廉馆、气象博物馆等形成了一条文化展示线，为古城的内涵提升和文化魅力展示注入了新的活力。

图 6-85　北纬 30°展示馆

绍兴古城是城市的根与魂，保护和利用古城的关键在于文化的传承与创新发展。在历史的推进和自然的演变中，这座拥有 2500 多年历史的城市不断焕发新的生机与活力，实现历久弥新、文脉永续的目标。

### （二）宁波城

宁波城，始建于春秋时期，821 年，"易县治为州治，撤旧城址，更筑新城"，便为后来宁波的子城。892 年，建造罗城。明州为唐代全国四大港口之一。古城遗留了大量的文化遗存。由于运河的影响，宁波城内保存有古海运码头、使馆、会馆等反映其港口城市的文物古迹。运河还带动了宗教和众多地域文化的交流与传播，至今遗留众多文物古迹与历史建筑。宁波是浙东运河东端的港口城市，其河海两运的特色在大运河体系中的地位和作用非常突出。

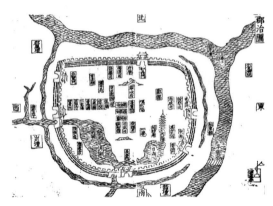

图 6-86　宁波府日月湖图（《宁波府志》四十二卷，明嘉靖三十九年刊本）

### 月湖历史文化街区

月湖呈狭长形，宋、明间建成三堤七桥并十洲胜景，其中十洲分别为：湖东的竹屿、月岛和菊花洲，湖中的花屿、竹洲、柳汀和芳草洲，湖西的烟屿、雪汀和芙蓉洲。自宋代以来，月湖成为历代学者讲学、民众游憩之处。保护区以月湖为中心，东至镇明路，南到三支街，西临北斗河，北抵中山西路，总面积9.67公顷，其中水面6.5公顷，是宁波古城内现存唯一的大面积水域。现保护区内以天一阁为龙头，文物史迹集中，是浙东的文化学术重地。保护区以湖内"四岛"及环湖景观为重点，严格保护现有水面、湖畔共青路、桂井巷、桂井街等地的传统街巷及民居，严格控制外围新建建筑的高度，维护月湖景区的建筑轮廓线和高墙深巷青瓦灰墙的传统历史文化风貌。

图 6-87　Canal inside the city of Ningpo（宁波城市内运河 1880 年），《杜德维的相册》

图 6-88　Canal inside city of Ningpo（宁波市内运河 1879 年），《杜德维的相册》

图 6-89　Canal，Ningpo（宁波的运河 1876 年），《杜德维的相册》

图 6-90　Wall of city of Ningpo（宁波城墙 1878 年），《杜德维的相册》

## 鼓楼公园路历史街区

该街区为唐明州城遗址，唐末增建罗城后，以此为子城。唐、宋、元、明、清的衙署都在这一带，是历代宁波政治中心。其范围南起鼓楼，北至中山公园北墙界，东至永丰库遗址东侧 10 米，西抵呼童街，总面积约 88000 平方米。该街区在宁波城市发展的历史上具有特殊地位。

图 6-91　宁波鼓楼现状

### 南塘河历史街区

该街区总长1000余米，面积（包括河道）6.3万平方米，南郊路一带现存传统民居、庭院44处，总面积2.1万平方米。从宁波建城开始，城市用水一从南塘河入城，一从西塘河入城。今西塘河与南郊路相互依存，保留了居住院落、沿街店铺作坊（前店后铺）、祠堂、学校、私塾、私人诊所、古凉亭、河埠头等史迹，构成反映宁波江南水乡城市特征的三桥一河一街的风貌格局。街区内主要有袁牧之故居、惠庆医院、澄怀学堂、关圣殿、甬水桥、向阳桥、启文桥等，历史上还有造船厂。

图6-92 南塘老街

### 水则碑亭遗址

图6-93 月湖水则碑现状

水则又名水志，用于衡量水位和水量，浙东地区有关水则的记载和使用有着悠久的历史。北宋时江河湖泊已普遍设立水则，明清时期为防洪、报汛，往往在江河多处设立水则。月湖水则位于宁波海曙区镇明路西侧平桥街口。南宋宝祐三年（1255），吴潜来治郡，在平桥南立水则，书"平"字于石，视"平"字之出没，为启闭蓄泄之准。

## 二、镇街遗韵

浙东运河水网交汇处由于特殊的地理位置往往会形成重要的聚落，这些节点因闸坝航运和补给等需求，过往船只候潮而行，或过堰坝而行，为便于船只和货物转运，形成了闸坝、溇港、渡口等节点。这类聚落主要有西兴镇、衙前镇、柯桥镇、东浦镇、安昌镇、皋埠镇、陶堰镇、百官镇、丰惠镇、驿亭镇、余姚城、丈亭镇、慈城等。下面选取典型聚落样本，从传统城市景观演变、整体布局、水环境经营等方面分析城镇结构与自然山水及运河系统之间的关系。

杭州西兴镇，曾为越国之关防，隋唐至清朝时期政府设立驿站，宋代至民国时期持续繁荣。与运河平行的西兴老街依托运河逐渐发展繁荣起来，沿街埠头林立，过塘行数不胜数。过塘行前的河埠头，体现了运河的特点。西兴是浙东运河的门户，是沟通钱塘江与运河的关键节点，是浙东运河上控制两个水系的重点城镇。

图 6-94　西兴古镇永兴闸现状

衙前镇，位于萧山区东部与绍兴交界处，属省级历史文化名镇。晋永嘉元年（307），会稽内史贺循主持疏凿西兴运河（萧绍运河），衙前老街即沿曲而建。唐以后的驻军，皆据山布阵，以利攻守。军衙建在近山，以便指挥。衙前原始村镇建在军衙之前，这是"衙前"地名的由来。衙前农民运动纪念馆为"浙江省爱国主义教育基地"。民国十年（1921）9月，衙前农民运动是中国共产党领导的第一次有组织、有纲领的农民革命运动。衙前农民协会发表的《衙前农民协会章程》和《衙前农民协会宣言》是中国新民主主义革命时期第一部农民革命的行动纲领。

图 6-95　衙前官河历史文化街区

柯桥镇，早在汉朝初年就有人来此定居。因地理位置优越，来往船只络绎不绝，逐渐兴旺。明朝弘治年间成为各乡农副产品的集散中心，民国时期是绍兴县经济重镇。古镇临河两岸仍保存有许多旧式建筑，布局合理、交通方便，为典型的江南水乡风貌。

图 6-96　明万历《绍兴府志·柯桥》

图 6-97　柯桥古镇现状

东浦镇历史悠久，东晋末年此处便已有聚落存在，两宋时期逐渐兴旺发达，并形成集镇，清代发展最为鼎盛。因在山阴县以东，故名东浦。该镇以娄多而闻名，尤其是古镇老街，错落有致，独具一格，别有风味。

图 6-98　东浦古镇现状

皋埠老街，其名始于宋代。宋时已形成草市，是长期以来自然形成的地域商品交易集散地。为清末绍兴（山会二县）四镇之一，绍兴东部经济重镇。皋埠老街依托运河，市街繁荣，经久不衰。老街早在清康熙时就设有邮舍，俗称"急递铺"，清同治年间始有曹娥至西兴客运船经过，为旧时浙东运河绍兴段重要的商贸交易集散镇街之一。老街现东西长约300米，现存传统建筑约占所有建筑的40%，多为民国时期建筑，砖木结构，二层楼房，前店后宅。街道旧时石板路面也改为水泥路面。

陶堰是连接着绍兴古城与上虞的水上交通要道，也是古鉴湖众多堰的其中一个，它是一个文人雅士向往之地。陶堰老街是典型的江南水乡，商店、驿站、市场临河而设，人家临河而居。陶成章故居、邵力子故居和老街、秋官里牌坊连成一片，使运河边的陶堰具有活力和文化底蕴。

驿亭镇乃运河途经之处，是杭州至宁波古驿道中心，发展较为成熟。驿亭的景色秀丽、风景绝佳。驿亭老街紧邻运河，现多清末民国初年的民居和一些临街小店铺，保存状况较好。上堰头轮船屋是民国时期建筑，坐北朝南，为二层楼房，是昔日运河上过往人员休憩购物之地，是运河相关商业服务设施。驿亭火车站北距运河约100米，现存建筑建于1956年，为客货二用火车站，坐北朝南，现由8幢房子组成。1988年上虞火车站建成后，驿亭站仍保留为货运站，继续发挥着货物运输的作用。

图 6-99　秋官里牌坊细部

图 6-100　驿亭镇现状

丰惠镇，自唐朝以来一直是上虞县治所，1954 年后逐渐转换角色。元至正二十四年（1364）方国珍修筑该城。丰惠城位于丘陵环绕的凹形盆地内，盆地南北较窄，东西延伸，城市布局与四十里河的走向紧密相关，城墙沿山地起伏布局，不规则地包围了多座山丘，城镇的衙署位于布谷岭下，面向南方。

丰惠镇的水系与城镇发展布局密切相关，城内外的水道互通，形成了一个以运河为主轴，街河、巽水河和玉带河三条主要水系为干河，以及多条分支河道组成的水网。城

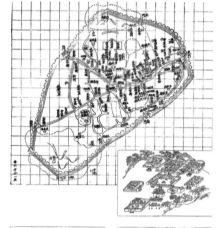

图 6-101　上虞县城上虞县署上虞学宫经正书院图（引自光绪《上虞县志校续》）

市的街道主要沿河而建，形成了沿河街道和与建筑共同界定河岸的两种主要类型。东大街和西大街横跨城镇东西，成为主要的交通干线，其他街道则从这两条大街延伸至城门和城中要区，形成了类似鱼骨的街巷结构。

图6-102 丰惠镇元代九狮桥现状

　　余姚城位于浙东运河姚江段的中心，东汉建安五年（200）始建，为浙东古县城之一。元贞元年（1295）又升为余姚州，明洪武二年（1369）重新置县。城镇向北扩展，将龙泉山包围在城墙之内，并形成了环城壕，基本完成了北城的格局。城南则靠着运河发展形成码头和商业聚落，明代进一步建设南城，城镇的布局日趋完善。余姚的传统城市布局密切依托于自然地貌和人工营建，中心县衙的位置和城镇轴线的布局充分体现了山水的影响和历史的积淀，形成了从县衙出发向北至侯青江、向南至最良江的城镇结构。余姚靠近宁波，受西方文化的影响，城市建筑成中西合璧的态势。余姚是运河沟通绍兴和宁波的重要节点，同时也是曹娥江沟通姚江的重要城镇，可谓扼守运河咽喉，是浙东运河上的重要城关。现城市中的历史街区多数已衰败，只存有石板小路和杂铺小肆。

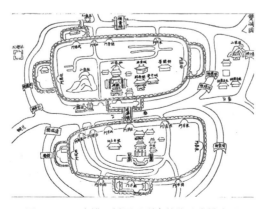

图6-103 余姚双城图（引自乾隆《余姚志》）

余姚的城市水环境建设强调了南北双城对立与三江横贯的特色,姚江穿城而过,城内南北各有水门,引江入城,同时点缀以水景观如学宫泮池等。南城以北固门城楼为界,北城则有舜江楼,两者通过历史悠久的通济桥相连,桥梁不仅是南北城的联系纽带,也成为余姚城的重要符号。这样的布局不仅加强了城市结构建设,而且与浙东运河的联系更显紧密,体现出余姚城与其水环境的和谐共生。

图 6-104　余姚古城舜江楼现状

丈亭镇,据史料记载,"慈溪江分流处,有石矶十七八丈,筑方丈室其上,为老尉廨宇,旧曰丈亭"。宋代以后逐渐成为姚江中段的水陆交通枢纽。商贾客旅汇聚于此,候潮而行,潮涨则西往,潮落则东行。老街即为镇的中心,沿姚江、慈江北岸横向东西延伸(现为三江东路、三江西路)。街路全部用石板铺砌,两侧为清晚期至民国时期的一层或二层商铺。北侧纵深分布有四条巷弄,沿江 1 公里长的古街现在风貌依旧,众多埠头、水工设施,展现出运河运口城镇的独特风貌。

图 6-105　丈亭运口晨景

慈城镇，自唐开元二十六年（738）以来一直为县治所在。宋代开凿了余姚至宁波的运河之后，为其带来了持续的动力。该城镇是为江南地区唯一一处保存完整的古县城，为研究运河发展提供了丰富史料。

南宋时期，慈江和刹子浦的开通彻底重塑了慈城的水系格局，取代了原本的姚江水道，成为主要的航运渠道。这促成了慈城东部慈江与姚江并行的双重水路，慈城成为浙东运河上的一个关键节点和宁波的重要门户。到了明朝嘉靖时期，城市开始加固防御，修建了城墙和城壕。清代后期时，慈城的城镇布局已经非常完备。

慈城被群山所环抱，位于一片平坦之地，周围由两个并行的山系与慈江和姚江相扣，勾勒出古县城的界线，层次清晰。这些河流不仅为城市提供了与外界交流的水道，而且构成了城市内部水系的骨架。慈城被山峦围绕，北侧的慈湖汇聚了周围山区的水源，形成了独特的山脉—湖泊—城镇相结合的格局。

慈湖的开挖和整治工作伴随着慈城的演进，功能也从最初的防洪蓄水和护城，再到灌溉农田。城镇的水系结构以慈湖和运河为核心，城郊引入的渠道环绕城墙，通过水闸与城中的水网相连，既保障了城市的安全，又具有排水和泄洪的功能。城内的水网与道路网的设计互为补充，紧密相连，形成了"三横五纵"的井字形交通网络，使得水陆交通便捷高效。这种布局体现了古人对城市规划的深思熟虑，让城市既能顺应自然环境，又能满足居民的生活和防御需求。

县城的中心轴承继了达蓬山的线条，贯穿南北，直至浮碧山的山脚。在城镇的视觉中心，县衙被置于制高点，而主轴线则顺着中街南下，沿途点缀着观音堂、关圣殿、三元殿、天后宫、药王庙等一系列公共建筑。中街南端和南城门故意向西偏移，以便轴线直面姚江的内凹，同时与管山、赭山相望，直至远眺四明山。这种布局展现了人类智慧与自然地貌的和谐共生。

图 6-106　慈城现状

　　宁波古城有六座城门，其中有一座西门叫望京门，西出望京门外的后塘河上，曾有大卿桥、西成桥、望春桥、新桥、上升永济桥和高桥，这批桥都是清一色的单孔高拱桥，尤以高桥最为著名。高桥镇，就是以桥命名。高桥地处后塘河与大西坝河的交汇处，自古是杭绍水路来甬必经之路。独特的地理位置，带来高桥的经济繁荣。古时，后塘河上万船云集、百舸争流，尤其是官船往来如织。据鄞州地方志记载，由高桥向东一箭之遥的景安铺，唐宋时代又称马铺，为"出望京门十里"之驿站，官府的公文信函及晓行夜宿的驿使快马都在此驻足。宝祐四年（1256）重建了高桥。

图 6-107　高桥航拍图

　　镇海口地处东海之滨的甬江口，为海防前哨，历来为兵营驻扎地。素有"两浙门户""海天雄镇"之称，是我国东南沿海人民抗倭、抗英、抗法、抗日的主战场之一。秦代称句章东境，唐元和四年（809），在鄮东甬江口建望海镇，为镇海建治之始。康熙二十六年（1687）改原定海县为镇海县。现留存有镇海口海防遗址、利涉道头等海防、海运遗迹。

图 6-108　望海楼

浙东运河城镇位于水网密布的地区，水域面积较大，河道宽阔，河岸绿化良好，形成了独特的水乡风光。古城镇建筑历史悠久，一河两街、临河内街等建筑布局灵活，大多与河道相结合，桥梁是主要的景观节点。城镇拥有丰富的传统节日和民俗文化，产业特色明显，如杭州的丝绸、绍兴的黄酒等，这些产业与运河密切相关，为城市发展提供了动力。随着城市的发展，浙东运河城镇的都市风貌逐渐显现，现代建筑与传统水乡风光相互融合，景观特色在于其水乡风光、传统建筑、园林景观、历史文化、产业特色、都市风貌和生态环境等多方面的融合，为游客提供了一处处旅游胜地。

# 三、古村之变

## （一）乡村聚落的形成

根据陈桥驿的研究[①]，可以将绍兴地区的聚落分为山地聚落、山麓冲积扇聚落、孤丘聚落、沿湖聚落、沿海聚落、平原聚落，这几种聚落的类

---

① 陈桥驿、颜越虎：《绍兴简史》，中华书局 2004 版，第 94 页。

型及其地理分布并非一成不变。绍兴地区的聚落类型之多，大部分由于其所处地区的地理环境差异而形成，而这种差异也造成了聚落功能上的不同。人类生产力水平的不断提高，会逐渐弥补这种自然环境的差异，无论是哪种类型的聚落，其功能及类型都有可能趋于统一。然而这种趋同性并非杂乱无章，而是向最利于人类生存和发展的那个类型去变化。[①] 这种转变显然是伴随着其周边环境的变迁而发生的，当孤丘聚落附近的沼泽被逐渐开发为农田后，孤丘聚落显然也就不再孤单，人们会从高处走下来，选择在农田附近建造房屋并最终形成聚落。这种选择不仅是由于自然环境的改变和生产力水平的提高，也是由于生产规模的扩大对人类居住提出的新要求。

早期形成的聚落不仅在规模上有所变化，而且在地理位置上也会发生变化，这与当时的生产力水平有很大关系。绍兴历史发展的早期，越民族的山地聚落就经常迁徙。这种"随陵陆而耕种，或逐禽鹿而给食"的迁徙农业形态决定了越族先民聚落经常迁徙的习惯。而随后的山麓冲积扇聚落则与人类的半定居农业有直接的联系。人类开始舍弃山地聚落，下山靠近山麓地区，这正是农业生产力发展的标志。不仅如此，人们在河流附近建起聚落发展内河航运业，这类聚落的名称大都以"埠"命名。经历长时间的开垦之后，山区来水含沙量不断加大，造成河流淤浅，附近居民则利用其淤积的泥沙围田种植农作物。原先的通航地点、河流码头等也因河流淤浅而继续向下游搬迁。

而在山会平原上，自鉴湖水系瓦解之后，绍兴地区进入了运河河网水系，对此洪惠良、祁万荣已有论述[②]。该水系以运河及天然河流为轴，各种塘闸堰坝节制水流，并以平原纵横交错的河流港汊以及星罗棋布的大小湖泊为辅助。而在明清时期，湖泊逐渐遭到围垦，该地区的水环境更加破碎复杂，其抵御自然灾害的能力也在不断下降。新开垦的农田必须有相应

---

① 参见陈桥驿:《历史时期绍兴地区聚落的形成与发展》,《地理学报》1980 年第 1 期。

② 洪惠良、祁万荣:《绍兴农业发展史略》, 杭州大学出版社 1991 版, 第 140—141 页。

的水利设施与之配套，绍兴地区的农业生产更加依赖河流灌溉和塘闸堰坝的配合①。而实际上，明中期三江闸的修筑目的是进一步发挥塘闸堰坝的作用，三江水系也是运河河网水系的加强版。从本质上看，三江闸的修筑是在弥补失去湖泊以及其灌溉蓄水的损失。在三江闸修建之前，现有的水利体系无法承担更多的压力，因而修筑规模更大的水闸势在必行。自三江闸修建到钱塘江改道的完成，山会平原上湖田的大量开垦与河道水渠的形成，进一步促使了市镇兴起。而绍兴市镇的发展与其经营的产业和水路交通有密切关系，这两方面都与水利有一定的关联。它们以运河为基础，依靠稠密的河网来实现链接，在此河网内部又有各式的桥梁连接各处居民点。

沿海聚落更是随着沿海滩涂的开发和滨海平原的扩张而不断变迁。明清时期钱塘江江道北迁，尽管带来严重的泥沙淤积问题，但是也正因泥沙的淤积给绍兴北部海涂开垦提供了更坚实的基础，海涂屯垦、沙田的治理以及沿海水利工程的建设为绍兴北部创造了更为广阔的生产生活空间。可以肯定地讲，没有钱塘江改道这一水环境的变迁就没有绍兴北部滨海平原的繁荣。因此，绍兴北部聚落的发展首先得益于钱塘江的水道变迁，其次才是人类自身的努力和生产技术的进步。从这个角度讲，没有钱塘江水环境的变迁就没有以南沙地区为代表的海垦地区。就其意义而言，绍兴北部的开发为明清时期该地区的发展注入了新的活力，同时也扩大了其生存的空间，一定程度上缓解了该地区的人地矛盾。

综上所述，浦阳江改道，使得山会平原获得较为安全的定居条件。随着人口不断增长，人们对于定居点和粮食的需求不断上升，进而使湖泊成为人们觊觎的目标，围垦湖泊成为当时解决农业生产空间不足以及建造房舍用地的主要途径。因此，湖泊的消失使原有依靠湖泊灌溉农田的方式难以为继，地方政府通过修筑闸坝、出台用水规则等措施来调整和规范水资源的利用。水利设施的兴修逐渐满足了人们不断增长的灌溉需求，山会水

① 张权:《明清时期绍兴地区水环境变迁研究》，浙江大学，博士学位论文，2017 年。

则的出台规范了人们的用水秩序。钱塘江改道不仅为绍兴带来新的农业发展空间，也为其提供了新的生存空间。区域水环境的变迁，不断影响着山会平原聚落的变迁与发展，透过聚落变迁的图景，我们也可以逐渐洞悉人类面对自然环境改变时做出的各种改造和应对机制。

### （二）乡村聚落景观特色

宁绍圩区到明清时期已是"湖田日辟，屋庐坟墓日稠，千村万聚，一望如屯云"[①]，宁绍平原的聚落营建遵循着圩田的开垦逻辑，是城市设计、农业与水利工程的完美结合，可以称之为"圩田聚落"，依据其形态，可以划分成山麓（孤丘）聚落、堤塘聚落、闸坝聚落和溇港聚落等主要类型。山麓（孤丘）聚落是宁绍圩区较早出现的类型，土地高燥、用水便利，因此很多历史较为久远的城镇皆发源于此，典型者如宁波慈城镇，山、城、湖的布局反映传统营城模式和风水观念的影响，城市水系和慈湖的布局同时也是对宁绍平原低洼地势的改造和适应。堤塘聚落通常位于海塘、塘河和陂塘沿线，其模式是沿着堤塘线性布置，堤岸经常会演变为聚落主街，典型者如萧山瓜沥镇、绍兴湖塘镇。闸坝聚落通常位于人工运河与潮汐河流的交汇之处，陂塘主要泄水处也可以视为较为特殊的堤塘聚落，其布局模式通常围绕着埭坝堰闸等水利设施，典型者如余姚丈亭镇、绍兴钱清镇。

溇港聚落是宁绍圩区较为普遍、数量较为庞大的类型，其模式通常围绕着圩岸、圩溇布局，典型者如宁波走马塘、姜山镇，若圩溇演变为内河，则沿河街道成为聚落的主街，典型者如绍兴东浦镇、安昌镇等。宁波传统城市可以视为宁绍地区最大的溇港聚落，因此可以解读为传统营城模式在圩田地区的适应：子城较为方正，署衙布置其中，罗城因随水网，形如梨状，北斗河、姚江与甬江依势成为城濠，东西与南北轴线相交于子城海曙楼前，日月二湖作为老城中最大的绿色公共空间，分布于中轴两侧，城内河道纵横，道路也随河就势，曲折多变。宁波城厢舆图采用传统的制

---

① 李亨特:《乾隆绍兴府志》，上海书店出版社，1993年版，第18页。

图方式，虽然方位和尺度与实际具有一定误差，但鲜明表达出传统的城市意象：规整的城市结构原型与有机自然的圩田景观相结合。

运河古村是依附于传统农耕社会，在宗族社会与运河经济的交互作用下，于长时段单元中生长的结果。它不同于一般的传统村落，其演化历程更为复杂多变。而目前针对运河古村的保护多直接套用传统"名村"的编制办法，普遍存在两大问题：一是既有环境视角下历史空间当前化保护，忽视历史演化过程；二是物质本体导向下建筑单体零散化保护，忽视聚落体系的整体关联，极易对遗产的真实性造成误读。半浦古村作为浙东运河上运河古村的典型代表，借鉴发生学视角与研究方法，认为古村的历史环境既是文化变迁之结果也蕴含动态建构之过程。首先，通过"空间还原"将现状各遗存要素投射到历时态的演化过程中，认识两种作用的具体表现，即发生学还原第一步；然后再进行"空间叠合"，从历史回到现状，将两种作用下的空间演化结果凝结为共时态，重新在村落现状空间中提炼整体特色，即发生学还原第二步。这种强调"过程"与"建构"的认识思维，有助于充分认识运河古村遗产的真实性与价值所在，进而制定更为精准的遗产保护策略，这对于运河古村的保护具有重要意义①。

例如半浦村所处的宁波平原历史上为海侵平原，因海水倒灌而"内筑湖塘蓄淡，外筑海塘御潮"是贯穿区域耕地开发与村落发展的核心主题。先民们自唐代开始就修筑水利工程、挖湖设堰。宋代政府组织对干流治理，形成了"三江六塘河"的河网关系，平原蓄有充足淡水，耕地开始沿着六塘河两岸带状延伸，区域的古村落也开始从山野一步步向平原推进。姚江、奉化江在三江口汇入甬江，六条塘河水系分别从两侧经古城护城河汇入主江，东流入海，这种水乡基质是包括半浦在内的平原村落选址与宗族社会赖以生存的环境基础。水系走势也塑造了村落形态，村落的历史文化景观无不深深打上了"水"的烙印。

---

① 许广通、何依、殷楠、孙亮：《发生学视角下运河古村的空间解析及保护策略——以浙东运河段半浦古村为例》，《现代城市研究》2018 年第 7 期。

半浦村现为宁波市江北区唯一的历史文化名村，村里今天还流传着"半浦大地方，三庙六祠堂，一阁一庵一义庄；村中新学堂，古渡畔姚江；桥像砚台村似岛，深宅大院真不少"。这样一首歌谣，生动地概括了古村的历史环境。歌谣既交代了古村的区域环境，也形象地描述了环村水系、村似岛状的整体形态，既有代表村民心中古村意象的公共建筑，也有宗族院落林立的民居建筑。

图 6-109 半浦渡现状

运河古村不是一个单纯的乡村聚落演化过程，叠含了双重机制，一个是宗族生活的乡村社会，一个是转航贸易的运河枢纽。运河古村既受到内部宗族社会的影响，也受到外部水运的干预，并以空间组织的形式投射到村落的形态中，两者交相建构、共同叠合为村落空间的整体结果①。而宗族社会与运河经济作为古村空间演化的动因，其本身也是一个动态建构的过程，且两者互为因果、相互推动。一方面，运河经济整合了沿线的资源，增强了区域的关联性，为宗族发展壮大提供了契机与动力，各大家族在治水过程中形成了共同利益关系，促进了宗族的组织化；航运贸易增强了宗族经济实力的同时，促进了宗族内部构成的多元化；同时因治水患的地方能人被奉为神，供在庙中保佑村民与水运平安，也形成了宗族间共同的文化祭祀圈。另一方面，宗族社会也是运河经济繁荣的必要条件，宗族组织作为行动主体，具有较强的执行力和经营优势；宗族资本的不断积累，在商人开拓市场的过程中发挥

---

① 许广通、何依、殷楠、孙亮：《发生学视角下运河古村的空间解析及保护策略——以浙东运河段半浦古村为例》，《现代城市研究》2018 年第 7 期。

重要优势作用，促进了运河经济逐步由航运、商贸、金融到实业的转型；宗亲乡谊表现出的文化认同，血脉传承、同乡扶持，也萌生了多个家族企业与同乡组织，同时在乡村但凡有修路造桥、修缮公舍宗祠乃至兴办义学、义庄，也常有乡绅踊跃解囊[1]。

图 6-110　半浦美术馆

　　绍兴五夫老街位于驿亭镇五夫村，形成于明，成熟于清，盛于民国，解放后逐渐衰弱。沿虞甬运河的五夫河段兴建，地形狭长，东西长约 500 米，南北宽约 100 米。东西向，分上街、中街、下街。老街两侧建筑多为清至民国年间所建，两侧店铺林立，北侧多为二层建筑。20 世纪 30 年代的五夫老街颇为繁荣，街上有多家店铺，五夫邮局也很像样，现邮局旧址仍在，改为电话亭。如今的五夫老街逐渐失去商业价值，多改为民居。以恒升桥为界，朝西的临河店铺多数已被拆除，朝东的店铺基本保存完好。五夫历史街区分布范围 50000 平方米，50% 左右还保持老街建筑风貌，多为民国时期建筑。历史街区基本保持原有格局，临街铺面商用功能则多变为居住功能，商业氛围淡化，街区中还有不少现代建筑。该村是长坝和运河的产物，也伴随着它们功能的消退而逐渐没落。

---

① 　许广通、何依、殷楠、孙亮:《发生学视角下运河古村的空间解析及保护策略——以浙东运河段半浦古村为例》,《现代城市研究》2018 年第 7 期。

图 6-111　五夫村现状

图 6-112　五夫村航拍图

　　绍兴上沙村形成于汉朝，曾为东汉江南古官道，并被设为驿站，逐渐发展起来，现存建筑多为晚清民国时期的历史遗存。上沙村是绍兴与上虞两地之间运河的节点，是萧曹运河的终点，一度热闹繁华。

图 6-113　上沙村现状

　　运河乡村聚落通常位于水网密布的地区，水域面积较大，河道宽阔，河岸绿化良好，形成了独特的水乡风光。建筑风格通常以传统民居为主，粉墙黛瓦。田园景观丰富多样，包括农田、果园、菜地等，与自然景观相融合，形成了优美的田园风光。因此，自然环境、公共建筑与开放场所均是运河村落公共空间形态与结构不可或缺的组成部分。与此同时，民间艺术、手工艺、传统节日等，体现了当地的历史文化和生活方式。随着时代发展，村落生态环境改变、水系空间衰败、历史文化消退、空间形态异化等问题突出，如何实现乡村振兴值得探索。

# 第四节　名胜古迹

　　浙东运河廊道沿线有众多传统园林、书院、祠堂、寺庙、陵寝墓地、古遗址和风景建筑，我们将它统称为文化遗产，也可以称为"名胜古迹"。这些古迹不仅包括自然美景，也包括了人文景观，即由人类创造或改造，具有一定历史、文化、科学、艺术价值的自然景物和人文景物。

　　为了便于分类介绍，将名胜古迹分为传统园林、寺观陵祠、风景建筑三部分。其中传统园林包括王室（衙署）园林、私家宅园、书院园林等；寺观陵祠是以纪念宗教信仰为需求的场所，包括寺庙、道观、陵寝墓园、祠堂等空间；风景建筑是运河廊道的建筑地标，包括历史沉淀的古遗址和亭台楼阁等建筑。

## 一、传统园林

### 寓园

　　寓园位于绍兴城西，离梅墅三里，得名于寓山，为明末清初文学家、戏曲家祁彪佳所营造。祁彪佳（1602—1645），字虎子，又字幼文、弘吉，号世培，明绍兴山阴梅墅人。祁彪佳出生于仕宦家庭，父亲祁承爜是明代著名藏书家。祁彪佳幼年时代和少年时代读书于官署，且聪明绝伦。7 岁时，乡人抱其上树，以"猢狲上树"出对，即对以"飞虎在天"。明天启二年（1622）为进士，时年仅 21 岁。次年任福建兴化府推官。崇祯四年（1631）起为福建道御史。崇祯六年（1633）巡按苏、松诸府。崇祯八年（1635）辞官回乡，在梅墅修寓山别业，住了 9 年，其间写成《寓山注》《越中园亭记》《远山堂曲品》等著作。

崇祯十五年（1642）出任河南道监察御史。崇祯十七年（1644）福王即位，出任大理寺丞，旋擢右佥都御史，巡抚江南。清顺治二年（1645）五月，清兵攻入南京，执福王。潞王监国杭州，再度出任苏淞总督。六月杭州失守，潞王降清，彪佳重返故里，拒绝清廷以书币礼聘，撰写别庙文与绝命书，于闰六月四日自沉于寓山园梅花阁前水池中。《明史》卷二百七十五记："明年五月，南都失守。六月，杭州继失，彪佳即绝粒。至闰月四日，绐家人先寝，端坐池中而死。"其绝命诗云："图功为其难，洁身为其易。吾为其易者，聊存洁身志。含笑入九原，浩然留天地。"年四十四岁。唐王追赠少保、兵部尚书，谥忠敏。

祁彪佳的家族故里山阴梅墅是一处风光秀丽的水乡村落，"予家梅子真高士里，固山阴道上也。方干一岛，贺监半曲。"这里位于绍兴城约 7 公里，地近柯桥古镇，以南为古鉴湖，北近西兴运河。陆游晚年居于鉴湖之畔三山，常游梅墅并作诗。祁家在梅墅共有三座台门，造型高大，颇有气魄，属世家大户，父亲祁承㸁也是造园高手，所建之密园，祁彪佳《越中园亭记》有记：

> 先子生平有园林之好，上公车时即废箸构此。然亦止密阁、夷轩、淡生堂数处耳。嗣后俸余所入，尽用置园。旷亭一带以石胜，紫芝轩一带以水胜，快读斋一带以幽邃胜，蔗境一带以轩敞胜。先子于此具有匠心焉，详载密园前后记及行园略中。

出生在这样一个书香门第和富有园林艺术素养传统之家，对祁彪佳日后的园林爱好和园艺思想的形成必然会产生重要影响。祁彪佳于园林既重理论探索又重实地亲手创建，其实践的最大成就便是兴造寓园。

寓园始建于崇祯八年（1635）仲冬，次年春建成园中主建筑物。又"于十一月自冬历丁丑之春"再深造园景，"凡一百余日"。正式开园在"孟夏之十有三日矣"，前后共三年。

寓园选址，三面环山筑园，其下平田十余亩，园之布置"水石半之，室庐与花木半之，为堂者二，为亭者三，为廊者四，为台与阁者二，为堤者三，其它轩与斋类，而幽敞各极其致"。据载，寓园共建成景观49处。

祁彪佳文学素养深厚，于园林有很高的造诣，加上他专心致志，含辛茹苦，精诚所至，使其所建寓园有极高之园景水平。无论是造园系统规划，还是取山石之幽，引湖水之胜，筑楼台之妙，种花木之景，借田园之朴，寓志向之高，立园林之魂等都深得园林之要。寓园是一处于自然山水之中兴建的优秀的私家园林，是明绍兴城外山水私家园林中的代表和典范。

### 陆游三山故居

《嘉泰会稽志》卷第九："三山在县西九里，地理家以为与卧龙冈势相连，今陆氏居之。尝发地得吴永安晋太康古砖，疑晋人尝卜筑或尝为寺观云。"三山即行宫山、韩家山、石堰山，位于今东浦镇石堰塘湾村，由西向东呈"品"字形鼎立鉴湖之北岸，是湖光山色绝胜之地。

三山别业。据《东浦镇志》等载，十余间屋之主要布局：南端为南堂，深一丈，由茅草构成，四周种竹。堂之后为居室兼书屋，陆游称之书巢。堂东有小屋，为避暑之处。南堂前有庭，庭后为正堂，称"渔隐堂"。有楼、阁、轩等，其间多种竹。"老学庵"为独立屋宇，《题庵壁》诗曰："竹间仅有屋三楹，虽号吾庐实客亭。"自注："小庵才两间。"四周种竹，窗前种梅。庵北有假山，山下蓄水，布置高雅而有情趣，为陆游晚年主要读书和栖居之地。龟堂周边有园，有东园、南园、西园、北园等景观，西园又称药园，北园乃菜园。园外多引山溪，园中多塘池，既可观赏，又可养鱼，多泉、井等水源利用。西山北麓为茅亭，东园剡曲旁有水亭，南园近鉴湖处有"下鸥亭"。园中又多种植蔬菜、花草、果木、竹树，饲养牛、马、驴、鹿、麝、獐、猿等动物。他在诗作《思故山》中写道："千金不须买画图，听我长歌歌镜湖。湖山奇丽说不尽，且复为子陈吾庐"，倾诉了他对家乡自然风光的深情厚爱。这个别墅不仅是他的安身之所，更是心灵的归宿、精神的寄托。

《宋史》卷三百九十五引朱熹对陆游的评言："其能太高，迹太近，恐为有力者所牵挽，不得全其晚节。"陆游既常为世所不容，便会在故乡稽山镜水中寄其所托，焕发其精神。三山别业构筑简易朴实，然寓意深厚，可见放翁之神采，清新自然，有高雅淡泊之风范，擅湖山之胜，集有与未有之胜景。无放翁之才识，何能到此境界？

图6-114　三山故里平面图

三山别业附近，便是唐代诗人贺知章的隐居地——道士庄。据《山阴县志》记载："道士庄，在镜湖中，与三山相连。"陆游选择在此地建造别墅，不难看出他对贺知章的敬仰。陆游在作品《龟堂独坐遣闷》与《秋日杂咏》中，都流露出对贺诗风的深深敬慕。贺知章的归隐对于文人来说是政治理想的归宿，而陆游之归，因未竟之志，始终伴有遗憾。三山别业与道士庄相望，仿佛是跨越时代的相互凝视。

时光流转，逾八百年后，陆游的三山别业依然历久弥新。1989年，人们在原址上竖立起陆游雕像和朱东润先生题写的"陆游故居遗址"纪念碑。2017年，一个以复原陆游故居为核心的鉴湖水环境整治项目启动，旨在重现那曲径通幽、景致各异的园林之美。然而，由于缺乏系统规划和持续的管理，该地一度人迹罕至、游客稀少。后来，不少有识之士大声疾呼，陆游作为标杆性的文化巨擘，三山有望成为城西诗路文化的新地标。

### 快阁

嘉庆《山阴县志》："在西门外，宋陆放翁建。"明祁彪佳《越中园亭记》"快阁"认为由"陆景邺先生改为祠，以祀放翁先生。放翁旷怀高致，迥出千古，俎豆之处，即是名园。况此中高阁虚堂，足以吞纳烟云，孕含峦岫，固属鉴曲胜地乎。"陆景邺为明神宗朝山阴人。快阁建园始于何时，有不同说法，然终因放翁成名。上世纪20年代徐蔚南写有一篇《快阁的紫藤花》，其中记快阁："阁旁有花园二，一在前，一在后。前面的一个又以墙壁分成为二，前半叠假山，后半凿小池。池中植荷花；如在夏日，红莲白莲，盖满一池，自当另有一番风味，池前有春花秋月楼，楼下有匾额曰'飞跃处'，此是指池鱼言。"此外文中又记二架盛开的青白紫藤花，被描绘得清新可爱，情景交融。

图6-115　快阁

### 青藤书屋

为明代著名文学家、艺术家、书法家徐渭（1521—1593）故居。青藤书屋原称"榴花书屋"。嘉庆《山阴县志》卷七载："榴花书屋，在大云坊大乘庵之东，徐渭降生处，中有大安石榴一本。"时榴花书屋的主人，为徐渭的父亲徐鏓。屋前有池，方不盈丈，不涸不溢，号称"天池"，旁有大安石榴树，书屋因此得名。池边的一株青藤，为徐渭手植，枝干蟠曲，大如虬松，覆盖方池。明陆韬有《青藤书屋赋》记："鉴水之东，龙山之侧，投醪在南，峨眉在北。天池故居，有藤翼翼，如栋如梁，滋生蕃植。"池周有做工精致古朴的石栏，近北横卧石梁，下以方柱承托，柱上刻"砥柱中流"；上建书屋，檐柱上刻楹联："一池金玉如如化，满眼青黄色色真"，背刻"自在岩"，均为徐渭手书。

图6-116　青藤书屋内庭景观

后徐渭入赘潘克敬家，嘉靖二十三年（1544），徐渭长兄徐淮故世，榴花书屋也就出卖他人。徐渭虽离开书屋，仍常存怀念旧居之心，他五十八岁那年，途经于此，便作诗一首："童时画壁剥成泥，园泽投胎锦水西。一念忽穿三十载，竹梢寒雨覆窗低。"是深情的追忆和不尽的感怀。

明末崇祯六年（1633）山阴进士金兰发起保护徐渭故居的活动，在大云坊建碑，上刻"徐文长先生故里"，并以书屋为学舍。崇祯末年，陈洪绶从诸暨迁居徐渭故宅，手书"青藤书屋"匾[①]，遂成现名。明灭，陈洪绶削发为僧，青藤书屋又荒落。到康熙二十一年（1682）施胜吉从潘姓处购得青藤书屋，并修葺和保护。黄宗羲为此写《青藤行》诗："斯世乃忍弃文长，文长不忍一藤弃。吾友胜吉加护持，还见文章如昔比。"乾隆、嘉庆年间，陈无波从施氏处购买青藤书屋，进行扩建和重修，把青藤书屋分为天池、漱藤阿、自在岩、孕山楼、浑如舟、酬字堂、樱桃馆、柿叶居八景，还请钱大昕和郑板桥题匾，阮元撰写《陈氏重修青藤书屋记》[②]，并刻石。

青藤书屋建成并保留至今十分不易，这其中是徐渭对绍兴私家景观园林的杰出创造，是他的才华、审美观、个性的集中体现，是他对生命的自我

---

① 冯启明：《浙江传统宅园研究》，硕士学位论文，浙江农林大学，2015年，第112页。
② 冯启明：《浙江传统宅园研究》，硕士学位论文，浙江农林大学，2015年，第112页。

理解、自我肯定、自我颂扬。其中也凝聚了众多后来艺术大家和有识之士的艰辛努力，是后来者锦上添花的造园艺术结晶。其内涵深刻，个性鲜明，景观丰富，层次分明，小巧玲珑，幽雅高洁，在绍兴园林住宅中颇具代表性。

### 沈园

浙江绍兴这块历史悠久的土地上，藏着一处宋代园林的瑰宝——沈园。沈园位于越城区鲁迅中路318号，与鲁迅故里仅一街之隔。这座昔日沈氏家族的私家园林，今已成为公众赏心悦目的胜地，总面积达57亩。沈园主要由古迹区、东苑和南苑（陆游纪念馆和连理园）三大部分组成，形成了"断云悲歌""诗境爱意""春波惊鸿""残壁遗恨""孤鹤哀鸣""碧荷映日""宫墙怨柳""踏雪问梅""诗书飘香"和"鹊桥传情"等十景。

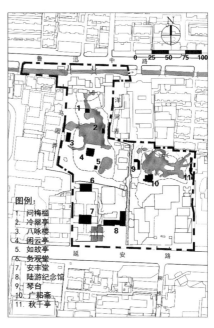

图6-117 沈园平面图（秦烨萍绘）

沈园继承了江南园林的传统，崇尚自然而不失精致，将整个园林巧妙划分为南苑、东苑、北苑三个独立而又互相渗透的空间。北苑存留着众多古迹，是园林的历史文脉所在。南苑则是纪念陆游与唐婉爱情的圣地，绿意盎然、诗情画意。东苑则以二人爱情故事为主题，通过洋河弄巧妙连接南北，增添了几分幽深与秘境的意味。

园林的水系布局尤其引人注目，每个独立的园区都以水为心，回应了江南园林"以水为中心"的造园哲学。水面不仅为建筑物提供了一面镜子，还为游人提供了一个个静谧的观景窗口。景观设计师巧妙地运用了内聚式布局，让每一栋建筑都面向水景，形成了一种由外向内的自然过渡，营造出一种层次丰富、递进有致的空间效果。

在园林的空间序列上，沈园更是展示了中国古典园林设计的智慧。通过高低不一的布局、蜿蜒曲折的小径、错落有致的亭台楼阁，以及精心组织的视觉焦点，形成了一幅幅景观画卷，使游人漫步其中时步移景异，每一步都是一幅新的风景。

植被方面，沈园内栽种着丰富的植物品种，包括观赏性强的乔木、灌木和藤本植物，以及点缀于水畔的水生植物。东苑与北苑的植物种植密度较大，其中东苑内还特别栽设了一片小规模的杉木林带，形成了密与疏、动与静相交织的自然格局，赋予了园林生动性和节奏感。

### 天一阁

天一阁位于宁波城区月湖西，天一街 22 号。创建于 1561—1566 年（明嘉靖四十年至四十五年），为明代兵部右侍郎范钦的藏书楼。1665 年范钦的曾孙范光文在书楼前后堆筑假山，环植竹木，假山堆福禄寿三字形、垒九狮一象姿，面积虽小，却相当精巧，颇具江南园林特色。1933 年，当地人筹款维修天一阁，把原在孔庙内的尊经阁，连同当地保存下来的一批历代碑刻，迁建天一阁后院，命名明州碑林。阁内原藏书一万二千多卷，其中大部分是明代刻本和抄本，有不少是海内孤本[1]。

赵万里在 1934 年撰《重整范氏天一阁藏书记略》记述民国二十年夏天去了两次天一阁，"阁前一泓清水，有小桥可通前后假山，青藤和不知名的羊齿类植物荫盖着全部的山石。石上小亭，摇摇欲坠，阁后一片荒凉，青榆树高出屋沿"。这是对当时景观的记述。阁前天一池，堆假山成"福禄寿"字形状、列九狮一象姿态，池西靠壁有亭称兰亭，也叫半亭，假山之东有东亭。东园建设始自 1959 年，征地 10 亩，部分地基原为明嘉靖时吏部尚书闻渊的花园遗址，"文化大革命"时建设中止，1980 年续建，请古建筑专家陈从周设计，整体布局围水构筑，寓古迹于园林之中，藏而不露，亦藏亦露，凿有一大池塘，与园名"东园"相连，池名"明池"（陈从周题），合为"东明"，寓意纪念创始者。东园于 1986 年 10 月建成开放，陈从周撰《东园记》。

---

[1] 《第二批全国重点文物保护单位简介》，《文物》1982 年 5 月。

## 二、寺观陵祠

### 江寺

江寺，曾名昭玄寺、昭庆寺、觉苑寺，位于萧山城厢街道，坐北朝南（偏西11°）。现存建筑系清光绪年间（1875—1908）重修，包括天王殿、大雄宝殿、观音殿、藏经阁、功德堂等建筑。其中大雄宝殿面阔5间，宽21.5米，进深16.5米，重檐歇山顶，明间七架梁抬梁式。功德堂又称六吉堂，为光绪四年（1878）重修。

文献资料记载，江寺有三宝：一个是张即之的书法"江寺"匾；一个是《梦溪笔谈》作者沈括同族的侄子沈辽在江寺石碑上写的《大悲阁记》；以及擅长画水的胡舜臣在寺壁上画的一幅壁画。以上号称"江寺三绝"。

江寺经过多次重修，殿宇佛塑和寺前2座唐陀罗尼经幢均毁。20世纪50年代初改为萧山县人民会堂，至20世纪80年代才得以拆堂复寺。1990年建山门，恢复江寺的晚清原貌。现为浙东运河萧山展示馆。

图6-118　江寺现状

### 大禹陵

大禹陵在绍兴城稽山门外东南6里处，会稽山麓、鉴湖南畔，是一处合陵、庙、祠于一体的古建筑群，高低错落、各抱形势，展示了中国传统的建筑美。

"《皇览》：禹冢在会稽山。自先秦古书，帝王墓皆不称陵。陵之名，实自汉始。"①《汉书·地理志》载:"山阴,会稽山在南,上有禹冢、禹井,扬州山。"说明汉代禹冢在会稽山的记载是十分明确的。《水经注·渐江水注》记载:会稽山"山上有禹冢,昔大禹即位十年东巡狩,崩于会稽,因而葬之"。据《墨子》禹"葬会稽之山,衣衾三领,桐棺三寸"和《越绝书》卷八记载禹葬"苇椁桐棺,穿圹七尺,上无漏泄,下无即水,坛高三尺,土阶三等,延袤一亩"之说,似为薄棺深葬,葬礼简朴。由于年代久远,冢基确址已无从稽考。"近嘉靖中,闽人郑善夫定在庙南可数十步许,知府南大吉信之。"②嘉靖十九年(1540),于山之西麓,原禹祠之上,立"大禹陵"碑,碑高4米,宽1.9米。"大禹陵"三字,每字达1米见方,端庄凝重,气势宏大,系南大吉所书。大禹陵坐东朝西,面临禹池,前有山丘分列左右,会稽主峰环绕其后。入口处有牌坊,内辟百尺青石通道。

## 大禹庙

禹王庙。相传禹庙最早为启所建。《越绝书》卷八:"故禹宗庙在小城南门外,大城内,禹稷在庙西,今南里。"此位置应在靠近绍兴城内的飞来山以北近处。《史记正义》引孔文祥云:"宋(指南朝刘宋)末,会稽修禹庙,于庙庭山土中得五等圭璧百余枚,形与《周礼》同,皆短小。此即禹会诸侯于会稽,执以礼山神而埋之。其璧今犹有在也。"《嘉泰会稽志》卷十三"白璧"条引《十道四蕃志》也有"(南朝)宋孝武使任延修禹庙,土中得白璧三十余枚,意是禹时万国所执。梁初治庙,穿得碎珪及璧百余片",均证明禹庙年代之久远,以及历代祭祀留下的遗物之丰富。禹王庙建成以来屡有兴废,现存禹王庙,基本保留了明代建筑规模和清代早期的建筑风格。正殿正中央耸立着大禹塑像,高5.85米,衮袍冕旒,执圭而立,神态端庄,令人肃然起敬。这一艺术形象,体现出后人对大禹功德的极高赞誉③。

---

① [明]萧良干、张元忭纂修:万历《绍兴府志》卷二〇。
② [明]萧良干、张元忭纂修:万历《绍兴府志》卷二〇。
③ 邱志荣:《山川灵秀,殿宇宏壮——绍兴大禹文化卓然于世的成因分析》,"中国水文化"会议,2016年第6期。

图6-119 大禹陵庙图（嘉庆《山阴县志》，民国铅印本，卷二十一图二十八）

御碑亭。在殿前，碑文系清乾隆祭禹诗句。左右两侧分别竖有两块碑，右侧碑文题为《会稽大禹庙碑》，系民国二十三年（1934）中国水利工程学会会长李协所撰。左侧题为《重建绍兴大禹陵庙碑》，为民国二十二年（1933）著名学者章太炎所著，再过东庑房便为碑房，陈列着数十块明清两代帝王和官员在此祭祀大禹的碑[①]。

窆石亭。在殿东小丘之上，内置一秤锤形窆石，高2米，顶端有一碗口大洞。或称其为大禹治水所乘石船，或谓下葬工具，或称葬后之镇石，亦有言陵墓所在之标志，石上有许多刻字，其中有的为汉时所刻，足见其年代之久远。

**大禹祠**

禹祠，在陵的南侧约数十米处，为一片古朴典雅的平房。据传始立于少康时。建祠3000余年来，屡废屡建。今禹祠分前后二进。第一进右面为大禹三过家门而不入的砖刻图，左边则为砖刻大禹纪功图；第二进中央为禹塑像，此为禹治水时辛劳朴实的形象，高约2米，头戴笠帽，脚着草履，手拿石铲，目光炯炯，有开天辟地、重振山河的英雄气概，却又是一位普通劳动者的形象。

禹井，在禹祠左前侧，相传大禹治水在此居住，凿井取水，后人饮水

---

① 邓雷、杨红卫、刘俊民：《会稽山：治水英雄的归宿》，《许昌日报》2023年9月11日第3版。

思源，称为"禹井"。

菲饮泉，在大禹祠侧。《嘉泰会稽志》卷十一载："菲饮泉，在大禹祠侧。"菲，薄也。王十朋《会稽风俗赋》云："酌菲泉兮怀古，饮清白兮自娱。"泉取名菲饮，出于《论语·泰伯》："子曰：禹，吾无间然矣。菲饮食而致孝乎鬼神；恶衣服而致美乎黻冕；卑宫室而尽力乎沟洫。禹，吾无间然矣！"

图 6-120　大禹陵大殿现状

### 大禹纪念馆

在大禹陵景区西侧新建了一座占地 2.8 万平方米的大禹纪念馆。这座纪念馆出自中国建筑界杰出代表、被誉为世博"中国馆之父"的何镜堂院士之手。其设计灵感来源于禹铸九鼎的历史故事，展现了一种雄伟壮观的美学，体现了大禹治水统一九州的英雄气概。纪念馆的选址充分考虑到了自然的秩序，力求与周围的景观和水山环境和谐相融，建筑巧妙地过渡到会稽山脉中，与远处的石帆山顶大禹铜像相映成趣。通过巧妙的地形设计，纪念馆旨在重塑建筑与自然间的联系，实现天、地、人和谐共生的愿景。大禹纪念馆为全球寻根祭祖、缅怀中华民族祖先的华夏子孙提供了一个全新的平台。

图 6-121　大禹纪念馆

### 宋六陵

宋六陵位于绍兴城东南约 20 公里的宝山，本为泰宁寺故址。南宋绍兴元年（1131）隆佑皇太后遗诰"权宜就近择地攒殡，候军事宁息，归葬园陵"，于是在这块"东南地穹、西北地垂"，龙脉吉气丰盈的宝地迁寺改建陵寝。先后殡葬于此的有高宗（永思陵）、孝宗（永阜陵）、光宗（永崇陵）、宁宗（永茂陵）、理宗（永穆陵）、度宗（永绍陵）六位皇帝及嫔妃，历经沧桑变迁、风吹雨打，虽陵已倾废，墓已不存，然遗迹犹在，古松参天，皇气回荡。

图 6-122　宋六陵图（康熙《会稽县志》，民国铅印本，卷首图二十一）

图 6-123　宋六陵考古现场

**马太守墓、庙**

　　马臻墓为东汉会稽郡太守马臻墓葬，位于绍兴市区偏门跨湖桥之畔。马臻，陕西茂陵（今兴平县）人。东汉永和五年（140）任会稽太守，任内主持修建了鉴湖。当时会稽每当潮汐倒灌或山洪暴发时，洼地顿成泽国。马臻目睹灾情，率民自救，利用旧时堤坝，以会稽郡城为中心筑堤修建鉴湖。鉴湖方圆三百里，上汇纳会稽山三十六水源于湖中，下调节八百里农田以灌溉，是我国东南地区最古老的大型水利工程。后人为纪念马臻，在湖边立庙、建墓。马臻墓始建年代失考。据唐韦瓘《修汉太守马君庙记》所载元和九年（814）已见墓存。《乾隆绍兴府志》云："汉会稽太守马臻墓，旧志在府城二里鉴湖铺西。"现墓南向，条石叠砌，泥土封顶，墓圈前方后圆，高 1 米，横宽 8.3 米，纵深 10.5 米。墓冢正面横置墓碑，碑阳镌刻"敕封利济王东汉会稽郡太守马公之墓"，系清康熙五十六年（1717）绍兴知府俞卿修墓时所立，两侧石栏围护。墓面石前设长方形石祭桌。墓前约 4 米处立石牌坊，四柱三间，明间面宽 3.2 米，东、西次间宽 1.85 米，额坊题刻"利济王墓"四字，明间两柱镌联："作牧会稽，八百里堰曲陂深，永固鉴湖保障；奠灵窀穸，十万家春祈秋报，长留汉代衣冠。"清嘉庆十二年（1807）建。

　　墓旁建太守庙，亦朝南，始建于唐开元年间（713—741），宋代以后屡经修建。现庙为清康熙五十六年（1717）重建，光绪年间再修，20 世纪

80 年代后期，全面修缮。今存建筑有前殿、大殿和左右看楼，皆为硬山建筑。前殿面阔三间，通面阔 11.62 米，通进深 5.2 米，用七檩。大殿面阔三间，通面阔 11.62 米，通进深 11.98 米。大殿东西两壁，绘有三十二幅彩图，栩栩如生地展现了马臻的治水功绩和民间传说[①]，其中一幅利济王护民抗贼图，画着一群入侵绍兴的洋鬼子，在利济王的威灵面前落荒而逃的场面。将战胜入侵者的功劳归于马臻，生动地体现了绍兴百姓对这位贤守的信赖和崇敬之情，今壁画还隐约可辨。

图 6-124　马臻墓

### 水心庵

水心庵位于则水牌原会龙村东侧的水域中心，地理位置独特，位于一片自东向西逐渐收窄、形似漏斗的江面上，恰好处于这个漏斗的最窄处，成为水流汇集的关键点。这座孤立的古庵四周被水环绕，唯有乘船方能抵达。整个庵堂占据了小岛的全部，建筑面积约 800 平方米，是一座古色古香的二进式老宅。

根据《则水牌志》的记载，水心庵的历史可以追溯到南宋绍兴三年

---

① 童波：《不畏"江湖"——马臻太守之"千古奇冤"》，《绍兴日报》2015 年 6 月 13 日第 8 版。

（1133）。庵四周被水包围，颇具历史韵味。村中流传着一则故事，称水心庵曾是宋高宗赵构寻找避难所时的临时栖身之地。《蕺山刘子年谱》中也记载了明代大儒刘宗周曾"出居郭外之水心庵"，这为庵堂增添了浓厚的文化氛围。

水心庵独特的地理位置和历史背景使其成为一个蕴含丰富景观价值的地方。庵堂地处江心孤岛，四面环水，形成了一种难得的自然与静谧之美，这种独立于世的安静空间，在忙碌的现代生活中显得尤为珍贵。建筑本身承载着深厚的历史文化，不仅见证了历史变迁，还保留了宋韵文化和古代学者的智慧印记，为其增添了独特的文化景观价值。水心庵与江水映衬构成动人的画面，是研究古民居与自然景观融合的重要案例。

图 6-125　水心庵

### 曹娥庙

曹娥庙位于上虞区曹娥街道孝女庙村，萧曹运河终点西岸老坝底与顶坝底之间曹娥港埠附近，旧时为上虞与绍兴接壤处。庙前塘路是两地往来的主要官道，曾设有驿站，人来客往，颇为热闹。

庙宇始建于东汉，旧在江东，后为风潮损坏，移建于今址。宋元祐八年（1093）建曹娥正殿。之后，曹娥庙屡毁屡建，规模不断扩大。民国十八年（1929）又毁于一场大火，曹娥人任鸿奎奔走募捐，曹娥庙在两年后于原址重建，民国二十五年竣工。

曹娥庙坐西朝东，背依凤凰山，面临曹娥江，占地面积 6000 平方米，建筑面积 3840 平方米。曹娥庙规模宏大，布局严谨，按 3 条轴线布局。中轴线上依次有照墙、御碑亭、山门、戏台、正殿、双亲殿、坐楼。戏台已毁，坐楼为五开间带厢房，其余均为五开间。北轴线依次有门楼、石牌坊、墓道、碑廊、双桧亭、墓前亭、曹娥墓。南轴线依次有门楼、小山门、土谷祠、沈公祠、东岳殿、阎王殿，均为三开间。曹娥庙的雕刻、楹联、壁画、书法"四绝"饮誉海内外，堪称民国时期江南木结构建筑的代表，被世人称为"江南第一庙"。1989 年曹娥庙被公布为浙江省文物保护单位。

图 6-126　孝女庙图（康熙《会稽县志》，民国铅印本，卷首图二十二）

## 龙瑞宫

在距绍兴城约 6 公里的宛委山中，《嘉泰会稽志》卷七载："龙瑞宫在县东南二十五里，有禹穴及阳明洞天。道家以为黄帝时尝建候神馆于此，至唐神龙元年置怀仙馆，开元二年，因龙见，改今额。"说明这里是道家甚早的一个活动基地，到唐开元二年（714）才改名为龙瑞宫。宛委山中有石名飞来石，其势欲倾，石高 4 米，长 8.8 米，世传此石从安息国飞来，上有索痕二道。又据记载，东晋学者、医学家、道教理论家葛洪（约283—363）曾炼丹于此。

葛洪为道教神仙派代表，《晋书》传他"少好学，家贫，躬自伐薪以贸纸笔"，"遂究览典章，尤好神仙导养之法。……凡所著撰，皆精核是非，而才章富赡"。葛洪著述颇多，还精通医术，为民间所重。在道教理论上，葛洪首次提出"玄"的概念作为道教思想体系核心。葛洪炼丹并传道弟子，今上虞兰芎山、若耶溪宛委山、云门寺、嵊州西白山多留下其踪迹和传说。

龙瑞宫正居会稽山南，峰峦叠翠，其东南一峰崛起，上平如砥，号苗龙上升台。苗龙，唐初人，善画龙而得仙去。龙瑞宫尤宜烟雨望之，重峰叠巘，画图莫及，故人旧有"晴禹祠，雨龙瑞"之说，意为晴天可看大禹陵景观，雨天可观龙瑞宫风景。宫边又有阳明洞天，《嘉泰会稽志》卷十一《旧经》云，道家列为"三十六洞天之十一洞也。一名极玄太元之天"。在阳明洞天边有飞来石，上有唐贺知章《龙瑞宫记》题刻。

宛委山龙瑞宫拥有深厚的历史文化、幽雅的自然风光以及道教活动的重要地位，对之后越中名士学者产生了极大的吸引力和影响力。王守仁（1472—1529），字伯安，明代著名哲学家、教育家，当年结庐其侧，设帐讲学，人称王阳明、阳明先生。据说他二次到宛委山阳明洞天，潜心求索，终于大悟"格物致知"，后创立"致良知"说，又称"心学"。

**关帝庙**

浙东运河沿岸的关帝庙有外梁湖村关帝庙、虞光村关帝庙、五洲村关帝庙、泾口村关帝庙。这些关帝庙是旧时航运货主、船工的精神安顿之所，对于南来北往、处于生活底层的船工，关帝庙对其精神生活有一定的支撑作用。其中保存较为完整的是泾口村关帝庙。庙宇位于萧绍运河北岸，清乾隆晚期建筑，建筑坐北朝南，硬山式屋顶。庙为单进、一字屋，三开间，明间梁架四柱五架抬梁式带前后单步，东西次间梁架已局部改建，东次间前半架内山墙上嵌有"永禁碑记"（清光绪二十四年五月立）、"茶亭碑记"（清康熙五十八年十二月立）石碑二方，均东湖石质；西次间前半架内山墙上嵌有清乾隆十七年十一月立的"勒石永禁"碑记一方，也为东湖石质；庙前建有路亭，茶亭在庙东侧，东西走向，与路亭连成一体。该组建筑格局基本完整，是一处历史悠久，庙、桥、路、亭有机结合的古建筑。

## 云门寺

位于绍兴城南 15 公里，这里山环水绕，鸟鸣林静。寺原是东晋大书家、中书令王献之（344—386）故宅，后舍宅为寺。云门寺在我国佛教史上具有重要地位，历史上主持多为当时著名高僧。"即色宗""幻化宗"学说曾名重一时，影响佛教发展，由于云门寺的历史地位，亦为古代帝王所重，晋安帝、梁武帝、唐太宗、吴越王、宋太祖、宋太宗、宋高宗或赐名题额，或树碑建塔，或给予赏赐。佛教重地也吸引一批文人名士纷至沓来，孟浩然、白居易、元稹、杜牧、范仲淹、陆游等写下众多诗文。千年古寺也留下了佳话和疑案。智永，字法极，王羲之的七世孙，因于寺中苦练书法终成"退笔冢"与"铁门槛"之名；唐太宗因追慕王羲之书法，特派监察御史萧翼用计谋在辨才处（智永徒孙）巧取《兰亭序》真迹的故事，均发生于此。辨才有为萧翼假象所骗，以酒缸面酒（初熟酒）招待萧翼并作《设缸面酒款萧翼，探得来字》诗：

> 初酝一缸开，新知万里来。
>
> 披云同落寞，步月人徘徊。
>
> 夜久孤琴思，风长旅雁哀。
>
> 非君有秘术，谁照不燃灰。

萧翼亦有一首《留题云门》写得很有趣味：

> 绝顶高峰路不分，岚烟长锁绿苔纹。
>
> 猕猴推落临崖石，打破下方遮月云。

"遮月云"或是另有所指。唐何延之《兰亭记》记载萧翼从辨才处骗得《兰亭序》事甚详。

陆游有《云门寿圣院记》："云门寺自晋唐以来名天下。父老言昔盛时，缭山并溪，楼塔重复，依岩跨壑，金碧飞踊，居之者忘老，寓之者忘归，游观者累日乃遍。""行听滩声，而坐阴木影，徘徊好泉亭上。山水之乐，餍饫极矣。而亭之旁，始得支径，逶迤如线，修竹老木，怪藤丑石，交覆而角立。破崖绝涧，奔泉汛流，喊呀而喷薄……"可见云门寺不但规模宏大，也是自然景观结合庙宇园林之绝胜。

### 天柱山寺

又称炉峰禅寺。在绍兴城东南天柱山，即香炉峰。据传，寺始建于南朝宋前。大明元年（457）僧慧静居寺著述弘法。八年，僧法慧于此寺诵《法华经》。宋后，有僧供观音像于寺，香火甚盛，有南天竺之称。登临此山，可见沿途多奇石，石状如香炉，大小不一。层叠而上，山径曲折盘纡，峰峭引人入胜，最高处云气氤氲不绝，若炉烟然。白居易诗"峰峭佛香炉"。王十朋《风俗赋》云"香炉自烟"，为登临之佳境也，峰顶为"南天竺"，有泉有茗，清冽胜常，每年二、六、九月香火甚盛，以二月为最。

### 贺秘监祠

在今绍兴市越城区劳动路 277 号，原为贺知章行宫。明永乐中改明真观，清嘉庆中，里人重修，有碑存观中。民国二十四年（1935），绍兴县县长贺扬灵重修后名之为贺秘监祠。民国二十六年（1937）八月由蔡元培撰文，马祀光书，立《越城重修贺秘监祠记》，记述祠之变迁事。今贺秘监祠占地约 1500 平方米，由崇贤堂、千秋楼、怀贺亭等一组仿古建筑组成。

### 峰山（丰山）道场

峰山亦作蜂山或丰山，首见于《水经·渐江水注》："太守孔灵符遏蜂山前湖以为埭，埭下开渎，直指南津。"《嘉泰会稽志》卷十一载："丰山渡在县东六十五里。"万历《绍兴府志》卷之四载："丰山在府城东北六十二里，壕山西北，临曹娥江。钱王镠破刘汉宏、将朱褒于曹娥，进屯丰山，褒等降，此山是也。"位于今绍兴上虞百官街道的梁巷村境内（即原上虞县中塘乡境内，曾名金星村）。丰山海拔为 40 米，地处曹娥江西岸、萧绍海塘的西畔、浙东运河萧绍段的东起始点、丰山之外的萧绍海塘处，曾为浙东运河曹娥江（百官）西岸的渡口。

公元 804 年，日本高僧最澄等人来华，学习天台宗和密宗佛法。从中国天台和越州取得真经回日本后，在延历二十五年（806）一月二十五日开创了日本天台宗，被日本天皇封为"传灯大师法位"。今峰山依旧、老屋尚存，古道仍在、气场宏阔，石亭庄严、画雕逼真，古老神秘的石雕大佛在残缺后得到重修。

### 阿育王寺

释迦牟尼是佛教创始人，其真身舍利（遗骨）堪称至宝，而这被佛教信徒顶礼膜拜的佛门圣物，其中一颗头颅舍利子就珍藏在宁波市区以东鄮山南麓的阿育王寺内。阿育王寺地处"八吉祥六殊胜之地"，在鄮山南麓，左璎珞、右宝幢，面对玉几山。玉几山形似五只凤凰伸向寺院，人称"五凤朝阳之地"。阿育王寺及周围多圣迹美景，历史上有"育王八景""育王十景"之说。

历史上，阿育王寺不仅"四方学徒，川奔涛涌"，鼎盛一时，且常得信佛帝皇的"恩宠"。2006年被列为全国重点文物保护单位。

宋廷南迁，阿育王寺更被重视。高宗赐"佛顶光明之塔"匾，孝宗请舍利入禁中供奉，三番瞻仰舍利，御书"妙胜之殿"匾额。宋宁宗中，由于太师右丞相史弥远的奏请，阿育王寺被列为五山第二。

阿育王寺经唐、宋、元、明、清各代拆建、修造，形成山门、阿耨达池（内万工池，仿照印度恒河边上的印度贵族洗澡的阿耨达池而造，明代书法家董其昌在池南栏内侧书"鱼乐园"）、天王殿、大雄宝殿、舍利殿、法堂、藏经楼、钟楼等建筑600多间，占地8万余平方米，建筑面积1.4万平方米，其中舍利殿及释迦牟尼卧佛为其他寺院所罕见。阿育王寺院建筑既保留了宋代形制，又有明代宫殿风范。

阿育王寺在中日友好交往史上曾留下难忘的一页。唐朝天宝年间，高僧鉴真和尚第三次东渡日本弘扬佛法，海上遇险，被官船接至阿育王寺养息，为寺僧讲律传法，禅林称之为"挂锡"。鉴真到阿育王寺消息传出后，越州、杭州、湖州、宣州等地寺院纷纷邀请鉴真去讲法授戒，鉴真接受邀请巡游开讲。今寺内立有鉴真纪念碑。

### 天主教堂

宁波市区江北天主教堂是外国天主教在宁波活动的历史佐证。

天主教堂今为国家级文物保护单位，由浙江教区法籍主教建于清同治十一年（1872），清光绪二十五年（1899）增建钟楼。教堂位于江北区中马路，教堂坐东朝西，整个建筑由教堂、钟楼、主教公署、藏经楼及附属用房组成。砖木结构，外墙以青砖为主，以红砖作装饰边框、线条。钟楼上四面有报时钟，朝西大门呈叶状尖券式。教堂内高敞明亮。立柱呈高大束形，柱头上有毛茛叶装饰，支撑着法式矢形穹隆顶。天主教堂建筑具有哥特式风格，是我省天主教堂建筑的代表作。耸峙在甬江边的天主教堂成为三江口别具一格的异国建筑物景观。

江北天主教堂为国家级优秀近代建筑物，至今保存较完好，具有重要的历史、文化和艺术价值。

### 清真寺

位于宁波月湖西后营巷 18 号的宁波清真寺是浙东地区唯一的伊斯兰教寺院。

宁波的清真寺是历史上对外交流的产物。自宋代以来，随着明州港口开通世界海上贸易航路之后，当时有很多阿拉伯人、波斯人来明州进行通商贸易和文化交流活动，一部分人开始在宁波定居。原东门口的旗杆巷曾称波斯巷，是因这里曾居住着许多阿拉伯人和波斯人，并设有波斯使馆。同时，他们将信仰的伊斯兰教带入中国。宁波清真寺与宁波市区镇明路宋代高丽使馆遗址一同被称为古代明州"海上丝绸之路"和"海上陶瓷之路"的历史见证，是研究古明州海上交通、贸易史的重要依据。

清真寺始建于宋咸平年间（998—1003），最早在城东南的狮子桥附近（狮子街一带），到元代至元年间，迁到海运公所以南的冲虚观前，后一度被毁，清康熙三十八年（1699）重建于今址。

自改革开放以来，来甬的国内外穆斯林日益增多，为了给穆斯林外商及在甬的回族穆斯林群众提供商贸交流及宗教活动场所，市政府于 1995 年拨款重建清真寺。重修后的清真寺占地面积 700 多平方米，呈长方形，有头门、二门、大殿和两侧厢房。大殿坐西朝东，系木结构单檐硬山顶，三开间。大殿基座被抬高，殿前有石阶可拾级而上。

清真寺素雅、清静，今寺内存有珍贵历史文物，如明太祖朱元璋的《至圣百字赞》，以及清代、民国时代的中文和阿拉伯文字匾额。

### 保国寺

保国寺位于浙江宁波市江北区洪塘镇的灵山山麓，面临汇海的慈水，东联"海上丝绸之路"，西接浙东运河支线。保国寺是第一批全国重点文物保护单位（1961），也是浙东运河海上丝绸之路重要遗产点之一，拥有公元9世纪至20世纪不同时期的古迹遗存，并与周边原生态的山林环境风貌相互映衬，跨越千年风雨岿然屹立。

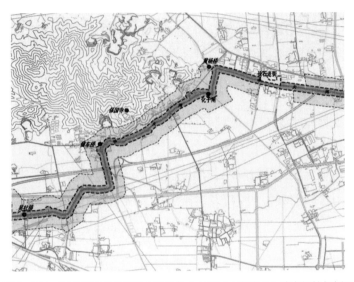

图6-127　保国寺遗产点位置（图源自《大运河（宁波段）遗产保护规划》）

### 1. 优越的自然环境

据《保国寺志》等书记载，保国寺始建于东汉，原名灵山寺。唐会昌五年（845）寺被毁，广明元年（880）重建，并改名保国寺。历经兴衰，现存建筑在中轴线上，自南至北有天王殿、大雄宝殿、观音殿、藏经楼，两侧有钟楼、鼓楼和僧舍，占地面积13280平方米，另有山林397亩。

图 6-128 保国寺院格局图（根据卫星图标注）

保国寺拥有青山环抱的寺院环境。灵山历史上有"东来第一山"的美称，古建筑群就建在灵山山凹地之上，背枕貿峰，左辅象鼻峰，右弼狮岩峰，三峰环抱一岙，地势幽深，形成盘固之势。清代嘉庆《保国寺志》中写道："灵山僻处海偶，古名人罕至……发脉之祖，乃从四明大兰而下，至陆家埠过江百余里。"[1]登灵山，清晨东望，可见海上的曙光；傍晚西望，可观浙东运河蜿蜒流长。

踏进这片寺院净土，古樟苍翠古朴，前导区道径蜿蜒，以溪流为引导，涌汇多脉水系，并经灵龙泉汇聚清流，潺潺而下。曲折盘旋的景观空间过渡后，得到了"涤尘嚣、远襟怀"的净化，人们感受到的是"到门正喜溪泉绿，设榻偏邻竹坞清。已觉烦嚣消欲尽，石栏又见月斜明"[2]。保国寺之所以在江南地区多雨潮湿且台风等自然灾害频袭的条件下能屹立千年而不倒，主要是选址科学，能够借助四周起伏的山峦，减弱风力，抵抗飓风的袭击，体现了劳动人民的智慧。

---

① ［清］释敏庵辑：《保国寺志》卷上《形胜》《古迹》。

② ［明］余曾宏《保国寺避暑》，［清］释敏庵辑：《保国寺志》卷上《艺文》。

图 6-129　嘉庆《保国寺志》所载寺院山水形势图

图 6-130　保国寺前导区古香樟

图 6-131　灵龙泉现状

## 2. 丰富的人文内涵

要维系环境长期的稳定性,仅凭自然这一先天条件仍显不足,更在于人们生活空间的合适距离,对人文环境和谐之美的不断追求。保国寺是我国南方地区保存建置完整的古建筑群,保留着不同时期的建筑风格,构成了各时期的建筑文化遗产(表6-1),代表着我国南方古代建筑技艺水平和丰富的人文内涵。无论是建在宋代山门旧址上的天王殿,还是从其它寺院迁来的经幢,都饱含了岁月的积淀;南宋时期开凿的净土池是保国寺佛教宗派由天台宗变为兼修净土宗的见证,明御史颜鲸题"一碧涵空"四字于池。清代钟鼓楼轻盈的翼角还给寺院增添了灵动生机。民国九年(1920)最后一次展拓基址的产物藏经楼,带有浓厚的中国近代建筑特点。

表6-1 保国寺现存建筑遗产与年代对应表

| 年代 | 建筑遗产 |
|---|---|
| 汉 | 骠骑井 |
| 唐 | 经幢 |
| 宋 | 无梁殿、净土池 |
| 明 | 迎薰楼 |
| 清 | 天王殿、观音殿、钟楼、鼓楼 |
| 民国 | 藏经楼 |

图6-132 天王殿现状

图6-133 净土池现状

图 6-134　池壁上题字（图源自《宁波保国寺大殿勘测分析与基础研究》）

图 6-135　钟楼现状

图 6-136　藏经楼前廊石柱门窗现状

除了不同时期的建筑，还有被建筑和围墙分隔的大大小小的院落，院落也随地形隔成起伏的一个个小天井。根据建筑功能的不同，天井的景观有栽花种树，有铺装休闲，极具生活情趣，同时也创造了一种悠然自得的空间氛围。这些优美的寺院环境景观被历代信众所咏颂，如"残春寻古刹，一径入云霞。竹气寒山日，松风落涧花"①，"四面苍松环净土，一

---

① 郑兆老：《晚春游保国寺》，[民国] 钱三照重纂《保国寺志》卷九《艺文》。

湾翠竹护沙门"①。王安石也有诗云："楼依水月观，门接海潮音。"②"海潮音"又赋予寺院文化内涵，以图利用海潮的永恒象征寺院佛法的永续。在这些人文情怀背后隐藏着维系寺院环境秩序平衡的秘密，和谐共生的人文环境需要我们倍加珍视。

### 3. 精湛的营造技艺

千年木构古建筑在中国已屈指可数，且绝大部分分布在山西、河北、河南等气候干爽的北方地区。保国寺大殿可以说是江南地区宋代木制建筑为数不多的实例，是长江以南最古老、保存最完整的木结构建筑之一。它是代表 11 世纪初最先进的木构建筑的"标本"。

根据相关研究，保国寺大殿建造年代比《营造法式》③成书年代早了整整 90 年，但它的许多结构做法与《营造法式》记载如出一辙，堪称"中国南方第一古建"，是分析和拆解《营造法式》中南方技术因素的最重要的实物线索和参照例证。比如小材大用的拼合柱、符合规制的材分等第、领先世界的断面比例、海内孤例的虾须拱、科学合理的开榫打卯、造型古朴的月梁阑额等。保国寺大殿是研究中国建筑史、古代东亚建筑文化圈的重要"活化石"。

图 6-137　大殿前进空间仰视图（图源自《宁波保国寺大殿勘测分析与基础研究》）

---

① 张昭:《过保国寺》，[民国] 钱三照重纂《保国寺志》卷九《艺文》。
② [宋] 王安石:《寄福公道人》，《临川文集》卷一五《律诗》。
③ [宋] 李诫:《营造法式》。是北宋官方颁布的一部建筑设计、施工的规范书。

拼合柱这种"绿色建筑"做法被载入《营造法式》承续千年，柱身有明显的侧脚，柱头向内收进一定比例，这是运用建筑结构力学的几何原理，借助屋顶重量产生水平推力以增加木构架的内聚力，进而增强结构的稳定性和抗震性。木材主要由当地和经由"海上丝绸之路"东亚地区运输而来。现保国寺古建筑博物馆内所藏的清雍正十年（1732）《培本事实碑》记载："乃敢浮海伐木购材，始葺山门，继修正后两殿……"以保国寺大殿为代表的江浙一带建筑遗迹对海外（如韩国的修德寺大殿、日本的奈良东大寺）的建筑产生了重大影响，至今还保留着明州工匠所建的遗存和文字史料记录。

大殿的藻井置于前槽顶部呈穹隆状的天花，是我国现存木构建筑中按大木作选材的孤例，具有极高的艺术水准。柱头与卷杀阑额上铺装，依靠榫卯结合，用材截面3∶2的比例兼顾了构件的刚性、强度和出材率等问题，刚柔相济的节点构造也反映了宋代建筑艺术的繁荣。

图6-138　大殿室内合瓜棱柱现状

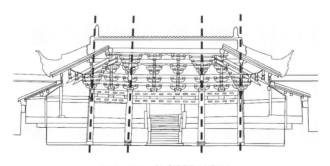

图6-139　柱身侧脚示意图

图 6-140　大殿室内藻井现状

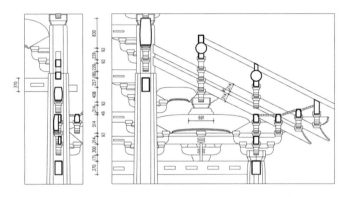

图 6-141　大殿梁架详图（图源自《宁波保国寺大殿勘测分析与基础研究》）

### 4. 持续的研究创新

保国寺并没有传统寺院梵音袅袅的景象，相反以一座大型文物古迹而为世人所熟知。保国寺走出了一条国保单位文物保管所转型升级为国保单位专题性博物馆的保护创新发展之路。一批科研人员对保国寺大殿不断进行价值研究方面的保护和突破工作。《宁波保国寺大殿》《东来第一山——保国寺》等书的出版，奠定了保国寺大殿作为研究我国宋代建筑史的"标本性"范例地位和当时社会、政治、经济发展见证的重要地位。在此基础上，使用数字技术对大殿进行变形、沉降和环境信息实时监测、采集与展示，使保国寺成为国内首个实施科技保护的古建筑。这些工作推动了对建筑文化遗产科学保护从抢救性到预防性的转型。

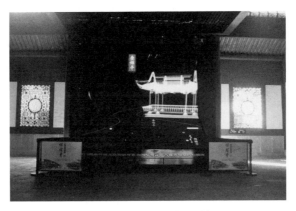

图 6-142　天王殿正中 3D 效果

图 6-143　观音殿交互体验展陈

图 6-144　藏经楼沉浸式体验

此外，保国寺古建空间内数字文博展陈又是一大创新。它突破了展示空间局限，通过多种展示手段结合，充分利用沉浸式游戏等数字手段，减少对古建筑本体的干预，打造出"可体验、可参与、可释读"的观展体验，使观众"看得懂，能触摸，记得住，有感悟"。如天王殿序厅正中裸眼 3D 效果展示；大殿采用原真性的展示手段，配以 AR 虚拟现实互动；观音殿通过数字交互体验的形式，让游客在参与学习、体验游戏、启发思考中理解；藏经楼则是通过多媒体沉浸式的体验方式，让游客了解海上丝绸之路如何远播东亚并对周边国家产生深远影响；在非遗木作体验展厅还可以探索古建筑的奥秘。

流光瞬息，日月倾城。保国寺大殿的遗产价值不仅体现在文物价值本身，更体现在后人对前者的保护上。正是在这片向海而生的土地上，保国寺将木构建筑的绝妙之处发挥得淋漓尽致，经历了千年的大浪淘沙，保国寺已幻化成最晶莹剔透的瑰宝，在激荡澎湃的海上丝绸之路上熠熠生辉。正所谓"长物者，能亘古久远"。透过它，曾经那些波澜壮阔、生机勃发的海上文化的碰撞与交融仿佛重回我们的眼前，再次向世人展现东亚建筑文化圈深厚的历史积淀和无穷的文化魅力，不断续写新千年的奇迹和希望。

# 三、风景建筑

## 西兴铁陵关遗址

铁陵关又名铁岭关，位于西兴街的西头，建关时间无考，铁陵关为固陵城唯一关隘。固陵城相传为春秋末期越国大夫范蠡所筑；至五代十国时期，吴越国王钱镠增筑。铁陵关关楼名"玩江楼"，因关外有"玩江亭"而名，建于明洪武、宣德间，后圮；弘治十年（1497），萧山县令邹鲁重建，改称"镇海楼"，嘉靖十八年（1539）修葺，万历十五年（1587）秋重修时，增高四尺，架楼三楹。清嘉庆中受潮水冲击，又圮。民国《萧山县志稿》载："铁岭关即固陵城遗址。"古时，铁岭关地介海塘，地势险要，为兵家必争之地。今西兴已远离江道，铁岭关已废。1966 年，铁陵关被拆，仅存关基遗址两段，直柱两根。后来南面由于楼房建设直柱、遗址又毁。目前仅存北面所留一根直柱，柱高 0.9 米，长宽约为 30 厘米。

铁陵关是当时固陵城所留遗迹，具有极为重要的历史意义和地理坐标作用。

图 6-145　铁陵关遗址

### 清水亭

钱清江之名源自刘宠之举，《越中掇英》著录："钱清江，位于山阴西侧，距五十里，即是汉时刘宠弃钱之所。界定山阴与萧山之分野。"刘宠，又名祖荣，东汉时期出生于山东牟平，历任会稽太守、司徒、太尉等职。刘宠以勤勉廉洁赢得民望，民间因其清廉，遂有"钱清"之名，江畔建清水亭与刘宠祠，纪念其品德。乾隆南巡，赞其清官好政，留诗一首："循吏当年齐国刘，大钱留一话千秋。而今若问亲民者，定道一钱不敢留。"

清水亭，亦称一钱亭，亭立江心，三面环水，其构造长方，朝东而坐，五开间，高挑梁架，前后廊联，柱梁结构巧夺精妙。亭下石基承托，南北朝向各有石制门，上镌"汉太守选钱之处"匾额，墙体封闭，窗间砖雕精美。南向一间，尤显重檐攒尖之顶，角起翘舞，亭中有乾隆御笔遗碑。

1963 年，清水亭列为县级文物保护单位，1981 年因河道拓宽而拆除，今清水亭为遗址上所建。

图 6-146　清水亭

### 古柯亭

古名"高迁亭"，因此地有柯水，后逐以"柯"为名，用地 1 万平方米，清乾隆南巡，舟过其地，曾赋诗刻石，后浙东运河整治，修建了河沿一带的景点及重建了柯亭，但仍保留老柯亭风貌。

图 6-147　柯亭

### 大善塔

《嘉泰会稽志》卷八："大善寺在府东一里二百一十步，梁天监三年，民黄元宝舍地，钱氏女未嫁而死，遗言以奁中资建寺。僧澄贯主其役，未期年而成，赐名'大善'，屋栋有题字云'天监三年岁次甲申十二月庚子朔八日丁未'。……庆元三年十一月寺僧不戒于火，一夕煨烬，惟罗汉、天王堂、浴院、经院、库堂仅存寺有塔，亦俱焚。"《绍兴市文物志》："可见塔始建于南朝梁天监年间（502—519），毁于南宋庆元（1197）。今塔身内壁砌砖多有阳文'绍定戊子'（1228）重修字样，证实南宋绍定年间塔得以大修。"《嘉泰会稽志》还记有考据者"发其塔中地，得石刻，乃越州龙监寺"。或认为龙兴塔在宋淳化三年（992）年既焚，后人便将龙兴塔所葬舍利佛骨，移葬于大善塔下。大善塔为砖木混合阁楼结构，六面七层，高40米，底层边长3.8米，壁厚1.6米，以上各层渐次递减。塔顶为圆形藻井，顶盖筑铁覆盆。明永乐、清道光年间两次重修，现为浙江省文物保护单位。

图 6-148 大善塔

### 陶堰秋官里牌坊

陶堰老街西面，有一座巍峨古朴的石牌坊。该牌坊有主坊和左右两侧坊三部分组成，主坊为双层四柱牌楼式，飞檐作顶，架构榫接。正面镌有"秋官里"三个大字，并有"赐进士"的直额，背面刻有"湖山毓秀"四字。坊石上雕刻的流云、牡丹、麒麟、奔马、孔雀等图案花纹，栩栩如生。主坊建自明朝弘治十四年（1501），距今已有500多年历史，是为会稽陶堰陶氏第一位进士、刑部主事陶恽所立。因刑部称"秋官"，陶堰是陶恽的故里，故称"秋官里"。

左右两侧牌坊，建于明正德十一年（1516），石坊上端东西两面都刻有科举中榜的年份和姓名。

东首的石坊，朝东面的称"亚魁坊"，横刻"成化乙酉科陶性、弘治乙卯科陶璐"。陶璐，字世珍，号葛山，弘治八年浙江乡试第九名举人。因乡试榜前五名称"经魁"，第六至十名为"亚魁"，故称亚魁坊。朝西面的称"解元坊"，上刻"弘治乙卯科解元陶谐"。陶谐字世和，号南川，弘治八年浙江乡试获第一名，故称"解元"。

西首的石坊，也分东西两面，朝东面的称"进士坊"，上刻"成化庚戌科进士陶悆、丙辰科进士陶谐"。朝西面的称"乡进士坊"，上刻"成化丙午乡进士陶谂、陶诰"。因两人同为成化二十二年浙江乡试举人而称之为"乡进士"。

这三座石牌坊，矗立在铺沿的河岸边，完好无损，2011年被公布为浙江省文物保护单位。

### 彭山塔

在慈城西南城外，位于宁波江北区妙山乡彭山。建于明嘉靖年间（1522—1566），区重点文物保护单位，是运河相关的重要历史遗迹，运河进入慈城、宁波的重要标志性建筑。彭山塔又称鹏山塔，"邑（指古慈溪县城，慈城）之文笔峰"，是古慈溪无数文士学子进京赶考往返的路标。彭山塔砖木结构，平面呈六角形，7层，高约22米，每面有壶门、平座、腰檐。基座石砌，刻有明代的卷牙及如意纹。塔内原置楼板楼梯，可盘旋至顶，后因腐蚀拆除。因年久失修，塔身及底基伤痕累累。2006年，由政府拨款重修。彭山西麓临大河，山脚建有宋淳熙十三年（1189）的古闸——彭山闸，山北有为祀慈溪县令霍与瑕之彭山庙。

图6-149　彭山塔

## 江北岸近代建筑群（宁波外滩）

位于宁波三江口北岸。宁波于 1844 年开埠，是"五口通商"中最早的对外开埠区，比上海外滩还早 20 年，是目前国内仅存的几个具有百年历史的外滩之一，是运河航运兴衰的见证。目前保存下来的文物建筑有：英国领事馆、巡捕房、侵华日军水上司令部、浙海关、天主教堂、江北耶稣圣教堂、宁波邮政局、通商银行等，还有一些民房，如老"宏昌源号"、商人私宅"严氏山庄"、"朱宅"等建筑，具有浓郁的欧陆风格。

图 6-150　Custom House at Ningpo（宁波海关大楼，1879 年）来源：杜德维的相册

## 和丰纱厂旧址

位于甬江畔江东北路 317 号原浙东棉纺织厂厂址内。1905 年，由戴瑞卿等 21 人组成"和丰纺织股份有限公司"（简称和丰纱厂），设厂于宁波江东冰厂跟（冰厂路），占地 5.3 万平方米，因厂就坐落于甬江畔，货物可直接上船运往全国各地或海外，十分便利。1945 年抗战胜利，重建和丰纱厂；1998 年，和丰纱厂和市内 40 多家市属国有纺织企业重组，创立了宁波维科集团股份有限公司。现存建筑有办公楼、成品车间和一座烟囱。办公楼坐北朝南，为二层外廊式西洋风格楼房，为四坡顶。上下屋结构装饰相同，均面阔三开间，前有围廊，柱头为爱奥尼柱与科林斯混合式，外墙红灰相间，造型丰富、外观沉稳。内部装饰西化，房间、廊前顶上均饰石膏吊顶与石膏线脚，地面长条地板保存完好。西侧次间有楼梯，车木扶手。成品车间建于 1905 年，现为仓库。该建筑坐西朝东，二层楼房，通

面宽106米，通进深15米，屋高较高，山墙饰观音兜。东侧有单屋建筑，通面宽33米，通进深15米，屋顶为人字形坡顶，外墙均为实叠墙，红砖镶嵌其间为装饰线①。烟囱高约40米，成圆形，直径4米，方砖砌成。和丰纱厂是宁波乃至全国近代纺织工业史上的重要纺织老企业，也是宁波解放前工业代表中"三支半烟囱"之一。保护该旧址，对研究宁波近现代纺织工业发展史具有重要意义。

---

① 娄学军：《和丰纱厂在创意天空下绽放光芒——宁波和丰纱厂的经典遗存》，《中华民居》2012年第12期。

第七章
# 现代运河景观演变

　　20世纪以来，随着城镇化和工业化进程的不断加快，浙东运河及其水系水环境变化，水污染问题越来越严重，严重影响人们的生命健康和经济的可持续发展。20世纪90年代以来，浙东运河纳入了浙江省河道生态修复体系中，通过系统整治，成效卓著，运河及其水网区域的环境得以改观，呈现出既传统又现代的运河景观。

## 第一节　水环境整治

### 一、绍兴运河综合治理

　　"绍兴环城河综合整治"是浙东运河北端最大的运河及水系的系统整治工程。20世纪70年代环城河遭受严重污染，建筑垃圾和生活垃圾大量堆积在岸边，任凭雨水冲刷流入河道。出水口变成了排污口，黑色的污水把河水染得发黑。上世纪90年代末，全长12公里的环城河，因久不疏浚而平均淤泥深度达40厘米以上，一些河段淤深甚至在1.5米以上。环城河由于年久失修，坎塌、河淤、建乱、绿少、水脏等问题突出，不但影响了江南古城的形象，而且直接威胁着市民的用水安全。

**表 7-1　1999—2001 年浙东运河及绍兴整治工程概况**

| 序号 | 整治内容 |
|---|---|
| 1 | 重整白玉长堤。新砌、整修环城河河坎 24 公里。 |
| 2 | 治理河道污染。截污治理水污染，疏浚淤泥 40 万立方米。 |
| 3 | 提高防洪标准，新标准为"百年一遇防洪标准"。拓宽铁路桥涵，拓平水东江。 |
| 4 | 再造绿化休闲带。配套建设沿河公园绿化带 50 万平方米；拓宽沿河道路，总长约 6 公里，整修环城西路、环城北路段路面。 |
| 5 | 展现历史水文化。共实施环城河公园景点、亮化工程和文化布展八个景点建设。 |
| 6 | 开展旧城改造。工程拆迁房屋面积 64 万平方米，同时实施沿河保留房立面改造和城区内 15 条内河的整治工作。 |

1999—2001 年，绍兴市对浙东运河绍兴段及环城河实施综合治理。这是一次举社会之力，恢复古河道环境的整治工程，工程投资 10 亿余元（整治工程实施情况见上表）。整治工程被授予"中国人居环境范例奖""中国水利工程优质（大禹奖）"等荣誉称号[1]。2003 年，时任浙江省委书记的习近平曾来绍视察环城河，对工程建设及取得成效予以充分肯定。

## 二、宁波三江整治

宁波，特殊的地理位置赋予了其独特的自然空间特征，余姚江、奉化江、甬江交汇，形成了"三江六塘河，一湖居其中"的独特的三江口风貌，是我国东南沿海重要港口城市。

三江作为宁波的母亲河，承载了宁波城市"商、港、水、城"的文化精髓。近年来，宁波市围绕"市民之江、城市之脉"的功能定位，把"三江六岸拓展提升总体规划"提上日程。通过全面推动六大工程带动六大区

---

[1]　佟海瑞：《绍兴：千年水城风流雅韵》，《浙江日报》2018 年 7 月 13 日第 12 版。

段的开发建设，实现三江六岸面貌上质的提升。

　　在规划的总体格局上，将三江六岸与城市发展紧密结合，创造有宁波特色的滨江空间，总体上将三江六岸分为中心城区段和外围流域段两部分。中心城区段以中心片区为核心，加上余姚江、奉化江、甬江外围三片，形成"一心三片四大分区"的规划格局。其中，结合老三区与以东部新城为核心的东部发展带，形成更具发展动力的中心片区，规划范围用地35平方公里，岸线长约62公里。总体打造三江口核心区、东部新城、中山路都市商业商务发展轴的"二心一轴"。并沿三江形成以三江口核心区为主，大剧院和湾头RBD、南塘老街和鄞奉商务综合区、高新高教创智水湾为三个层次的空间节奏，并建设余姚江及奉化江滨水休闲带。[①]"三江六岸"是展现宁波城市特色、城市品质和历史文化的重要平台。经过多年建设，"三江六岸"已旧貌换新颜，成为中心城区一道靓丽的风景线。

表7-2　宁波"三江六岸"整治工程概况

| 整治工程名称 | 整治内容 |
|---|---|
| 六大工程 | 水系治理工程、生态建设工程、功能提升工程、景观美化工程、文化旅游工程、空间贯通工程。 |
| 三江口核心区段 | 完善城市核心商务商贸功能，提升滨江空间品质，形成金融、商贸、文化、旅游等产业高速聚集区，成为城市中心地标。 |
| 甬江水上中央公园区段 | 北岸重点加快大庆北路原铁路北站、海洋渔业码头等地块工业遗产的保留利用及周边地块的开发建设节奏，成为宁波城市开发模式的创新示范区；南岸结合江东庆丰地段的改造，打造滨江文化创意和高端商贸区。 |
| 新材料科技城滨江区段 | 把滨江空间建设与高教、科研、创新的主体功能相融合，打造成为甬江"创智水湾"。 |
| 姚江水乡田园风貌区段 | 以姚江水乡田园风貌带、奥体中心、姚北新城为主体功能打造余姚江上游城市西部门户发展区，新城建设与姚江生态保护、自然水乡风貌保护平衡发展，打造以绿色、运动、休闲为主体特色的宜居新城。 |

① 《宁波市三江六岸拓展提升总体规划》，参见网页：http://news.cnnb.com.cn/system/2014/07/03/008102503.shtml。

| 整治工程名称 | 整治内容 |
|---|---|
| 奉化江鄞奉、长丰区块及江湾特色风貌区段 | 包括海曙鄞奉和长丰区块，要打造为城市商务、休闲新地标，拓展完善城市 CBD 功能；杭甬高速以南的区段要打造成为奉化江上游的城市南部门户发展区，以宜居生态型水岸为特色的时尚江湾新城。 |
| 甬江出海口区段 | 包括镇海原港埠风情区块、镇海老城以及南岸的小港片区等，依托负山襟江的地理优势，打造山、水、港、城一体的宁波走向海洋的门户，建设有悠久历史文化传承的港口新城。 |

# 三、镇海港区整治

宁波镇海港区位于甬江口门河段，北岸自招宝山经虎蹲山至大游山一微弯线为码头岸线，全长 3 公里多，第一期工程于 1974 年动工兴建。由于建造了防波堤，将原招虎、虎游两缺口堵截，减少了甬江口涨、落潮量的 35%—40%，加之甬江以海向来沙为主，造成口门河段普遍淤积。[1]1978年疏浚淤泥 308 万立方米，之后一年又回淤了 110 万立方米，使万吨级码头降为 5000 吨级。这也揭示出，镇海港区的整治仅靠挖泥是难以维护的，随后采取控制河宽、逼流归槽、挑水阻沙、调整流态等综合治理办法，建筑丁坝、顺坝 15 条，根据水域不同情况作不同的治理。

（1）煤码头水域

在码头对岸上游南 1 号、2 号、3 号、4 号分别筑长 155 米、170 米、255 米、120 米的丁坝 4 条，以期起到"控制河宽、挑流改向、逼使潮流靠近码头前沿，调整淤积部位"的目的。目前，码头前沿及港池内的淤积问题基本得到了解决。

（2）虎蹲山至小游山水域

在水域北侧建长 965 米的顺坝一条，建长 40 米、50 米的北 2 号、北 3号丁坝 2 条。在南侧建南 5 号、南 6 号分别长 185 米和 150 米的丁坝 2 条。

---

① 张定邦、袁美琦：《镇海港航道整治》，《水道港口》1983 年第 1 期。

控制河宽由 380 米—450 米（中潮位）缩减为 300 米—310 米，使原来扩散的潮流逼迫归槽，加大流速，防止落淤，保持深槽。

（3）游山口外水域

该水域口门宽阔，中潮位河宽 700 米—1100 米，水流紊乱，涨潮流自南向北进入甬江，退潮流自甬江由北而南入海。主流不规则，受地形、潮流、风浪影响，海域来沙容易落淤，为形成拦门沙坝所在。

对此，在水域北侧建长 585 米长的北导流堤，建长 50 米的北 4 号和北 5 号丁坝各 2 条。在南侧分别建长 105 米和 465 米的南 7 号和南 8 号丁坝 2 条。在南 7 号和南 8 号的丁坝间再建长 570 米的顺坝一条。由此把河宽控制在 310 米—335 米，起到了调整流态、防浪阻沙的作用。

经过一系列及时和有效的整治，镇海港区调整了流态，使主潮流集中于主航道，加大了流速，冲击了淤积部位，使招宝山至虎蹲山、虎蹲山至游山两段浅滩消失。拦门沙坝由 700 米缩短了 500 米，航道趋于较好的状态。

# 四、清水及引水工程

（1）清水工程

1995 年以来，绍兴市为治理水污染，改善水环境，开展以运河水系为主体的河道清草、清淤、清障的"三清"工作。

1999 年，绍兴市开展了城市防洪河道综合整治工程，之后又广泛持续开展以"水清、流畅、景美"为目标的河网地区河道综合整治工程。

2007 年绍兴市决定全面开展以清淤、截污、整治和引水为主要内容的"清水工程"，以早日实现河道水质变清的目标。之后绍兴市统一部署，围绕引水、清淤、截污、整治四大工作任务，全面加强组织领导，建立健全体制机制，迅速实施各项工程建设和专项整治。经过六年努力，至 2012 年，绍兴市区清水工程已实现了河道水质检测达标率提升，水环境明显改善的阶段性成果[①]。

2010 年，绍兴市实施浙东运河绍兴段环境治理三年行动，提出以古运河申遗为契机，坚持以人为本、保护优先，标本兼治、稳步推进，突出水污染治理、文物保护和河道综合整治的工作重点，全面加强对古运河及周边环境的保护、整治和利用，为古运河申遗提供基础性保障。主要措施是：截污染、清污物、护河墈、植绿化、兴旅游、查违法等。越城区皋埠段古运河、绍兴县（今柯桥区）柯桥以西段古运河及周边都实施了集中环境整治，至 2012 年取得明显成效。

（2）曹娥江大闸

曹娥江大闸位于曹娥江河口与钱塘江交汇处，在绍兴城东北约 30 公里。该工程是国家批准实施的重大水利项目，于 2005 年 12 月 29 日开工，2011 年 5 月正式投入运行，工程总投资 12.38 亿元。这是我国在河口建设的规模最大的水闸工程，也是浙东引水的枢纽工程。工程以防洪（潮）、治涝为主，兼顾水资源开发利用、水环境保护和航运等功能。大闸建成后曹娥江两岸防洪标准从 50 年到 100 年一遇提高到 200 年一遇，闸上曹娥江也变成淡水内河，形成长 90 公里，面积 41.3 平方公里，正常蓄水位 3.9 米，相应库容达 1.46 亿立方米的条带状水库湖，总可利用调水量多年平均可达 6.9 亿立方米，使萧绍平原和姚江平原连为一体，十分有利于从富春江引水经曹娥江大闸水库，向宁波、舟山等地供水。

（3）浙东引水工程

浙东引水工程是确保浙江萧绍宁地区经济、社会可持续发展的重大水资源配置工程。萧山枢纽位于钱塘江、富春江、浦阳江三江汇合口义桥镇。工程完工后，设计引水量为每年 8.9 亿立方米。此工程使萧绍平原和姚江平原连为一体，富春江引水经曹娥江大闸水库，可向宁波、舟山等地补充工业和农灌一般用水。在改善水环境的同时改善航运条件，杭甬运河

---

① 邱志荣：《浙东运河概述》，《2013 年中国水利学会水利史研究会学术年会暨中国大运河水利遗产保护与利用战略论坛论文集》，2013 年 11 月。

曹娥江段 500 吨航运保证率可从建设曹娥江大闸前的 50% 左右提高到 90% 以上，也为浙东海上丝绸之路可持续发展创造了良好的基础条件。

（4）曹娥江引水工程

曹娥江引水工程以上虞小舜江附近的四峰山设泵站为起点，将曹娥江水通过总长约 15 公里的隧洞引水到绍兴平水东江后入绍兴环城河，引水速度达 10 立方米／秒，多年平均引水量为每年 2.5 亿立方米左右。此工程除作为绍兴城河清工程的主要措施之一，还将成为补充绍兴平原中部、东部水资源的重要工程。该工程于 2011 年 1 月完工，运行以来，引水效果显著[1]。

# 五、"五水共治"的实施

2013 年 11 月，浙江省政府实施"治污水、防洪水、排涝水、保供水、抓节水"的"五水共治"重大战略决策，投入 5000 亿元用于"五水共治"工程。众所周知，改革开放后的浙江，经济和社会发展进入了快车道，取得了举世瞩目的成就。但是，经济的发展有时是以牺牲环境为代价的，粗放型的发展方式导致主要污染物排放量过大，水体污染严重，蓝藻暴发，饮用水不达标，"水清鱼肥"的景象在一些河段消失，致癌、致畸、致突变的"三致物质"超标，甚至一度出现了谈之色变的"癌症村"。

"五水共治"是一套"组合拳"，一项治水的系统工程。具体可表述为：通过整治水环境以"治污水"；通过强库、固堤、扩排来"防洪水"；消除易洪涝地区排水障碍以"排涝水"；通过开源、引调、提升水质以"保供水"；通过降低漏损率、提高回收率以"抓节水"。通过"五水共治"，优化水环境、惠及民生，让浙江人民有更多的获得感与幸福感[2]。

---

① 邱志荣:《浙东运河概述》,《2013 年中国水利学会水利史研究会学术年会暨中国大运河水利遗产保护与利用战略论坛论文集》, 2013 年 11 月。

② 黄宾、陈惠雄、张海娜:《水资源治理公共政策效应评价——以钱塘江"五水共治"为例》,《中国农村水利水电》2021 年 5 月。

# 第二节　重要园林景观建设

　　浙东运河流域生态廊道景观建设，是世纪之交浙江民众实施的前无古人的伟大实践之一，是在人与自然和谐共处发展理念指导下诞生的精品工程，也是本书的重要组成部分和特色所在。浙东运河流域生态廊道景观主要项目包括：萧山滨江公园，绍兴古运河整治工程一期、二期、柯桥段，运河园、鹿湖园、柯水园，绍兴环城河工程，曹娥江大闸文化工程，曹娥江景观带，鉴湖湿地公园、姚江生态带和宁波三江口滨江工程等等，其中，运河园、鹿湖园工程均获全国优秀古典园林工程金奖，开萧、绍、宁地区项目获奖先河。本节择以介绍。

## 一、湘湖景观建设

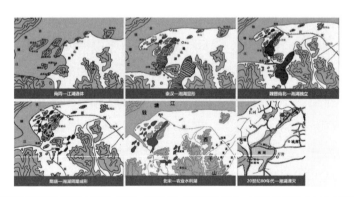

图 7-1　湘湖发展开发利用（图片来源：蔡堂根《湘湖史话》，杭州出版社 2013 年版；车越乔、
　　　　陈桥驿《绍兴历史地理》，上海书店出版社 2001 年版）

　　湘湖位于杭州市萧山区，与西湖隔江相望。湘湖山水秀丽，古迹遍布，8000 年前就有人类在这里活动。作为浙江远古文明的源头之一，湘湖孕育出了跨湖桥文化。城山上的越王城遗址，也有着 2500 多年的历史，是当年勾践屯兵抗吴的军事要塞，是迄今为止保存最为完好的春秋末期古城墙遗址，这里曾经演绎过"卧薪尝胆"的悲壮故事，也留下了"馈鱼退敌"的

动人传说。湘湖可谓历史厚重、人文荟萃，李白、陆游等名人都在此留下了千古不朽的诗文。纵观湘湖建设的历程，经历了沧桑演变、开筑管理、纷争堙废及保护开发几个阶段，是浙东运河湖泊演变发展的一个缩影。

20 世纪五六十年代，萧山曾提出恢复和开发湘湖的设想。1958 年编制的萧山县《城厢镇规则总图》，就提出湘湖"风景优美，远景将成为萧山的一个大公园及休闲的佳地"。1960 年，提出"逐步建设湘湖风景区"的规划。改革开放后，湘湖开发就被提上了议程。1995 年，湘湖度假区建立。

2003 年，湘湖保护与开发迈出了第一步，把总面积 51.7 平方千米的区域纳入湘湖旅游度假区的范围，确定湘湖水体面积最终将达到 7.3 平方千米。度假区管理委员会先后通过国际招标等形式，组织编制湘湖五大单元控制性规划，一、二、三期修建性详细规划和重点区块城市设计。2012 年，又启动新一轮湘湖新城分区规划和度假区总体规划的编制工作。湘湖新城

图 7-2　2003 年湘湖规划设计图（图片来源：湘湖管理委员会）

总规划面积为 53.5 平方千米，其中，核心景区即湘湖旅游度假区总体规划面积为 35 平方千米，围绕历史文化湘湖、自然生态湘湖、休闲度假湘湖三条主线规划。至 2016 年，湘湖 3 期开发全部完成，水域面积 6.1 平方千米，总蓄水量 2310 万立方米。通过湘湖水域的修复治理、区域生态系统的完善配套、历史文化的保留利用，湘湖成为杭州魅力山水新代表，是钱塘江这一世界级风景廊道上的一颗璀璨明珠，成功升级为国家级旅游度假区。[①]

　　湘湖综合保护与开发工程历时 13 年，经历了三个时期的建设：（1）湘湖第一期工程：恢复水域面积 1.2 平方千米，开发面积 4.64 平方千米，于 2006 年 4 月建成开放，并作为主园区迎接了第一届世界休闲博览会的召开，广受好评；（2）在第一期成功的基础上，2008 年，湘湖开始二期开发，历时 3 年，于 2011 年 9 月开园，恢复水域面积 2 平方千米，建成面积 5.95 平方千米；（3）湘湖第一、二期保护与开发工程的实施，得到了市民与游客广泛赞誉。于是，在 2013 年 7 月，开始了湘湖第三期的保护与开发建设，建设面积 6.6 平方千米，水域面积在一期和二期的 3.2 平方千米的基础上扩大到了 6.1 平方千米，面积与西湖接近。其间，湘湖区域杭州乐园、杭州东方文化园等先后建成开放，世界休闲博览会成功举办，下孙景区、老虎洞景区、定山景区、云洲敛翠、青蒲问莼、金沙戏水、海洋公园、音乐喷泉等数十个景点点缀其中，各具观光、生态、休闲特色。形状各异、古朴优雅的 108 座桥梁也成为一道道风景线，让湘湖俨然成为中国的江南桥梁博物园。跨湖桥遗址博物馆、越王城遗址公园、下孙文化村等一批历史人文景观修建开发，充满着古朴的人文气息。"大珠小珠落玉盘"，金融小镇等一批特色小镇，以及开元森泊公园、湘湖水街、兰博基尼酒店等项目相继建设。湘湖变得更具活力和魅力。

　　湘湖经过三期开发，基本上恢复了古湘湖的历史形态，"开而荡"的上湘湖得以成形，"葫芦状"的大湘湖重现人间。新版湘湖是在历史湘湖的基础上建设起来，从水利灌溉湖嬗变为世界级魅力滨水区。习近平总书

---

① 　陈志富：《萧山水利志》，浙江人民出版社 2019 年版，第 685 页。

记在浙江工作期间，曾两次视察湘湖，高度评价湘湖"呈现出来的新面貌让人为之一震，和西湖一样成为浙江的点睛之笔，简直是换了人间"。历史上湘湖是浙东运河的主要水源，同时发挥着灌溉功能，清末至民国垦殖和制作砖瓦功能并存；而90年代中期始，湘湖功能向着休闲度假、旅游的方向转变发展。湘湖功能的更替，反映了经济社会的发展和进步。

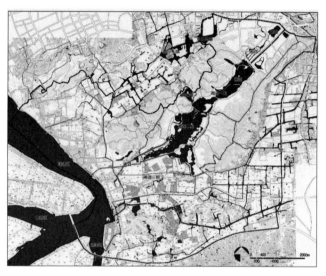

图7-3　湘湖一、二期实施后水系平面图（图片来源：湘湖管委会）

湘湖综合保护与开发工程，坚持文化引领、生态优先、可持续发展，将湘湖改造作为一个保持整个地区生态系统良性循环的系统工程来实施，水域的恢复大大改善了湘湖地区的环境，这也是"绿水青山就是金山银山"理论在萧山的成功实践。湘湖所有岸线作为公共资源，也都向老百姓免费开放。湘湖综合保护与开发工程的实施，有效推进了旅游业的发展，目前湘湖有4个国家4A级旅游景区，拥有"中国百强旅游景区"浙江省首个"最佳休闲旅游目的地""中国休闲第一湖""最佳湖滨旅游目的地""2017亚洲旅游（红珊瑚）奖""中国最佳旅游度假胜地"等美誉。2016年，G20杭州峰会期间，湘湖向世界展示了国家级旅游度假区的风貌。湘湖的保护与成功开发形成了"湘湖模式"，为其他地区的湖泊建设提供了很好的借鉴。

图7-4　湘湖实景图

# 二、绍兴运河新景观

## （一）环城河

在 1999 年，绍兴市启动了一项雄心勃勃的项目，旨在对古老的浙东运河沿线的环城河进行全面的修复和改善。这项工程综合了多种措施，包括疏浚河床、修筑堤坝、拆除杂乱建筑、增加绿化、建设景观以及改善道路等，改变了环城河的面貌。通过这一系列的改造，环城河不仅成了一个具有防洪、绿化、休憩、航运和旅游功能的地区，而且还重现了碧水蓝天的美景，营造出充满活力的城市风光，水清可游，岸绿可憩，街繁可贸，景美可赏。

环城河新建有九大景点，各自具有独特的魅力，为这座历史名城增添了新的景观和文化韵味：

稽山园，位于城区东南角，占地 6.8 万平方米，拥有 18 座风格各异的桥梁和多个充满水乡特色的景点，如"南浦小集""迎岚阁"等。

鉴水苑，毗邻稽山园，占地 3.38 万平方米，集现代化公园之大气与风情于一体，设有大型音乐喷泉等设施。

治水广场，展现绍兴水利史的重要场所，占地 3.1 万平方米，有纪念性雕塑和展览。

西园，原是五代吴越国的皇家园林，现根据宋代园林重新构建，占地2.69 万平方米，以王公池为中心，主要有望湖楼、飞盖堂、漾月堂、龙山诗巢及春荣、夏荫、秋芳、冬瑞四亭等景点。与东卧龙山相连，构成一幅越中山水图，深得"越中之水无非山，越中之山无非水，越中之山水无非园"①之妙。

百花苑，占地 1.4 万平方米，是一个以植物造景为主的滨河公园，百花齐放、繁花似锦。

河清园，位于昌安桥西北侧，占地 2.4 万平方米，是一个以生态园林为特色的休闲场所。

都泗门，位于城东，是古城水门的重要遗迹，与运河相接，有重要的水利功能。有记载梁天监十三年（514）衡阳王萧元简离会稽太守任，与何胤告别，"道至都赐埭，去郡三里"②。都泗即都赐，系晋时王音修。门有堰，即都泗堰，在运河口，南控鉴湖水，使不致倾泻。古代都泗堰位置重要，为越城名堰。

迎恩门，位于城西北部，是绍兴古城的主要水陆通道门户，著名的历史事件发生地。唐末已有迎恩门：董昌称帝，钱镠劝阻，董昌不听，"镠乃将兵三万诣越州城下，至迎恩门见昌"③。原有箭楼，其下传是勾践卧薪处。据载，楼去城百余步，上供勾践像，下即通衢④，有"古卧薪楼"额，清乾隆十四年（1749）毁于火灾。新建迎恩门由城楼、生聚阁、送贤堂等组成。

风则江廊桥，跨越环城西河，长 180 米，宽 33 米，是一个结合亭廊的美丽五跨拱桥。桥上设 115 米长廊作为人行道，廊间每隔 4 米，设置一柱，共有立柱 120 根，走廊上盖以朱椽黛瓦，有四个两层楼亭。全桥建筑面积为 1400 平方米，2003 年 9 月建成。风则江廊桥人文底蕴主要集中在

① ［明］祁彪佳：《越中园亭记》，楚人胡恒《序》。
② 《梁书·何胤传》。
③ 《资治通鉴》卷二六〇，唐纪七十六"乾宁二年"条。
④ 《越中杂识》下卷《古迹》。

大量的楹联匾额上，人称"百联廊桥"。

这些景点的建设丰富了绍兴的旅游资源。2003年，环城河工程荣获"国家级水利风景区"的称号。

## （二）运河园

2002年，绍兴市决定对浙东古运河进行全面水环境整治。其中一个重要的工程就是建成运河园。运河园位于绍兴城区西郭公铁立交桥至绍兴越城、柯桥交界，全长4.5公里，面积约25万平方米。工程的设计理念为"天人和谐、运河文化、开敞自然"，定位为"碧水长街、白玉长堤、绿色长廊"。其主要做法为做好"古"字文章、文脉相连、古为今用。具体为保护历史遗存，收集古材料，选种古树名木，修葺古景点。全长4.5公里的运河园全线以天然石材砌墈，其中85%是老条石。另外，全园路面以老石板铺面，移建或组建散落于民间古桥20余座，老牌坊5座，老石亭10余座，古石碑数十块，有古石遗存、珍贵构件无数。

绍兴运河园有6个景段，分别是：（1）运河纪事，主要是记载历史文化；（2）沿河风情，主要是集聚水乡风物；（3）古桥遗存，主要是展示桥乡精品；（4）浪桨风帆，主要是展示千艘万舻；（5）唐诗之路，笑看挥手千里；（6）缘木古渡，难忘前师之鉴。绍兴运河园别具一格、富有韵味，再现自然风光和江南特色。

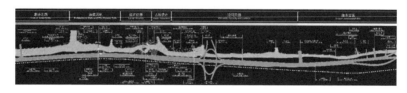

图7-5　运河园6个景段布置图（图片来源：绍兴市鉴湖研究会）

绍兴运河园建设是对浙东运河本体河道一次原真性的保护、系统整治和建设，其核心是"传承古越文脉、展示运河风情"。2006年，运河园工程因其深厚的历史文化内涵、精湛的园林艺术，被中国风景园林学会评为"优秀园林古建工程"金奖，2007年被水利部批准为国家级水利风景区。

全国政协和国家文物局等领导和专家，在大运河申遗考察中对绍兴运河园的保护、整治做法给予了充分肯定，运河园的建设成就对浙东运河申遗成功也起到了积极的促进作用①。陈桥驿先生称赞运河园是浙东古运河的一座完整而生动的博物馆。

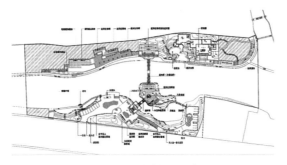

图 7-6　运河纪事文化景观布置图

### （三）鹿湖园

鹿湖园位于绍兴市越城区，原为鹿湖庄公地一隅。挖湖形如奔鹿，鹿湖贯通于龙横江，小船可进出，是为活湖。水布无形，入湖内成鹿形。湖岸多曲，其境柔和。挖湖之土则散堆湖周，高处为丘，丘上植草为鹿场；低坡入水，卵石散布，花木疏植。湖岸若半岛者，建亭建榭。小径呈 S 形，上坡下坡，缘湖而转。游人分道，有景可寻②。

进鹿湖园门厅，有巨碑"康乾驻跸"图。据《清实录·圣祖实录》和嘉庆《山阴县志》载，康熙、乾隆二帝南巡莅绍，都驻跸于鹿湖庄。由此碑分道，左道（北）下坡达龙横江边御码头，仰视唯见"宸游龙横"石牌坊及"龙横廊桥"等高大建筑物。由"康乾驻跸"碑右道，径趋鹿湖园。湖南，建有清晏楼，楼下有廊可通。驻足北廊，鹿湖景色尽收眼底。顺廊入南，庭园幽静，古色古香，气象殊异。鹿湖之东，有鹿鸣楼挡道，看似

---

①　邱志荣:《浙东运河概述》，《2013 年中国水利学会水利史研究会学术年会暨中国大运河遗产保护与利用战略论坛论文集》，2013 年 11 月。

②　杨道申:《绍兴市鹿湖园》，http://blog.sina.com。

景尽道穷，实则不然。楼南北有廊，引人入胜，柳暗花明，豁见"集贤"滨江长廊相迎。此为园尾南北最狭处。建滨江长廊则因地制宜，巧掩其陋。廊名"集贤"，乃是由于在众多廊柱上镌刻了历代书法名家诗句手迹。游人至此，小憩消乏，坐赏名家诗句、书法，一举两得，经视觉转换进入另一天地。

鹿湖园是绍兴市区龙横江整治的精品，在市区八大园林中后来居上，被中国风景园林学会授予 2008 年度"优秀园林古建工程"金奖。全国获该项金奖的工程只有 8 个。

图 7-7　鹿湖园

## （四）柯水园

柯水园处于鉴湖路与山阴路之间的中部，道塘桥河汊口东侧，东达笛扬路，包括管墅直江以东水面，以廊桥为界，面积 16000 多平方米。柯水园为文化性的休闲公园，以"柯水"命名，体现了柯水文化的含义，包含"柯水流长、柯笛遗韵、风雨廊桥"三部分。

"柯水流长"为入口部分。设置了大门、围墙，使园与繁华的笛扬路有所隔离而更加安逸、清闲。这一部分以柯水为主题相互衔接，在大门南侧中泽横江边设鉴湖三曲（酒楼）。这样的安排可使内外进出两宜，布局灵活。进入大门，利用两侧的围墙设置诗壁，称做"柯水诗选"，精选历代诗人咏柯水诗赋数十首，两面诗壁列植樟树，树下为林荫座椅等休闲设施。大门正对柯水源流，根据柯亭、柯山、柯水的历史，在进入大门后，布置约150平方米的地刻，取名"柯水源流图"。地刻以西设山形照壁，表示会稽山是柯水发源地，山中涌泉流进地刻的柯水水系，贯成《柯水源流图》。背面刻《柯水园记》。

"柯笛遗韵"为中间部分。谈到柯水，就离不开蔡邕，就离不开柯笛，这是柯水文化的源头，设计思路以笛展开，布置了笛韵楼（茶楼）、蔡邕塑像以及四组含柯笛典故的石浮雕，即蔡邕椽笛、桓伊弄笛、孙绰扼笛、乾隆咏笛，植物配置中以竹为重点进行布置。

"风雨廊桥"部分主要起到内外、前后衔接作用，将桥廊与老道塘桥入口建筑、水门入口联系起来，形成一个风雨遮蔽的建筑空间，与南侧长廊连接，气势恢宏，加之道塘桥南适当绿化，大大减弱小区多层住宅的视觉影响。

柯水园内有荷花台、小岛、双亭、单亭，有折桥，又有小拱桥，有建筑前的大空地，又有围墙边的小空间，休闲之意显露无遗，有酒喝，有茶品，使整个园既能聚文气，又可聚人气，既严谨又活泼。

## 三、曹娥江十八里景观带建设

曹娥江是上虞人民的母亲河，水面宽阔，江堤坚固、从百官铁路大桥至崧厦吕家埠，流经上虞城区段长达9公里。经过近几年的保护与建设，已经建成集城市防洪与生态景观于一体，融现代文明与历史文化于一体的城市亲水型绿色生态长廊。

十八里城防景观带建设工程运用生态多元共生的现代水利理念，将人文景观、园林绿化、野生湿地、游乐设施、亮化点缀糅合其间，精心打造曹娥江畔绿色生态文化长廊，集防洪、城建、休闲、旅游等功能于一体。景观带实施防洪堤加固和内外坡绿化景观建设，防洪标准为百年一遇，景观带由九大景区数十个景点如舜会百官广场、滨江体育公园、湿地公园等构成，绿化景观建设面积达130万平方米。依照原生态、纯自然的理念布置绿植，充分发挥地势特征布局花木，错落有致、参差重叠，形成立体生长、多维呈绿的生态廊道。

十八里景观带的核心部分是以城防三期工程主景区"舜会百官"广场为中心的景观带。此处的景观工程长 1.16 公里，绿化面积 20 万平方米，景区宽度达 130 米至 245 米不等。这一景区浓缩了上虞 4000 年来的人文历史，是文化走廊的中心。主要景点由"舜会百官""东山雅聚""春晖集贤"三组反映上虞人文历史上三次名人大聚会的大型雕塑群和王羲之《上虞帖》碑廊、"娥江彩虹"大型钢廊架等构成。走在这条文化走廊上，游览者会感受到曹娥江源远流长、人文璀璨的历史文脉。目前，十八里景观带是上虞区市民最佳的休闲场所之一。

图 7-8　曹娥江生态带

## 四、姚江生态带建设

宁波的"母亲河"姚江两岸地处宁波主城区的西北门户，是北部都市区的关键节点。其生态环境优越，历史底蕴深厚，是城市战略发展的重要区域。

姚江堤防加固工程是宁波市"十二五"期间的重点水利工程，以"自然"和"人文"为理念打造成一条宁波生态长廊。如今的姚江是三江之中江水最为清澈的一条河流，沿江两岸破乱不堪的荒野泥滩渐渐蜕变为景观长廊，再现百里生态美景，有梁祝公园等 14 个重要景观节点。

姚江生态带建设很好地贯彻了海绵城市这一理念。在姚江北岸滨水绿道的建设中，设计者运用海绵城市建设工程手法，采用新一代城市雨洪管理，通过植草沟、下凹式绿地、雨水花园等方式，将地表径流引入绿地，经过绿地渗透、滞留、蓄存、过滤，一部分补给地下水，超出饱和部分经引导排入河道，从而减少市政管网的压力，提高雨水的利用率。[①]姚江公园也是一个海绵湿地公园，公园里设置有旱溪、透水层和下渗生态草沟等，在这些设置的基础上设计了各种景观，既起到吸水排涝的功能，又可以做成美丽的景观供人游玩，可谓一举两得。

## 五、鉴湖湿地建设

绍兴鉴湖湿地公园位于绍兴市越城区境内，主要包括浙东古运河和洋湖泊、百家湖、白塔洋三个淡水湖，总面积为 723.67 公顷，湿地率为 72.86%（不含水田）。其特有的复合湿地生态系统和水网型的湿地景观结构，在浙江北部的平原水网区具有较强的典型性和代表性[②]。

公园规划总面积近 8500 亩，水域面积 6000 亩，水质基本达到 II 类。且周边近代以来远离工业污染源，一直以农田耕作为主，人与自然和谐共处，公园范围内拥有国家二级保护植物水蕨在内的 150 种植物和国家二级保护动物赤腹鹰在内的 160 种动物。着眼于鉴湖交通区位绝佳、水资源丰富、风貌原生态、珍稀动植物丰富，再加上人文历史深厚的优势，2016 年 6 月起，绍兴市就开始着手筹建"鉴湖国家湿地公园"。2017 年 12 月，鉴湖湿地公园获得国家级湿地公园试点建设。目前，湿地公园各项建设正有条不紊地展开。2023 年 8 月，鉴湖国家湿地公园成功入选"绍兴市生物多样性体验地"。

---

① 杨绪忠、黄程、张彩娜：《姚江北岸滨水绿道获评"浙江最美绿道"》，《宁波日报》2020 年 11 月 13 日第 A2 版。

② 周国勇：《我市将高标准建设鉴湖国家湿地公园》，《绍兴日报》2017 年 12 月 31 日第 1 版。

图 7-9　鉴湖湿地公园规划（图片来源：绍兴鉴湖省级湿地公园管理委员会）

根据 2023 年《绍兴日报》报道，鉴湖湿地公园规划分为"一带、三心、五区"。"一带"即以世界文化遗产浙东古运河为基底的运河生态保育带；"三心"即以古鉴湖堙废后的遗址——洋湖泊、百家湖和白塔洋"三湖"为代表的三大湖泊；"五区"即湖泊生态修复区、农耕文化体验区、艺趣稻田体验区、水乡风貌浏览区、科普宣教展示区[①]。公园内水域面积辽阔，稻田镶嵌河网，是浙江北部平原水网区"湖泊—河流—稻田"复合型湿地的典范。

鉴湖湿地公园建设遵循保护优先、科学修复、适度开发、合理利用的原则，保护生物多样性，以发挥湿地的生态功能为核心，传承弘扬鉴湖历史文化，充分彰显稽山鉴水的风貌，有助于加快打造生态功能示范区。

# 第三节　运河国家文化公园建设

2021 年 8 月 8 日，国家文化公园建设工作领导小组印发《大运河国家文化公园建设保护规划》，要求各相关部门和沿线省份结合实际抓好贯彻落实。《大运河国家文化公园建设保护规划》整合大运河沿线 8 个省市文物和文化资源，按照"河为线、城为珠、珠串线、线带面"的思路优化总体功能布局，深入阐释大运河文化价值，大力弘扬大运河时代精神，加大

---

① 裴玮：《从"水更清"到"人更富"》，《绍兴日报》2023 年 3 月 23 日第 4 版。

管控保护力度，加强主题展示功能，促进文旅融合带动，提升传统利用水平，推进实施重点工程，着力将大运河国家文化公园建设成为新时代宣传中国形象、展示中华文明、彰显文化自信的亮丽名片[①]。

大运河国家文化公园有三个部分，分别是"京杭大运河、隋唐大运河、浙东运河"。2022年，《大运河国家文化公园（浙江段）建设保护规划》（以下简称《规划》）经国家文化公园建设工作领导小组办公室批复同意后，由浙江省大运河国家文化公园建设工作领导小组办公室正式印发实施。大运河浙江段包括江南运河浙江段、浙东运河及其故道、复线等河道。《规划》明确指出，大运河国家文化公园（浙江段）建设坚持"共抓大保护、不搞大开发"理念，以与大运河密切联系和相关的文物和文化资源为基础，深入挖掘大运河承载的历史和文化，全面打造管控保护、主题展示、文化和旅游融合、传承利用四大功能分区，实施"保护传承、研究发掘、环境配套、文旅融合、数字再现"五大协调推进工程，生动呈现浙江段大运河文化的独特魅力，推进大运河文化创造性转化和创新性发展，使其成为浙江打造新时代文化高地的标志性成果。

推进建设大运河国家文化公园是党中央、国务院作出的重要决策部署，是一项重大文化工程，也是贯彻落实习近平总书记关于大运河批示精神的具体行动。浙江省积极落实规划任务，全力推进大运河国家文化公园的建设，打造标志性项目、塑造标志性建筑，呈现"千年古韵、江南丝路、通江达海、运济天下"的运河蓝图。

# 一、博物馆

## （一）浙东运河文化园

为保护大运河遗产、传承大运河文化，2019年，绍兴市委市政府决策

---

① 《长城、大运河、长征国家文化公园建设保护规划出台》，《现代城市研究》2021年第9期。

实施浙东运河文化园（浙东运河博物馆）建设工程。该工程为国家运河文化公园的重要组成部分之一，是列入《大运河保护传承利用规划纲要》的重点标志性项目。

浙东运河文化园体现了绍兴保护、利用、发展大运河的决心和行动，也是打造运河文化建设浙江金名片的省级重点工程。绍兴以"保护好、传承好、利用好浙东运河绍兴段沿线深厚的历史文化资源"为目标，高站位、高起点、高标准，积极推进大运河国家文化公园建设。严守"保护优先"原则，全面摸排沿线物质文化遗产保护现状，系统性开展古镇、古村、古街的保护修缮，加大运河沿线生态环境整治力度，加强重大非遗项目的整体性保护传承和濒危非遗项目的抢救性保护。注重活化传承，持续加强对运河遗址、附属设施遗存等文化遗产的研究，高标准推进浙东运河文化园（博物馆）等标志性项目建设，打造一批文化研究、传承教学、研学旅游基地。加强合理利用，结合"一廊三带"文化产业空间布局，科学谋划、优化利用运河资源，实现遗产保护利用、运河开发建设和保护与提升沿线居民生活品质相得益彰①。

浙东运河文化园位于越城区凤林西路上、东浦街道内。2020年3月1日，浙东运河文化园（浙东运河博物馆）项目开工。该项目总投资14.9亿元，总建筑面积12.4万平方米。立足"一廊三带"的文态格局，浙东运河文化园分为文博、文创和文旅三大区块，包括运河博物馆主馆、运河博物馆副馆（淡水鱼水族馆）、国际垂钓竞技中心、文商旅区、公园等多个功能区。其中，文博区以浙东运河博物馆（主馆）和淡水鱼水族馆（副馆）为主要建筑，占地面积约98亩，总建筑面积约4.3万平方米（含地下建筑面积1.5万平方米），主要展示和挖掘浙东运河文化，进行淡水鱼类科普展示与教育等。文创区以运河文化产业用房为主要建筑，总建筑面积约4.3万平方米（含地下建筑面积2万平方米），主要用于培育和发展浙东运河

---

① 张科勇：《着力建设大运河国家文化公园精品之作》，《绍兴日报》2020年11月4日第1版。

文创产业。文旅区主要建筑为垂钓服务中心、文旅用房和社区服务中心，规划承办国内外各类垂钓赛事、日常休闲垂钓和文旅活动等①。

千年运河水缓缓流淌，几幢黑白相间、充满艺术感的建筑物，静静依偎在其边上，势如千帆竞发，浩浩荡荡。水波为笔，帆船为墨，天光水体构成复合景观，新旧交融。从外观上看，整个文化园美如一幅水墨画。

图 7-10　浙东运河文化园（浙东运河博物馆）

2023 年 9 月 20 日，习近平总书记来到浙东运河文化园，了解古运河发展演变历史和大运河保护及大运河国家文化公园建设等情况。习近平强调，大运河是世界上最长的人工运河，是十分宝贵的文化遗产。大运河文化是中华优秀传统文化的重要组成部分，要在保护、传承、利用上下功夫，让古老大运河焕发时代新风貌。

### （二）宁波河海博物馆

大运河（宁波段）是自然江河与人工塘河并行结合、复线运行，充分体现了宁波地区古代航运体系的独特性，在中国大运河体系中独一无二。宁波围绕"统一规划、统筹管理、整体保护、合理利用"这 16 字方针，多措并举，强化对世界文化遗产的保护和管理，在高质量推进大运河文化带建设、大运河国家文化公园建设中贡献宁波力量。

---

① 徐霞鸿：《运河文化，越韵流芳》，《绍兴日报》2020 年 4 月 8 日第 5 版。

2021年5月,《大运河(宁波段)文化保护传承利用实施规划》正式出台,该规划以大运河(宁波段)世界文化遗产为核心资源,系统排摸全市各类物质和非物质文化遗产,实施期为2020至2035年。2023年2月28日,大运河(宁波段)保护传承利用暨国家文化公园建设工作领导小组成立,专门协调对接大运河保护传承利用各项工作。大运河(宁波段)国家文化公园工程,把保护放在首要位置,包括河海博物馆建设、天一阁博物院扩建项目等,积极推进建设大西坝、小西坝、压赛堰三个考古遗址公园。

图7-11　宁波河海博物馆概念方案
(图片来源:宁波庆安广场方案设计,德国HPP建筑事务所网络文摘)

## 二、水上旅游

行船与碧波荡漾的运河水道构成运河最灵动的景观。如今,运河水上旅游开始逐渐恢复这一文化景观。

### (一)水中游

#### 1.萧山水上旅游

在江南水乡,文脉与水脉总是密不可分、相映成趣。湘湖是如此,浙东运河是如此,钱塘江亦是如此。

萧山的水上旅游坐拥三江口、湘湖两大文旅IP。"三江两岸水上黄金旅游线"指的是钱塘江、富春江、浦阳江及沿江的两岸区域,全长235公里,拥有丰富的自然、人文资源。而钱塘江边有名的"过塘行"和码头所在地,就在浙东运河西兴古镇,这是古镇繁华重现的机遇。湘湖以风景秀丽与西湖并称为"姐妹湖",与西湖、钱塘江构成杭州旅游风景的金三角,是浙江最丰富的水上旅游基地之一。湖上配备游艇、帆船、皮划艇,可以专业学习帆船,体验桨板(SUP)皮划艇、龙舟及水上高尔夫等团建拓展项目。

### 2. 绍兴水上古城游

如果说萧山水上旅游主要是欣赏江湖的风景,那绍兴的水上旅游可以说品类更丰富多彩。绍兴将浙东运河文化园、黄酒小镇、镜湖、柯桥古镇、西鉴湖、迪荡、东湖、吼山、东鉴湖多个节点融合成多条水上特色线路,最典型的是水上古城游和绍兴护城河夜游。一条河流,带您打开绍兴古往今来的美丽画卷;一艘游船,载您驶入2500年的历史长河。

绍兴护城河始掘于公元前490年勾践建都城时,江湖通连,历史悠远,文化深厚。护城河各景点间由河串联,绿意绵延。画舫夜游,船行之处,两岸灯火通明,城市霓虹闪烁,既能感受到水乡古城的韵味,又能体验到现代都市的风采。从又一村游船码头出发,一路是稽山园、鉴水苑、治水广场、西园、百花苑、迎恩门、河清园、都泗门等八大园景,如璀璨明珠镶嵌于古城四周,令人目不暇接……

### 3. 绍兴水上乌篷

除了护城河画舫游,古城内、东湖及大禹陵景区都采用绍兴特有的水上交通工具乌篷船,这是老绍兴"水上的士"。乘着乌篷船,游览这座漂在水上的千年古城,在欸乃的木桨击水声中,缓缓地穿过了悠悠水巷,水波串联起了一条条老街和一座座古桥。目之所及,是老绍兴的历史缩影;心之所向,是水乡悠闲的生活气息。

坐着乌篷船向北而去,经过绍兴饭店、鲤鱼桥、谢公桥、吕府、北海桥,来到阳明故里,探访阳明先生的传奇人生。阳明先生的一生波澜壮阔,饱经磨难。他左手持剑,力挽大明江山;右手抚卷,开创心学体系。"心即理""知行合一""致良知"等思想精髓早已融入越地百姓生活,根植于中华文化基因,在新时代不断焕发出超越时空的思想光芒与永恒价值。

坐着乌篷船向南而去,经过宝珠桥、石门桥、酒务桥、前观巷,来到徐渭艺术馆，了解徐文长才华横溢的一生。徐渭艺术馆藏在古色古香的绍兴老城区，在仓桥直街、人民西路、解放南路和后观巷合围的区域间。整个展馆呈黑白灰色调，体现了历史与现代的结合，每个细节都蕴含着低调的典雅，让"青藤"焕发新绿。

### 4. 柯桥水上旅游

柯桥水上游串联浙东古运河、古鉴湖、瓜渚湖、大小坂湖等水系，游客可选择画舫船、通透观光船、快艇以及休闲电瓶船。绍兴成功打造了"浙东唐诗之路研学游""印象瓜渚湖环线游""浙东古运河线微学游""水上车友会＆旗袍秀""重走太平桥古纤道经典游""赏鉴湖八百里，邂逅黄酒小镇"等全新私人定制型水上精品品牌游线。择一叶画舫，品水城柯桥，白天清新明媚，夜晚璀璨瑰丽，体会瓜渚湖水系树在水中长，鸟在枝上鸣，船在湖中行，人在画中游的慢生活意境，感知浙东古运河游线的古桥历史和文化脉搏，偶遇大小坂湖的新"坂湖十景"。待月楼旁，白鹭点点，会稽酒厂，酒香袅袅，古运河上，纤道悠悠，择一船而下，荡起双桨，痴看烟雨江南残阳暮色晚，水波浮动，品味人文郁郁水城柯桥情。

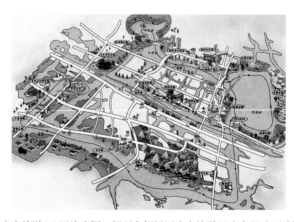

图 7-12 《柯桥水上旅游》（图片来源：绍兴市柯桥区水上旅游巴士有限公司建设开发公开材料）

### 5. 曹娥江夜游

水上夜游曹娥江，"一江两岸"同样魅力绽放，从曹娥江游船码头至四环桥，在绚丽夺目的光影中领略不一样的上虞风物、人文风情。

图 7-13 曹娥江夜游景观（图片来源：上虞区融媒体中心）

### 6. 姚江水上游

"山如碧波翻江去，水似青天照眼明"，古往今来，有许多文人墨客泛舟姚江，品茗颂歌。由阳明古镇码头出发，随画舫途经舜江楼、通济桥、阳明古镇、玉皇山公园等多个景点。沿途可远眺城中绿岛龙泉山，可卧波"浙东第一桥"通济桥，可环绕龙凤二山玉皇山，听风辨浪，涤荡心灵。

### 7. 宁波水系游

宁波向海而生、倚港而兴，水上旅游资源丰富。20世纪六七十年代，许多老宁波都有印象，从东钱湖坐船沿着塘河可以到宁波城区。如今，日月湖静卧城中心，三条江水绕城流淌，有三江夜游、东钱湖游船、东部新城"水上游"、象山海岛游、姚江游船等水上旅游产品。随着宁波市自然资源和规划局开展"三江口至东钱湖水路航线规划研究"，宁波水系旅游将形成"二横三纵"田字形格局，总长约87公里。

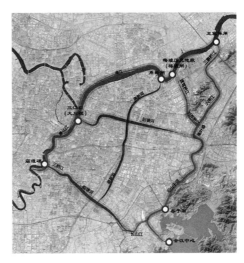

图 7-14 三江口至东钱湖水路航线规划（图片来源：宁波市自然资源和规划局公开材料）

航线一路经过鄞州的腹地，穿行在城市千年变迁与发展的重要地标，既有活力都市，也有田野乡村。三条航线分期实施，航线 1 从"市行政中心—后塘河"、甬新河、"前塘河—会议中心"及后塘河至甬江公园，全线共设置码头 13 处；航线 2 为"会议中心—天宫庄园—庙堰碶—三江口"；航线 3 为"东钱湖莫枝船闸—沿山干河—后塘河—市政府—大石碶"。"三江六塘河"是宁波最为重要的水系地标，恢复从三江口到东钱湖的传统水上航线，可以让游人了解到王安石、吴潜等历代先贤千年以来接续开掘、水利治理的事迹，他们使盐碱沼泽之地焕然转变成水韵江南；可以深度感受宁波拥江、揽湖、滨海的城市格局，体验水乡历史与独特的文化气度。

### （二）浙东唐诗之路——运河水路行

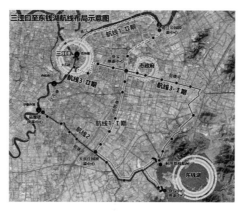

图 7-15　三江口至东钱湖航线布局示意图（图片来源：宁波市自然资源和规划局公开材料）

这片以越州为中心的浙东神秘区域，吸引了晋代以来的无数文人墨客前来游赏、探幽、怀古、创作。李白、杜甫、白居易、孟浩然、刘禹锡、贾岛等 400 多位唐朝诗人，从钱塘江出发，经越州，自镜湖向南经曹娥江、剡溪，溯流而上，经新昌的石城、沃洲、天姥，最后抵达天台山，留下近千篇诗作，这线路如今被称为"浙东唐诗之路"。在这以水路为主兼以陆道的诗路中，把浙东主要文化景点串联起来的浙东运河，尤其是从渔浦、西陵经西兴运河、东鉴湖航道到曹娥江的浙东运河西段，是浙东水路行的起始段和精华段。让我们沿着漫漫水路，沿着先人的足迹重走浙东唐诗之路。

第一站：西陵渡口。"西陵遇风处，自古是通津。"皇甫冉在《西陵寄灵一上人》一诗中，点出了西陵作为关隘的重要性。西陵又是理想的观潮胜地，如薛据的《西陵口观海》："山影乍浮沉，潮波忽来往。孤帆或不见，棹歌犹想像。"还有元镇和白居易"竹筒递诗"的创举。元稹作《别后西陵晚眺》，以竹筒贮之，递送杭州，诗云："晚日未抛诗笔砚，夕阳空望郡楼台。与君会后知何日，不似潮头暮却回。"白居易亦作《答微之泊西陵驿见寄》相和，依旧贮诗竹筒，递送越州，答曰："烟波尽处一点白，应是西陵古驿台。知在台边望不见，暮潮空送渡船回。"

第二站：绍兴鉴湖。这是唐诗之路中活动范围和诗歌创作最集中的区域，也称"越中"。有到这里来任职的诗人，如宋之问、元稹，有在这里定居的如贺知章、方干等，当然更多的是时间长短不等的暂住，如初唐四杰之一的王勃，曾在云门山下仿兰亭雅集，撰有《三月上巳祓禊序》。贺知章《回乡偶书》"惟有门前镜湖水，春风不改旧时波"，以此描述告老还乡的情景。李白对越中山水的描绘更是出神入化，荡气回肠：

> 逸兴满吴云，飘飘浙江汜。
> 挥手杭越间，樟亭望潮还。
> 涛卷海门石，云横天际山。
> 白马走素车，雷奔骇心颜。
> 遥闻会稽美，且渡耶溪水。
> 万壑与千岩，峥嵘镜湖里。
> 秀色不可名，清辉满江城。
> 人游月边去，舟在空中行。
> 此中久延伫，入剡寻王许。
> 笑读曹娥碑，沉吟黄绢语。
> 天台连四明，日入向国清。
> 五峰转月色，百里行松声。

诗人孙逖在《登越州城》中描绘了"碧湖明"的景象：

越嶂绕层城，登临万象清。

封圻沧海合，廛市碧湖明。

晓日渔歌满，芳春棹唱行。

山风吹美箭，田雨润香粳。

代阅英灵尽，人闲吏隐并。

赠言王逸少，已见曲池平。

当时越州城，东城门都赐塝码头，可乘舟去游赏东湖；稽山门，可舟行东湖，又可以舟行西湖；常禧门，也即西湖码头，是山阴道的起点，都可放舟镜湖，欣赏湖光山色的美景。

第三站：若耶溪。是镜湖上游会稽山"三十六源"中最大最长的溪河，幽深奇丽。李白一首"镜湖水如月，耶溪女似雪"写出了镜湖与耶溪的景观特色。李绅的《若耶溪》：

岚光花影绕山阴，山转花稀到碧浔。

倾国美人妖艳远，凿山良冶铸炉深。

凌波莫惜临妆面，莹锷当期出匣心。

应是蛟龙长不去，若耶秋水尚沈沈。

写到了越国的都城平阳和冶金基地上灶，还有西施采莲留下的曼妙足迹。

第四站：曹娥江（剡溪）。从越州都赐塝码头登船，东行七十多里来到曹娥江边，唐代诗人赵嘏慕名造访曹娥庙，写下《题曹娥庙》："青娥埋没此江滨，江树飕飀惨暮云。文字在碑碑已堕，波涛辜负色丝文。"从魏晋至隋唐，众多名士高人纷纷来到剡溪畔，如谢安、王羲之、郗超、阮裕、孙绰、支遁、许询、戴逵等，给这方土地带来了极为深远的影响。除了山水朝圣之外，也是一条追慕魏晋风度与名士风尚的仿古路线。崔颢《舟行入剡》的"鸣棹下东阳，回舟入剡乡。青山行不尽，绿水去何长"，道出了越中青绿。一条剡溪，不仅将唐诗之路上最具名气的鉴湖、沃洲、天姥山以及三大名山联结成一个相对独立的整体，又与更广阔范围的水网陆路彼此勾连交错。

从以上水路诗歌中，可以看到浙东运河如诗如画的水环境。鉴湖若镜，运河又把湖与周围的郊郭、青山组合成一幅山水丹青，生动形象地描绘了包括鉴湖、周围原野、会稽郡城、稽北丘陵在内的区域景观。

## 三、遗产小道

运河"遗产小道"发起者由大运河文化遗产研究专家、《人民日报》记者齐欣首先提出，沿着大运河用"遗产小道"连接大运河沿岸公园景观，总长 2000 余公里，是世界上最长的世界文化遗产小道。它不是一个简单的旅游路线，是需要每个人通过行走和定位去贯通。这种时尚的、低碳的、带有探索和个人实现概念的全新理念深入骑行者心中，进行实践的过程，就是将"小道概念"变为"小道实体"的过程，是从"无形"变为"有形"的过程。

大运河遗产小道将大运河沿岸的自然景观、人文景观和历史遗迹串联起来，形成了一条独具特色的文化遗产体验和保护线路。沿着遗产小道行走，游客可以欣赏到运河沿岸秀丽的自然风光，了解运河的历史文化，感受运河的独特魅力。

浙东运河，这条纵贯南北的古代大动脉，见证了无数文人墨客来来往往。如今，我们沿着运河遗产小道重走，感受这独特的人文精神。"从山阴道上行，山川自相映发，使人应接不暇"，这是东晋书法家王献之对浙东风貌的评价。沿大运河遗产河道从绍兴西环城河经迎恩门出城东的都泗门，我们可以重走"遗产小道"——山阴故水道。这条河道始于春秋，是最早修建的浙东运河人工水道，也成为领略浙东运河与"浙东唐诗之路"意境叠加的可信、可行路段[①]。从文化遗产的视角去体验，人们会关注前

---

① 齐欣：《重走山阴故水道》，《人民日报（海外版）》2023 年 4 月 10 日第 11 版。

人在河道选址上的智慧、过船技术的成就以及在应对水患、蓄放或平衡水量等水利措施上的奇妙方法。山阴故水道穿过箬篑山北麓，紧贴东湖景区。山会平原历史上营建聚落、交通运输乃至兴建海塘和园林，无不带有"石"的印记。在浙东运河边行走，可以随时看到条石砌就的纤道、石桥；绍兴城内外遍布留存的古石桥，普遍具有"环境布局美、结构装饰美和桥楹诗文美"特征，成为越文化和东方特有文化景致的重要组成。石板路上，还能遇到规模不一的石亭驿站，石柱上多刻有描述远行、耕读的楹联。采石形成石宕，人工雕凿形成陡壁深潭，独特的景观已存留上千年。山阴故水道上还有船只过往，越向东走，见到的圩田和纤道旧迹就越多。现在的两岸，生态湿地得到重点保护并开发为公园。和石宕一样，那些江南水乡的生态环境和具有山会平原地域特点的传统农业景观，自古就有并持续演化至今。

与体验运河文化遗产的遗存、水工科技成就有所不同，"浙东唐诗之路"更着重于展现人在自然山光水色中的行为方式和心路历程。在山阴故水道上行舟，湖水、群山、山水相映的田园景色，都是诗路的构成要素和情境阐释。

大运河与诗路交融，古今意境交汇。在遗产小道上，我们重新认识了这独特的东方美学和文化内涵，不仅有壮阔的自然景观，还有丰富的人文景观：书画、音乐、医药、茶道、丝绸与服饰甚至当地的水与酒——构成浙东独特的"文态空间"，等待我们去领略、去传承。

浙东运河不仅记录历史，也在塑造未来。让我们在遗产小道上寻找当代人的足迹，聆听他们讲述的时代故事。在这里，古老的运河生生不息，我们都是这个大时代的见证人。

# 附录：
# 浙东运河生态系统调查与健康评价

由金小军主持的浙东运河廊道景观生态研究项目，形成了论文 "Assessment of water quality using benthic diatom and macroinvertebrate assemblages： A case study in an East China canal"（《基于着生硅藻和大型无脊椎底栖动物的水质评价——以浙东运河为例》），发表在 *Water Biology and Security*（《水生物与安全》）期刊上。

## 一、河道和河堤环境

### （一）河道现状

河道是淡水资源的重要载体，为人类生存和生活提供了最基本的自然资源。河道往往定义为河水流经的路线或水路，根据其特点可为三类：池塘型、人工型和自然型。浙东运河是由人工开掘出来的水道，因此属于典型的人工型河道。人工河道功能较为丰富，通常可以满足河道沿线城市的防洪、排涝、输水、航运等需求。同时，城市内人工河道具有多样的生态功能，对社会经济的持续、健康和快速发展具有积极而深远的意义。

随着经济文化的日益发展，河道的生态价值逐步受到关注。其中，河道与其周边的生物共同组成了复杂的生态系统，支持和保障着河流生态系统的物质和能量循环。例如，河流会接收陆地降水形成的径流，富集大量生物质和矿物盐，不仅可以为流域范围内的生物提供必要的营养物质，同时也成为生物种子传播、污染物分解的重要途径。

浙东运河横贯杭州、绍兴、宁波三大城市，从古至今都肩负着航运、灌溉、漕运、水驿等功能，与人类活动密切相关。同时，城市的发展对河道的生态系统也产生了重大影响。比如，闸坝系统的建设影响水体联通性，河道堤岸的修葺影响边坡生境系统的完整性。因此，当今浙东运河河道在完成运河基本功能的同时，其生态系统也在一定程度上受到了破坏。

### （二）水质现状

根据 2004 年浙江省环境质量报告书可知，对京杭大运河水质现状进行调查发现，浙江段运河（萧绍段）区域的水质均在Ⅳ类或Ⅳ类以下，其中杭州段Ⅳ类水质的比例已经达到 17.79%，Ⅴ类水质的比例杭州段为 23.06%，劣Ⅴ类水质的比例杭州段为 59.15%。运河流经浙江城市河段从 1996 年至 2006 年连续稳定地处于劣于Ⅳ类或Ⅴ类的状况，其主要核心污染指标为溶解氧和生物化学需氧量。浙江段运河污染的变化，其原因可归纳为 4 点：（1）运河沿线城市化程度逐渐增强，经济结构逐渐先进；（2）运河沿线城市的大量工业废水和生活废水直接排入运河或者运河支流；（3）运河沿线闸门、水利枢纽和抽水站分布广泛，人为调控致使运河没有稳定的水文规律。同时，人为整治河道、治理环境、堵塞航道等原因导致水体污染物迁移转化能力变弱，致使水体自净能力变弱；（4）降水和过境水量对运河水质也有影响。

此次调查选择三个常规水质评价指标，对浙东运河三个河段的总磷、氨氮和高锰酸盐指数进行了系统分析。结果表明，浙东运河各河段总磷分布为：萧山段 0.109 毫克每升，绍兴段 0.092 毫克每升，宁波段 0.223 毫克每升，依据《地表水环境质量标准》GB3838-2002 可知，萧山段总磷处于Ⅲ类水，绍兴段处于Ⅱ类水，宁波段处于Ⅳ类水；各河段氨氮分布为萧山段 0.576 毫克每升，绍兴段 0.143 毫克每升，宁波段 0.026 毫克每升，依据《地表水环境质量标准》GB3838-2002 可知，萧山段氨氮处于Ⅲ类水，绍兴段处于Ⅰ类水，宁波段处于Ⅰ类水；各河段高锰酸盐指数分布为：萧山段 3.85 毫克每升，绍兴段 4.70 毫克每升，宁波段 4.15 毫克每升，依据《地表水环境质量标准》GB3838-2002 可知，萧山段总磷处于Ⅱ类水，绍兴段处于Ⅲ类水，宁波段处于Ⅲ类水。因此，综合分析各指标，萧山段为Ⅲ类水，绍兴段为Ⅲ类水，宁波段为Ⅳ类水，浙东运河总体为Ⅳ类水。

**表 1　浙东运河水质状况**

| 指标（毫克/升） | 萧山段 | 绍兴段 | 宁波段 |
|---|---|---|---|
| 总磷 | 0.109 | 0.092 | 0.223 |
| | Ⅲ类 | Ⅱ类 | Ⅳ类 |
| 氨氮 | 0.576 | 0.143 | 0.026 |
| | Ⅲ类 | Ⅰ类 | Ⅰ类 |
| 高锰酸盐指数 | 3.850 | 4.700 | 4.150 |
| | Ⅱ类 | Ⅲ类 | Ⅲ类 |

## （三）河岸带现状

对浙东运河河岸带进行调查可知，其岸线全长 738.36 千米，沿线分布有大量城市、村镇、郊野等典型生态环境。运河全线河道面积为 4797 公顷，保护范围 7557 公顷，整体生态廊道控制范围达到 49079 公顷。对沿线廊道景观进行深入调查发现，运河河道人文岸线总长 31.16 千米，主体分布范围在绍兴市内，萧山和宁波仅有少量区域存在零星分布；运河河道生产岸线总长 121.64 千米，主体分布在萧山和绍兴市以及宁波甬江入海口附近，宁波市余姚区域仅零星分布；运河河道生活岸线总长 238.84 千米，均匀分布在萧山、绍兴和宁波市内；运河河道生态岸线总长 344.72 千米，主体分布在绍兴东部地区和宁波市余姚江流域范围。

河岸带生态系统是动态的、开放的生态系统，与周边环境共同协调发展。完整的河岸带系统具有结构稳定性、景观适宜性、生态健康性、生态安全性等特征，既能满足周边生态系统协调发展，也能满足人类社会服务需求。从浙东运河沿线河岸带分析而言，其人文岸线分布占比为 4.2%，生态岸线占比为46.7%，沿线具有丰富的名胜古迹，多样的地形地貌，景观元素多样，为人类生活提供了适宜的居住环境，同时也为动植物生存提供了和谐的栖息地。然而，浙东运河沿线人类活动也同样对其河岸带造成较为严重的影响，尤其是较为密集的生产岸线和生活岸线，在一定程度上对河岸带进行过度利用，导致其退化。因此，浙东运河河岸带生态系统整体趋于良好状态，部分区域河岸带受人为活动的过度影响，存在一定的退化现象。

图1 浙东运河沿线生态岸线分布情况

# 二、浙东运河生态系统调查

## （一）陆域生态系统——以鉴湖湿地公园为例

### 陆生动物分布

浙东运河起点为西兴运河，穿过绍兴到宁波，直至甬江入海口，全长约200公里，以地域为界可以将其分为萧山段、绍兴段和宁波段。浙东运河沿线水网密集，湿地分布广泛，为野生动物的生长存活提供了丰富的空间与资源。然而，随着经济的快速发展和人口的急剧扩张，造成了运河流域生境割裂严重，连续性较差，斑块化较为突出，对野生动物生存栖息地产生了严重破坏，许多区域的生境出现了破碎化趋势。目前，运河流域的湿地公园较好地保留了野生动物的栖息空间，为野生动物资源保护提供了庇护所。

为了较为全面地剖析浙东运河流域内野生动物的分布情况，本文选择浙东运河流域内生境较为完整的鉴湖湿地公园为代表，分析其野生动物群落组成。结果发现，该区域内共记录鸟类 103 种，两栖爬行类 6 种，兽类 12 种，鱼类 29 种。

鸟类可分为 15 目 43 科，其中包括鸳鸯、鹗、赤腹鹰、普通鵟、红隼、斑头鸺鹠等 6 种国家二级保护动物，详细目录如下表：

**表 2　浙东运河典型湿地鸟类组成**

| 目水平分类 | 科水平分类 | 目水平分类 | 科水平分类 |
|---|---|---|---|
| 鸊鷉目 | 鸊鷉科 | | 山椒鸟科 |
| 鹈形目 | 鸬鹚科 | | 鹎科 |
| 雁形目 | 鸭科 | | 伯劳科 |
| 鹳形目 | 鹭科 | | 卷尾科 |
| 隼形目 | 鹗科 | | 椋鸟科 |
| | 鹰科 | | 鸦科 |
| | 隼科 | | 鸫科 |
| 鸡形目 | 雉科 | | 鹟科 |
| 鹤形目 | 秧鸡科 | | 画眉科 |
| 鸻形目 | 鸻科 | | 噪鹛科 |
| | 水雉科 | 雀形目 | 鸦雀科 |
| 鸻形目 | 鹬科 | | 扇尾莺科 |
| | 反嘴鹬科 | | 莺科 |
| 鸽形目 | 鸠鸽科 | | 绣眼鸟科 |
| 鹃形目 | 杜鹃科 | | 攀雀科 |
| 鸮形目 | 鸱鸮科 | | 长尾山雀科 |
| 佛法僧目 | 翠鸟科 | | 山雀科 |
| 戴胜目 | 戴胜科 | | 梅花雀科 |
| 鴷形目 | 啄木鸟科 | | 燕雀科 |
| 雀形目 | 百灵科 | | 雀科 |

| 目水平分类 | 科水平分类 | 目水平分类 | 科水平分类 |
|---|---|---|---|
| 雀形目 | 燕科 | 雀形目 | 鹀科 |
| | 鹡鸰科 | | |

两栖类动物主要包括蛙形目及其3个科，包括蟾蜍科、蛙科、姬蛙科，详细目录如下表：

**表3　浙东运河典型湿地两栖类组成**

| 目水平分类 | 科水平分类 | 种水平分类 |
|---|---|---|
| 蛙形目 | 蟾蜍科 | 中华蟾蜍 |
| | 蛙科 | 阔褶水蛙 |
| | | 泽陆蛙 |
| | | 黑斑侧褶蛙 |
| | 姬蛙科 | 斑腿泛树蛙 |

爬行类动物主要包括2目4科，详细目录如下表：

**表4　浙东运河典型湿地爬行类组成**

| 目水平分类 | 科水平分类 | 种水平分类 |
|---|---|---|
| 蜥蜴目 | 壁虎科 | 中国壁虎 |
| | 蜥蜴科 | 北草蜥 |
| 蛇目 | 游蛇科 | 赤链蛇 |
| | | 黑眉锦蛇 |
| | | 乌梢蛇 |
| | | 虎斑颈槽蛇 |
| | 蝰蛇科 | 短尾蝮 |

哺乳类动物主要包括3目3科，详细目录如下表：

**表 5  浙东运河典型湿地哺乳类组成**

| 目水平分类 | 科水平分类 | 种水平分类 |
|:---:|:---:|:---:|
| 食虫目 | 猬科 | 东北刺猬 |
| 啮齿目 | 松鼠科 | 赤腹松鼠 |
| 食肉目 | 鼬科 | 黄鼬 |

### 陆生植物分布——以鉴湖湿地公园为例

浙东运河河岸带多为石砌硬化河岸，周边多以水稻田、居民区为主，河岸带植物分布较为单一。以宁波段为例，慈江—官山河段周边植被主要为落叶植物，河道两侧大多是低矮灌木和地被植物，最为常见的是小蓬草、莲子草和大黄等杂草；大西坝河—西塘河段的河岸两侧主要以绿化植物垂柳为主，同时沿岸居民自发种植的红叶石楠、山茶、迎春等也占据一定比例。三江口段主要以香樟树和悬铃木为主，其余植物较少出现[①]。由此可见，在受到农业、工业和居民生活干扰下，以宁波段为典型的浙东运河沿岸带植被分布是较为单一的。

相较于运河河岸带，浙东运河陆生植物主要分布在各区段周边湿地内，尤以绍兴段鉴湖湿地公园为典型。对绍兴鉴湖湿地公园陆生植物的调查可知，共计发现294种植物，其中被子植物63科，蕨类植物7科，裸子植物1科，种子植物2科。

**表 6  浙东运河典型湿地陆生植物组成**

| 门水平分类 | 科水平分类 | 种水平分类 |
|:---:|:---:|:---:|
| 被子植物门 | 车前科 | 车前、沼生水马齿 |
| | 莼菜科 | 水盾草 |
| | 唇形科 | 筋骨草、薄荷、风轮菜、活血丹、荔枝草、石荠苎、鼠尾草、细风轮草、小花荠苎、益母草、硬毛地笋、紫苏 |

---

① 郑佳雯、卢山、陈波：《浙东运河宁波段植物配置的调查分析与优化策略》，《浙江理工大学学报（自然科学版）》2021年第6期。

| 门水平分类 | 科水平分类 | 种水平分类 |
|---|---|---|
| 被子植物门 | 大戟科 | 斑地锦、铁苋菜、乌桕 |
| | 冬青科 | 构骨 |
| | 豆科 | 大巢菜、合萌、南苜蓿、四籽野豌豆、小巢菜、云实、紫云英 |
| | 椴树科 | 田麻 |
| | 浮萍科 | 浮萍 |
| | 禾本科 | 白顶早熟禾、白茅、稗、棒头草、淡竹叶、狗尾草、狗牙根、菰、禾叶山麦冬、假稻、金色狗尾草、橘草、看麦娘、糠稷、芦苇、芦竹、牛筋草、求米草、柔枝秀竹、双穗雀稗、水竹叶、菵草、无芒稗、显子草、野燕麦、知风草 |
| | 胡桃科 | 枫杨 |
| | 胡颓子科 | 胡颓子 |
| | 葫芦科 | 盒子草 |
| | 夹竹桃科 | 络石 |
| | 金缕梅科 | 枫香树 |
| | 锦葵科 | 木槿 |
| | 景天科 | 垂盆草、藓状景天、珠芽景天 |
| | 菊科 | 大狼把草、稻搓菜、多裂翅果菊、黄鹌菜、加拿大一枝黄花、菊芋、苦苣菜、鳢肠、马兰、泥胡菜、拟鼠鞠草、匙叶鼠鞠草、天名精、野艾蒿、钻形紫菀 |
| | 爵床科 | 爵床、水蓑衣 |
| | 楝科 | 楝树、香椿 |
| | 蓼科 | 萹蓄、丛枝蓼、杠板归、何首乌、箭叶蓼、辣蓼、绵毛酸模叶蓼、酸模叶蓼、羊蹄 |
| | 菱科 | 野菱 |
| | 柳叶菜科 | 丁香蓼、毛草龙 |

| 门水平分类 | 科水平分类 | 种水平分类 |
|---|---|---|
| 被子植物门 | 萝藦科 | 萝藦 |
| | 马齿苋科 | 土人参 |
| | 牻牛儿苗科 | 野老鹳草 |
| | 毛茛科 | 石龙芮、天葵、扬子毛茛 |
| | 木樨科 | 女贞、小蜡 |
| | 木樨科 | 白蜡树 |
| | 葡萄科 | 华东葡萄、乌蔹莓、异叶地锦 |
| | 千屈菜科 | 紫薇 |
| | 茜草科 | 风箱树、鸡屎藤、四叶葎、猪殃殃 |
| | 蔷薇科 | 朝天委陵菜、茅莓、蓬藟、蛇莓、野蔷薇 |
| | 茄科 | 枸杞、龙葵 |
| | 忍冬科 | 接骨草、忍冬 |
| | 伞形科 | 小窃衣、蛇床、天胡荽 |
| | 桑科 | 构树、葎草 |
| | 莎草科 | 扁穗莎草、牛毛毡、头状穗莎草、日照飘拂草、水蜈蚣、碎米莎草、香附子、异型莎草 |
| | 商陆科 | 美洲商陆 |
| | 十字花科 | 臭荠、弹裂碎米荠、蔊菜、荠菜 |
| | 石蒜科 | 石蒜 |
| | 石竹科 | 簇生卷耳、繁缕、牛繁缕、漆姑草、球序卷耳 |
| | 水鳖科 | 黑藻、水鳖 |
| | 睡莲科 | 莲、萍蓬草、睡莲 |
| | 天南星科 | 菖蒲 |
| | 五加科 | 中华常春藤 |
| | 苋科 | 莲子菜、绿穗苋、牛膝、喜旱莲子草、小藜 |

**续表**

| 门水平分类 | 科水平分类 | 种水平分类 |
|---|---|---|
| 被子植物门 | 香蒲科 | 水烛 |
| | 小二仙草科 | 穗花狐尾藻 |
| | 玄参科 | 阿拉伯婆婆纳、白花泡桐、泥花草、婆婆纳、水苦荬、通泉草、蚊母草、直立婆婆纳 |
| | 旋花科 | 打碗花、马蹄金、三裂叶薯 |
| | 荨麻科 | 苎麻 |
| | 鸭跖草科 | 鸭跖草 |
| | 杨柳科 | 垂柳、旱柳 |
| | 罂粟科 | 刻叶紫堇、小叶黄堇 |
| | 榆科 | 榔榆、朴树 |
| | 雨久花科 | 凤眼蓝、鸭舌草 |
| | 鸢尾科 | 黄菖蒲 |
| | 泽泻科 | 矮慈姑 |
| | 樟科 | 樟树 |
| | 竹芋科 | 再力花 |
| | 紫草科 | 盾果草、附地菜 |
| | 棕榈科 | 棕榈 |
| | 酢浆草科 | 酢浆草 |
| 蕨类植物门 | 凤尾蕨科 | 井栏边草 |
| | 海金沙科 | 海金沙 |
| | 槐叶蘋科 | 槐叶蘋 |
| | 满江红科 | 满江红 |
| | 水蕨科 | 水蕨 |
| | 水龙骨科 | 瓦韦 |
| | 乌毛蕨科 | 狗脊 |

| 门水平分类 | 科水平分类 | 种水平分类 |
|---|---|---|
| 裸子植物门 | 杉科 | 池杉、落羽杉、杉木、水杉 |
| 种子植物门 | 堇菜科 | 紫花地丁 |
| | 三百草科 | 蕺菜 |

## （二）水生生态系统

### 着生硅藻

硅藻是一类真核单细胞光合生物，种类高达 16000 多种。硅藻体长差别很大，一般在 1—200 微米，其最明显的特征是细胞壁高度硅质化，上、下 2 个透明的硅藻壳通过壳环带套合在一起。底栖硅藻通常广泛存在于江河、溪流、湖泊、海洋、温泉、河口以及湿地和其它生态系统中，它们生长位置多样，可以着生于石头上、水生植物上、木头上、沉积物、沙和水生动物上。根据其不同的生长位置，可将其分为 Epilithon（石头上），Epiphyton（水生植物上），Epipelon（沉积物上），Epipsammon（沙上），Epizoon（水生动物上）[1]。着生硅藻是淡水生态系统的重要组成部分，尤其在急流淡水生态系统中，它不仅是其它生物的重要食物来源，还担负着水生态系统的物质和能量转化的任务。

与此同时，着生硅藻群落更新速度快，生活史较短，对河流水化学和栖息地环境质量变化能够迅速做出反应，常被用于指示河流生态系统的健康状况，从而评估人类活动对河流系统的干扰程度。目前而言，国内外利用着生硅藻评价河流健康状况的研究已较为普遍。例如，Pandey 等（2014）利用着生硅藻群落结构成功预测了河流中重金属污染状况[2]；Kireta 等

---

[1]　谭香、张全发：《底栖硅藻应用于河流生态系统健康评价的研究进展》，《水生生物学报》2018 年第 1 期。

[2]　Pandey, L.K., Kumar, D., Yadav, A., et al.Morphological abnormalities in periphytic diatoms as a tool for biomonitoring of heavy metal pollution in a river［J］.Ecological Indicators，2014，36：272—279。

（2012）同样利用着生藻类群落结构演替情况成功评估了美国密西西比河的环境压力状况[①]；我国研究者对黑龙江省梧桐河13个点位的着生硅藻群落结构进行调查，发现其优势种以小型异极藻（*Gomphonema parrulum*）等耐污种为主，结合8种硅藻指数对该河流水生生态系统进行健康评价，成功判定梧桐河存在一定程度的环境污染[②]。因此，着生硅藻在河流系统水生态健康状况评价过程中，具有较高的适用性。

本调查对浙东运河三个区段着生硅藻群落结构进行鉴定，共计得到6目116种。其中，圆筛藻目6种，无壳缝目14种，管壳缝目21种，双壳缝目59种，单壳缝目15种，短壳缝目1种。对各河段单独进行分析可知，萧山段共计鉴定得到6目68种，圆筛藻目4种，无壳缝目6种，管壳缝目11种，双壳缝目37种，单壳缝目9种，短壳缝目1种；绍兴段共计鉴定得到5目67种，圆筛藻目5种，无壳缝目9种，管壳缝目14种，双壳缝目28种，单壳缝目11种；宁波段共计鉴定得到5目67种，圆筛藻目5种，无壳缝目10种，管壳缝目18种，双壳缝目28种，单壳缝目6种。由此可知，从种类分布分析，各河段较为接近，未出现显著差异。

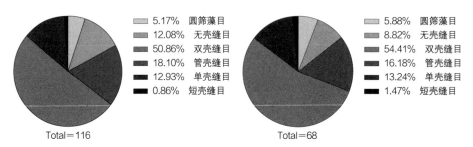

图2　浙东运河着生硅藻种类数分布　　　图3　浙东运河萧山段着生硅藻种类数分布

---

① Kireta, A.R., Reavie, E.D., Sgro, G.V., et al.Assessing the condition of the Missouri, Ohio, and Upper Mississippi rivers（USA）using diatom-based indicators［J］.Hydrobiologia, 2012, 691（1）: 171—188。

② 薛浩、郑丙辉、孟凡生等:《基于着生硅藻指数的梧桐河水生态健康评价》,《生态毒理学报》2018年第4期。

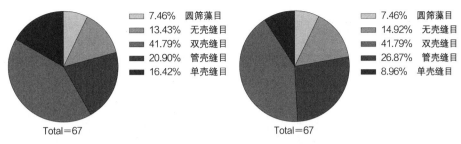

<table>
<tr><td colspan="2">圆筛藻目 7.46%</td></tr>
</table>

| | |
|---|---|
| 7.46% | 圆筛藻目 |
| 13.43% | 无壳缝目 |
| 41.79% | 双壳缝目 |
| 20.90% | 管壳缝目 |
| 16.42% | 单壳缝目 |

| | |
|---|---|
| 7.46% | 圆筛藻目 |
| 14.92% | 无壳缝目 |
| 41.79% | 双壳缝目 |
| 26.87% | 管壳缝目 |
| 8.96% | 单壳缝目 |

Total＝67

Total＝67

图 4　浙东运河绍兴段着生硅藻种类数分布　　图 5　浙东运河宁波段着生硅藻种类数分布

　　分析各区段着生硅藻密度发现，受各位点水体环境影响（如沿岸基质差异、水体盐度差异等），着生硅藻密度无明显空间规律，其总体密度分布在每平方厘米 19292 至 287436 个细胞之间。萧山段北塘河和宁波段甬江入海口处密度较低，主要原因是该位点处于潮汐带，受海水盐度影响较大，无法形成稳定的藻类生物膜，从而导致其群落结构多样性较差，群体密度偏低。分析各目水平群落分布发现，双壳缝目和管壳缝目是浙东运河主要类群。其中，双壳缝目硅藻占比在 28.3%—51.8% 之间，管壳缝目硅藻占比在 19.8%—50.0% 之间。对其优势种进行分析发现，谷皮菱形藻（*Nitzschia palea*）、短喙舟形藻（*Navicula rostellata*）和可变直链藻（*Melosira varians*）是浙东运河主要优势物种。

　　对各河段进行分析发现，萧山段着生硅藻平均密度为每平方厘米 148888 个细胞，双壳缝目着生硅藻平均占比为 44.6%，管壳缝目着生硅藻平均占比为 34.9%，粗肋菱形藻（*Nitzschia valdecostata*）为优势种；绍兴段着生硅藻平均密度为每平方厘米 160980 个细胞，双壳缝目着生硅藻平均占比为 32.1%，管壳缝目着生硅藻平均占比为 35.2%，谷皮菱形藻（*Nitzschia palea*）为优势种；宁波段着生硅藻平均密度为每平方厘米 153364 个细胞，双壳缝目着生硅藻平均占比为 39.2%，管壳缝目着生硅藻平均占比为 43.2%，同样是谷皮菱形藻（*Nitzschia palea*）为优势种。

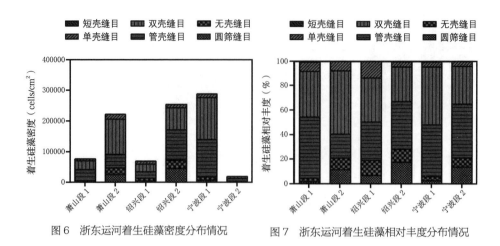

图 6　浙东运河着生硅藻密度分布情况　　　　图 7　浙东运河着生硅藻相对丰度分布情况

　　目前，硅藻作为污染指示种，已经被广泛应用于水体富营养化和污染物的水质监测。水体富营养化条件下，过剩的氮磷对硅藻种类和丰度均会产生影响。比如，研究发现溶解性磷含量显著影响着生硅藻群落结构和生物量组成；对新泽西河流的研究发现，硅藻能较好地反映河流中氮磷浓度的变化；对热带河流富营养化的研究发现，极小异极藻（*Gomphonema parrulum*）和小舟形藻（*Navicula minuscula*）可作为富营养化的指示物种。污染物对硅藻的生长也具有显著影响，比如重金属污染情况下，硅藻对环境退化的响应不仅只表现在群落结构优势种和物种多样性的变化，同时还表现在个体水平上，诸如硅藻形态的变化和个体的变化。通过比较着生硅藻群落结构和重金属污染的情况，大量研究已经认可着生硅藻在河流重金属污染中的作用。与此同时，光照强度、紫外线、氰化物、多环芳烃、杀虫剂等环境污染物对着生藻类群落结构和功能产生显著影响。比如有机质含量与硅藻丰度有关，有机物污染物浓度与硅藻种类数、细胞密度、多样性和均匀度指数均有显著关系。

　　基于着生硅藻指示种分布情况可知，浙东运河三个河段主要指示种包括水体富营养化指示种和水体多污带指示种，说明浙东运河水环境处于较差水平。其中，从营养状况水平看，沟链藻（*Aulacoseira alpigea*）、梅尼小环藻（*Cyclotella meneghiniana*）、极小异极藻（*Gomphonema parrulum*）等均能指示水体富营养化；从污染物水平分析，极小异极藻（*Gomphonema parrulum*）和谷皮菱形藻（*Nitzschia palea*）等均能指示浙东运河为多污带。

**表 7 浙东运河着生硅藻污染指示种分布情况**

| 指示指标 | 作用 | 指示种 | 萧山段 | 绍兴段 | 宁波段 |
|---|---|---|---|---|---|
| 营养状况 | 水体贫营养 | 微小曲壳藻 *Achnanthes minutissima* | | | |
| | | 侧生窗纹藻 *Epithemia adnata* | | | |
| 营养状况 | 水体富营养 | 结膜窗纹藻 *Epithemia adnata* | | | |
| | | 念珠等片藻 *Diatoma moniliformis* | | | |
| | | 淡栗色桥弯藻 *Cymbella helvetica* | | | |
| | | 沟链藻 *Aulacoseira alpigea* | | + | + |
| | | 舟形藻 *Navicula subminiscula* | | | |
| | | 梅尼小环藻 *Cyclotella meneghiniana* | + | + | + |
| | | 极小异极藻 *Gomphonema parvulum* | + | + | + |
| | | 小舟形藻 *Naviculasub minuscula* | | | |
| 污染物 | β–中污带指示种 | 箱形桥弯藻 *Cembellaam phicephla* | | | |
| | 清洁带指示种 | 尖针杆藻 *Synedra acusvar* | | | |

| 指示指标 | 作用 | 指示种 | 萧山段 | 绍兴段 | 宁波段 |
|---|---|---|---|---|---|
| 污染物 | α－中污带指示种 | 冬季等片藻 *Diatoma hiemale* | | | |
| | 中污带指示种 | 亚平滑曲壳藻 *Achnanthes sublaevis* | | | |
| | 多污带指示种 | 极小异极藻 *Gomphonema parrulum* | ＋ | ＋ | ＋ |
| | | 谷皮菱形藻 *Nitzschia palea* | ＋ | ＋ | ＋ |

富营养化硅藻指数是基于着生硅藻对河流水质污染敏感值 / 耐受性的不同，会演替形成不同丰度的类群，根据公式计算富营养化硅藻指数可用于评估河流水体富营养化的程度。

$$TDI＝（WMS×25）－25$$

$$WMS＝\frac{\sum a_j v_j i_j}{\sum a_j v_j}$$

式中：

TDI—富营养化硅藻指数；

WMS—硅藻基于环境因子的加权平均值；

$a_j$—硅藻物种 $j$ 的相对丰度；

$v_j$—硅藻物种 $j$ 对环境的敏感值；

$i_j$—硅藻物种 $j$ 对环境的指示值。

基于以上公式，分别对浙东运河不同河段的 TDI 指数进行计算可知，萧山段为 68.6，绍兴段为 61.7，宁波段为 73.9。从各河段 TDI 指标评价指数可知，浙东运河整体富营养化状况较为严重。

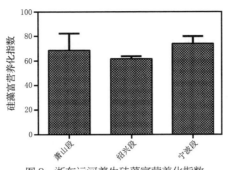

图 8 浙东运河着生硅藻富营养化指数

### 大型底栖动物

大型底栖动物是水生态系统中的重要组成部分，它们广泛存在于淡水湖泊和河流中。其中，水栖寡毛类、软体动物和水生昆虫等是大型底栖动物中的优势类群。这些底栖动物大多长期生活在底泥中，具有强烈的区域性和较弱的迁移能力，对环境污染和变化的回避能力较差。底栖动物群落的破坏和重建通常需要相对较长的时间。此外，由于大型底栖动物个体较大且易于辨认，不同种类底栖动物对环境条件的适应性以及对污染等不利因素的耐受力和敏感程度也各不相同[1]。基于这些特点，通过研究底栖动物的种群结构、优势种类、数量等参数，可以准确反映水体的质量状况。因此，大型底栖动物在评估水体生态质量和监测环境变化方面具有重要意义。近年来，以大型底栖动物为生物指标进行河流健康评价的方法逐渐得到认可。其中，国外研究利用大型底栖动物生物完整性指数（Benthic Index of Biotic Integrity），已经对河口、溪流、湖泊、海湾等水体健康状况进行了深入评价。比如，对切萨皮克湾的底栖动物物种丰度、物种多样性、生物量进行了调查分析，利用 B-IBI 指数准确区分了不同位点水体的污染状况；国内研究人员同样利用 B-IBI 指数对大量水体进行健康评价，并获得了理想效果。比如，对漳河底栖动物进行系统调查后发现，B-IBI 指数表明 5 个样点水体处于健康或亚健康水平，3 个样点处于中等水平，4

---

① 张洪刚:《减缓食物网污染物富集的河口湿地网络优化方法和应用》，博士学位论文，北京师范大学，2012 年 4 月。

个样点处于差或极差水平。BMWP 指数是另一个被广泛用于河流健康评价的指数，该指数是由 Hellawell 于 1978 年基于英国河流中大型底栖动物敏感值构建而来的。近年来，我国已经在辽河、淮河、长江等各大流域应用 BMWP 指数评价水体健康状况。比如，对辽河水系太子河的底栖动物评价可知，在太子河 46 个采样点中，BMWP 指数表明 45.7% 的样点水质为极好和良好，21.7% 的样点水质为一般，32.6% 的样点水质为差或极差，由于 BMWP 指数灵敏性高，精准地反映出了太子河水体健康状况。由上可知，利用大型底栖动物测评河流健康的方法是可行的。

表 8　部分大型底栖动物评级指数计算方法介绍

| 大型底栖动物生物评价指数 | 计算方法 | 原理 | 说明 |
|---|---|---|---|
| IBI 指数 | 对与环境胁迫呈反比的参数，以参照状态 $95^{th}$ 为期望值，按"指数值 / 期望值"计算参数分值；对与环境胁迫呈正比的参数，以参照状态 $5^{th}$ 为期望值，以"（最大值－指数值）/（最大值－期望值）"计算参数分值 | IBI 的构建包括参照状态的确定、建立候选参数清单、核心参数的筛选、指数计算、评价及验证等一般性流程 | 利用水生生物定量监测数据，从生物完整性角度在全湖库区域开展水生态环境质量评价 |
| BI 指数 | $\sum N_i t_i / N$<br>$N_i$ 是物种 $i$ 的个体数，$t_i$ 是物种 $i$ 的耐污值，$N$ 是总个体数 | 计算不同类群的相对丰度以及类群的耐污值乘积，既反映了群落的耐污特征，也反映了不同耐污类群的丰度 | BI 指数利用定量检测数据和各分类单元污染值数据，对底栖动物进行评价的常用方法 |
| BMWP 指数 | $\sum t_i$<br>$t_i$ 是科 $i$ 的 BMWP 的分数，通过比较检测值与预测值 | 基于科一级分类阶元中各物种的出现情况，并考虑这些出现物种的敏感值，通过将所有出现物种的敏感值相加，可以得出一个综合指标来代表环境的清洁程度 | BMWP 指数最早在英国河流中被广泛应用，现在已被应用于全球各类河流中，但根据区域差异，需要对 BMWP 峰值进行修订 |

| 大型底栖动物生物评价指数 | 计算方法 | 原理 | 说明 |
|---|---|---|---|
| ASPT 指数 | $\sum t_i/n$<br>$t_i$ 是每个类群的敏感值，$n$ 为总的科级分类单元数 | 以 BMWP 指数为基础，去除偶见种的误差 | 常与 BMWP 指数一起使用，用于河流底栖动物评价 |
| FBI 指数 | $\sum n_i t_i/N$<br>$n_i$ 是科 $i$ 的个体数，$t_i$ 是科 $i$ 的耐污值，$N$ 是总个体数 | 类似于 BI 指数，以科级物种耐污值为基础，可大大提高计算效率 | FBI 指数在我国和北美使用，可以实现快速生物评价 |

对浙东运河三个河段分别展开调查，共计鉴定得到大型底栖动物 3 门 24 种。其中环节动物门 7 种，软体动物门 6 种，节肢动物门 11 种。对各个河段分别进行统计发现，萧山段共鉴定得到底栖动物 3 门 13 种，环节动物门 7 种，软体动物门 3 种，节肢动物门 3 种；绍兴段共鉴定得到底栖动物 3 门 16 种，环节动物门 6 种，软体动物门 4 种，节肢动物门 6 种；宁波段共鉴定得到底栖动物 3 门 10 种，环节动物门 3 种，软体动物门 2 种，节肢动物门 5 种。由结果可知，宁波段底栖动物种类数量相对较少，原因在于宁波段受潮汐影响较大，底质以细沙为主，不适合大型底栖动物生存。萧山和绍兴段底质多为淤泥，因此环节动物颤蚓科物种分布较多。

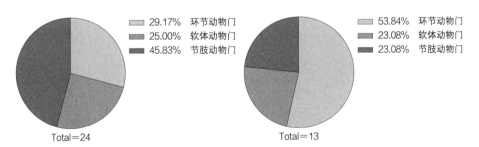

图 9　浙东运河底栖动物种类数分布　　　图 10　浙东运河萧山段底栖动物种类数分布

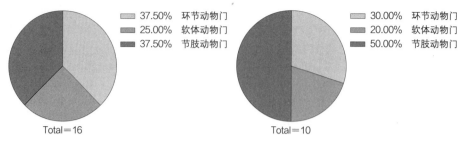

| | |
|---|---|
| 37.50% 环节动物门<br>25.00% 软体动物门<br>37.50% 节肢动物门 | 30.00% 环节动物门<br>20.00% 软体动物门<br>50.00% 节肢动物门 |
| Total=16 | Total=10 |

图 11　浙东运河绍兴段底栖动物种类数分布　　图 12　浙东运河宁波段底栖动物种类数分布

　　对浙东运河大型底栖动物密度分布进行分析可知，浙东运河底栖动物平均密度为 50 个体每平方米，环节动物平均密度为 29 个体每平方米，软体动物平均密度为 12 个体每平方米，节肢动物平均密度为 10 个体每平方米。其中，萧山段底栖动物密度为 39 个体每平方米，环节动物密度为 28 个体每平方米，软体动物密度为 6 个体每平方米，节肢动物密度为 6 个体每平方米；绍兴段底栖动物密度为 92 个体每平方米，环节动物密度为 48 个体每平方米，软体动物密度为 25 个体每平方米，节肢动物密度为 19 个体每平方米；宁波段底栖动物密度为 20 个体每平方米，环节动物密度为 11 个体每平方米，软体动物密度为 5 个体每平方米，节肢动物密度为 5 个体每平方米。由此可见，绍兴段底栖动物密度相较于萧山段和宁波段偏高，分析其原因主要在于萧山段和宁波段分别与钱塘江和东海相邻，部分位点存在潮汐现象，对底栖动物生长存在较大影响，而绍兴段主要为城市河道，底质营养相对丰富，在一定程度上有利于底栖动物生长。

　　分析各河段底栖动物群落结构可知，环节动物是浙东运河主要门类，平均占比达到 56.9%，而软体动物和节肢动物分别占比为 23.4% 和 19.7%。对各河段进行比较发现，萧山段水体环节动物占比达到 69.0%，软体动物占比达到 14.6%，节肢动物占比达到 16.4%，水丝蚓属（*Limnodrilus* sp.）为优势种；绍兴段水体环节动物占比为 48.7%，软体动物占比为 31.8%，节肢动物占比为 19.6%，水丝蚓属（*Limnodrilus* sp.）和环棱螺属（*Bellamya* sp.）为优势种；宁波段水体环节动物占比为 53.1%，软体动物占比为 23.8%，节肢动物占比为 23.1%，水丝蚓属（*Limnodrilus* sp.）为优势种。

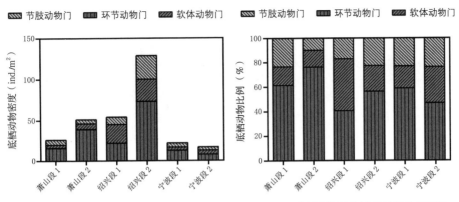

图 13　浙东运河底栖动物密度分布情况　　　图 14　浙东运河底栖动物比例分布情况

香农维纳多样性指数是用于分析底栖动物群落局域生境内的多样性水平（α-多样性）。它的计算公式表明，群落中生物种类增多代表了群落的复杂程度增高，即 H 值愈大，群落所含的信息量愈大。

香农维纳指数（H）：

$$H = -\sum_{i=1}^{s} |\,(n_i/N)\ln(n_i/N)\,|$$

式中：

H——香农维纳多样性指数。

$n_i$——第 $i$ 个种的个体数目，

N——群落中所有种的个体总数，

S——物种数。

评价标准为 H＜1，表示水体严重污染；H＝1—2，表示水体中度污染；H＝1—1.5，表示水体 α-中污染（重中污染）；H＝1.5—2，表示水体 β-中污染（轻中污染）；H＞3，表示水体轻度污染。

对底栖动物香农维纳多样性指数进行分析可知，浙东运河底栖动物香农维纳多样性指数为 1.88，其中萧山段为 1.91，绍兴段为 1.85，宁波段为 1.89，各河段未出现显著差异。以香农维纳多样性指数传统评价标准而言，浙东运河底栖动物多样性水平处于中等水平，水质为 β-中污染状况。

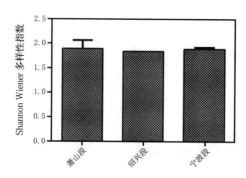

图 15　浙东运河底栖动物香农维纳多样性指数分布情况

　　BI 指数（Biotic Index）用于评估水环境质量，考虑到水体中的指示生物种类、数量和对水污染的敏感性。1933 年，Wright 和 Todd 通过计算寡毛类密度来反映水体污染，并发展了 Goodnight 指数。1955 年，Beck 建立了第一个真正的生物指数，基于所有底栖动物对水污染的耐受能力，为后续生物指数的发展奠定了基础。1964 年，基于 Saprobic 指数，提出了最早的生物指数 TBI。TBI 主要通过底栖生物的六大类出现与否评估水质，解决了 Saprobic 指数应用中将生物鉴定水平从种提升至属或科的问题。然而，TBI 计算未考虑物种多度，容易受偶见种影响，准确性较低。此外，TBI 对不同类型污染水体的敏感性和精确性也有限，限制了其推广应用①。

　　为了克服这些限制，BBI（Belgian Biotic Index）、IBGN（Indice Biologique Global Normalisé）和 IBE（Indice Biotico Esteso），Chandler Biotic Index 等指数基于 TBI 被开发出来。进而，在 Chandler Biotic Index 基础上还提出并建立了 BMWP-ASPT（Biological Monitoring Working Party-Average Score Per Taxon）。BMWP-ASPT 只要求将底栖动物鉴定到科的水平，减少了工作量的同时也减少了鉴定错误所带来的误差。BI 指数也是基于 TBI 指数发展而来，它摒弃了欧洲国家普遍采用的计分系统，而采用了简单的数学公式，为水质生物评价注入了新的活力，并逐渐被研究者和环境管理者所接

---

① 吴东浩、王备新、张咏等:《底栖动物生物指数水质评价进展及在中国的应用前景》，《南京农业大学学报》2011 年第 2 期。

受。对 BI 指数进一步修订后得到了 HBI 指数（Hilsenhoff Biotic Index）、FBI 指数（Family Biotic Index）等，有效地推动了 BI 指数在河流健康评价中的应用[①]。

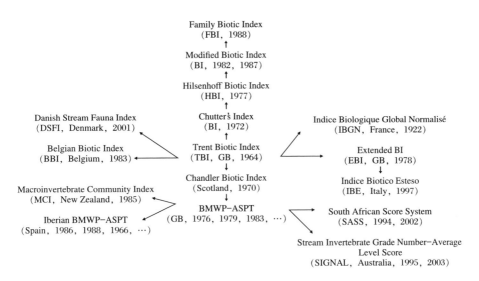

图 16　BI 指数发展简史

BI 生物指数的计算公式如下：

$$BI = \sum_{I=1}^{s} \frac{n_i}{N} \times t_i$$

式中，$t_i$ 代表种 $i$ 的耐污值，$n_i$ 为种 $i$ 的个体数，$N$ 为生物总体个数，$S$ 为物种数。

表 9　BI 指数评价分级

| 指数 | 很差 | 较差 | 中等 | 良好 | 优秀 |
|---|---|---|---|---|---|
| BI 指数 | 8.8<BI | 7.7<BI ≤ 8.8 | 6.6<BI ≤ 7.7 | 5.5<BI ≤ 6.6 | BI ≤ 5.5 |

---

① 　吴东浩、王备新、张咏等:《底栖动物生物指数水质评价进展及在中国的应用前景》，《南京农业大学学报》2011 年第 2 期。

通过计算可知，浙东运河底栖动物整体 BI 生物指数为 7.6，水体质量表现为中等。对各个河段 BI 生物指数进行分析可知，萧山段 BI 生物指数为 7.7，水质表现为中等；绍兴段 BI 生物指数为 7.4，水质表现为中等；宁波段 BI 生物指数为 7.6，水质表现为中等。因此，浙东运河各河段底栖动物对水质的健康评价趋于一致。

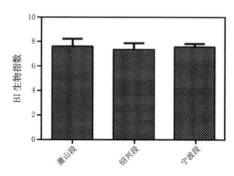

图 17　浙东运河各河段底栖动物 BI 生物指数分布情况

BMWP 指数（Biological Monitoring Working Party）被广泛应用于国内外研究，原因在于该指数较易计算，对底栖动物鉴定要求较低，可以完成定性、定量分析，甚至于适用于非专业人士。因此，该指数已经被全球各国广泛使用，用于评估河流健康情况。

BMWP 指数按照以下公式计算：

$$BMWP = \sum F_i$$

式中，$F_i$ 为科 $i$ 的敏感值。

**表 10　BMWP 指数评价分级**

| 指数 | 很差 | 较差 | 中等 | 良好 | 优秀 |
|---|---|---|---|---|---|
| BMWP 指数 | BMWP ≤ 10 | 11 ≤ BMWP<22 | 22 ≤ BMWP<32 | 32 ≤ BMWP<43 | 43 ≤ BMWP |

对浙东运河底栖动物 BMWP 指数进行计算可知，浙东运河整体评分为 37，水质整体趋于良好。然而，对各河段单独评价可知，萧山段评分为 13.5，水质趋于较差；绍兴段评分为 23，水质趋于中等；宁波段评分为 9，水质趋于很差。分析其原因在于 BMWP 计算公式以评价对象科级水平物种出现为准则，当对浙东运河整体进行评价时，不同生境下的底栖动物均可纳入评价体系，总体评分偏高，而当对单个河段进行评价时，底栖动物的物种种类明显少于整个浙东运河，从而导致单个河段评分较低。

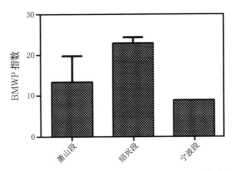

图 18　浙东运河各河段底栖动物 BMWP 指数分布情况

此次底栖动物调查是浙东运河有史以来最为系统的调查，尚无历史数据作为比较。因此，本文只能选取京杭历史数据与浙东运河进行同比分析。对京杭大运河的调查共获得底栖动物 4 门 6 纲 11 科 18 属 24 种，其中水生昆虫 2 种，占比为 8.33%，软体动物 9 种，占比为 37.5%，寡毛类 11 种，占比为 45.83%，甲壳类和蛭类各 1 种，占比 4.17%。各监测位点的底栖动物平均密度为 1166 个体每平方米。由此可见，京杭大运河底栖动物数量与浙东运河一致，但其个体密度要远高于浙东运河。基于底栖动物群落结构和相关生物指数分析两条运河可知，京杭大运河各生物指数（香农维纳指数、BPI 指数、G.I 指数和 TBI 指数）均表明其水质状况处于中污染到重污染的状况，与浙东运河水质评价结果接近。

**浮游动物**

浮游动物广泛存在于各类水体中，并发挥着重要的生态作用，包括物质转换、能量流动和信息传递等。浮游动物个体较小，具有较强的代谢活性，作为初级消费者，它可以摄食浮游植物、细菌等微小生物，但也可以被鱼类和大型水生动物摄食。另一方面，浮游动物群落结构也受到水环境影响，对水体中污染物具有较强的敏感性，对水体污染起到一定的指示作用。

国内外大量研究已将浮游动物群落结构的变化用于指征河流生态健康状况。对西班牙埃布罗河的调查发现，河流系统中铁、铅、石油烃等污染物会显著影响浮游动物的丰度，并且证明了剑水蚤在河流系统污染中的指示作用；对北京市 28 条河流的 81 个断面浮游动物进行调查，并结合香农维纳指数、Pielou 均匀度指数和 Margalef 丰富度指数，最终证明山区型河流水质总体优于城区，城市水质优于郊区结合区。同样，对浙江水源地河流浮游动物群落结构进行调查，分析浮游动物种类组成、丰度和多样性指数的季节性变化，结果发现水质环境因子与浮游动物群落之间存在相互关系，为浙江水源地生态学监测提供了更多科学依据。

对浙东运河浮游动物的调查共计鉴定得到 4 大类 48 种，其中原生动物 16 种，轮虫 12 种，枝角类 12 种，桡足类 8 种，占比分别达到 33.33%，25.0%，16.67% 和 25.0%。对各河段进行单独分析发现，萧山段共计鉴定得到浮游动物 4 大类 30 种，其中原生动物 8 种，轮虫 9 种，枝角类 5 种，桡足类 8 种，占比分别达到 26.67%，30.0%，26.67% 和 16.67%；绍兴段共计鉴定得到浮游动物 4 大类 38 种，其中原生动物 13 种，轮虫 8 种，枝角类 11 种，桡足类 6 种，占比分别达到 34.21%，21.05%，15.79% 和 28.95%；宁波段共计鉴定得到浮游动物 4 大类 21 种，其中原生动物 8 种，轮虫 4 种，枝角类 3 种，桡足类 6 种，占比分别达到 38.1%，19.05%，28.57% 和 14.29%。

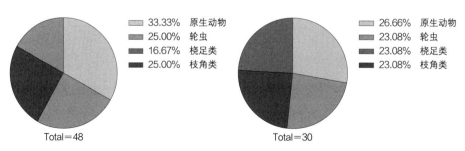

图 19　浙东运河底栖动物种类数分布　　　图 20　浙东运河萧山段底栖动物种类数分布

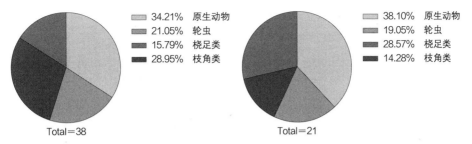

| | | |
|---|---|---|
| 34.21% | 原生动物 | 38.10% | 原生动物 |
| 21.05% | 轮虫 | 19.05% | 轮虫 |
| 15.79% | 桡足类 | 28.57% | 桡足类 |
| 28.95% | 枝角类 | 14.28% | 枝角类 |

Total=38

Total=21

图21　浙东运河绍兴段底栖动物种类数分布　　图22　浙东运河宁波段底栖动物种类数分布

对浙东运河浮游动物的群落密度进行分析可知，各位点浮游动物密度在151—16235个体每升之间，浙东运河浮游动物平均密度为6661个体每升，其中萧山段入口和甬江段出口分别与钱塘江和东海相连，水体受潮汐影响较大，浮游动物密度显著低于浙东运河中段区域。分别对各个区域水体进行分析发现，萧山段浮游动物平均密度为4831个体每升，绍兴段浮游动物平均密度为13270个体每升，宁波段浮游动物平均密度为1881个体每升。出现密度差异的原因主要在于绍兴段水体整体趋于稳定，水体流速较小，且河道全段均在城区，水体营养丰富，为浮游动物提供了充足的饵料资源。

对浙东运河浮游动物群落组成进行分析发现，原生动物是浙东运河主要优势种群，平均占比达到79.4%，尤其是中段区域（绍兴段）的原生动物占比达到95.3%。轮虫主要出现在浙东运河入口和宁波段出口。分析各河段优势物种可知，萧山段主要以膜袋虫属（*Cyclidium* sp.）为优势种，绍兴段主要以旋回侠盗虫（*Strobilidium gyrans*）为优势种，宁波段主要以旋回侠盗虫（*Strobilidium gyrans*）和王氏似铃壳虫（*Tintinnopsis wangi*）为优势种。对浙东运河入口处进行分析发现，疣毛轮属（*Synchaeta* sp.）为浮游动物优势种；对浙东运河入海口进行分析发现，疣毛轮属（*Synchaeta* sp.）和无棘龟甲轮虫（*Keratella tecta*）为浮游动物优势种。李共国等对宁波甬江干流浮游动物的调查结果同样发现，龟甲轮属（*Keratella*）和臂尾轮虫属（*Brachionus*）为甬江浮游动物的优势种。

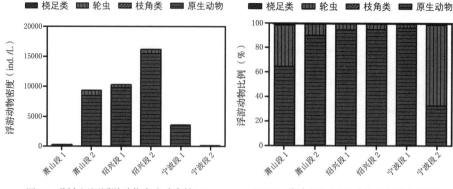

图23 浙东运河浮游动物密度分布情况　　图24 浙东运河浮游动物比例分布情况

浮游动物群落结构的相关参数分别选择香农维纳多样性指数、均匀度指数、丰富度指数。具体公式如下：

香农维纳多样性指数：参照上文；

均匀度指数采用 Pielou 计算公式：$J = H'/\ln S$，S 为群落内的物种数，$H'$ 为香农维纳多样性指数；

丰富度指数采用 Margalef 计算公式：$D = (S-1)/\log_2 N$，S 为群落内的总物种数，N 为总丰度值。

**表11　均匀度指数和丰富度指数评价分级**

| 指数 | α-中污-重污型 | β-中污型 | 寡污型 | 清洁型 |
|---|---|---|---|---|
| 均匀度指数 | J ≤ 0.3 | 0.3 ≤ J<0.5 | 0.5 ≤ J<0.8 | 0.8 ≤ J<1 |
| 丰富度指数 | D ≤ 3 | 3 ≤ D<4 | 4 ≤ D<5 | 5 ≤ D |

对浙东运河进行分析可知，浮游动物香农维纳多样性指数平均为1.83，其中萧山段为1.81，绍兴段为2.10，宁波段为1.59。参照香农维纳多样性指数对水质的评价标准可知，浙东运河处于 α 中污染（重中污染）。对均匀度指数进行分析可知，浙东运河平均值为0.61，其中萧山段为0.60，绍兴段为0.64，宁波段为0.59。根据均匀度指数评价分级可知，浙东运河处于寡污型。进一步对浮游动物丰富度指数进行分析可知，浙东

运河丰富度指数平均为2.46，萧山段为2.65，绍兴段为2.69，宁波段为2.03，各位点均趋于一致，总体表现为α－中污－重污型。因此，结合三个相关指数对浙东运河进行总体评价可知，浙东运河水质状况处于α－中污染。

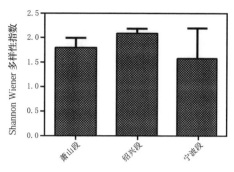

图25　浙东运河香农维纳多样性指数分布

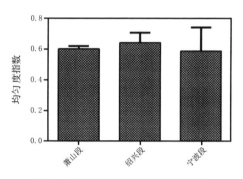

图26　浙东运河均匀度指数分布情况

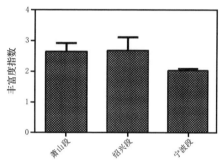

图27　浙东运河丰富度指数分布情况

　　E/O值为浮游动物富营养种数与贫营养种数的比值，可以评价水体营养化程度。具体评价标准为：E/O < 0.5 为贫营养型，0.5—1.5 为中营养型，1.5—5.0 为富营养型，> 5 为超富营养型。基于该标准对浙东运河 E/O 指数进行分析，结果共计发现贫—中营养物种 2 两种，分别为裂痕龟纹轮虫（*Anuraeopsis fissa*）和短尾秀体溞（*Diaphanosoma brachyurum*），中—富营养物种 4 种，分别为长三肢轮虫（*Filinia longiseta*）、微型裸腹溞（*Moina micrura*）、长额象鼻溞（*Bosmina longirostris*）和圆形盘肠溞（*Chydorus sphaericus*）。因此，浙东运河浮游动物 E/O 指数为 2，表明其水质为富营养型。

表 12　E/O 指数相关物种

| 中文名 | 拉丁学名 | 萧山段 | 绍兴段 | 宁波段 | 指示作用 |
|---|---|---|---|---|---|
| 裂痕龟纹轮虫 | *Anuraeopsis fissa* | + | | | 贫—中营养型种 |
| 长三肢轮虫 | *Filinia longiseta* | + | | | 中—富营养型种 |
| 短尾秀体溞 | *Diaphanosoma brachyurum* | | + | | 贫—中营养型种 |
| 微型裸腹溞 | *Moina micrura* | | + | | 中—富营养型种 |
| 长额象鼻溞 | *Bosmina longirostris* | + | + | + | 中—富营养型种 |
| 圆形盘肠溞 | *Chydorus sphaericus* | + | + | | 中—富营养型种 |

## （三）水环境

### 水污染源现状

浙东运河水污染与沿线城市发展密切相关，其主要污染源包括城市生活污水、工业污水、农业面源污染和渔业养殖污染等。从绍兴市对浙东运河岸线保护和利用规划可知，萧绍运河、杭甬运河、虞余运河等重点河段沿岸广泛分布有农田、工业生产、居民生活、码头港区、交通枢纽等潜在污染源。农业污染主要为农业生产过程中过量或者不合理使用化肥和农药，致使大量氮磷营养盐、有机氯和有毒化学物质进入到水体中。据研究发现，浙东运河绍兴段上游流域农业施肥总量可达 3079.58 吨每年，平均化肥使用强度为 348.4 千克每公顷[①]。随着雨水径流或水土流失，大量化肥会进入水体，从而加剧水体污染。工业污染主要源于工业污水的偷排。以绍兴段为例，绍兴城区及周边乡镇大量企业虽然已纳入管网集污系统，但

---

① 陈昕、章科锋：《绍兴市水资源污染状况及综合治理对策》，《浙江水利水电专科学校学报》2009 年第 1 期。

由于污水处理的成本较高，对企业负担较重，部分企业为了减少开支，降低成本，偷排现象仍屡禁不止①。城市生活污水也是浙东运河主要污染来源，受限于沿岸城区集污管网铺设不完善，大量生活污水被直接或者间接排入河道之中，尤其是居民、餐饮服务业的污水和废水，大多采用直排方式进入河道。同时，由于浙东运河沿线具有典型的"河埠文化"，沿河洗涤现象十分普遍，常会将含磷有机物、生活废弃物等流入到河流中，对水体造成污染。

同样，城镇建设与浙东运河水系紧密结合、共同发展，是大运河宁波段区域发展的一大特色。浙东运河与宁波的发展相辅相成，互相影响。然而，由于宁波主要经济来源偏重于第一产业和第二产业，运河周边工业污染严重，如印染、造纸、电镀、铸造等产业对运河水体污染严重，其化学需氧量和氨氮排放占据宁波市工业排放量的65%左右。同时，由于河段所经范围内民众环保意识匮乏，大量生活污水直接排入河流，致使运河水体富营养化较为严重，部分河段水华现象严重②。

### 水体富营养状况

水体富营养化状况常用综合营养状态指数来衡量。本文根据中国环境监测总站《湖泊（水库）富营养化评价方法及分级技术规定》中的综合营养状态指数标准，选择叶绿素a（chca）、总磷（TP）、总氮（TN）、透明度（SD）和高锰酸盐指数（COD$_{Mn}$）5项指标进行湖泊富营养化指数计算，计算公式如下：

$$TLI\left(\sum\right)=\sum_{j=1}^{m}W_{j}\cdot TLI\left(j\right)$$

式中：$TLI\left(\sum\right)$—综合营养状态指数；

$W_{j}$—第j种参数的营养状态指数的相关权重。

---

① 林涛、谢振华：《绍兴市环城河水污染现状与对策研究》，《中国水利》2006年第5期。

② 章惠婷、蒲锦梅、陆季春等：《大运河宁波段水污染的对策研究》，《智富时代》2016年第A2期。

$TLI(j)$—代表第 $j$ 种参数的营养状态指数。

以 Chla 作为基准参数,则第 $j$ 种参数的归一化的相关权重计算公式为:

$$W_j = \frac{r_{ij}^2}{\sum_{j=1}^{m} r_{ij}^2}$$

式中:$r_{ij}$—第 $j$ 种参数与基准参数 Chla 的相关系数;

$m$—评价参数的个数。

中国湖泊(水库)的部分参数与 Chla 之间的相关关系 $r_{ij}$ 及 $r_{ij}^2$ 见下表,

表 13　中国湖泊(水库)部分参数与 Chla 的相关关系 $r_{ij}$ 及 $r_{ij}^2$ 值

| 参数 | Chla | TP | TN | SD | COD$_{Mn}$ |
|---|---|---|---|---|---|
| $r_{ij}$ | 1 | 0.84 | 0.82 | −0.83 | 0.83 |
| $r_{ij}^2$ | 1 | 0.7056 | 0.6724 | 0.6889 | 0.6889 |
| 权重 | 0.266 | 0.188 | 0.179 | 0.183 | 0.183 |

营养状态指数计算公式为:

TLI(Chla)=10(2.5+1.086lnChla)

TLI(TP)=10(9.436+1.624lnTP)

TLI(TN)=10(5.453+1.694lnTN)

TLI(SD)=10(5.118−1.94lnSD)

TLI(COD$_{Mn}$)=10(0.109+2.661lnCOD)

式中:Chla 单位为毫克每立方米,SD 单位为米;其他指标单位均为毫克每升。

表 14　富营养化综合指数赋分标准表

| 参数 | 贫营养 | 中营养 | 轻度富营养 | 中度富营养 | 重度富营养 |
|---|---|---|---|---|---|
| | TLI(∑)< 30 | 30 ≤ TLI(∑)≤ 50 | 50 < TLI(∑)≤ 60 | 60 < TLI(∑)≤ 70 | TLI(∑)>70 |

对浙东运河叶绿素 a 含量、总磷、总氮、透明度和高锰酸盐指数进行调查发现，其平均值分别为 29.62 毫克每立方米，0.142 毫克每升，4.26 毫克每升，0.33 米，4.23 毫克每升。分别计算各河段指标可知，萧山段叶绿素 a 含量、总磷、总氮、透明度和高锰酸盐指数分别为 10.36 毫克每立方米，0.109 毫克每升，4.57 毫克每升，0.27 米，3.85 毫克每升；绍兴段叶绿素 a 含量、总磷、总氮、透明度和高锰酸盐指数分别为 43.45 毫克每立方米，0.092 毫克每升，4.27 毫克每升，0.56 米，4.7 毫克每升；宁波段叶绿素 a 含量、总磷、总氮、透明度和高锰酸盐指数分别为 35.04 毫克每立方米，0.223 毫克每升，3.90 毫克每升，0.16 米，4.15 毫克每升。进一步分析各指标 TLI 指数，并对其进行评价发现，浙东运河 TLI 指数平均为 64.3，依据评价标准可知其处于中度富营养状况。分别对各河段 TLI 指数进行计算可知，萧山段和宁波段分别为 63.9 和 69.8，绍兴段为 59.2，各河段均趋于中度富营养化状态，与总体评价一致。

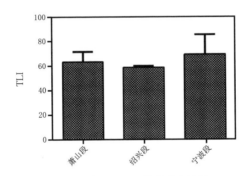

图 28　浙东运河 TLI 指数分布情况

## （四）底泥

重金属具有环境持久性，难以被微生物降解，易于通过水生生物富集，并破坏生物体的正常代谢功能，是当前国内外重点关注的环境污染物之一。河道底泥与重金属之间存在富集和释放的关系，既可以通过泥沙吸附水体中的重金属并蓄积在底泥中，同时也可以缓慢解吸到上覆水中，对河流水体造成二次污染。因此，对河道底泥中重金属的调查有助于分析河流生态系统中重金属的现状及其潜在污染风险。

本文对浙东运河底泥中 Cu、Zn、Cr、Cd、Ni、Pb、Mn 等 7 种重金属进行调查，结果表明，浙东运河底泥中 Cu 含量为 121.8 毫克每千克，Zn 含量为 274.7 毫克每千克，Cr 含量为 921 毫克每千克，Cd 含量为 1.1 毫克每千克，Ni 含量为 23.0 毫克每千克，Pb 含量为 37.3 毫克每千克，Mn 含量为 505.6 毫克每千克。

进一步利用底质累积指数（$I_{geo}$）对调查区域沉积物污染现状进行评价。地质累积指数（$I_{geo}$）常用于评估各类重金属在沉积物中的分布特征，进而判别人为干扰的程度，可以高效区分人为活动的影响。其公式如下：

$$I_{geo} = \log_2 \left[ C_i / ( K \times B_i ) \right]$$

式中：$C_i$ 为沉积物中重金属 i 的实测浓度，$B_i$ 为重金属 i 的参比值，此处选用浙江土壤地球化学基准统计参数中河流相背景值作为评价方法的参比值，Cu、Mn、Zn、Cr、Ni、Cd、Pb 背景值分别为 16.1、491、63.4、42.4、28.4、0.123、14.3 毫克每千克，K 为修正系数，一般为 1.5。

**表 15 $I_{geo}$ 污染等级**

| 污染程度 | 无 | 无—中度 | 中度 | 中度—严重 | 严重 | 严重—极严重 | 极严重 |
|---|---|---|---|---|---|---|---|
| 级别 | 0 | 1 | 2 | 3 | 4 | 5 | 6 |
| $I_{geo}$ | <0 | 0—1 | 1—2 | 2—3 | 3—4 | 4—5 | >5 |

由图可知，浙东运河不同的重金属污染程度存在显著差异。比如，Cu 和 Cd 对应的 $I_{geo}$ 均在 2—3 之间，表明浙东运河各河段 Cu 和 Cd 污染处于中度—严重污染状况；Zn 对应的 $I_{geo}$ 均在 1—2 之间，表明浙东运河各河段 Zn 污染处于中度污染状况；Cr 和 Pb 对应的 $I_{geo}$ 均在 0—1 之间，表明浙东运河各河段 Cr 和 Pb 污染处于无—中度污染状况，而 Ni 和 Mn 对应

的 $I_{geo}$ 均小于 0，表明浙东运河各河段无 Ni 和 Mn 污染。综合分析浙东运河 $I_{geo}$ 可知，浙东运河底泥重金属污染程度如下 Cu > Cd > Zn > Pb > Cr > Ni > Mn。

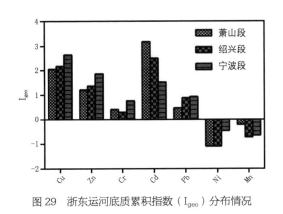

图 29　浙东运河底质累积指数（$I_{geo}$）分布情况

# 三、河流健康评价方法与模型

## （一）河流健康评价原则

### 目标原则

评估城市河流生态系统是复杂的过程，需要从多个方面系统进行分析，包括分析城市河流生态结构、持续的生态过程和完整的功能，同时也要考虑其是否有效发挥防洪抗洪、水土流失管理、供水给水、生物保护、景观娱乐等服务功能。因此，在评价过程中涉及人类与河流之间的相互影响和相互作用，评价初期的目标必须建立在人类社会所期望的结果及人类价值评定的基础之上。

### 尺度原则

选取的指标需要具有合适尺度来满足时间与空间要求[1]。如果尺度太大，那么评价的时候会显得片面，不能如实反映河流的真实情况；如果尺

---

① 吕照根、周必翠、舒持恺等：《河流健康评价指标体系合理性研究分析》，《江苏水利》2017 年第 9 期。

度太小，那么评价相对来说比较片面，不能反映出整条河流的状况。

**实施原则**

评价指标的设计要贴合实际，测得的数据要易于处理并注意精确度及数据的可靠性。应遵循因地制宜的原则，在不同环境、地点下的河流情况不同，因而在制定评价指标的时候要贴合当地实际情况，因"河"而异，只有用良好、适宜的指标去评价才能如实反映河流的真实健康状况。

## （二）现有河流健康评价手段

**水质评价**

在河流健康评价中，水质状况是其中最重要的评价因子之一[①]。水质理化参数已成为河流健康评价的重要指标，它能反映水流和水质变化、河势变化、岸边结构以及河流生态系统的发挥[②]。目前，国内外发展和应用了内梅罗水污染指数（PI）、有机污染综合指数（A）、布朗综合指数（WQI）等多种水质综合评价指数。水质综合评价不仅能基本反映河流健康程度，而且在空间和时间层面的同一水体污染状况和变化比较更加便捷直观。

**生物评价**

水生生物主要通过作为浮游植物、鱼类、底栖动物来表现河流生态系统的生物状况和健康水平。尚小平等根据底栖动物完整性指数（BIBI）和鱼类生物损失指数（FOE）两个指标来评估河流健康[③]。一是底栖动物完整性指数（BIBI），备选参数要充分反映底栖动物群落组成、物种多样性和丰富性、耐污度（抗逆力）和营养结构组成及生境质量信息。二是鱼类生物损失指数（FOE），该指标标准建立要进行历史背景调查。

---

① 梅超、刘家宏、王浩等：《SWMM原理解析与应用展望》，《水利水电技术》2017年第5期。

② 吴阿娜：《河流健康评价：理论、方法与实践》，博士学位论文，华东师范大学，2008年。

③ 尚小平、张永胜、蒋兴国：《西北黄土高原山区河流健康调查评估方法研究》，《甘肃农业》2019年第6期。

## 水文评价

水文条件是河流生态系统生物和理化的基础。水文情势既包括水量也包括水文过程，常用指标包括生态需水量、河流径污比等。通过生物群落和生物过程可以有效评估河流中的特定水文情势。

## 生境评价

河流生物群落潜力的主要决定因素是河流生境，生境条件在一定程度上能够反映河流的健康程度。比如，吴阿娜将河流生境表征指标分为五类：传统水文参数、水质条件、河道形态特征、植被状况、人为干扰指标[1]。采取赋分制对各个指标进行分级评分，分析河流生境评价指标得分情况。生境评价指标的赋分标准参照了中国环境监测总站在《河流水生态环境质量评价技术指南》中提出的生境评价的方法，分为4个赋分标准，优（16—20分）、良（11—15分）、中（6—10分）、差（0—5分）4个评价等级[2]。

## （三）河流健康评价模型

河流健康评价的实践中，各国采用了不同的方法。例如，美国环保署（EPA）提出了快速生物监测协议（Rapid Bioassessment Protocols，RBPs），用于评估河流中的生物群落。澳大利亚政府实施了国家河流健康计划（National River Health Program，NRHP），利用 AUSRIVAS 工具评估河流的健康状况和水管理政策的有效性。英国政府通过调查各项指标评估河流的自然特征和质量，以了解河流生态环境的现状。这些评估方法为河流健康评价提供了重要的指导和支持。

随着河流健康状况评价方法的不断发展，国内外已逐步形成了多种角度、多种思路的评价模型。从评价原理出发，可将评价模型分为两类：预

---

① 吴阿娜：《河流健康评价：理论、方法与实践》，博士学位论文，华东师范大学，2008年。

② 中国环境监测总站：《河流水生态环境质量评价技术指南（试行）》，北京：中国环境监测总站，2014年。

测模型方法和多指标评价方法。其中，预测模型法主要包括 RIVPACS 和 AUSRIVAS，模型通过比较分析调查研究的样点生物组成与无人为干扰的情况下位点生物组成，从而评估当前样点河流的健康状况。该方法需要选择合适的参考点，建立理想条件下参考点的环境特征和生物组成的经验模型。多指标方法主要包括 IBI、RCE、ISC、RHS 等，其评价标准为对河流生物、化学指标和形态特征进行打分，通过累积总分评价河流健康状况。比如 IBI 指数可以对藻类、浮游动物、无脊椎动物、维管束植物等进行评分；RCE 涵盖了河岸带完整性、河道宽 / 深结构、河道沉积物、河岸结构、河岸条件、水生植被、鱼类等 16 个指标；ISC 可以构建基于河流水文学、形态特征、河岸带状况、水质和水生生物的 19 项指标评价体系。

然而，比较两种评价方法可知，预测模型法评价过于单一，通过单一指标对河流健康状况进行评价是不科学、不客观的，它的结果无法准确反映研究区域的河流系统健康状况。多指标评价方法相对会更加全面、系统地反映河流健康状况，在当前河流评价过程中被广泛采纳，其典型代表为压力—状态—响应模型和 ACI 模型。

**压力—状态—响应模型**

Pressure-State-Response（压力—状态—响应）模型最初由 Tony Friend 和 David Rapport 提出，用于分析环境压力、现状与响应之间的关系。该模型基于因果关系，人类活动对环境施加压力，导致环境发生变化，而人类则通过环境、经济和管理策略等方式对这些变化做出响应。压力—状态—响应模型在 20 世纪 70 年代经过 OECD 的修改，并在环境报告中得到应用。至今，压力—状态—响应模型仍被广泛认为是评估环境指标和报告环境现状的最有效框架。该模型的重要性在于帮助我们理解人类活动对环境的影响，并为环境管理和保护提供指导。它提供了一个综合的框架，用于识别环境压力的来源，评估环境的现状和变化，并采取相应的响应措施来保护和恢复环境质量。

其结构图示如下：

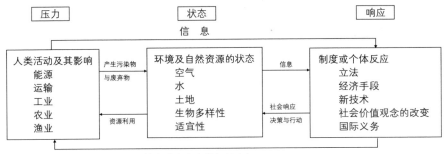

图30 压力—状态—响应模型框架

迄今为止，已有大量研究利用压力—状态—响应模型成功评价河流健康状况。比如，王富强等对刁口河尾闾湿地构建了包括人口密度、土地利用程度、湿地年来水量等指标的生态系统健康评价体系，基于压力—状态—响应模型对刁口河尾闾湿地的生态系统健康状况进行了系统评价，为生态补水工作的有序开展提供了技术保障[①]。周振民等则对压力—状态—响应模型进行优化，基于压力—状态—响应—改进模糊集对分析模型，综合考虑能够反映河流健康系统完整性的形态、水文、水质及生物指标等方面因素，构建了高强度人类活动状态下的渭河流域上游段的河流健康评价指标体系，对渭河流域林家村—魏家堡段河流健康进行了评价，提出了加强河流生态管理的对策[②]。

### ACI 模型

ACI 模型是以河流生命内涵为核心要素，要求健康的河流具备活力性、清洁性和完整性三个特点。其中，活力性通常包含河流阻隔和连通情况、生物多样性分布情况、生态流量情况等；清洁性通常包含重金属含量、耗氧有机物含量等；完整性通常包含水资源利用情况、通航保证率、河岸状况等。

---

① 王富强、刘沛衡、杨欢等：《基于 PSR 模型的刁口河尾闾湿地生态系统健康评价》，《水利水电技术》2019 年第 11 期。

② 周振民、樊敏：《基于 PSR—改进模糊集对分析模型的河流健康评价》，《中国农村水利水电》2018 年第 12 期。

## 表 16　ACI 模型评估指标体系

| 评估目标层 | 准则层 | 分析指标层 |
|---|---|---|
| 河流健康 ACI 分析评估 | 活力性 | 河流阻隔和连通情况 |
| | | 鸟类分布情况 |
| | | 陆生生物种群结构 |
| | | 鱼类多样性指数 |
| | | 底栖动物多样性指数 |
| | | 生态流量满足情况 |
| | | 流量过程变异情况 |
| | 清洁性 | 重金属含量 |
| | | 耗氧有机物含量 |
| | | 溶解氧 |
| | 完整性 | 水资源利用情况 |
| | | 防洪安全保证率 |
| | | 通航保证率 |
| | | 文化价值指数 |
| | | 河岸状况 |

# 四、基于压力—状态—响应模型评价浙东运河健康状况

## （一）评价指标体系构建

　　基于压力—状态—响应模型的要求，为了全面考虑人为干扰对河流健康的影响，对压力、状态、响应三方面的指标进行判别与选择，保证全面准确评价河流健康状况。在对浙东运河各评价指标进行选择时，选取指标

遵循以下原则 [1]：

| 原则 | 说明 |
|---|---|
| 科学性 | 评价指标的科学性直接关系到评价结果的客观性和真实性。生态系统健康评价需要充分了解评价区域，并选择科学依据的评价指标，以获得准确可靠的结果。 |
| 综合性 | 在选取评价指标时需要综合考虑多个因素，以揭示其内在的联系。只有在这样的基础上进行评价和分析，才能全面理解生态系统的特点和相互作用。 |
| 可操作性 | 湿地生态系统的健康评价需要考虑可获得的实地数据和易于获取的指标。 |
| 典型性 | 在湿地评价中，由于工作局限性和影响因素的复杂性，选择评价指标时应优先考虑与湿地联系密切且具有代表性的因素，以提高评价结果的可信度。 |
| 因地制宜 | 在选择湿地评价指标时，应考虑评价区域的特点和客观情况，避免生搬硬套。 |

在上述原则内，本研究以压力—状态—响应模型框架为基础，结合浙东运河特点，从压力、状态、响应三个层面确定了 17 个指标的河流生态系统健康评价指标体系，并利用 AHP 层次分析法确定了指标体系的权重。

### 表 17　压力—状态—响应模型综合评价指标体系

| 目标层 | 准则层 | 指标层 | 数据来源 |
|---|---|---|---|
| 浙东运河生态系统健康评价指标体系 A | 压力 B1 | 人口密度（人／千米²）P1 0.172 | 资料 |
| | | 物质生活指数（元／年）P2 0.220 | 资料 |
| | | 外部胁迫 P3 0.267 | 资料 |
| | | 人为干扰 P4 0.341 | 资料 |

---

[1]　王建良：《基于 PSR 模型的秦王川国家湿地公园生态系统健康评价》，博士学位论文，西北师范大学，2018 年。

| 目标层 | 准则层 | 指标层 | 数据来源 |
|---|---|---|---|
| 浙东运河生态系统健康评价指标体系 A | 状态 B2 | 运河面积比例（%）P5 0.13 | 资料 |
| | | 水生生物香农维纳指数 P6 0.20 | 实地调查 |
| | | 水质等级 P7 0.23 | 实地调查 |
| | | $I_{geo}$ 指数 P8 0.13 | 资料 |
| | | 富营养化指数 P9 0.13 | 资料 |
| | | BMWP 指数 P10 0.18 | 资料 |
| | 响应 B3 | 运河调蓄能力 P11 0.13 | 资料 |
| | | 工农业用水 P12 0.14 | 资料 |
| | | 治废控废能力 P13 0.16 | 资料 |
| | | 政府法规力度 P14 0.11 | 资料 |
| | 响应 B3 | 科普宣传 P15 0.15 | 资料 |
| | | 社会示范作用 P16 0.15 | 资料 |
| | | 文化价值 P17 0.16 | 资料 |

指标说明：

1）人口密度 P1：指居住人口密度。

2）物质生活指数 P2：指该年人均收入水平。

3）外部胁迫 P3：指运河所处现状受到胁迫的强度，包括水利设施等胁迫因子。

4）人为干扰 P4：指以建筑面积比率表征运河所处现状受到人类活动影响的强度。

5）运河面积比例 P5：指运河面积占流域土地总面积的比例。

6）香农维纳指数 P6：指运河水生生物香农维纳指数均值。

7）水质等级 P7：指当前运河水质状况。

8）$I_{geo}$ 指数 P8：指运河底泥中重金属污染状况。

9）富营养化指数 P9：指运河水体富营养化状况。

10）BMWP 指数 P10：指运河底栖动物的群落结构状况。

11）运河调蓄能力 P11：指运河中各类设施对洪水调控能力。

12）工农业用水 P12：指为农业和工业等提供水的能力。

13）治废控废能力 P13：指控制和治理废弃物等方面的能力。

14）政府法规力度 P14：指当地政府实施的政策法规对于运河发展所产生的影响。

15）科普宣传 P15：指针对运河进行科普宣教活动的情况。

16）社会示范作用 P16：指运河开发利用对社会产生的示范性。

17）文化价值 P17：指运河为社会带来人文价值。

## （二）评价标准构建

本评价研究结合国内外河流健康评价结果以及浙东运河实际情况，将目标层运河健康等级分为很好、较好、一般、较差、很差五个等级。同时采用同样的方式对准则层进行分级，对于压力层而言，分为I～V级，分别为低压力、较低压力、中等压力、较高压力和高压力；对于状态层，分为I～V级，分别为好状态、较好状态、中等状态、较差状态、差状态；对于响应层，分为I～V级，分别为高响应能力、较高响应能力、中等响应能力、较低响应能力、低响应能力。

**表18 压力层指标评价标准**

| 指标 | 低压力（0，20] | 较低压力（20，40] | 中等压力（40，60] | 较高压力（60，80] | 高压力（80，100] |
|---|---|---|---|---|---|
| 人口密度（人/平方千米）P1 | >600 | 400—600 | 250—400 | 100—250 | <100 |
| 物质生活指数（元/年）P2 | <8000 | 8000—12000 | 12000—16000 | 16000—20000 | >20000 |
| 外部胁迫P3 | 过度渔猎、水利开发 | 渔猎、水利开发现象严重 | 适度渔猎、水利开发现象 | 适度渔猎、无水利开发现象 | 无渔猎和水利开发现象 |
| 人为干扰P4 | >30 | 25—30 | 15—25 | 5—15 | <5 |

**表19 状态层指标评价标准**

| 指标 | 差状态（0，20] | 较差状态（20，40] | 中等状态（40，60] | 较好状态（60，80] | 好状态（80，100] |
|---|---|---|---|---|---|
| 运河面积比例（%）P5 | <20 | 20—30 | 30—40 | 40—60 | >60 |
| 水生生物香农维纳指数P6 | 0 | 0—1 | 1—2 | 2—3 | >3 |
| 水质等级P7 | V类及以下 | IV类 | III类 | II类 | I类 |

续表

| 指标 | 差状态<br>(0, 20] | 较差状态<br>(20, 40] | 中等状态<br>(40, 60] | 较好状态<br>(60, 80] | 好状态<br>(80, 100] |
|---|---|---|---|---|---|
| $I_{geo}$ 指数 P8 | >5 | 4—5 | 2—4 | 0—2 | <0 |
| 富营养化指数 P9 | >70 | 60—70 | 50—60 | 30—50 | <30 |
| BMWP 指数 P10 | <10 | 11—22 | 22—32 | 32—43 | >43 |

### 表20 响应层指标评价标准

| 指标 | 低响应<br>(0, 20] | 较低响应<br>(20, 40] | 中等响应<br>(40, 60] | 较高响应<br>(60, 80] | 高响应<br>(80, 100] |
|---|---|---|---|---|---|
| 运河调蓄能力 P11 | 无调控洪水能力 | 没有明显的调控能力 | 须辅助水利设施才具备调控能力 | 配备水利设施后具有较强调控能力 | 调控能力强，无附加水利设施 |
| 工农业用水 P12 | 不能供水、补水 | 补水、供水能力弱 | 须辅助水利设施才能供水、补水 | 配备水利设施后有较强的供水、补水能力 | 供水、补水能力较强 |
| 治废控废能力 P13 | 净化能力极弱 | 净化能力较弱 | 净化能力一般 | 净化能力较强 | 净化能力强 |
| 政府法规力度 P14 | 严重制约运河发展，威胁运河发展 | 制约运河发展，运河发展滞后 | 与运河发展和建设关联不大 | 配合运河发展和建设，具有一定促进作用 | 积极配合运河的发展和建设，与运河建设配合协调 |
| 科普宣传 P15 | 严重缺乏科普宣传相关资料及设施 | 有宣教场所，但宣传手段存在科学性问题，缺乏特色，布局不合理，宣教性不强 | 设有宣教场所，但与内容相关性较低，缺乏特色，无目的性 | 设有综合性或主题性、辅助性宣教场所；宣教内容基本科学，有一定特色 | 设有综合性、主题性宣教场所，内容科学、特色鲜明，可高效满足宣教需要 |

**续表**

| 指标 | 低响应(0, 20] | 较低响应(20, 40] | 中等响应(40, 60] | 较高响应(60, 80] | 高响应(80, 100] |
|---|---|---|---|---|---|
| 社会示范作用 P16 | 不具有示范性作用 | 无明显的示范性作用 | 示范性作用一般 | 有较好的示范性作用 | 有很好的示范性作用。 |
| 文化价值 P17 | 忽视文化价值，甚至破坏运河人文遗产 | 考虑文化价值但不够充分，部分违背运河人文遗产保护要求 | 考虑文化价值但不够充分，但不违背运河人文遗产保护要求 | 较为充分认识运河文化价值 | 高效挖掘和保护运河人文遗产，并发挥其文化价值 |

生态系统完整性评价要求对各个指标进行分级计算，并通过由高到低分为5个等级。根据流域生态系统完整性综合指数所对应的等级，确定流域生态系统完整性状况。

**表21　生态系统完整性指标分级标准**

| 完整性 | 恶劣状态 | 较差状态 | 一般状态 | 良好状态 | 完全状态 |
|---|---|---|---|---|---|
| 指标值 | (0, 20] | (20, 40] | (40, 60] | (60, 80] | (80, 100] |

### （三）评价模型分析

依据以上评价标准，对各个指标进行计算，并采用差值法计算指标的标准化分值，最终表明浙东运河综合得分66.57，总体水生态环境健康状况为良好。

**表22　浙东运河水生态环境综合评价结果**

| 指标 | 指标值 | 权重 | 单项评价值 | 综合得分 |
|---|---|---|---|---|
| 人口密度（人/千米²）P1 | 775.6 | 0.03 | 0.46 | 66.57 |
| 物质生活指数（元/年）P2 | 65200 | 0.04 | 0.60 | |

| 指标 | 指标值 | 权重 | 单项评价值 | 综合得分 |
|---|---|---|---|---|
| 外部胁迫 P3 | 适度渔猎、水利开发现象 | 0.05 | 2.65 | |
| 人为干扰 P4 | 10% | 0.06 | 4.32 | |
| 运河面积比例（%）P5 | 45% | 0.04 | 2.73 | |
| 水生生物香农维纳指数 P6 | 1.86 | 0.06 | 3.58 | |
| 水质等级 P7 | IV 类 | 0.07 | 2.88 | |
| $I_{geo}$ 指数 P8 | 0.95 | 0.04 | 2.88 | |
| 富营养化指数 P9 | 68.1 | 0.04 | 1.00 | |
| BMWP 指数 P10 | 37 | 0.06 | 4.04 | |
| 运河调蓄能力 P11 | 配备水利设施后具有较强调控能力 | 0.06 | 5.17 | 66.57 |
| 工农业用水 P12 | 配备水利设施后有较强的供水、补水能力 | 0.07 | 5.72 | |
| 治废控废能力 P13 | 净化能力一般 | 0.08 | 4.71 | |
| 政府法规力度 P14 | 配合运河发展和建设，具有一定促进作用 | 0.05 | 4.78 | |
| 科普宣传 P15 | 设有综合性、主题性宣教场所，内容科学、特色鲜明，可高效满足宣教需要 | 0.08 | 6.81 | |
| 社会示范作用 P16 | 有很好的示范性作用 | 0.08 | 6.80 | |
| 文化价值 P17 | 高效挖掘和保护运河人文遗产，并发挥其文化价值 | 0.08 | 7.44 | |

## （四）相关建议

浙东运河生态系统健康评价的最终目标是促成浙东运河生态系统健康持续的发展，满足运河流域人类社会发展的需求，实现流域生态环境与人类可持续发展和谐共处。然而，基于此次调查可知，浙东运河虽然在航运、水利、灌溉以及人文遗产等方面均表现出重要地位，并在一定程度上为促进流域范围内的社会经济发展、人文意识提升做出了重要贡献，但其水生态环境健康却仍然存在诸多问题。比如：（1）缺乏有效的生态环境监测和预警；（2）运河全线水质较差，水体富营养化现象较为突出；（3）运河多为人工石砌堤岸，部分运河段经过人工清淤，导致底栖动物等水生生物多样性偏低。

围绕以上几个问题，并结合浙东运河实际情况，提出以下建议对策：

（1）运河沿线建立生态环境监测和预警站点

建立以浙东运河水生态环境动态评价、监测和预警为一体的点面结合的多角度监测和预警网络，切实提高浙东运河水生态环境健康的动态变化过程，通过实时、月度和季度的数据，全面掌握浙东运河水生态环境变化规律和演替过程，为运河资源的可持续发展提供科学依据。同时，通过预测判断，为运河存在的污染风险提供预警，减轻污染风险。

（2）控制运河沿线点源和面源污染

优化浙东运河沿线污水管网，强化污水排放管控措施。对于生活污水而言，科学推进沿线乡村、社区"污水零直排"工作，完成排水单元、市政管线的雨污分流排查整改；对于工业污水而言，对存在污染风险的工业园区和企业进行重点排查，无污水处理能力的企业强制纳入污水管网系统；对于农业污水而言，开展生态农田工作，按照农田"肥水不下河、退水不直排、养分循环用"的思路，积极探索开展农田灌排系统生态化改造，推进农田退水养分循环利用。

（3）强化生态保护，提升生物保育

建议对浙东运河进行系统的生物多样性保护工作，摸清流域范围内水生生物多样性状况、本体资源情况。在完善生态系统评估工作基础上，因地制宜实施生态保护措施，加强水生植物、鱼类等生物的恢复工作，提升生物保育能力，为营造健康的水生态系统提供必要的生物群落。

（4）加强岸线生态修复，构建自然岸线

在已有岸线基础上，统筹规划河道工程建设，保护现有自然岸线，对部分石砌岸线进行必要的生态修复，积极开展水生态缓冲带和河滨带生态修复，提升岸线生态功能。比如构建生态浮岛、调整护岸形式等手段，强化运河沿岸的生态功能和景观功能，在保障水生生物栖息地的同时，满足周边居民的感官需求。

（5）划定生态红线，构建自然保护区域

为推进运河生态环境治理的现代化建设和可持续发展，应以运河干流为主线，以运河两岸0.5千米范围作为生态保护红线，建立运河自然保护区域，强化运河沿岸的生态空间管控，杜绝保护区的无序开发和建设，合理完善河堤生态屏障，着力打造运河生态文化和绿色廊道。

# 主要参考文献

## 专著

［1］陈桥驿：《中国运河开发史》，中华书局，2008年版。

［2］姚汉源：《京杭运河史》，中国水利水电出版社，1998年版。

［3］邱志荣，陈鹏儿：《浙东运河史》（上卷），中国文史出版社，2014年版。

［4］俞孔坚等：《京杭大运河国家遗产与生态廊道》，北京大学出版社，2012年版。

［5］张金池：《京杭大运河沿线生态环境变迁》，北京科学技术出版社，2012年版。

［6］包伊玲：《浙东运河宁波段传统村落公共空间形态研究——以大西坝和半浦村为例》，文化艺术出版社，2022年版。

［7］《萧山水利志》编纂委员会：《萧山水利志》，浙江人民出版社，2019年版。

［8］绍兴市水利局、绍兴市鉴湖研究会：《绍兴市水利志》，中国水利水电出版社，2021年版。

［9］邱志荣：《绍兴风景园林与水》，学林出版社，2008年版。

［10］陈桥驿：《中国国家历史地理·陈桥驿全集》，人民出版社，2018年版。

［11］《宁波市水利志》编纂委员会：《宁波市水利志》，中华书局，2006年版。

［12］绍兴县地方志编纂委员会：《嘉泰会稽志》复印本，1992年印。

［13］绍兴县地方志编纂委员会：《康熙会稽县志》复印本，1992年印。

［14］绍兴县地方志编纂委员会：《嘉庆山阴县志》复印本，1992年印。

［15］陈志富：《萧山水利史》，方志出版社，2006年版。

［16］周幼涛、张观达：《绍兴山文化》，中华书局，2006年版。

［17］胡保卫：《城市河流生态修复研究》，浙江大学出版社，2018年版。

［18］《浙江通志·运河专志》编纂委员会：《浙江通志·运河专志》，浙江人民出版社，2021年版。

［19］张廷玉等：《明史》，中华书局，1974年版。

［20］盛鸿郎：《绍兴水文化》，中华书局，2004年版。

［21］祁彪佳：《祁彪佳集·越中园亭记》，中华书局，1960年版。

［22］小尾郊一：《中国文学中所表现的自然与自然观：以魏晋南北朝文学为中心》，上海古籍出版社，1989年版。

［23］洪惠良、祁万荣：《绍兴农业发展史略》，杭州大学出版社，1991年版。

［24］盛鸿郎：《鉴湖与绍兴水利》，中国书店，1991年版。

## 学位论文

［1］张权（导师：孙竞昊）：《明清时期绍兴地区水环境变迁研究》，浙江大学博士论文，2017年。

［2］黄杉栅（导师：陈楚文）：《绍兴鉴湖文化景观历史变迁研究》，浙江农林大学硕士论文，2018年。

［3］黎似玖（导师：杨雨蕾）：《浙东运河的开发与区域经济发展之相互关系探析》，浙江大学硕士论文，2011年。

［4］王佳宁（导师：丁贤勇）：《近代浙东运河航运与区域经济发展研究（1895—1937）》，杭州师范大学硕士论文，2019年。

［5］施剑（导师：杨雨蕾）：《明代浙江海防建置研究——以沿海卫所为中心》，浙江大学硕士论文，2011年。

［6］刘丹（导师：陈君静）：《杭州湾南岸宁绍海塘研究——以清代为考察中心》，宁波大学硕士论文，2010年。

［7］刘妍铄（导师：孙竞昊）：《兰亭：景观、意义与明清之际绍兴士人》，华东师范大学硕士论文，2014年。

［8］彭程雯（导师：马军山）：《运河景观使用状况评价研究——以中国大运河浙江段为例》，浙江农林大学硕士学位论文，2014年。

［9］赵烨（导师：高翅）：《基于自然和文化整体性的名山风景特质识别研究》，华中农业大学博士学位论文，2019年。

［10］冯启明（导师：王欣）：《浙江传统宅园研究》，浙江农林大学硕士学位论文，2015年。


**期刊论文**

［1］陈桥驿：《古代鉴湖的兴废与山会平原农田水利》，《地理学报》1962年第3期。

［2］冯建荣：《浙东运河的历史地位》，中国水利学会水利史研究会、浙江省水利厅、绍兴市水利局：《2013年中国水利学会水利史研究会学术年会暨中国大运河水利遗产保护与利用战略论坛论文集》，2013年。

［3］邱志荣：《浙东运河概述》，中国水利学会水利史研究会、浙江省水利厅、绍兴市水利局：《2013年中国水利学会水利史研究会学术年会暨中国大运河水利遗产保护与利用战略论坛论文集》，2013年。

［4］张权、孙竞昊：《泄洪与遏潮：明清时期萧绍平原西小江治理与区域水环境演变（1368—1759）》，《史林》2018年第4期。

［5］邱志荣：《千古名河 好运天下——话说浙东运河的历史与价值地位》，《中国水利》2018年第13期。

［6］张诗阳、王向荣：《宁绍平原河网水系的形成、演变与当代风景园林实践》，《风景园林》2017年第7期。

［7］邱志荣：《海侵对浙东文明发展影响探源》，《中国水利》2018 年第 23 期。

［8］周幼涛：《绍兴山水文化导论》，《徐霞客与越文化暨中国绍兴旅游文化研讨会论文汇编》，2003 年。

［9］景遐东：《唐代山水诗与隐逸诗中的若耶溪》，《湖北师范大学学报》（哲学社会科学版）2022 年第 6 期。

［10］鲍远航：《唐代浙江生态文化论要》，《鄱阳湖学刊》2013 年第 2 期。

［11］潘存鸿、蔡军、王文杰、施祖蓉、谢亚力：《山溪性可冲性强潮河口曹娥江潮汐特征》，《东海海洋》2000 年第 1 期。

［12］邱志荣、魏义君：《湘湖与浙东运河的申遗建议和思考》，《浙江水利水电学院学报》2015 年第 1 期。

［13］郭巍、侯晓蕾：《筑塘、围垦和定居——萧绍圩区圩田景观分析》，《中国园林》2016 年第 7 期。

［14］许广通、何依、殷楠、孙亮：《发生学视角下运河古村的空间解析及保护策略——以浙东运河段半浦古村为例》，《现代城市研究》2018 年第 7 期。

［15］郭巍、侯晓蕾：《宁绍平原圩田景观解析》，《风景园林》2018 年第 9 期。

［16］傅列成：《绍兴市水生态保护的实践与思考》，《水利建设与管理》2009 年第 11 期。

［17］陈桥驿、吕以春、乐祖谋：《论历史时期宁绍平原的湖泊演变》，《地理研究》1984 年第 3 期。

［18］沈寿刚：《三江闸与新三江闸述评》，《浙江水利科技》1991 年第 3 期。

# 后　记

　　浙东运河历史悠久，文史鸿深，湖山奇丽，历史地位崇高。绍兴文化研究工程重大项目"浙东运河文化研究"基于《浙江文化研究工程（第二期）实施方案》《绍兴文化研究工程实施方案》等文件精神，以绍兴市社会科学界联合会为主导，开展与浙东运河文化研究相关的十个方面的子课题研究，本人非常有幸参与其中。这是对浙东运河丰富的文化遗产、优秀传统文化进行了一次全新的梳理，参与者一起寻觅名胜古迹，回望运河景观，欣赏以运河为带的生活气息，让城市的根脉更加清晰。同时，随着全球生态环境的恶化，城市发展带来的生态破坏，我们不得不审视如何可持续发展的问题。我作为景观设计师，也开始将自己的使命与整个生态系统联系起来，遵循生态规律，如实反映区域的自然条件，探索更多的文化景观、文明线索，利用先人的智慧，更好地保护、利用浙东运河。

　　从事景观设计工作的我，20 年前就与浙东古运河结下了不解之缘。当时绍兴运河园中许多老石构件文化展示、剡西范氏祠堂、古桥古戏台等设计经历如今都历历在目。之后我又参与东湖、湘湖、鉴湖、瓜渚湖等多个名湖规划设计及浙东运河部分河段沿线改造，"一古到底、古为今用"的理念一直扎根于心。大运河申遗后，我又积极投入到运河文化带建设规划、浙东运河博物馆建设与浙东运河国家文化公园规划之中。这些机遇和工作经历使我对运河有了更为深入的理解，更加想为运河做些力所能及、有意义的事情。

　　在这里，我最想感谢的是我的文化导师邱志荣会长，一直引领、鼓励我在文化方面进行系统的思考。也非常感谢绍兴市社会科学界联合会，给予我参与浙东运河文化研究相关景观专项的子课题研究项目的机会。这对我来说是非常大的挑战，从申报课题设计论证、运河沿线实地考察，到之后的大纲定稿，经过多次反复讨论与咨询修改，最终决定让本书更偏重浙东运河景观特色表述，但还是保留了部分生态要素研究的内容。为了上下篇章更好地衔接，我也花了较大精力进行统稿。本书"山·原·海"的写作思路是经过课题组总负责人谭徐明会长的精心指导而成，她还亲自帮我调整主要章节的逻辑关系，大纲的修改与完善得力于邱志荣会长、李永鑫老师的悉心指点，相关概念经陈鹏儿老师纠正，在此一并表示由衷的感谢。

在绍兴市社科联、各市区文广局的关心支持下，在浙江大学出版社、绍兴市鉴湖研究会、课题组成员及众多专家的帮助下，本书历经两年终于编写而成。全书44.3万字，配有数百幅精美图片，参考书目近百种。本书第二至五章得到了张权博士研究资料的补充，第六、第七章及附录得到了胡保卫教授、王斌梁博士、孙荷琴女士及绍兴文理学院生态分析设备所的大力支持，此外本书还得到了秦绍波老师和绍兴文理学院图书馆的助力。在写作过程中，还要感谢王祥科博士和赵轻舟博士以及戴秀丽女士，在资料收集与分析方面提供了宝贵的帮助。同时，邱木清博士、张颖博士、洪健红先生和秦烨萍女士在浙东运河沿线的考察、图片收集、制表整理等方面给予了我巨大的支持。在此，我要向他们所有人表示衷心的感谢。

本书从无到有，从单薄到丰富，其中实地考察、编写过程占据了我大量的时间，非常感谢家人的理解和支持。特别要感谢浙江大学出版社的宋旭华老师，为本书做了大量编辑校对工作。

我们从时间的跨度看，浙东运河廊道是从无到有，逐步发展形成的过程；从空间的维度看，"山·原·海"的框架给廊道提供了相对稳定的结构支撑；从技术的力度看，生产工具和水利技术的提升，使廊道在水运、灌溉、防洪排涝、御潮中发挥了综合的作用；从政治经济的角度看，成就了廊道标志性阶段的历史标签，是景观转变的主要因素；从文化的广度看，浙东运河廊道反映地域文明的胆剑精神，积极促进国内外多元文化交融。浙东运河廊道景观是一幅山水共生的画卷，只有身临其中，才能领略它诗意的画境；浙东运河廊道景观是一首波楫共奏的歌，只有静心聆听，才能感受它优美的旋律；浙东运河廊道景观是一杯美酒，只有细细品味，才能悟出遒劲的厚重。

关于浙东运河的研究没有休止符，研究为保护提供支撑，保护又不断地为研究提供有利条件。但由于本人能力、专业和时间的局限，书中还有很多不足之处，恳请各位读者、同行给予批评指正！

金小军

2024 年 3 月 3 日，于绍兴鉴湖畔

**图书在版编目（CIP）数据**

浙东运河廊道景观 / 金小军著. -- 杭州 ： 浙江大学出版社，2024.9
ISBN 978-7-308-24936-2

Ⅰ．①浙… Ⅱ．①金… Ⅲ．①大运河－景观保护－研究－浙江 Ⅳ．①K928.42

中国国家版本馆 CIP 数据核字(2024)第 091991 号

**浙东运河廊道景观**

ZHEDONG YUNHE LANGDAO JINGGUAN

金小军　著

| | |
|---|---|
| 策划统筹 | 金更达　宋旭华 |
| 责任编辑 | 宋旭华 |
| 责任校对 | 胡　畔 |
| 封面设计 | 杭州浙信文化传播有限公司 |
| 出版发行 | 浙江大学出版社 |
| | （杭州市天目山路 148 号　邮政编码 310007） |
| | （网址：http://www.zjupress.com） |
| 排　　版 | 杭州浙信文化传播有限公司 |
| 印　　刷 | 绍兴市越生彩印有限公司 |
| 开　　本 | 710mm×1000mm　1/16 |
| 插　　页 | 12 |
| 印　　张 | 28.5 |
| 字　　数 | 443 千 |
| 版 印 次 | 2024 年 9 月第 1 版　2024 年 9 月第 1 次印刷 |
| 书　　号 | ISBN 978-7-308-24936-2 |
| 定　　价 | 138.00 元 |

审 图 号　GS（2024）4447 号

浙江大学出版社市场运营中心电话（0571）88925591；http://zjdxcbs.tmall.com